文学で読む日本の歴史

戦国社会篇

五味文彦

山川出版社

はじめに

本書は『文学で読む日本の歴史』の古典文学篇、中世社会篇に続く第三冊目の戦国社会篇であり、対象とするのは応仁の乱から元和偃武《げんなえんぶ》に至るまでの百五十年である。

古典文学篇の対象とした古代には国がつくられ、文明を大陸から取り入れ、制度化が進められるなど、日本列島の骨格が形成され古典文化が整えられてきた時代であった。これに続く中世社会篇が対象とした中世には、社会組織の単位が氏から家へと転換してゆくなか、家に生き、家を継承する職能が求められ、型が定まっていった時代であって、日本人の社会的基盤が整えられた時代と指摘できよう。

この古代・中世の次にくる近世社会がどんな時代であったかを見ようというのが本書の課題であって、それを見てゆくために、これまでも百年刻みで時代の動きを探ってきたことから、同様に書き進めてきたのである。

しかし近世を一冊にまとめるのは至難の技を必要とし、簡単ではない。何よりも触れるべき事象や史料が極めて多く、また時代の思考や思潮を伝える書物が容易に見つからない。そして書くうちに最初の百五十年がきりがよいとわかってきたことから、本書は近世社会全般に及ぶにはいたらず、その初期の戦国社会篇として世に問うことになった。

古代には日本列島の骨格が形成され、中世には具体的な政治や社会生活、信仰、文化などの活動領域が広がってきたが、それが戦国社会においてどう変化し、新たな動きが生まれてきたのか、この点を明らかにすることを本書は目指している。

なお参考のために古典文学篇と中世社会篇の目次を掲げておこう。

◆古典文学篇　目次

◆中世社会篇　目次

文学で読む日本の歴史　戦国社会篇——目次

1　自立の模索

『塵塚物語』と紀行文

一　応仁・文明の乱

乱世の始まり

戦国争乱の開始を告げる応仁《おうにん》の乱《らん》を描く『応仁記』は、「応仁丁亥《ひのとい》の歳、天下大いに動乱し、それより永く五畿七道悉《ことごと》く乱る」と筆を起こし、この乱が足利義政《あしかがよしまさ》の政治に起因したものといい、その戦況を記してゆく。

寛正《かんしょう》五年（一四六四）、足利義政は実弟の義尋《ぎじん》を還俗《げんぞく》させて義視《よしみ》と名乗らせ、養子となして次期将軍への道を開いた。しかし翌六年に妻日野富子《ひのとみこ》に男児が誕生（後の足利義尚《よしひさ》）したことから、家督相続の争いがおきた。富子が義尚の将軍後継を望んで山名宗全《やまなそうぜん》に協力を頼むと、管領《かんれい》の細川勝元《ほそかわかつもと》は義視を後見するようになって両者の争いへと向かった。

管領家の斯波《しば》氏でも義健《よしたけ》の跡をめぐって義敏《よしとし》と義廉《よしかど》の間で、畠山《はたけやま》氏でも持国《もちくに》の跡をめぐり弥三《やさぶ》郎《ろう》・政長《まさなが》と義就《よしひろ》との間で家督争いが起きていたので、それらが絡んで幕府は細川方と山名方とに分裂して争うに至ったのである。これまでの内乱の構図といえば、将軍と大名間の対立にあったのだが、将軍家が分裂し、諸大名家も分裂するなか、比較的分裂の少なかった細川・山名氏を中心とする争いとなり、それぞれ姻戚関係に沿って大名が動員された。

細川方では細川一族、畠山弥三郎の死後にその跡を継承して管領となった畠山政長、若狭《わかさ》守護の武田信賢《たけだのぶかた》、近江《おうみ》北半守護の京極持清《きょうごくもちきよ》、加賀《かが》半国守護の赤松政則《あかまつまさのり》らが、山名方では山名一族、畠山義就、斯波義廉、伊勢《いせ》守護の一色義直《いっしきよしなお》、美濃《みの》守護の土岐成頼《ときしげより》、近江守護の六角高頼《ろっかくたかより》、加賀守護の富樫《とがし》政親《まさちか》らが加わるなど、その動員は広範囲に及んだ。だが、戦局を打開するだけの圧倒的軍事力に双方とも欠き、大量の雑兵や流入した飢民に戦力を依存していたことなどから戦乱は長引いた。

乱を牽引した山名持豊《もちとよ》（宗全《ぞうひょう》）であるが、父時熙《ときひろ》の跡を継承し永享《えいきょう》十二年（一四四〇）に侍所《さむらいどころ》の所司《しょし》となり、嘉吉《かきつ》の乱では赤松氏を攻めて功をあげた。『嘉吉記』は、山名持豊が「人に勝て大功を立てん」と願い、「河を渡し城山の麓に陣をとり、十重二十重に取り巻きて日夜息をも継がず」に攻め入ったと記す。この功で一族は但馬《たじま》・因幡《いなば》・伯耆《ほうき》・備後《びんご》・安芸《あき》・伊賀《いが》に加え、播磨《はりま》・石見《いわみ》の守護職をも獲得し、かつての「六分一殿《ろくぶんのいちどの》」の再来となった。

持豊には山名氏が将軍義満《よしみつ》に滅ぼされかけた記憶があったので、幕府内に基盤を築くことに腐心し、管領の細川勝元には娘を配するなど協調関係を保ち、宝徳《ほうとく》二年（一四五〇）に南禅寺に真乗院《しんじょういん》を建て、後花園《ごはなぞの》天皇の綸旨《りんし》を得て勅願所《ちょくがんじょ》となして武運長久・子孫繁昌を祈り、家督を嫡子教豊《のりとよ》に譲って出家した。

いっぽうの細川勝元は、宝徳元年（一四四九）に将軍義政の元服を執り行うなど幕府内で重きをなしていて、守護分国も摂津《せっつ》・丹波《たんば》・讃岐《さぬき》・土佐《とさ》のほか、一族が和泉《いずみ》・阿波《あわ》・淡路《あわじ》・三河《みかわ》を知行するなど、山名一族と拮抗する勢力を築き、宝徳二年には龍安寺《りょうあんじ》を建立した。

この二大勢力に囲まれた義政が親政をめざして、畠山持国の要請でその弟持富《もちとみ》の子弥三郎の追討

【足利氏（室町幕府将軍家）略系図】数字は将軍の代数

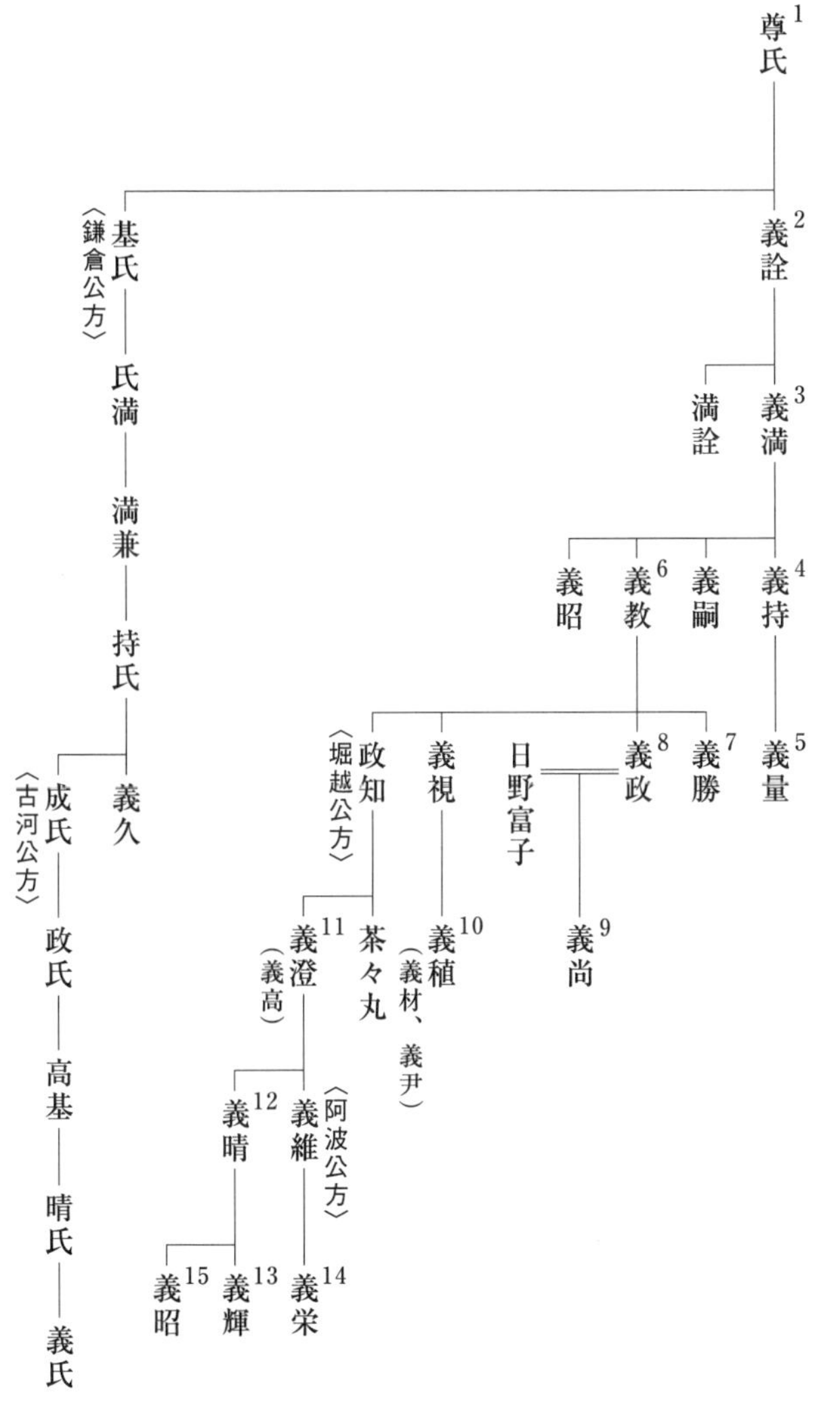

を命じたところ、宗全・勝元がともに弥三郎の支持に回った。また、赤松氏の再興を図ったところが、播磨を得ていた宗全の反対にあった。それでも強行して山名追討へと動いたのだが、勝元の協力が得られずに追討に失敗する。さらに親政の支えとなっていた伊勢貞親《いせさだちか》や蔭凉軒《いんりょうけん》季瓊真蘂《きけいしんずい》らの側近が足利義視の暗殺を狙ったとして、宗全・勝元らにより排除され失脚してしまう。

義政は幕府政治を統御する力を失っていたのであり、この求心力を失った将軍を見て宗全・勝元が独自に動き出したのが応仁の乱にほかならない。文正《ぶんしょう》元年(一四六六)十一月、将軍に退けられていた畠山義就が宗全の支援をうけて大軍を率いて上洛し、千本地蔵院に陣を構えたが、これが乱の発端となった。

乱の広がり

翌年正月、義政は義就の上洛を当初こそ拒否していたが、程なくして謁見を許したばかりか、管領の畠山政長や細川勝元に諮らず御所に義就を招いた。さらに宗全邸に義視とともに出席して、義就を畠山氏惣領と認め、管領職の政長を罷免して屋敷の明け渡しを求め、正月八日に斯波義廉を管領としたのである。

このため勝元・政長らは御所に押し寄せ、義就の討伐命令を引き出そうとしたが、その計画が漏れてしまい、宗全は大名三十余人を集めて御所を囲んで、政長・勝元らの追放を求めた。これに応じて義政が政長への攻撃を認めたので、政長は自邸に火を放ち、上御霊《かみごりょう》神社に陣を取った。義政は山名・細川に軍事介入を禁じたものの、義就は宗全や義廉、山名政豊《まさとよ》、朝倉孝景らの加勢を得るや、釈迦堂から出兵して政長を攻撃したので（御霊合戦）、政長は勝元邸に逃げこんだ。

この状況に勝元は、自邸に一族や被官、与力の大名を集めて打開策を練り、軍勢催促状を発給し、

東軍		西軍	
大名	領国	大名	領国
細川勝元	摂津・丹波・讃岐・土佐	山名宗全	但馬・播磨・安芸
細川成之	阿波・三河	山名政清	美作・石見
細川成春	淡路	山名教之	備前・伯耆
細川勝久	備中	山名豊氏	因幡
細川常有	和泉	畠山義就	河内
細川持久	和泉	畠山義統	能登
畠山政長	河内・紀伊・越中	斯波義廉	越前・尾張・遠江
斯波義敏	越前	六角高頼	南近江
京極持清	北近江・飛驒・出雲	一色義直	伊勢
赤松政則	加賀	富樫政親	加賀
武田信賢	若狭・安芸	大内政弘	周防・長門・筑前・豊前

四国など分国の兵を京都に集めたことから、軍兵が各地から集まり小競り合いが続いた。改元されて応仁元年（一四六七）五月、勝元方の元播磨守護の赤松政則が播磨に侵攻して山名方から播磨を奪還し、武田信賢・細川成之《しげゆき》らも若狭に、斯波義敏も越前《えちぜん》に侵攻し、美濃土岐氏一門の世保《よやす》政康《まさやす》が伊勢を攻撃した。

宗全は五月二十日に評定を開いて五辻大宮東に本陣を置き、五月二十六日に勝元方は一色義直邸近くにある幕府御倉正実坊《しょうじつぼう》や実相院《じっそういん》を占拠、続いて武田信賢・細川成之らが義直の屋敷を襲撃して京都での戦いが本格的に始まった（上京《かみぎょう》の戦い）。

勝元は室町殿を押さえ義政・義尚・義視を確保し今出川邸に本陣を置き、山名方についた幕府奉行人の責任を追及、六月には恩賞方の飯尾為数《いいのおためかず》を殺害、八月に

後土御門《ごつちみかど》天皇・後花園院を室町殿に迎えた。両者の本陣の位置から細川方を「東軍」、山名方を「西軍」と呼ぶが、東軍優位で合戦は広がった。

伊勢貞親の復帰によって足利義視は伊勢に逃れたが、宗全の娘婿である周防《すおう》の大内政弘《おおうちまさひろ》が海路三万の軍勢を率い上洛し西軍に合流してから情勢が一変し、義視が伊勢から上洛するなど西軍が盛り返してきた。『応仁記』によれば、東軍が十六万、西軍が十一万以上、合戦に集った兵は両陣あわせ三十万にのぼったという。

相国寺が焼かれ、室町殿が半焼するなど、合戦の激化で都は荒廃し、多くの公家や僧が乱を避けて京から離れていった。一休宗純《いっきゅうそうじゅん》もその一人で、相国寺焼失後に次の詩を作った。

寒灰、充塞す洛陽の城　二月、和花と春草生ず
黄金の宮殿　依然として在り　勅下って千秋　万国清し

『応仁記』は、乱で焼かれた都について「万歳期せし花の都、今何ぞ狐狼の伏土となる。たまたま残る東寺・北野さへ灰土となるを」と記し、さらにこうも記している。

応仁の一変は仏法王法ともに破滅し、諸宗悉く絶えはてぬるを感嘆に堪えず、飯尾彦六左衛門尉、一首の歌を詠じける。

汝や知る都は野辺の夕雲雀　あがるを見ても落つる涙は

この嘆きの歌を詠んだ飯尾常房《つねふさ》は、阿波細川家の家臣で、都鄙を往来し書や歌を嗜んだ文化人であった。乱はこうして長引いていったが、その一因に足軽の台頭があった。

足軽と下剋上

公家の一条兼良《いちじょうかねよし》は将軍義尚に『樵談治要《しょうだんちよう》』を献じて、「足軽」の停止を求め、昔から天下が乱れることはあっても、古い記録には記されていない、と指摘した後、その足軽の活動を次のように語る。

此たびはじめて出来れる足軽は、超過したる悪党也、その故は洛中洛外の諸社、諸寺、五山十刹、公家、門跡の滅亡は彼らが所行なり。かたきのたて籠らんる所にをきては力なし。さもなき所々を打ちやぶり、或は火をかけて財宝をみさくる事はひとへにひる強盗といふべし。かかるためしは先代未聞のことなり。

今度の乱で初めて登場した足軽は、度を超過した悪党で、その所行により洛中洛外の諸社や諸寺、五山十刹、公家、門跡が滅亡してしまった。敵の立籠っている場においては力を尽くさず、さもない所々を打ち破り、火をかけて財宝をあさる行為は昼強盗に他ならない。こうしたことは前代未聞である、という。

応仁の乱での足軽の具体的な動きを見よう。骨皮道賢《ほねかわどうけん》はもとは幕府侍所の目付であったが、乱勃発とともに東軍方に属し、三百余人の配下を従えて西軍方の補給路を断ち、街に火を放ち、稲荷山に陣取ってゲリラ戦を展開した末に、討死したという。

西軍方の御厨子某もゲリラ戦を展開してその名を知られたが、彼ら足軽は「疾足《しっそく》」とも呼ばれ集団をなして行動していた。『応仁記』は「浦上が小者一若といふ足軽」が、紫野の正伝寺の脇から五、六十人で船岡山の後ろに回ったと記している。

東寺の記録によれば、文明《ぶんめい》三年（一四七二）に足軽大将の馬切衛門五郎《うまきりえもんごろう》が八条で「取り立て」（幕集）を行ったので、東寺は足軽に加わらないように近隣の人々に誓わせている。文明五年七月に五条の足軽三郎左衛門が畠山義就被官の遊佐孫次郎《ゆうさまごじろう》の家来を殺害する事件を起こすと、その加勢のために洛中洛外から足軽たちが五条町に集まったという。

諸大名はこれら足軽を銭で雇って戦力としていたので、足軽の活動は一向に収まらず、足軽大将を中心とする自立的な動きだけが目立つようになった。『樵談治要』はこの足軽の停止を求めて、主人持ちには主人を通じて、土民商人ならば、在地に命じて罪科に処すべきであり、そうでもしなければ「下剋上《げこくじょう》の世」になってしまい、外国からの聞こえもよくない、と記している。だが、それを停止させる力は主人にも、在地にもなかったのである。

そうこうするうちに、文明五年（一四七三）三月に宗全が、五月に勝元が死去するなど、乱を牽引した二人の死によって厭戦気分が漂いはじめたのであるが、応仁・文明の乱において人々はいったい何を考え、どう動いたのであろうか。

足軽の活動に認められるような下剋上へと動いたのであろうか。下位の者が上位の者に実力によってうち克つこの行為であるが、しかし上位の人間が下剋上を求めるわけもなく、下剋上を達成すれば今度は逆に下剋上の対象ともなるわけで、下剋上とは他の人間の行為を批判的に、風潮として表現したものにほかならない。

「下剋上」の語は早くに建武政権を批判した『二条河原落書《にじょうかわらのらくしょ》』に見えていて、時代の転換期ともなればよく見受けられる現象であり、応仁の乱の時代がその転換期にあたるため、頻繁に認められたのである。考えるべきはその行為へと向かう思考にあるが、それを考える手がかりを与えてくれるのが説話集『塵塚物語《ちりづかものがたり》』である。

宗全と勝元

天文《てんぶん》二十一年（一五五二）十一月の識語を有する『塵塚物語』は、乱を牽引した宗全と勝元の話を載せており、巻末で宗全の言動に次のように触れている。

「いにし大乱のころ」、宗全がある大臣家に参ると、「当代、乱世にて諸人これに苦しむ」ことなど様々な物語が話されるなか、その家の大臣が「ふるき例」を引用し、様々に「かしこく」話をするのを聞いていた「たけくいさめる」宗全は、臆した気色もなく反論し次のように述べたという。

君の仰せ事は一往はきこえ侍れど、あながちにそれに乗じて例を引かせらるる事、しかるべからず。凡そ例といふ文字をば、向後は時といふ文字にかへて御心得あるべし。

大臣殿が言われるところの、一切を昔の例にまかせて行うことについては、宗全も少々は知っており、朝廷の沙汰ならばそれでもよいかもしれないが、建武《けんむ》・元弘《げんこう》から当代まで、法をただし改めてきているのであり、例といってもその時々に変わってきている、と前置きし次のように語ったという。

凡そ例というはその時が例なり。大法、不易政道は例を引いて宜しかるべし。その外の事はいささかも例を引かるる事心得ず。

例はその時の例に過ぎないのであって、大法や不易の政道などは例によるのもよいであろうが、他の事において例を引くのはどうか。今の時代は時を知って動くものであり、例に沿って動くのではない、例に泥《なず》んで時を知らなかったが故に公家は衰微して乏しくなり、官位のみを競って望むようになり、武家に恥ずかしめられ、天下を奪われたのだ、と言い放ったという。まさに乱世に生きた政治家に相応しい発言であり、宗全は時の動きに沿って動いたのである。

勝元の行動については『塵塚物語』巻四が「細川勝元淀鯉料理の事」と題し記している。「応永よりこのかた管領三職の人々は以ての外に威を増し、四海挙て崇敬する事、将軍にまされり」と、管領三職の有力大名の威が将軍に勝るようになった状況を述べ、そうなったのは大小となく公方が耳をよそに聞いていたから、と指摘し、その管領三職などの代表格として勝元の逸話を記す。

【細川氏略系図】太字は管領

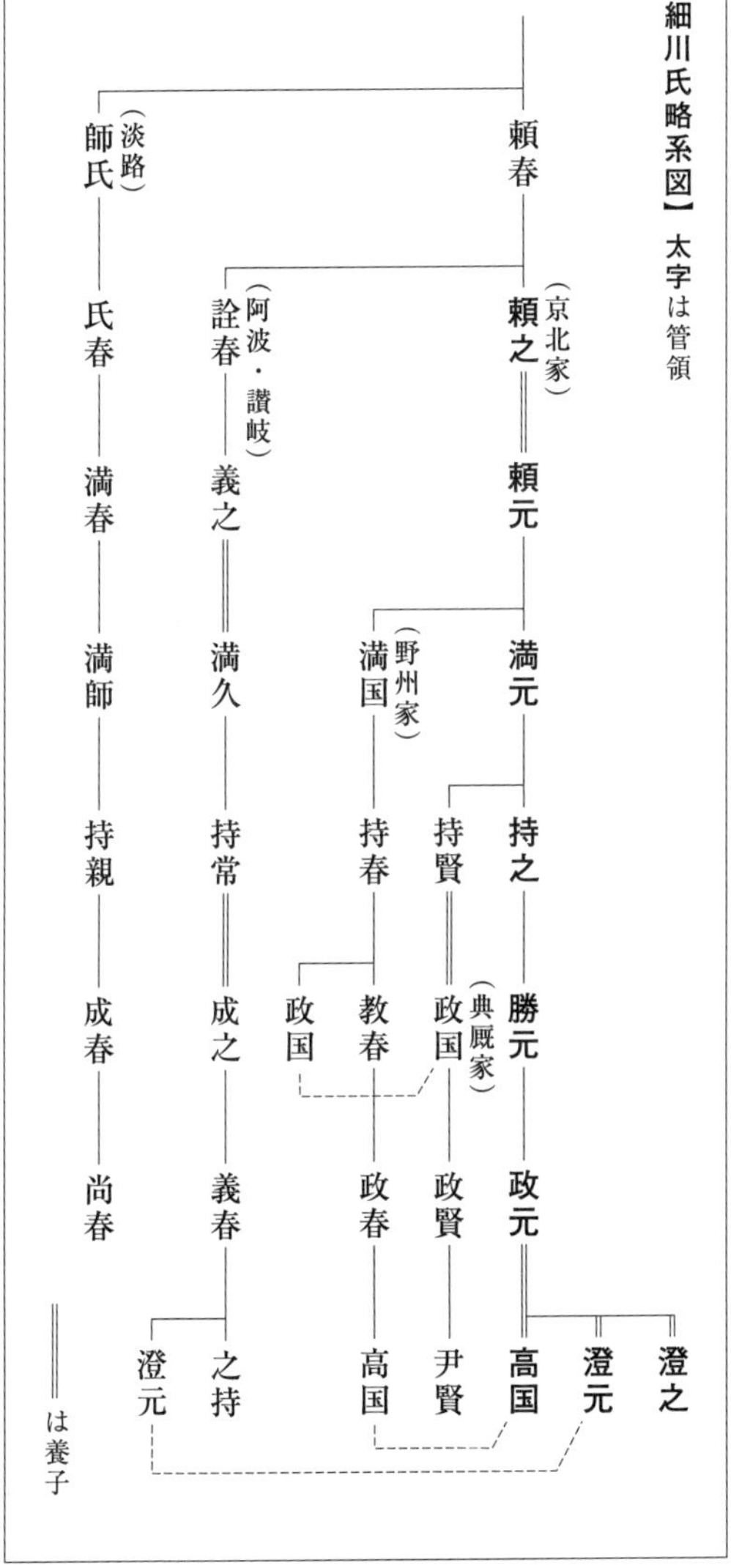

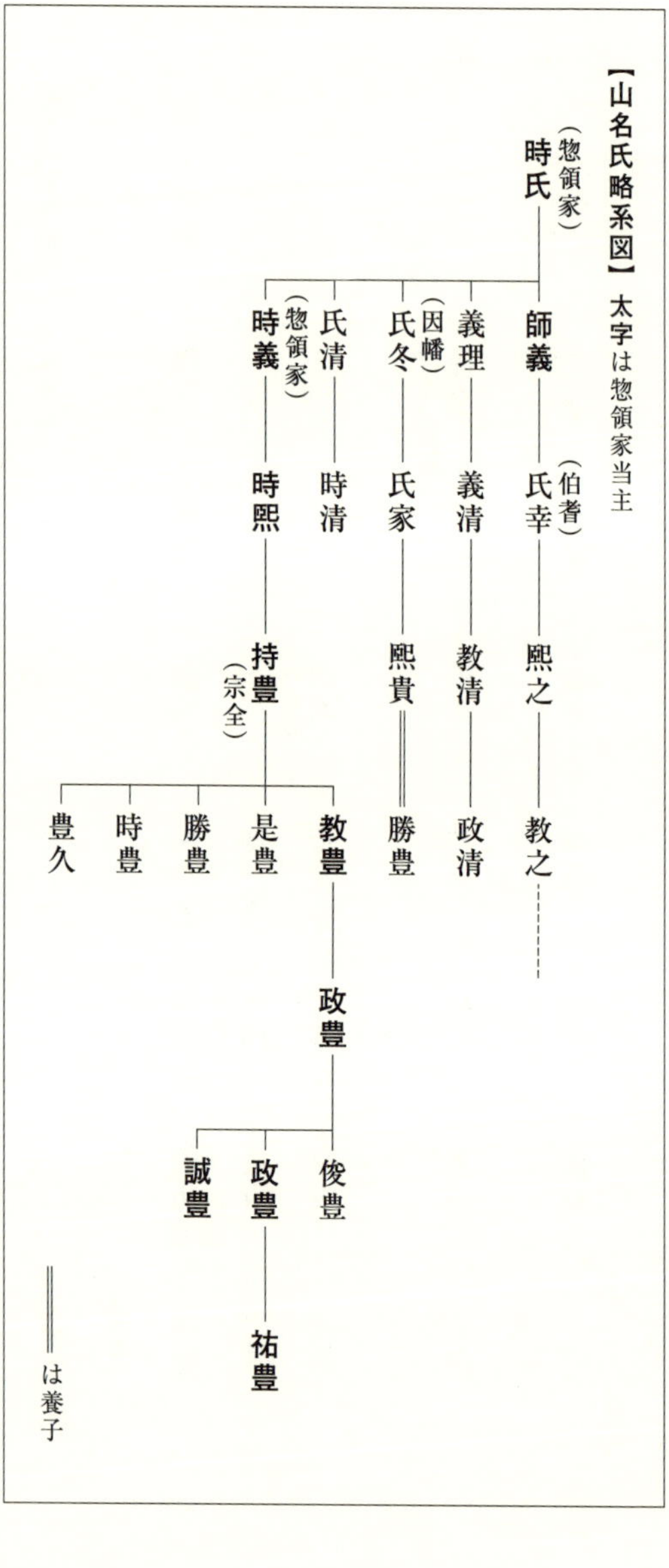

勝元は栄耀栄華を誇った政治家で、「一家不双の栄耀人」であり、接待に財宝をついやし、「奢後のきこえもあり。平生の珍膳・妙衣は申すに及ばず、客殿屋形の美しき事、言語道断なり」と、その膳・衣装や建物は華美であったという。この勝元は鯉を好み、招かれて鯉を出された時のこと、他の客人が、ただ宜しい鯉である、と褒めただけなのを見て、その褒め方は無骨であるとして、鯉が淀産の遠来のものならば、こうした鯉を如何に料理したのか、如何に食すべきかなどの心遣いを示

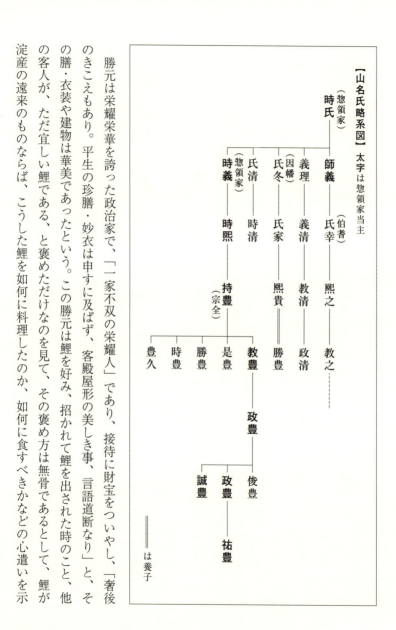

して味わうべきだ、と語ったという。

この話からは大名の経済力の向上と豊かな生活ぶりがうかがえるが、それはひとえに都を中心とした日本列島の商品流通の発展によりもたらされていた。勝元は和歌を歌人の正徹《しょうてつ》に学び、絵画や鷹飼・犬追物などの文武の芸にも精通し、医術を研究して『霊蘭集《れいらんしゅう》』を著わすなど多趣味な文化人でもあったことから、この話が載ったのである。こうした文化人の力があっても、政治は空転して応仁の乱は起きたわけである。

乱の終結

義政が義尚に将軍職を譲って文明六年（一四七四）に小河の新邸に移り、日野富子と義尚とが室町殿に同居したが、この事態について、南都大乗院《だいじょういん》の尋尊《じんそん》は自嘲気味に「天下公事修り、女中は御計、公方は大御酒、諸大名は犬笠懸、天下泰平の時の如くなり」と、天下泰平の到来と「女中」富子の実権掌握を記している（『大乗院寺社雑事記』）。

文明六年（一四七四）四月には、宗全の後継者である山名政豊と、勝元の跡を継いだ細川政元《まさもと》との間に和睦が成立し、政豊が東軍の細川方に加わり、畠山義就や大内政弘らの攻撃へと転じ、さらに西軍の一色義直の子義春《よしはる》が義政の許に出仕し、丹後一色氏もまた東軍に帰順した。しかしその後も東軍が細川政元・畠山政長・赤松政則、西軍が畠山義就・大内政弘を中心に小競り合いは続いた。

一方、西軍の美濃守護土岐成頼の家臣斎藤妙椿《さいとうみょうちん》は活発な軍事活動を行って、美濃・近江・伊勢へと出兵し、越前の斯波義廉の重臣甲斐敏光《かいとしみつ》と朝倉孝景との間の和睦を成立させなどしたが、甲斐敏光が翌七年（一四七五）に遠江《とおとうみ》守護代に任じられて西軍から東軍へと寝返った。そのため孤立した義廉は十一月に尾張《おわり》に下って守護代の織田敏広《おだとしひろ》を頼んだものの、斯波義敏派の又守護代織田敏定《としさだ》と衝突して没落してしまう。

文明八年（一四七六）になると和睦の動きが加速化し、義政が大内政弘に「世上無為」の御内書を送って、義視が義政に恭順を誓ったので、義政は義視の罪を不問に付す旨を返答した。翌文明九年に主戦派の義就が政長追討を名目に河内に下ったことから、十一月には大内政弘や畠山義統《よしむね》らも帰国して西軍は解体し、京都での戦闘は収束し、義視も土岐成頼とともに美濃に退いた。

十一月二十日、幕府によって「天下静謐」の祝宴が催され、十一年に及ぶ大乱は終わった。尋尊は「天下の事、さらに以て目出度き子細これなし」と喜ぶとともに、諸国の動静を次のように記している（『大乗院寺社雑事記』）。

近国においては、近江・美濃・尾張・遠江・三河・飛驒・能登・加賀・越前・大和・河内、これら皆御下知に応ぜず、年貢など一向進上せざる国々なり。その外は紀州・摂州・越中・和泉、これらは国中乱るゝの間、年貢などの是非に及ばざるの者なり。

畿内・東海・北陸諸国の近国を、幕府の下知に応じずに年貢を進上しない国々と、国内が乱れて年貢が入ってこない国々との二つに分類した後、「公方下知の国々」については次のように記す。

播磨・備前・美作・備中・備後・伊勢・伊賀・淡路・四国なるは、一切、下知に応ぜず。守護の体たらく、則体には御下知畏み入るの由、申し入れ遵行などこれをなすと雖も、守護代以下の在国の者、なかなか承引あたはざる事どもなり。

表向きは命令に従うように返事はしても、在国の守護代などが承引しないので、「日本国は悉く以て御下知に応ぜざるなり」と幕府の威令が届かなくなったと断じている。ここで触れていない諸国、すなわち遠江・信濃《しなの》・越後《えちご》以東の東国や、丹後以西の山陰道、安芸・周防・長門《ながと》・九州などの西国は、幕府の支配秩序から脱しつつあり、京や山城《やましろ》・丹波《たんば》・若狭も記されていないが、これらはどうにか直接の支配下にあったからであろう。

『塵塚物語』の描く将軍

『塵塚物語』は義政・義尚・義材《よしき》（義稙）の三代の将軍に言及するなか、義政については巻四で、「前代大乱打つづき世の政務思召すままならねば、人々のふるまひうとましく、あぢきなくおはして東山一庭の月に心をすまし、茶の湯・連歌を友として世のさかしまを耳のよそに聞しめしけるとぞ」

と、思い通りにゆかない政務に嫌気がさして、「大位小職」の人々を集め、語らいの場を東山にもって風雅な生活を送った、と語っている。

義政は文明十二年（一四八〇）に大病を患ってから隠遁を考え、同十五年に東山山荘（「東山殿」）に移り、東求堂《とうぐどう》・観音殿（銀閣）を設け暮らすようになったのである。

義尚については、冒頭の話で「義尚公は天性をゆふにうけさせ給ひて、武芸のいとまには和歌に心をふけりましまして、御才覚もおとなしくましましける」と、武芸や和歌に優れていたことから、「高官昵懇《じっこん》の公家」が常に参っては和歌の話をしていたといい、その和歌を指南した某大納言が逆に将軍の風情をうかがうようになったというほどの上達ぶりで、「いみじき国主」と指摘する。

義尚は文明五年（一四七三）に九歳で将軍になると、文明十五年の父義政の隠遁とともに政務に関与していった。奉公衆を基盤に権力強化をはかり、長享《ちょうきょう》元年（一四八七）には近江守護六角高頼が寺社本所領や奉公衆の所領を押領したとして近江に出陣している。その高頼であるが、応仁の乱では西軍に属し、一族の六角政堯《まさたか》と対立するかたわら、東軍に属す近江北半分の京極持清と争うなかで幕府の追討の対象となったのである。

近江の鈎《まがり》の陣にあった義尚は、「諸道の達人」を供奉《ぐぶ》させ、敵が近隣を掠《かす》めるという情報を得て進発したところが、炎天下で士卒が大汗を掻いていたので労《いたわ》りの歌「けふばかりくもれ近江の鏡山旅のやつれのかげの見ゆるに」を詠むや、涼風が吹いて、「天感不測の君」と称されたという。

だが義尚はその陣で若くして病没してしまい、翌延徳《えんとく》二年（一四九〇）には義政も亡くなったので、義視の子義材（後に義稙《よしたね》）が将軍となった。巻五の「恵林院殿の御事」は、この将軍義稙の逸話を載せている。「先の将軍よしたね（義稙）公は御心正直にして、やさしき御生まれつきなり」と始まり、心正直な義稙は武臣や家僕、公家に心配りをしていたが、「乱世の国主」であったことから、将軍とは名ばかりで、「下さまの輩」が上意と号し「我がままを振る舞った」ので、その武臣の罪が大将軍への恨みとなったという。

将軍になった義材も六角高頼を討つため近江に出陣し、一年半かけて高頼を伊勢に追い、明応《めいおう》二年（一四九三）には畠山政長らを率いて河内に出征して畠山義就の子基家《もといえ》を攻めた。ところが細川政元が密かに基家と手を結んでいて、義材を将軍職からひきずりおろし、義高《よしたか》（義政の甥で政知《まさとも》の子、後に義澄《よしずみ》）を将軍に推戴したのである（明応の政変）。

将軍権力の確立を妨げていたのは、義稙が「一とせ政元が事に苦しめるにより」と語ったような、将軍の廃立に向かった細川政元など有力大名の行動にあって、将軍職を追われた義稙は放浪の旅を余儀なくされた。

『塵塚物語』は三人の将軍を「国主」と記し、それぞれに将軍権力の確立をはかったが、いずれもうまくゆかなかったことを語るとともに、公家との交流によって和歌などの文化に力を注いで、堪能であったことを指摘している。

二 自立への志向

『塵塚物語』の語る乱世

乱世の時代の話を集めた『塵塚物語』は、将軍義尚の話から宗全の話まで全六巻六十五話からなる。歌詠みの命松丸《めいしょうまる》を吉田兼好の弟子と紹介してその語った話を載せ（巻一）、千本釈迦念仏の話を『つれづれ草』の記事から始め（巻二）、藤原定家の『明月記《めいげつき》』を引用して定家の漢詩に触れるなど、『徒然草』の系譜を引く作品である。

著者は文事に明るく、自らを「藤某」と記し藤原姓の人物と知られる。巻四の「和国天竺物語の事」は「予、むかしおさなく侍るころ、ある殿上人のもとへまかり侍るに」と始まる、著者自身の登場する話である。ある殿上人の許に赴くと、人々が寄合って詩歌の褒貶《ほうへん》を行っていたので、その後の宴席において著者が座興に面白い話を語り、話に花が咲いたという。冒頭の将軍義尚の話は「前飛鳥井《あすかい》老翁、一日語られていわく」とあり、著者が前飛鳥井老翁から聞いたもので、この前飛鳥井老翁とは天文十七年（一五四八）正月に三位になった飛鳥井雅教《まさのり》の父前大納言飛鳥井雅綱《まさつな》のことと考えられ、『塵塚物語』に載る話の多くはこうした場で語られたのであろう。

巻六の「藤黄門雑談の事」は、「ちかき比、藤黄門なにがしの申され侍るは」と始まり、その藤中納言某が語った、城北の説法に優れた僧の話で、これも著者が直接に聞いたものであろう。さらに巻五の「昔武士文言美麗の事」には「一とせみづからひそかに東国へおもむきはべり」とあって、著者が東国に下り箱根権現に詣でた時に見た、弘法大師や小野篁《おののたかむら》、曾我兄弟の弟時致《ときむね》の書について記している。

著者は所々で書の話について触れる。巻四の「世尊寺行能《せそんじゆきよし》、清水寺に詣で嗣子を祈るの事」は、鎌倉時代の書の家の世尊寺行能が、清水寺で祈り首尾よく跡継ぎの経朝《つねとも》を儲けたという話、巻五の「世尊寺某額の事」は、「先亡藤原某卿ハ近代に名高き能書也。彼家にても行能以後の名翰也といへり」と始まって、能書の藤原某卿がいかにもてはやされていたかを語っている。

この「世尊寺某」「先亡藤原某卿」とは、享禄《きょうろく》五年（一五三二）に亡くなった世尊寺行季《ゆきすえ》のことであろう。『世尊寺侍従行季二十箇条追加』という書物があって、行季の父行高《ゆきたか》が自筆で記したものを大《だい》永《えい》六年（一五二六）に「旅行」に赴く際に書き置いたものというが、その行季を「先亡藤原某卿」と紹介するのは、著者が行季の子であることを示していよう。

ただ諸系図には世尊寺家は行季で「断絶」したとあるので、著者への書の家の継承はならず、その境遇もあって『塵塚物語』が著わされたと見られる。宗全の話を最後に据えたのは、自らが例を求め、時を知らないことを痛感してのことであったとも考えられる。

下剋上と自立

応仁・文明の乱を牽引した勝元・宗全の二人は共通して、自身が政権の担い手であることを積極的には示さなかった。勝元は管領となっても、それまでは将軍の命をうけ管領が管領奉書を出していたのに、将軍の命は奉行人奉書で伝えられている。宗全も自身が政務をとる動きはみせず、乱当初には管領の斯波義廉が将軍に代行して管領下知状を出していた。

文化の素養があったことも共通する。勝元については既に見たが、宗全は禅に傾倒して建仁寺の瑞巌竜惺《ずいがんりゅうせい》を招いて一族の仏事を執り行っており、連歌を被官である但馬高山氏から出た高山宗砌《たかやまそうぜい》に学んだ。宗砌が幕府の北野連歌会所の奉行になったのは、宗全が関わっていたからであろう。宗全が将軍に隠居を命じられた際に、宗砌は連歌所奉行を辞して宗全とともに但馬に下っている。

宗全や勝元を始め、武士や武家が求めていたのは下剋上ではなく自立にあったといえよう。『塵塚物語』巻六に見える、ある武辺の侍は延徳の初年（一四八九）には「疋夫《ひっぷ》」に過ぎなかったが、「はたらきいでて、十余年がほどに半国の領する身」となり家門が豊かになったという。典型的な下剋上で上昇した武士といえようが、侍が求めたのは身を立てることであったとし、その姉への「不思議な孝養」について詳しく語っているのである。

巻二の「尼子《あまご》伊予守無欲の事」は、尼子経久《つねひさ》を「雲州の国主として武勇人にすぐれ、万卒身に従って不足なく、家門の栄耀、天下に並びなき人にて有」と絶賛するが、この経久は下剋上の始まりを示す存在としてこれまでの研究でしばしばあげられてきた。文明十八年（一四八六）正月に守護方の拠る月山《がっさん》城を攻め、城を守る塩冶《えんや》掃部介《かもんのすけ》を敗死させた事件があり、それが下剋上の典型と見做されてきたのだが、実際はどうであろうか。

経久は長禄《ちょうろく》二年（一四五八）、出雲《いずも》守護代の尼子清定《きよさだ》の嫡男に生まれ、文明六年（一四七四）に出雲・近江守護の京極政経《まさつね》邸に入って京都に滞在した後、出雲に下って家督を譲られると、やがて国衆《くにしゅう》との結びつきを強め、出雲の寺社領を押領し、美保関《みほのせき》の公用銭《くようせん》、段銭《たんせん》の徴収拒否などによって独自に権力基盤を築いた。そのため西出雲の塩冶氏と対立するようになり、文明十六年（一四八四）に居城を包囲され守護代の職を剝奪されたのだが、その月山城を文明十八年に奪回したのである。

これでは下剋上とはとても言えまい。長享二年（一四八八）に国人の三沢氏を降伏させ、明応九年（一五〇〇）に守護代の地位に返り咲いて守護の京極政経との関係を修復し、やがてその政経を追放して出雲の国主の地位についているので、この点を下剋上といえばそういえよう。

しかしこの経久を『塵塚物語』は、家臣に非常に気を遣う優しい人物で、「天性無欲正直の人」と評している。家臣が経久の持ち物を褒めると、喜んで高価なものでもすぐにその者に与えてしまうため、家臣たちは気遣って経久の持ち物を褒めずただ眺めているだけにしていたという。下剋上には何も触れていない。その自立を求めた動きが下剋上を生んだのである。

自立の模索

武辺の侍や尼子経久の事例からは、当代の人々が求めていたのは自立であったことがわかる。山名の西軍方も、細川の東軍方も、将軍とは別個に自立を求めて動いていた。室町殿を占拠された勝元は、一族や被官、与力の大名らを集め、独自に軍勢催促状や感状を発給し、四国など分国の兵を動員した。西軍では管領の斯波義廉が将軍に代行して管領下知状を出し、大名たちの連署状が用いられるなど、ともに自立的動きが認められる。

東西両軍の分立という事態はそれぞれが自立を求めた結果に他ならず、将軍も自立に向けて動いた。義政は内乱により求心力は失っても、「はかなくもなお収まれと思ふかな　かく乱れたる世をばいとはで」の歌を詠むなど希望を抱いていて、隠遁の心を深く持つようになると、東山山荘の造営に熱中し、そこを自立の拠点として存在感を発揮していった。

義政の後継者となった義尚は、長享元年（一四八七）に六角高頼が寺社本所領などを押領したのを理由に近江に出張したが、その鈎の陣こそが自立の拠点であった。義尚を補佐した母日野富子は、義政に代わって政務を代行し、「御台、一天の御計らひ」と称されたが、莫大の米銭を蓄え、大名に貸し付けを行い、内裏修理料の名目で京都七口に関所を置くなど利殖活動に精を出し、また徳政一揆に対して土倉《どそう》の財物を守るために弾圧を加えるなど、やはり自立を求めていた。

文明本『節用集《せつようしゅう》』は、自立に「じりつ」の訓みを振るも、その意味を載せていない。『日葡辞書《にっぽじしょ》』には「じりゅう」とあって、「自分の考えを固執すること」とある。遡れば、『吾妻鏡《あづまかがみ》』治承《じしょう》四年（一一八〇）九月三十日条に「新田大炊助源義重入道（法名上西）」が、故陸奥守義家の嫡孫として「自立の志」を抱き、頼朝の誘いには応じずに上野《こうずけ》国寺尾城に引き籠って軍兵を集めたとあり、十二月二十四日条には、木曾義仲が上野国から信濃国に赴いたことについて「自立の志」があったからという。

ここでの「自立」とは武士が他勢力の要請に加わらずに行動することを意味したが、応仁の乱後の時代にはより強い意思に基づく行動を意味していた。その代表的な存在が、応仁の乱で西軍の宗全に与力し、上洛して西軍を活気づかせた周防の大内政弘である。

政弘は寛正《かんしょう》六年（一四六五）、父教弘《のりひろ》の死をうけて家督を相続、周防・長門・豊前《ぶぜん》・筑前《ちくぜん》守護を継承し、日明貿易では博多商人と連携して堺商人と組む細川氏と対抗しつつ、遣明船を派遣して大きな富を築いた。尋尊は『大乗院寺社雑事記』に政弘についてこう記している。

氏は多々羅朝臣なり。百済国聖明王の末なりと云々。先祖日本国に来るの時、多々良浜に着岸の故、則ち末流は多々良氏を称し大内郡に住む故、大内と号するなり。

当時、政弘は「百済国聖明王の末なり」という由緒を整えつつあり、この文明七年（一四七五）には国内の姓を記した『新撰姓氏録《しんせんしょうじろく》』を写させている（『続群書類従』）。文明八年、足利義政からの東西和睦の周旋への要請を受諾し、翌年十月に新将軍義尚に周防・長門・豊前・筑前四か国の守護職を安堵されて帰国すると、文明十年に九州の少弐《しょうに》氏と戦って豊前・筑前を確保、安芸や石見の国人を従え、西国の支配権の確立に力を注いだ。

文明十八年（一四八六）十月二十七日、政弘は建立した興隆寺《こうりゅうじ》が勅願寺に認められたことを喜んで、大内氏の世系《せいけい》を百済の王の子孫に求め、大内氏を守護する妙見《みょうけん》大菩薩への信仰や、日本に仏法を興隆させた聖徳太子との関わりなどを記した由緒書を作成したが、その由緒を探るにあたっては、朝鮮発遣の使者を通じ、「国史」の賜与《しょ》を要求している（『朝鮮王朝実録』）。

一揆と自立

武士のみならず広い階層が自立を求めて行動した。足軽や土一揆に襲われた京都では、武家が合戦用の「構《かまえ》」、公家が自衛の「構」を設け、また田中郷の住人が御霊の地に「田中構」を築いたように、住人も構という防御施設を設け自立を求めた。

文明十六年（一四八四）に一条高倉の土蔵に盗人が乱入すると、町人が諸方から集まって矢軍《やいくさ》となり、盗人の放火により一条面が焼失している。延徳《えんとく》二年（一四九〇）の土一揆に対しては所々の鐘がつかれて町が警戒にあたり、明応四年（一四九五）には「町人幷土蔵方衆」が一揆衆を討ち取っている。

この時代を特徴づける一揆にも自立を求める動きが顕著に認められる。

文明十七年（一四八五）に南山城で起きた国一揆は、畠山義就と同政長とが宇治川を挟んで対陣するなか、南山城三郡の国人が宇治の平等院で集会を開き、一揆を結んで両軍に退去を迫ったばかりか、合議によって「掟法《おきて》」を定め、「惣国《そうこく》」として自検断を行い、半済《はんぜい》を徴収していった。その一揆は「三十六人衆」といわれる国人を中心に運営され、「一国中の土民」に支持され、「下剋上の至り」とまで評されたが、ここでは自立を求める動きが自治へと進んだのである。やがて山城守護に伊勢貞陸《さだみち》が任じられると、その入部をめぐって対立がおき分裂を招いて一揆は崩壊していった。

伊賀国小倭郷《いがおやまとごう》では、明応三年（一四九四）九月の土豪衆の一揆契約状と八月の百姓衆の起請文とが、同年に建立された成願寺《じょうがんじ》に伝わっているが、前者では四十六名の土豪が「一家中」を構成、一味同心して公事や質取りに対処することを定め、後者では百姓三百五十名が連署している。

さらに一向一揆も広がった。本願寺七世の存如《ぞんにょ》の弟如乗《にょじょう》が加賀の本泉寺《ほんせんじ》や専称寺《せんしょうじ》などを拠点に浄土真宗の布教にあたって以来、真宗は加賀の山間部や農村部に広がり大勢力を築くようになった。その自立の画期は、蓮如《れんにょ》が寛正六年（一四六五）に比叡山大衆《だいしゅ》の攻撃で京大谷の本願寺を破壊され、文明三年（一四七一）に加賀・越前の国境の吉崎《よしざき》に拠点を移し、坊舎を構えて北陸布教にあたったことにある。

蓮如は念仏者集団を同朋《どうぼう》として組織し、阿弥陀仏の救いなどを強調する「御文《おふみ》」によって信仰を勧め、やがて加賀守護の富樫《とがし》氏の内紛にも介入し、富樫政親《まさちか》の要請を受けて翌年には富樫幸千代《こうちよ》を倒すのに力を貸すなどして、親鸞以来の血脈相承を根拠に北陸の浄土系諸門を次々と統合していった。しかし本願寺門徒の勢いに不安を覚えた富樫政親が、本泉寺や光徳寺《こうとくじ》および松岡寺《しょうこうじ》を中心とした門徒を弾圧し始めたので、守護からの保護を期待していた蓮如は吉崎御坊《ごぼう》を退去し、加賀門徒は政親に追われて越中《えっちゅう》国へと逃れた。

越中の石黒光義《いしぐろみつよし》は政親と結んで加賀門徒を攻めたが、逆に文明十三年（一四八一）に一揆が光義を討ち取って加賀に帰還すると、加賀の有力武士と結び、長享二年（一四八八）には加賀・能登《のと》・越中二十数万の門徒が、富樫泰高《やすたか》を守護に擁立し、政親の居城高尾城《たかお》を包囲して滅ぼした。

こうして「百姓の持ちたる国のやうになり行き候」（『実悟記拾遺《じつごきしゅうい》』）という様相となり、加賀一向一揆は郡・組・講などの組織を通じて門徒領国を形成し、永正《えいしょう》三年（一五〇六）に実如《じつにょ》の指令で一揆が蜂起し、「賀州三ケ寺」（本泉寺・松岡寺・光教寺《こうきょうじ》）を頂点とする門徒組織が整備された。

宗教関係の一揆集団には紀伊の根来衆《ねごろしゅう》もある。高野山から離れて紀伊の根来の地を本拠地とした根来寺は、長禄四年（一四六〇）五月に近くの粉河寺《こかわでら》との間の水樋相論《みずひそうろん》から、粉河寺方を支援する守護の畠山義就勢と争って紀ノ川で千人余の軍勢を溺死させているなど（『碧山日録《へきざんにちろく》』『大乗院寺社雑事記』）、この時期にはすでに強大な武力を備えていた。

周辺の所領に介入し、土地集積を展開、和泉や南河内にまで勢力を伸ばし、和泉の日根野荘《ひねの》では根来寺閼伽井坊《あかいぼう》が日根野・入山田《いりやまだ》両村の代官に補任されている（『政基公旅引付《まさもとこうたびひきつけ》』）。その軍事集団では杉ノ坊と泉識坊《せんしきぼう》が指導的役割を果たし、文明十二年（一四八〇）に始まった大塔の造営が天文十六年（一五四七）に完成している。

村の一揆

村にも自立の動きが認められる。飢饉におびえつつ堺相論《さかいそうろん》を繰り返していた村々では、村同士での合戦が起きており、近江の菅浦《すがうら》では文安《ぶんあん》二年（一四四五）と寛正二年（一四六一）の二度、隣接する大浦荘との相論から、周辺の地頭や荘民をまきこんでの合戦が起きた。

文安の合戦では、係争地の日指《ひさし》・諸河《もろかわ》を守るため、領主や幕府に訴訟するかたわら、村を実力で守るべく、「七、八十の老《おとな》共も弓矢を取り、女たちも楯を担ぐ」と非戦闘員をも動員し、周辺の組の郷の応援を得て戦いに勝利したという。この争いの顚末を村人が記した「置書《おきがき》」が今に伝わっており（『菅浦文書』）、菅浦では惣という自治組織が関連文書を保管していたのである。

和泉国の南部の日根野荘では、前関白の九条政基《くじょうまさもと》が文亀《ぶんき》元年（一五〇一）から四年間にわたって現地に下っていたので、その時の日記『政基公旅引付』から日根野荘入山田村の動きがうかがえる。この地は和泉の守護勢力と隣接する紀伊の根来衆とが激しい合戦を繰り返していたことから、村人は集会を開き、時に防御のために出陣した。

隣接する日根野村に守護勢が乱入した時には、入山田村を構成する土丸《つちまる》・大木《おおぎ》・菖蒲《しょうぶ》・船淵《ふなぶち》四か村が円満《えんま》寺の早鐘を鳴らし、激戦の末に退けたが、その武力は老・中老・若衆で構成されていた。隣接する日根野村に応援に駆け付けているように、周辺の村々とは「与《くみ》の郷」という契約に基づく結びつきがあった。村々の有力者である番頭《ばんとう》が年貢の収納や対外交渉を行い、事あれば集会を惣社の滝宮で開いていたが、この宮の祭礼には猿楽や田楽が行われ、風流念仏では四か村が競って工夫をこらしていたので、その出来栄えに政基は驚きを示している。

寄合を開いて村の意思を定めるなど、村の自立した動きが認められるが、その自立の拠点が惣社や八幡社など鎮守社であった。中国地方の備中の新見《にいみ》荘の村の動きは、領主の東寺への村からの報告にうかがえる（『東寺百合文書』）。村の名主《みょうしゅ》百姓四十一名が連署し、寛正二年（一四六一）に代官の安富智安《やすとみちあん》の罷免を東寺に要求して、次のように伝えてきた。

管領細川勝元の指示で守護方が当荘へ打ち入るという風聞があったが、三職《さんしき》の荘官や地下人らの一族が集まれば四百人から五百人になるので、周辺の三か国から攻めてこようとも当荘は落ちることはない。将軍の下知や管領の介入で東寺が細川被官の安富と契約を結ぶのならば、地下一同は他国に逃散《ちょうさん》するのも辞さないことを一味神水で定めている。

応仁の乱が起き、「京都物忩に付候て、以外《もってのほか》国もぶつそうに是非なく候」という情況から、安富が新見荘に入部する噂に接すると、百姓らは「安富殿御事は御代官にふつと叶まじき由、申候て、年内より日々に大寄合仕候て、入部候ば、おつかえし申べしと申候。」と、大寄合を開いて代官の入部を拒否する姿勢を示している。文明二年(一四七〇)の注進状にはこう見える。

今月廿一日に、おく里むらおとこ数一人も残らず罷出候て、御八幡にて大よりあい仕候て、東寺より外は地頭にもち申まじく候と、大かねおつき、土一揆を引きならし候間、いままでは不被入候。

村から一人残らず出て八幡宮で大寄合を開き、東寺以外を領主としないことや、大鐘をついて土一揆で防備を固めたので、入部して来てはいないことなどを報告している。

山野河海の資源化

村の一揆や自治が可能であったのは、気候の寒冷化にともなう厳しい環境のなか、山野河海に挑んで、その資源を商品化するようになっていたからであり、この時期から山論・水論などの山野河海の境界をめぐる紛争が頻発するようになっていた。

菅浦は応永《おうえい》十九年（一四一二）から領家の日野家に年貢二十石、銭を春秋十貫文ずつ納めていたが、年貢の減免を要求し、運送条件を有利に運ぼうとしていた。山門（延暦寺）に前田の地の年貢を納入し、琵琶湖の竹生島《ちくぶしま》には海上の安全を祈って初穂の米を納め、さらに内蔵寮《くらりょう》を管轄する山科《やましな》家には供御《くご》として大豆・小麦・鯉・枇杷などを納めていた。

琵琶湖北岸の寒村の菅浦でもこれだけの年貢を納めていたが、これらを輸送していたのが南岸の坂本の素麵屋であり、琵琶湖沿岸の土豪も代官として関与するなど、山野河海の資源化や商品化、運送などを通じて多様な関係が結ばれるようになっていた。

坂本と並んで琵琶湖沿岸の湊町として繁栄していた堅田浦《かただうら》の風景を描いている屏風に『堅田図屏風』がある。本来は大徳寺の塔頭瑞峯院《ずいほういん》の檀那の間に襖絵としてあったものが屏風に仕立てられて伝えられてきたものであるが、そこには集落とともに日々の営みにいそしむ人々の姿が描かれていて貴重である。

その堅田の人々の暮らしを、一向宗本福寺《ほんぷくじ》の檀越《だんおつ》である三上明誓《みかみみょうぜい》が、『本福寺跡書《あとがき》』に次のように記している。「田作ニマサル重イ手ナシ」として、飢饉の年には、鍛冶屋は釜や鉈などを安く売るのを止め、鋤・鍬・鎌などに作って有徳人《うとくにん》（金持ち）に売る。桶の側面が腐るのが困る桶師の場合は、飢饉の年には需要が多く困らない。研師《とぎし》は良い刀を安く売らずに仕直して有徳人に売り、番匠《ばんじょう》も有徳人に造作をすすめて仕事をするなど、万の物を誂えるのは分限者であることから、そのことを念頭に活動しているのである。

その堅田の有徳人は、東は、能登・越中・越後・信濃・出羽・奥州、西は因幡・伯耆・出雲・石見・丹後・但馬・若狭に赴いて商いをし、生計を立てていた、小氷期《しょうひょうき》という地球規模での寒冷期にあたり、飢饉にしばしば襲われたが、人々は工夫を凝らして生活を送っていたのである。

そうした物を売る商人や物作りの工人などの生態を描くのが『七十一番職人歌合』である。月・恋の歌題のもとに一四二種の職種の職人が左右に分かれて番を組み、歌を競いあう趣向の絵巻で、絵の余白には職人たちの日常会話や口上が画中詞《がちゅうし》として見える。奥書によれば、絵は土佐光信《とさみつのぶ》、書は坊城《ぼうじょう》大納言和長《かずなが》の手になり、序文に「金殿の光ことなるみぎり」とあるので、後土御門天皇の死去により後柏原《ごかしわばら》天皇が践祚《せんそ》した明応九年（一五〇〇）以降ほどなくして作られたと見られている。

その一番左の「番匠」の画中詞に「我々も今朝は相国寺へ又召され候。暮れて帰り候はんずらむ」とあるのは、焼失した相国寺再建に向けての職人の動きを物語っており、二十三番左の「翠簾屋《すいれんや》」の「新御所の御移徙《わたまし》ちかづきて、いそがはしさよ。近衛殿より御いそぎの翠簾にて」も、造営した御所への移住にともなう職人の動きを示している。

そのほか四十三番右の「九条殿に何事御座あるやらむ。帖をおほく刺させらる」と語る畳刺や、四十四番左の「南禅寺よりいそがれ申候」と語る瓦焼など、都が復興されてゆく様子が見てとれる。鎌倉時代の職人歌合と比較すると、その数といい、画中詞の自己主張の語りといい、職人の強い自立的活動が認められる。

この絵を描いた土佐光信は寛正三年（一四六二）に義政の室町殿の「舞楽図障子絵」を描き、文明元年（一四六九）に絵所預《えどころあずかり》になってからは広く肖像画や障屛画、絵巻を描いて多くの貴顕の注文に応え、やまと絵の新生面を開いた。延徳《えんとく》三年（一四九一）に三条西実隆《さんじょうにしさねたか》が宗祇《そうぎ》の庵で光信の描く人丸像の新図を見ているなど、実隆や宗祇とも親交があり、明応四年（一四九五）に『槻峯寺《つきみねでら》建立縁起絵巻』、文亀三年（一五〇三）に『北野天神縁起絵巻』を描き、永正十四年（一五一七）には将軍義稙の注文で『清水寺縁起絵巻』を描いている。

三　都と鄙の東山文化

古典学と家

武家や村の一揆の自立に向けての行動とは縁遠いかに見える公家も自立を志していた。『十輪院内《じゅうりんいんない》府記《ふき》』に「五百年以来の才人」と謳われた五摂家の一条兼良は、古典学に活路を見出すことになった。朝廷の公事の由来を記す『公事根源《くじこんげん》』を著わし、二度も摂関となった兼良は公武の詩歌会に参り、『源氏物語』の進講では将軍義政が陪聴《ばいちょう》することもあった。

応仁の乱の勃発で関白に還任《げんにん》するが、一条室町邸や膨大な蔵書を収める文庫の桃華坊《とうかぼう》が焼かれたので、六十合の書物を携え、子の尋尊がいる奈良に避難し、文明二年（一四七〇）に関白を辞退してからは、『源氏物語』の注釈書『花鳥余情《かちょうよせい》』を著わすなど古典学に力を注いだ。

文明五年（一四七三）に奈良から美濃に赴いた時の紀行文『藤河の記《ふじかわのき》』には、近江の石山寺で「騒ぎ立つ世にも動かぬ石山は　げに逢ひがたき誓なりけり」の歌を詠んだことを記し、美濃の斎藤妙椿の歓待を受け、歌会や連歌会に出て、猿楽や鵜飼を楽しんだのだが、五月十一日に「東軍の棟梁細川勝元が死去したとの報に接して、「国境また蜂起する事」を心配しつつ帰路についた。

同九年（一四七七）に上洛してからは、『源氏物語』の談義を「一日は公家衆、一日は武家衆」など、公家衆や武家衆に招かれて行い、文明十二年に将軍義尚と母富子の求めに応じ、政道の教訓書『樵談治要』を著わして、守護や奉行人、近習などをよく選ぶよう求め、芸能や政道に心がけることを諭した『文明一統記《ぶんめいいっとうき》』では、孝行・正直・慈悲を専らにするように求め、翌年に子冬良《ふゆよし》のために衣服や一条家当主の心得を記している。

兼良はいわば宗全が批判したところの「例」を重視する公家であったが、この兼良に次ぐ古典学者が三条西実隆である。閑院流《かんいんりゅう》の三条家の流れにあって、乱で朝廷の公事が衰退するなか、文明八年（一四七六）に諸公事が再興されると四方拝《しほうはい》を中将として勤め、「一天昇平よろしく今春に在るものか」と喜び、翌年の四方拝には蔵人頭として臨み、「鶏鳴き、紫階星落つ。朱欄曙色にして誠に新しきものなり」と感慨に耽っている（『実隆公記』）。

文明七年に和歌を飛鳥井雅親《まさちか》に学び、連歌師の牡丹花《ぼたんか》肖柏《しょうはく》や宗祇には連歌を学んで、宗祇から古今伝授を受けてこれを後世に伝え、能書《のうしょ》だったことから、天皇や将軍の求めに応じて絵巻や日記、和歌書などの古典作品を書写し、『源氏物語』や『伊勢物語』を講じた。

多くの貴族が自立の場を求めて地方に下ってゆくなか、都に留まって地方の武士の求めに応じ、書物の書写や古典の注釈書を記すなど幅広い活動を行ったのである。その交流は、北は奥州、南は薩摩《さつま》・大隅《おおすみ》に至る日本列島全般に及んだ。宮廷文化の精髄である『源氏物語』『伊勢物語』『古今和歌集』などの古典学に自立の道を求めたわけで、この時期には「例」を重んじる家の道も定まってきたのである。

公家は地方に逃れて自立を求め、また家業に自立を求めたが、その公家の家の道について記しているのが、長禄二年（一四五八）に空蔵主《くうぞうす》が著わした『公武大体略記《こうぶだいたいりゃくき》』である。

家の道

『公武大体略記』は、禁裏・仙院・后宮・親王に始まり、五摂家の執柄家《しっぺいけ》、閑院・中院・花山院の三家、武家、名家、菅家・諸道などの家の流れとその家の「道」とを記している。たとえば執柄家の一条家は、「一天の君万乗の主に御師範として、摂政関白の御職を受け継がしめ給」という五摂家の一つであって、九条道家《みちいえ》の子実経《さねつね》に始まり、「前摂政関白太政大臣准三宮兼良公に至るまで七世なり」と、一条兼良に至るまでを記している。

名家の世尊寺《せそんじけ》家については「日本無双の右筆たる条、世以て称美し侍る」という行成《ゆきなり》卿に始まる能書の家で、参議伊忠《これただ》が十五世であると記し、同じ名家の綾小路家は郢曲《えいきょく》を「家業」としていると記している。天皇家については「禁裏」の項で「帝王の御事は一天の主」と記した上で、当今は後《ご》崇光院《すこういん》の子で、「人王の御始神武天皇より今一百五世の御後に当たらせ給」と、百五代の後花園天皇の治世が今年の長禄二年まで三十年に及んで目出度いという。

後花園天皇は勅撰和歌集『新続古今和歌集』の撰集を命じ、これが最後の勅撰集となるが、永享・嘉吉の乱では幕府の要請で朝敵治罰の綸旨を出して天皇権威の向上につとめ、寛正二年（一四六一）に『源氏物語』の進講を一条兼良に行わせ、同六年には勅撰和歌集の撰進を飛鳥井雅親に命じるなど、古典文化の学習や復活に力を注いだ。応仁の乱の混乱の責任が義政にあるとしてその不徳を漢詩で叱り、出家して諫《いさ》めたが、文明二年（一四七〇）に亡くなる。

その跡を継承した後土御門天皇は、土御門内裏で即位礼を行っていたものの、乱により内裏が損傷し、朝廷の経済も窮乏して節会や公事も行われなくなるなど、意に沿わない政治の流れに五度も退位を表明したが、朝儀の再興に取り組み、文明十一年に修理成った土御門内裏に入ると、一条兼良と図って、殿上淵酔《てんじょうえんすい》や乞巧奠《きこうでん》などを再興した。

父から公事や詩歌・和歌・管絃・書を嗜むように教え諭されたこともあって（『後花園院御消息』）、学を好み、吉田兼倶《よしだかねとも》や一条兼良・清原宗賢《きよはらのむねかた》らに和漢の学を講じさせ、多くの絵巻を三条西実隆に誂《あつら》えさせ、自らも書写した。幕府の援助を期待できないなか、諸国に廷臣を派遣して禁裏料所の年貢運上を求めるなど朝廷経済の建て直しにも意を注いだ。そのため美濃の斎藤妙椿の申請で善恵寺《ぜんねじ》が勅願寺となったように地方武士の関わる寺が勅願寺となり、地方の武士が官位昇進を天皇に求めてきた。禁中の御湯殿の間で天皇の動静を記す『御湯殿上日記《おゆどののうえのにっき》』が文明九年から残存しているのは、この時期から天皇の動静が重視されるようになったからであろう。

執柄家に次ぐ「三家」のうちの飛鳥井家は花山院流で、参議雅経から雅親まで八世、「専ら和歌蹴鞠の二つを家業とす」と記される。雅親は後花園天皇から勅撰和歌集の撰進を命じられ、将軍義尚の要請で文明十四年（一四八二）に「将軍家歌合」の判者を務めたが、これには将軍・大館尚氏《おおだちひさうじ》・二《に》階堂政行《かいどうまさゆき》・杉原賢盛《かたもり》の武家四人と前関白二条持通《にじょうもちみち》・関白近衛政家《このえまさいえ》・三条西実隆・甘露寺親長《かんろじちかなが》などの公家十五人、歌人の正広《しょうこう》らが出詠した。文明十六年に義尚が雅親に相談して万葉風体の和歌を詠む歌合を開いた時には、後土御門天皇を筆頭に公武僧の二十人が出詠している。

『塵塚物語』には、将軍義尚の和歌の上達ぶりに「大納言某」が驚いたという話が見えるが、その大納言は飛鳥井雅親のことと考えられる。

閑院流の西園寺家は通季《みちすえ》から公名《きんな》まで十四代と記すが、『塵塚物語』巻五には公名の曾孫実宣《さねのぶ》の逸話が「左大臣実宣公利口の事」「同公妙法院へ御招請の事」の二話でとりあげられている。実宣が会合において興有る話をしていたことを語ったものであり、「乱世うちつづき」という状況で、諸所では会合が持たれ、様々な情報が交換されていたのであり、公家はそうしたなか、自立して生きる道を探し求めていたのである。

東山文化の傾向

「諸道」の清原・中原両氏は、「累代の家業」として「天下の公事を記録し、四書五経等の読書に参仕す」「公武の御沙汰事、賞罰の次第、御尋に付て、旧記を引勘侍りて注進申す重職なり」と、朝廷の事務を行う局務《きょくむ》家の家業を遂行していた。

その清原家の宣賢は父業忠《なりただ》の家業を継ぎ、後奈良《ごなら》天皇の侍読《じとう》から公卿に昇進して儒学の書を講じ、能登の畠山氏や若狭の武田氏、越前の朝倉氏などのもとには下っていって講じ、清原学ともいうべき経学を大成し、辞書『塵芥《じんかい》』、『御成敗式目』の注釈書『貞永式目抄』を著わした。

こうした公家や武家、僧、芸能者との交わりのなかで東山文化は生まれ、成り立っていたのであるが、この呼称は義満の時代の北山文化に対し、義政の東山山荘に象徴される文化というほどの意味から名づけられたもので、その文化の傾向を見てゆこう。

義政は東山殿を構えるにあたり、夢窓疎石《むそうそせき》の西芳寺《さいほうじ》を参考に庭園を構想し、作庭には室町殿や奈良の大乗院の庭園、さらに内裏学問所の庭園を造った善阿弥《ぜんあみ》やその周辺の河原者を起用した。観音殿（銀閣）は義満の北山金閣を先例として建てられ、一階は和風、二階は禅宗様の組合せからなる。常の御所や持仏堂の東求堂には宋・元の画家の「筆様」になる唐絵の襖、会所には嵯峨や石山の名所絵の襖が設えられた。相国寺松泉軒の襖絵に『瀟湘《しょうしょう》八景図』を描いて義政に認められた小栗宗湛《おぐりそうたん》の跡を継いで御用絵師となった狩野正信《かのうまさのぶ》が、唐絵の『瀟湘八景図』を描き、文明元年（一四六九）に宮廷の絵所預となった土佐光信がやまと絵を描いた。

山荘の御殿を飾る唐物《からもの》や唐絵は、座敷飾りのマニュアルの『君台観左右帳記《くんだいかんそうちょうき》』に基づいていて、この書は同朋衆の能阿弥《のうあみ》・芸阿弥《げいあみ》父子とその周辺で編まれたが、能阿弥は連歌もよくし幕府の北野連歌会所の奉行にも任じられた。義満に始まる唐物蒐集は義政に継承されたが、幕府財政の破綻もあって唐物の「東山御物《ひがしやまごもつ》」が売られたので、あたかも『君台観左右帳記』はその売立目録の観があり、放出された唐物は文化の伝搬をもたらすことになった。

義政とその同朋衆の目利きにより様々な芸術作品が生まれた。美濃出身の後藤祐乗《ごとうゆうじょう》は金工で義政に仕え、高肉彫《たかにくぼり》による刀剣装飾にすぐれて、小柄《こづか》・笄《こうがい》・目貫《めぬき》の三所物《みところもの》を得意とした。蒔絵では幸阿《こうあ》弥道長《みどうちょう》が義政に仕えて頭角を現しており、染織の領域では日明貿易や南蛮貿易などの唐織物がもてはやされるなか、国産化が試みられた。

これらに認められる耽美主義的傾向は、芸能や宗教の領域での神秘主義的傾向をともなっていた。能では世阿弥《ぜあみ》の甥の音阿弥《おんあみ》が「稀代の上手」「無双の当道」「神変奇特の達人」の評を得て活躍し、寛正五年（一四六四）の糺河原《ただすかわら》勧進猿楽の三日間の能では十二番でシテを勤めている。世阿弥の娘婿の金春禅竹《こんぱるぜんちく》は、和歌や神仏の道の考えを取り入れ、『六輪一露之記《ろくりんいちろのき》』を著わし、能の本質や芸位を六つの輪（寿輪・竪輪・住輪・像輪・破輪・空輪）と一本の利剣《りけん》（一露）の図で表現する神秘主義的世界観を提示した。

この『六輪一露之記』には一条兼良が注記を加えており、兼良も源氏物語研究の成果を『花鳥余情』に纏《まと》め、五条からなる秘事を「唯一子に伝ふる書なり」として『源語秘訣《げんごひけつ》』に記し子の冬良に与えている。こうした秘儀伝授は和歌では古今伝授という形をとるなど、神秘主義的傾向に基づくもので、さらに吉田兼倶は唯一神道を提唱し、神を天地に先立って陰陽を超越する存在として位置づけ、森羅万象が神の所為と説き、その教義を秘儀として伝えた。

枯淡の美へ

耽美主義からはさらに枯淡の境地を味わう傾向も生まれた。乱前に義政は京の七条の禅仏寺に遊び、無双亭の高楼に登って「京中に亭を構ふは、すなわちその露見を憚るあるなり」と語ったが、その亭の周囲には竹が植えられ「山中の趣」が演出されていた。この「市中の山居」の理念に沿って、侘び人が草庵を市中の各所に作っていった。

その一つの笙《しょう》の家の豊原統秋《とよはらのむねあき》の山里庵《さんりあん》は、「山にても憂からむときの隠れ家や　都のうちの松の下庵」と謡われた。統秋は後柏原天皇に笙の秘曲を伝授し、三条西実隆とは和歌で、柴屋軒宗長《さいおくけんそうちょう》とは連歌での親交があり、その楽書『体源抄《たいげんしょう》』は音楽全般にわたる秘伝や演奏法を説いている。

一休の酬恩庵《しゅうおんあん》、宗祇の種玉庵《しゅぎょくあん》など、禅僧・連歌師たちも各所に庵を構えて自立の場としていた。長享二年（一四八八）十月の種玉庵での和歌会に招かれた三条西実隆は、三首の和歌と三十首の当座和歌を講じ、「月を踏みて帰宅す。頗る酩酊し了ぬ」と記している。

草庵での茶室に先鞭をつけたのが茶の湯の村田珠光《むらたしゅこう》であって、一休に参禅するなか、「仏法も茶の湯のなかにある」と悟って、茶禅一致の境地を会得し、義政に茶の道を指南した。珠光が興福寺衆徒の「古市播磨法師澄胤《ふるいちちょういん》」に宛てて書いた『心の文《こころのふみ》』には、「この道の一大事は、和漢のさかいをまぎらかすこと、肝要々々」とあって、「ひゑかかる」「ひゑやせてこそ面白くあるべき也」と、枯淡の境地が記されている。

珠光の出た奈良では都の戦乱をよそに風流の文化が展開していた。文明元年（一四六九）に古市澄胤の兄胤栄《いんえい》が主催した「淋汗茶湯《りんかんちゃのゆ》」では、風呂に入ってから茶の湯が行われ、大浴場には風呂場飾りがなされていたという。珠光を継承した村田宗珠《そうしゅ》は奈良から京の四条に移って、四畳半の茶室（午《ご》松庵《しょうあん》）を構えたが、それは「山居の体もっとも感あり。誠に市中の隠と謂ひつべし」と称された。

珠光に禅を教えた一休について、『塵塚物語』は「わが朝にならびなき道人」「その身、風感軽遽の人にて、欲する所の作業一としてとげずといふ事なし」と評して、播磨に赴いた時の話を記している。立花では池坊《いけのぼう》の専慶《せんけい》や専応《せんおう》が出て、従来の花瓶に美しい花をのみ愛でて挿すのではないとし、『専応口伝《くでん》』に我が一流は次のごときものだと記している。

野山水辺をのづからなる居上にあらはし、花葉をかざり、よろしき面影をもととし、先祖さし初しより一道世にひろまりて、都鄙のもてあそびとなれる也。草の庵の徒然をも忘れやすると、手すさみに破瓶古枝を拾い立て是にむかひてつらつら思へば、大永三年（一五二三）のその口伝では「唯小水尺樹を以て、江山数程の勝概をあらはし、暫時頃剋の間に千変万の佳興をもよおす。あたかも仙家の妙術ともいひつべし」と、その立花の芸の美を語っている。茶の湯や立花の芸能はやがて茶道・花道の世界へと向かってゆく。

踊りと歌と

奈良では文明元年（一四六九）七月に踊りが禁じられたが、それにもめげず「地下人」を中心に踊りが行われているように、乱世にあって流行したのが踊りや舞である。文明十一年（一四七九）五月二十三日に京の壬生《みぶ》地蔵堂（宝幢三昧寺《ほうどうさんまいじ》）の堂舎修理のために曲舞《くせまい》が勧進興行されている。地蔵堂の東庭に舞台を設け、越前国の幸若太夫の曲舞が行われ、十日間にわたって見物に禅僧や女房たちも訪れており、讃岐守護の細川政之《まさゆき》は若衆を引き連れ見物した（『晴富宿禰記《はるとみすくねき》』）。

戦乱や飢饉の影響から地蔵信仰が広がり、盆の行事の浸透にともない、祭礼や宴の際には自ら踊る愉しみを人々は求めたのである。

一乱以前から曲舞は流行をみせていた。応永三十年（一四二三）十月に六角堂での曲舞は与八が舞ったとあり、近江・河内・美濃・八幡の声聞衆《しょうもんしゅう》が上洛し、所々で桟敷を構え舞が行われた（『康富記《やすとみき》』）。その少し前の応永二十三年（一四一六）八月九日には桂地蔵に「風流拍物《はやしもの》」が参って、将軍家や斯波氏が自ら風流拍物を演じていた（『看聞日記』）。

『洛中洛外図屏風』（歴博甲本）より「念仏踊り」（国立歴史民俗博物館蔵）

永正三年（一五〇六）七月十一日に細川高国《たかくに》は七箇条の禁制を幕府奉行人に政道として示したが、その一条に「盗人」「火付け」「相撲」「博奕」と並んで「踊の事」が見えており、風流踊りの広がりがうかがえる。『後法成寺《ごほうじょうじ》関白記』永正六年七月十六日条には「今夜近所の者共、躍来るの間、帯三筋遣はす」とあって踊り停止の効果はなかった。『月次《つきなみ》祭礼図』や『洛中洛外図屏風』にはこの風流踊りが描かれている。

猿楽では素人猿楽が好まれるようになり、応仁の乱以後は毎年のように禁中で手猿楽《てさるがく》御覧が行われている。こうした踊りや舞には歌がつきものであって、小歌《こうた》が流行しその小歌を集めた『閑吟《かんぎん》集《しゅう》』が永正十五年（一五一八）八月に「富士の遠望をたよりに庵を結びて十余歳」と駿河に庵を結ぶ「一人の桑門」によって編まれている。

真名序《まなじょ》と仮名序《かなじょ》が置かれて、その真名序は、

「治世の音は安んじて以て楽しむ。その政、和すればなり。乱世の音は怨みを以て怒る。その政、乖けばなり」と、中国の『詩経』を引用しつつ、我が国の詩の在り方に触れ、「公宴に奏し、下情を慰むるものは、それ唯小歌のみか」と記し、小歌の起こりについて、天地の小歌、万物の小歌、自然の小歌、迦人（僧）の小歌、先王の小歌などをあげ、その歌を謡う場とその効用とをあげる。

真名序の最後には「ここに一狂客有り、三百余首の謳歌を編み、名付けて閑吟集といふ」と記し、『詩経』の篇数と同じ三百十一首を、四季・恋などで配列したことなど、本格的な書物の体裁をとっていて、小歌を理論的に捉えようとしているのがわかる。閑吟とは心静かに詩歌を吟ずるの意で、『実隆公記』には「安楽閑吟」「終日連句、父子閑吟の興あり」など広く見える語である。

歌には略符が付されていて、その略符の「小」とあるのは狭義の小歌のことで二百三十一首、「大」は大和節《やまとぶし》で四十八首、「田」は田楽節で十首、その他、近江節、吟詩句、早歌、放下歌《ほうかうた》、狂言小歌は少数だがある。序には、小歌は「中殿の御会」「大樹の遊宴」といった宴の後に謡い、仲間と小扇で歌い尺八を携えて一人謡うなど、様々な場で謡われたことを記す。『実隆公記』には猿楽者が「新作の小歌を一唱」したと見え、実隆も和歌二十首を「拍子物の小歌の料」に書き与え、『蔭凉軒日録』には喩阿弥という田楽法師が小歌を謡ったことが見える。

その小歌であるが、「乱世の音は怨みを以て怒る」と記しているが、戦乱の影響を直接にうかがわせる歌は少ない。僅かに次の歌が見えるほどである。

あら美しの塗壺笠や　これこそ河内陣土産　えいとろえいと　えいとろえとな　湯口が割れた　心得て踏まい中蹈鞴　えいとろえいと　えいとろえいな

美しい塗壺笠《ぬりつぼかさ》を河内の陣の武士の土産にしようか、と謡い出し、後半では湯口が割れたので、心得て蹈鞴《たたら》を踏まないように、と願う。河内の陣とは、将軍義材（義稙）が明応二年（一四九三）に河内に出征して畠山義就の子基家を攻めるにともなう陣であり、戦乱そのものを詠んだ歌ではない。

乱世の歌

都が戦乱の巷になったこともあって、「都の雲居を立ち離れ」（『閑吟集』二一四）といった、都から地方に下ってゆく情景を詠む歌もあるが、やはり京は花の都であった。

おもしろの花の都や　筆で書くとも及ばじ　東には祇園清水　落ちくる滝の音羽の嵐に
地主の桜は散り散り　西は法輪嵯峨の御寺　廻らば廻れ水車の　臨川堰《りせんせき》の川波　川柳は
水に揉まるる（以下略、一九）

これには「放」の略符が付されていて、放下僧の謡い物である。東山は清水寺の音羽の滝、地主《じしゅ》権現《ごんげん》の桜、西は嵯峨の法輪寺《ほうりんじ》や天龍寺《てんりゅうじ》など、洛外の霊場への参詣と遊楽を謡っている。次の歌からは戦乱の間接的な影響をうかがえる。

人はうそにて暮らす世に　なんぞよ燕子が実相を談じがほなる（一七）
世間はちろりに過ぐる　ちろりちろり（四九）
何ともなやなう　何ともなやなう　浮世は風波の一葉よ（五〇）
ただ何事もかごとも　夢幻や水の泡　笹の葉に置く露の間に　あぢきなの世や（五二）
何せうぞ　くすんで　一期は夢よ　ただ狂へ（五五）
憂きもひととき　うれしさも　思ひさませば夢候よ（一九三）
世間は霰よなう　笹の葉の上の　さらさらさつと　降るよなう（二三一）

戦乱の影響があるからこその男女間の享楽的な歌も多く見える。

花の錦の下紐は　解けてなかなかよしなや　柳の糸の乱れ心　いつ忘れうぞ　寝乱れ髪のおもかげ（二）
二人寝るとも憂かるべし　月斜窓に入る暁寺の鐘《かね》（一〇二）
逢ふ夜は人の手枕　来ぬ夜はおのが袖枕　枕あまりに床広し　寄れ枕　こち寄れ枕に枕さへに疎《うと》むか（一七一）

嫌申すやは　ただただただ打て　柴垣に押し寄せて　その夜は夜もすがら　現《うつ》つなや
（二四四）

『閑吟集』の歌は基本的に都の周辺のものが多いが、時に地方の人との交流を謡うものもあって、そこに東山文化の特徴がよくうかがえる。

わごれう思へば、安濃の津より来たものを　俺振る事は　こりや何事（七七）
清見寺へ暮れて帰れば　寒潮月を吹いて袈裟にそそぐ（一〇三）
沖の門中《となか》で舟漕げば　阿波の若衆に招かれて　あじきなや　櫓が櫓が櫓が　櫓が押されぬ（一三二）
つれなき人を　松浦の沖に　唐土船《もろこしぶね》の　浮寝よなう（一三八）

『閑吟集』の編者は連歌師とも、禅僧とも、公家とも考えられるが、いずれにしても公武僧の交わりの接点にあり、両者を媒介した人物であろう。駿河にあって編んだということから連歌師の宗長が候補としてあがっているが、確たる証拠はない。しかし連歌師はこの時代の文化のみならず政治にも深くかかわっていた。

宗祇とその連衆

『塵塚物語』巻一の「上古名人深くその道を嗜む事」には、「文正のころよりこのかた連歌の名師ありて、四海一同にもてあそびきたりて、今連綿たり」と、文正の頃（一四六六頃）から今に至るまで連歌が流行し、連歌に執心する人が多い、と指摘し、宗祇が連歌に執して句を案じるあまりに、友が机の前に来て問うのも知らなかったという逸話を載せ、同じ巻一の「宗祇法師狂句の事」の話は、宗祇を連歌師の随一と絶賛する。

> 其の身、斗藪に住して一所不定のきこえ有。其比、天下に連歌師多く侍る。所謂肖柏、桜井弥四郎基佐、宗長など其外も類多く侍る。宗祇は随一にして歌道の骨柱たりと見えたり。

ここに見える連歌師の牡丹花肖柏は公家の中院家の出身で、宗祇に師事し古今伝授を受けている。桜井弥四郎基佐《もとすけ》は心敬《しんけい》の門下、宗長は宗祇の門下である。宗祇は近江に生まれ、相国寺に入って三十歳過ぎから頭角を現した。その名は師の宗砌に因むもので、六角堂池坊の花の道に優れていた専《せん》順《じゅん》の門下に入り、さらに心敬にも学んだ。

師の心敬は三井寺僧で、洛東の十住心院《じゅうじゅうしんいん》に住み、寛正四年（一四六三）に連歌論『ささめごと』を著わし、翌五年の細川勝元家臣の安富盛長《もりなが》主催の『熊野法楽千句』で勝元以下の細川家の武士や専順・宗祇らと連衆となり、同七年の『北野法楽何人百韻』は北野連歌会所の式日に行われ、会所を統括する将軍義政が発句を詠み、奉行の能阿弥が脇を付け、専順や心敬・宗祇らが連衆となっている。

応仁の乱が起きると、心敬は伊勢を経て海路を武蔵の品川《しながわ》に赴いて、有力商人の鈴木長敏《ながとし》に迎えられて草庵を構えた。『老のくりごと』を著わし、「世の乱れとなりて、主上・芝砌玉台を動かし、博陸・槐門・棘路・月卿・雲客をはじめて、かたつほとり遠き境に御身を隠し給」と、乱とともに貴顕が都を離れるようになったので、私もこの地に住みついた、と語り始め、連歌の在り方や和歌など様々な芸能の歴史に記事が及ぶ。

それより早く宗祇は乱直前に東国に下って、武蔵の五十子《いかっこ》の陣で連歌論『吾妻問答』を述作して長尾孫四郎に贈り、応仁二年（一四六八）には結城直朝《ゆうきなおとも》の招きで筑波山を経て奥州白河に赴いて、その旅の記録を『白河紀行』に記している。宗祇と心敬は文明二年（一四七〇）に武蔵の河越《かわごえ》で太田道《おおたどう》真《しん》主催の『河越千句』を詠んだが、この道真は扇谷《おうぎがやつ》上杉氏の家宰で道灌《どうかん》の父で、連衆には関東の武士たちが多くいて、連歌の文化の関東への広がりがうかがえる。

宗祇は心敬に教えを請い（『所々返答《ところどころへんとう》』）、歌人の東常縁《とうつねより》からは古今伝授を受けるなど幅広い活動を行っていたが、同四年に美濃革手《かわて》の正法寺に赴いて、三井寺聖護院《しょうごいん》の道興准后《どうこうじゅこう》を迎えての連歌会に参加したが、その会には斎藤妙椿を頼ってきた師の専順の姿もあった。

文明五年（一四七三）に上洛し東山枝橋や嵐山法輪寺を拠点に活動しているなか、同七年に心敬が、八年に専順が亡くなったので、斯界の第一人者となり、『竹林抄』十巻を編んでいる。一条兼良の序を得て「近代の名手」である宗砌・宗伊・心敬・行助《ぎょうじょ》・専順・智蘊《ちうん》・能阿七人の連歌師について、その四季・恋・旅・雑の付句と発句を選んだものであって、有心・幽玄の作風の歌が多いのを特徴とする。

連歌の文化的達成

宗祇は京に種玉庵を結ぶと、文明九年（一四七七）に大内政弘の家臣杉重道《すぎしげみち》の陣所において大内家中と連歌会を催し、三条西実隆などの公家や将軍・細川政元などの武家と広く交わりをもってゆくとともに、各地の大名や有力国人を訪ねる旅を頻繁に行った。

文明十一年（一四七九）には越後府中で『伊勢物語』の講釈を行って守護の上杉家の連歌会に出座し、その帰路には越前一乗谷《いちじょうだに》の朝倉孝景に連歌書『老いのすさみ』を贈り、若狭小浜《おばま》の武田国信《くにのぶ》の館で千句連歌の会に出ている。さらに「文明十二の年水無月のはじめ、周防山口といふに下りぬ」と、山口に向かって大内政弘の館や神光寺などで連歌を行った後、九州に足を伸ばし、長門阿弥陀寺では門司《もじ》氏、筑前の木屋瀬《こやのせ》では筑前守護代の陶弘詮《すえひろあき》、大宰府では杉弘相《ひろすけ》らと連歌を行って、九月二十日に博多に宿泊した。

博多は『海東諸国紀《かいとうしょこくき》』には、住民一万戸余り、少弐《しょうに》殿と大友殿が分治し、西南の四千余戸が少弐氏、東北の六千余戸が大友氏の支配下にあり、住人は行商を生業とし、琉球・南蛮の商船が集まり賑わっていたとある。息浜《おきのはま》を大友氏領、博多浜を少弐氏領にしていたが、文明十年（一四七八）に大内政弘が少弐政資《まさすけ》を逐って博多浜を領し、翌十一年に博多の善導寺《ぜんどうじ》を後土御門天皇の勅願寺となし、諸人止宿《ししゅく》の禁制を出すなど博多を支配するようになっていた。

宗祇がその博多を訪れたのは翌文明十二年（一四八〇）のことで、「夕陽のほのかなるに博多といふに着きぬ。宿りは竜宮寺と言へる浄土門の寺なり」と博多の竜宮寺に宿をとっている（『筑紫道記《つくしみちのき》』）。

此所の様を見侍るに、前に入り海遙かにして志賀の島を見渡して、沖には船多くかかれり。唐土人もや乗けんと見ゆ。左には夫《それ》ともなき山ども重なり、右は筥崎の松原遠く連なり、仏閣僧坊数も知らず。人民の上下門を並べ軒を争ひて、その境四方に広し。

竜宮寺から眺めた風景を記したもので、前には入り海が、沖には舟が多く見え、右手の筥崎《はこざき》には賑わう町が広がっていたという。宗祇はその博多から志賀島《しかのしま》をはじめ博多湾岸の寺社をめぐり、山口に帰るが、この時の紀行文『筑紫道記』は、随所に宗祇の人生観や文芸観が織り込まれていて、新たな紀行文の達成を示している。

宗祇の旅は続いた。文明十五年（一四八三）には美濃から関東を経て越後を回って帰京し、足利義政主催の連歌会に出座し、公家や武家・連歌師らに『古今集』『源氏物語』を講釈、三条西実隆や牡丹花肖柏らに「古今伝授」を行った。長享二年（一四八八）正月には後鳥羽上皇の「見渡せばやまも

とかすむ水無瀬川　夕べは秋となど思ひけむ」を本歌として肖柏や弟子の宗長らと『水無瀬三吟《みなせさんぎん》』を詠んでいる。

雪ながら山本かすむ夕べかな　宗祇
行く水とほく梅にほふさと　肖柏
川風に一むら柳春見えて　宗長

その三月に近江の鈎の陣で将軍義尚に連歌を指導して北野連歌所奉行に任じられたが、それからも越後や山口などに赴き、延徳三年（一四九一）に有馬《ありま》温泉で肖柏・宗長らと『湯山三吟《ゆのやま》』を詠み、明応二年（一四九三）に自選句衆『下草《したくさ》』を完成させ、同四年には北野連歌所奉行の後任である猪苗代兼載《いなわしろけんさい》らと連歌の撰集に入った。二人の対立もあったが、三条西実隆の説得や大内政弘の援助により、二〇五三句からなる『新撰菟玖波集《つくば》』が完成すると、勅撰の和歌集が編まれないなか、准勅撰とされて後世に大きな影響を与えてゆく。

『新撰菟玖波集』は明応四年（一四九五）に完成し、その翌年には作者部類が作成され、それによれば周防の大内政弘や越後の上杉房定《ふささだ》らの大名、「大内々の内藤内蔵助」「細川内の伊丹兵庫」といった大名家中の中下級武士の名が六十人ほど見え、連歌師の活動があって地方にも文化が広がっていたことがわかる。

地方武士の文化

多くの地方武士は連歌を嗜んだが、なかでも大内政弘は和歌・連歌を好み、一条兼良・正広・三条西実隆・飛鳥井雅親・宗祇・兼載ら多くの歌人・連歌師と交流を重ね、京から公家や僧侶を山口に招き文化の興隆に尽した。

兼載は『あしたの雲』のなかで政弘を、その武勇が他国にまで知れ渡っただけでなく、「やまとことの葉にこころざしをしめ、見ぬもろこしのことわざまでもとめつつ、風月に心をすまし、仁徳世にすぐれ給ひし」と、文芸にもすぐれた人物と記している。政弘は『新撰菟玖波集』を後援してそれに多くの七十五句が載り、正徹《しょうてつ》筆『伊勢物語』、藤原定家自筆『古今和歌集』、一条兼良『花鳥口伝抄』『花鳥余情』などの古典やその注釈書を収集し、大内版を出版し、『法華経』二八巻や漢詩辞書『聚分韻略《しゅうぶんいんりゃく》』をも出版した。

山口の常栄寺《じょうえいじ》には政弘が雪舟《せっしゅう》に築庭させたと伝わる庭園があるが、この雪舟は応仁元年（一四六七）の遣明船の大内船に便乗して中国に渡り、天童山景徳禅寺《てんどうさんけいとくぜんじ》を訪れて「四明天童第一座」の地位を得た後、各地を歴訪し、文明元年（一四六九）に帰国してからは西日本の各地を訪ね、豊後では画房の天開図画楼《てんかいとがろう》を開き、政弘の援助を受け文明十八年（一四八六）には山口の雲谷庵《うんこくあん》で画業を積んだ。

政弘の和歌に影響を与えたのが公家の三条公敦《さんじょうきんあつ》であって、「一乱中家領等飛行、未だ安堵無し、よって在京堪忍叶い難し」ということから、右大臣の要職にもかかわらず、文明十一年（一四七九）

に周防国に下り、政弘の古典蒐集や和歌の嗜みに力添えをし、政弘の私家集『拾塵和歌集《しゅうじんわかしゅう》』を編んだが、それには政弘の歌千百余首が載る。

大内氏の進出した九州では、肥後の菊池重朝《きくちしげとも》が文明八年（一四七六）に藤崎宮《ふじさきぐう》で法楽連歌を催し、十三年八月に隈府《わいふ》で一日一万句連歌を開催したが、その連衆百人のうち僧は十四人、残りは武士であった。重朝の祖父持朝《もちとも》は筑後守護となり、菊池川河口の高瀬湊《たかせみなと》を押さえていた一族の高瀬泰朝《やすとも》を逐って勢威を内外に高めたものの、父為邦《ためくに》の時に筑後守護職を失ったため、重朝はその回復をめざし、隈府を本拠とし文明四年には阿蘇神社造営の棟別銭《むねべつせん》を課し、文明九年には隈府忠直《ただなお》の招きで入明僧の南禅寺の桂庵玄樹《けいあんげんじゅ》が隈府に滞在したことから、隈府の聖堂で孔子を祭る釈奠《せきてん》を開き、さらに清源寺を禅宗諸山に列するよう努力、清源寺の明育の上洛の際には送別の七絶詩を贈っている。

隈府を出て九州を歴遊する桂庵玄樹を薩摩の島陰寺《とういんじ》に迎えたのは、父島津立久《しまづたつひさ》から家督を継承した島津忠昌《ただまさ》であり、桂庵玄樹はここで朱氏新注の講説を行い、伊地知重貞《いじちしげさだ》とともに『大学章句』を刊行し、四書を門下に教授するための句読法を考案するなど大陸の新思潮を紹介した。

大内氏が山陰地方で対立していた出雲の尼子経久は、三条西実隆に色紙に詩歌の染筆を、享禄五年（一五三二）に『伊勢物語』の書写を依頼したばかりか、自らは絵画を愉しんで自画像を描き、永正十二年（一五一五）に法華経を開板し、出雲大社や富田《とだ》城で法華経の読誦を行うなど文化面で幅広い活動を行った。経久の自画像や寿像への賛には、経久が忠功の誉れ高く矛先凛々として庶民を撫《いつく》しみ、その威風は万世に振い、気宇の広大さは量り知れず、「衆を率いるに信を以てし、士を待するに礼を以てす」と記されている。

京文化との関わり

地方武士には都の文化への憧憬があり、京の復興とともに都の風景が絵に描かれた。『実隆公記』永正三年（一五〇六）十二月二十二日条には「甘露寺中納言来る。越前朝倉の屏風新調、一双京中を画く。土佐刑部大輔の新図、尤も珍重の物あり。一見興あり」とあって、甘露寺中納言元長《もとなが》が越前の守護代朝倉孝景の孫貞景《さだかげ》から京中図屏風の新図の依頼を受け、絵師の土佐刑部大輔光信に描かせていた屏風を実隆邸に持参したとある。

「新図」とあるので、以前から描かれてきていたのであり、花の都を憧憬する地方武士の要望に応じ洛中図が繰り返し描かれたのであろう。光信に洛中図を依頼した朝倉貞景は、画筆に秀で永正元年（一五〇四）に「あさくらゑをよくかき候よし」を聞いた後柏原天皇が、四幅一対の子昭《ししょう》筆楼閣図屏風を贈っている（『宣胤卿記《のぶたねきょうき》』）。

しかし越前の領国支配を確立させた武将でもあって、その祖父孝景は主家の斯波義廉に協力、西軍として御霊合戦や上京の戦い、相国寺の戦いなどで活躍し、足軽大将の骨皮道賢を討ち取るなどしていたが、東軍の浦上則宗《うらがみのりむね》と密かに接触し、文明三年（一四七一）五月に将軍義政と細川勝元から守護権限行使の約束を得て東軍に寝返ると、実力で越前一国をほぼ手中に収め、斯波義敏や甲斐氏と激しく争うなか文明十三年に亡くなっている。

孝景の死を聞いた甘露寺親長は、天下に悪事が始まった張本人である、と喜んだが、孝景の記した『朝倉孝景十七箇条』からは、能力主義的人事や迷信の排除、軍備の量の優先など合理主義的な考え方がうかがえる。その跡を継いだ氏景《うじかげ》は、平泉寺《へいせんじ》の宗教勢力を味方につけて父が苦戦した勢力との合戦に勝利し、越前の支配権を確立して、「天性武を好み、勇気人に絶す」といわれ、一休に参禅し「残夢叟」の号を授けられ、公家の中御門・甘露寺・三条西家とも親交があった。

その氏景が文明十八年（一四八六）に亡くなり跡を継いだのが子の貞景であって、越前の支配権をめぐって尾張守護の斯波義寛《よしひろ》（義敏の子）から訴えられ、幕府から退治の御内書《ごないしょ》を出されたこともあったのだが、その訴訟に勝利して斯波氏との主従関係を断ち、文亀三年（一五〇三）には一族の朝倉景豊《かげとよ》の反乱を鎮圧、翌年に加賀の一向一揆の大軍を撃退し、越前の領国支配を確立させた。

美濃では守護の土岐成頼が、西軍の重鎮として上洛し、文明九年（一四七七）に足利義視・義材（義稙）父子を擁して国に帰っている。その『土岐成頼画像』の賛には、成頼は文武に秀で「道は六芸を用いて以て遊び、交わりは五常を兼ねて以て接す」と記されている。美濃には乱を避けて多くの文化人が逃れてきた。万里集九《ばんりしゅうく》は相国寺を焼かれて近江に逃れ、美濃・尾張を放浪した末、還俗して文明九年に美濃の鵜沼《うぬま》に梅花無尽蔵《ばいかむじんぞう》という庵を構えたが、成頼はこの集九を革手《かわて》城に招いて文明十三年に三体詩を講じさせている。

美濃と京文化の関わりでは、その前年に亡くなった斎藤妙椿の存在を欠かせない。飛鳥井雅親は文明二年（一四七〇）七月に美濃に下って歌会を開き（『亜槐集《あかいしゅう》』）、歌人の正広も妙椿に招かれて度々下っている（『松下集《しょうかしゅう》』）。連歌師の専順は文明四年に下って、聖護院道興を迎えて宗祇らとともに「何路百韻」を行っている。

彼らを招いた妙椿は、幼少時から善恵寺で修行した後、子院の持是院《じぜいん》を構えていたが、長禄四年（一四六〇）に美濃守護代の兄利永《としなが》が亡くなったので甥の守護代斎藤利藤《としふじ》の後見として加納城に移り、独自に都の公武の人々と関係を築いていった。応仁の乱で成頼が西軍に属すなか、在国して東軍の富島・長江氏を破って美濃国内を安定化させ、近江に入って京極政経と守護代多賀高忠《たがたかただ》軍を破り、その後も伊勢・尾張に侵攻した。

軍事・政治両面に通じ、経済力もあったので、官務家の壬生晴富から「無双の福貴、権威の者」と評され、『大乗院寺社雑事記』には「東西の運不は持是院の進退によるべし」と評されたほどに手腕を発揮した。

四　関東の戦乱

享徳の乱

応仁・文明の乱の終結を記した『大乗院寺社雑事記』の視野には入っていなかった関東地域では、大名たちが上洛することもなく独自に動いていた。宗祇は応仁二年（一四六六）に武蔵の五十子《いかっこ》にやってきて長尾景仲《ながおかげなか》の子景信《かげのぶ》と連歌を行い、文明二年には心敬らと近くの武蔵の河越で太田道真主催の『河越千句』を詠んでいるのであるが、この時期の関東の情勢を見ておこう。

ほぼ利根川を挟んで東北部の下野《しもつけ》・常陸・房総半島を古河《こが》公方足利成氏《しげうじ》が、相模《さがみ》・武蔵・上野の西南部では関東管領の山内《やまのうち》・扇谷の両上杉氏が支配領域となし睨みあっていた。この対立は享徳三年（一四五四）四月に山内上杉家の家宰長尾景仲と扇谷上杉家の家宰太田資清《すけきよ》（道真）らが成氏を襲う計画が露顕し、成氏が江の島に逃れたことに端を発するもので、その年の暮に成氏が管領の上杉憲《のり》忠《ただ》を鎌倉の御所で謀殺して騒乱が始まった。

幕府が上杉方を支援し、後花園天皇からは成氏追討の綸旨と錦の旗が与えられ、駿河守護の今川範忠《のりただ》が上杉方の援軍として派遣され（『康富記』）、範忠は六月に鎌倉を制圧した（『鎌倉大草紙《おおぞうし》』）。このため成氏は鎌倉を出て、享徳四年（一四五五）六月に古河鴻巣《こうのす》に屋形を設け、二年後の長禄元年（一四五七）十月に古河城に移った（古河公方）。

古河を本拠としたのは、ここが下河辺荘《しもこうべ》など広大な公方の御料所の拠点であり、水上交通の要衝であったこと、公方を支持する武家・豪族の本拠に近いことなどによる。成氏は周辺の騎西《きさい》、関宿《せきやど》、栗橋《くりはし》に近臣の佐々木、梁田《やなだ》、野田氏を配するとともに、下野の小山《おやま》、下総《しもうさ》の結城・千葉、上総《かずさ》の武田、安房の里見、常陸《ひたち》の山川・多賀谷《たがや》・真壁・佐竹らの大名の支援をとりつけた。小山持政《もちまさ》とは「兄弟の契盟」と呼ぶほどに強い信頼関係が生まれていた。

将軍義政はこれに対抗すべく長禄二年（一四五八）に弟政知《まさとも》を関東に派遣したのだが、上杉の協力が得られず、政知は鎌倉入りを果たせないまま、伊豆国の堀越《ほりこし》にあって関東の支配権を主張することになった（堀越公方）。

上杉方は成氏を攻めるべく、長禄三年に武蔵の五十子の地に陣をしき、長尾景仲の請いで関東管領となった憲忠弟の房顕《ふさあき》が中心になって利根川をはさんで対陣したが、それは実に二十年以上にも及んだ。この間の文正元年（一四六六）に上杉房顕が死去したため、越後守護の上杉房定の子顕定《あきさだ》が迎えられて関東管領となった。扇谷上杉家では顕房《あきふさ》とその子が亡くなり、顕房の弟定正《さだまさ》が家督を継承するところとなった。

文明五年（一四七三）に山内家の家宰の長尾景信が死去すると、その家宰職に子の景春《かげはる》ではなく、同じ長尾氏の惣社長尾の忠景《ただかげ》がついた。山内上杉家の家宰は上野国の守護代を兼ね、長尾一族のうちの鎌倉・惣社・白井の三家から任じられており、景春はその白井家であって、家宰になれなかった景春は怒って古河公方と連絡をとり、文明九年（一四七七）正月に武蔵鉢形《はちがた》城で挙兵し、五十子の陣を急襲した。突然のことで陣は大混乱となって解体し、関東の各地で景春方の武士が蜂起した（長尾景春の乱）。

急遽、駿河から帰って江戸城にいた太田道灌は対応に追われた。前年二月、駿河守護の今川義忠《よしただ》が遠江で討死したことで家督をめぐって内紛がおきたので、道灌は上杉定正の命を受けて駿河に出向いて内紛の収拾にあたり、江戸城に戻っていたことから、景春の挙兵に各所で戦った。

四月に豊島泰経《としまやすつね》の拠る石神井《しゃくじい》城を落し、五月には鉢形城を囲んだが、そこに古河公方成氏が出陣してきて休戦となり和議がはかられ、成氏は引き返した。両者の和議交渉の進展しないなか、道灌は文明十年（一四七八）七月に鉢形城を落とし、十二月に和議に反対する成氏方の千葉孝胤《ちばのりたね》を破り、翌年には甥の太田資忠《すけただ》を下総に出兵させて反対派を鎮圧した。

抵抗を続けていた長尾景春も文明十二年（一四八〇）六月、最後の拠点である日野城を落とされ、こうして文明十四年（一四八二）には幕府と成氏との和睦が成立、成氏と両上杉家との間の和議も成立し、長く続いた享徳の乱は終わった（「都鄙和睦」）。

自立と城

関東の大名や国衆たちもそれぞれに自立を求めて動いていた。古河公方の成氏は鎌倉で上杉氏に閉塞させられていた状況から抜け出そうとしたのであり、京都で享徳四年（一四五五）七月に康正《こうしょう》と改元され、康正三年（一四五七）九月にも長禄《ちょうろく》と改元されたにもかかわらず、成氏は「享徳」年号を使用し続け、自立の証しとしていた。

管領の上杉氏、家宰の長尾・太田氏、各地の国衆なども自立を求め、その自立の拠点として発展を遂げたのが城郭である。長尾景春が拠点とした寄居《よりい》の鉢形城は、荒川が北を蛇行して河岸段丘を削って断崖をなす要害の地にあり、荒川の断崖に面したところに本丸があった。ここは小さな丘をなし、現状は景春がいた段階のままと考えられ、その後に山内上杉氏、ついで北条氏邦《ほうじょううじくに》が入るなか、他の箇所も大規模に改修されていった。

上野の世良田《せらだ》長楽寺の僧松陰《しょういん》が記す『松陰私語』は、「江戸・川越両城堅固なり。かの城は道真・道灌父子、上田・三戸・荻野谷、関東巧者の面々、数年秘曲を尽くし相構」と記していて、長禄元年(一四五七)に道灌らが江戸城と川越城を堅固に築城したと伝える。

そのうち川越城は古河公方の勢力に対抗する目的から、扇谷上杉持朝《もちとも》の命で築かれたのだが、この近くの山田には太田道真の館があり、そこに宗祇や心敬が招かれ『川越千句』が行われたのである。宗祇は道灌や上野館林《たてばやし》の赤井《あかい》綱秀《つなひで》、岩松家純《いわまついえずみ》らの武士と親交をもったが、そのなかの岩松家純が上野の新田《にった》荘に築いた金山《かなやま》城について『松陰私語』は次のように記している。

文明元年己丑《つちのとうし》二月二十五日、金山城事始、源慶院殿の御代官として、愚僧鑁を立て始む。地鎮の次第、上古の城郭保護記これを証とし、地鎮の儀式、天神地祇に供え、七十余日普請断絶なく走り巡る。九字幷四天王の守護所なりと取り堅む固也。大槩の造功畢ぬ。同八月吉日良辰、屋形五十子より御越あって御祝言、

松陰が「屋形」源慶院《げんけいいん》(家純)の代官として鍬入れを行い、地鎮祭では天神地祇に供え物を行い、七十余日をかけて普請を絶え間なく行った。修験道の除災のための臨以下九字が唱えられ、四天王の守護所として地が固められ、城の完成した八月吉日には屋形が五十子からやって来て祝言があったという。

江戸城は扇谷上杉氏の所領の江戸郷に築かれた。古河公方の勢力を北に臨み、東京湾に開かれた交通の要衝で、構えは本城（子城）・中城・外城の三重の郭からなり、入り口は堅固な門で固められ、濠には橋が架かり、城内には主殿、家臣の宿舎や物見櫓などがあった。

文明六年（一四七四）六月に道灌は心敬を判者に迎えて『武州江戸歌合』を催して、「海原や水まく龍の雲の波　はやくもかへす夕立の雨」の歌を詠んでいる。戦上手であって、長尾景春の乱では多くの城を落とし、矢野兵庫の武蔵小机《こづくえ》城攻撃については記録が残っている。小机城は、文明十年（一四七八）の足利成氏書状に「下武蔵の事は御方の者共、小机要害へ馳せ籠り候」とあるのが初見で、道灌は小机城を攻めるにあたり、近くの平子《たいらこ》郷《ごう》に次の禁制を出している。

禁制

武州久良木郡平子郷、石川談義所に於いて当手軍勢の濫妨狼藉の事、

右、違犯の輩有らば、罪科に処せらるべきの状、件の如し

文明十年二月　日

沙弥（花押）

談義所とは僧侶たちの学問所のことで、そこへの軍兵の濫妨狼藉《らんぼうろうぜき》を禁じた制札であって、このことは制札を与えられなかった他地域では濫妨狼藉がしばしば行われていたことを意味しており、村

からは陣夫《じんぷ》が徴発されていたことがわかる（「宝生寺《ほうしょうじ》文書」）。

道灌は小机城攻略にあたり、鶴見川の対岸に城を築き、猛攻の末に落としたが、『太田家記』によると、城の守りが堅固な上に攻め手が小勢なため、包囲は数十日に及んだところから、道灌は「小机は先ず手習いのはじめにて　いろはにほへとちりぢりになる」という戯れ歌をつくって兵の士気を鼓舞したという。現状の小机城跡は三つの郭《くるわ》（曲輪）からなり、最も東の郭が自然地形に逆らっていないので初期段階であるこの時の郭と見られ、その後に入ってきた北条氏によりさらに西郭などが増築されていった。

太田道灌の死

名声のあがる道灌を文明十七年（一四八五）十月に万里集九が訪ねている（『梅花無尽蔵』）。集九は文明十二年に美濃の鵜沼から上杉定正に「贋釣斎」の詩を贈って以来、関東の武士との親交を深めるようになり、道灌に招かれたのである。

十月二日に神奈川を経て品川に赴くと、「江戸城　同日　三五騎の鞍、余を迎る有り。又僧俗数輩来る」と、道灌からの迎えが来て、江戸城内に入って、静意軒で道灌と交遊した。集九は道灌の詩や和歌について「詩の評や、歌の講や、爛漫たる花の前、洛社の会にはずる無きなり」と、その才を讃え、江戸城からの眺めについて、窓を開ければ隅田川が東にあり、筑波山が北に、富士山は諸峰を出て、西に三日ほどの地にある、と楽しんだ。十月九日には道灌の仕える上杉定正が来臨して宴が開かれたが、その時の道灌の舞を見て、「旅鬢、労を忘れ、意、仙ならんと欲す」と喜んでいる。しかし道灌の得意の絶頂もこの時までであった。扇谷上杉定正は次第に道灌を警戒するようになり、翌文明十八年（一四八六）七月二十六日に相模の糟屋館《かすのやたて》に道灌を招いて殺害に及んだのである。『上杉定正消息』によれば、道灌が家政を独占したため家中に不満が起き、山内（上杉）顕定に謀反を企てたので討ち果たしたというが、道灌に抑えられていた身からの自立を求めたのであろう。

道灌暗殺によって扇谷上杉家に属す武士の多くが山内家に走ったため、定正は苦境に陥り、翌長享元年（一四八七）には山内顕定との良好な関係も決裂し、両上杉家が抗争を繰り広げるようになって（長享の乱）、関東の動乱は周辺地域に波及していった。

伊豆では堀越公方政知がかつての北条時政《ときまさ》の本拠地北条館のすぐ近くに御所を構え、渋川義鏡《しぶかわよしかね》・上杉教朝《のりとも》・政憲《まさのり》父子の補佐を得て、関東の支配権を主張し続けており、その東の駿河でも新たな動きが始まった。

駿河守護の今川義忠が文明八年（一四七六）に不慮の死にあい、残された妻北川殿と六歳の龍王丸（のちの氏親《うじちか》）が、義忠従弟の小鹿範満《おしかのりみつ》との間で家督継承をめぐって対立し内紛状態となっていたのであり、これに太田道灌が範満の外戚として介入し、伊勢盛定《もりさだ》の子で北川殿の兄弟の伊勢盛時《もりとき》が京から下向してきて氏親を支えた。

盛時は文明十八年の道灌の死とともに小鹿範満を滅ぼすと、駿府《すんぷ》から避難していた氏親を迎えて駿河《するが》の国主となし、この功で駿河の富士下方《しもかた》十二郷を与えられたことから、四年後に伊豆に侵攻して堀越公方を攻めて伊豆を平定し、韮山《にらやま》城に拠りながら関東へと領域の拡大を進めつつあった。

なお今川義忠であるが、応仁の乱には千騎を率いて上洛し、西軍方の遠江守護斯波義廉との対立関係もあって東軍方に属して室町殿に入り、帰国してからは積極的に遠江への進出を図り、斯波氏や在地の国人と戦った。

義忠は「弓馬に達し、血気の勇将なり。和歌・連歌を嗜む」といわれ、和歌を歌人の正広に、連歌を宗祇や宗長に学んでいた。やがて同じ東軍の尾張守護斯波義良《よしすけ》や三河守護の細川成之と敵対するようになり、文明八年(一四七六)に遠江に出陣して斯波義良方の国人と戦い、勝間田《かつまた》氏の勝間田城を囲んで討ち取ったが、その帰途、残党に襲われ討死したのである。

甲斐武田氏と越後上杉氏

甲斐では明応元年(一四九二)六月に「乱国に成り始め」と記されているように、これ以後、「国中大乱」に入った。甲斐では中央部が国中《くになか》、南部の富士川沿いの地域が河内《かわうち》、東部の都留《つる》郡域が郡内《ぐんない》と称され、その国中地域にあった守護の武田氏が、信虎《のぶとら》の祖父・信昌《のぶまさ》の時期に跡部《あとべ》景家《かげいえ》を滅ぼし、守護権力を回復させたかに見えた。

しかし河内領の穴山《あなやま》氏や、郡内領の小山田《おやまだ》氏などの勢力が台頭し、これらの勢力が駿河の今川氏や、相模に勢力を伸ばしていた伊勢氏(後北条氏)と連携し、守護武田氏に対抗していた。明応三年(一四九四)正月に武田信縄《のぶつな》の嫡男として信虎(初名は信直)が生まれたが、信縄と弟油川信恵《あぶらかわのぶよし》は対立して乱国状態にあったのだが、そこに起きた明応七年（一四九八）の大地震が「天罰」と考えられ、和睦に至り信縄が家督を相続した。

永正四年（一五〇七）に守護の信縄が死去すると、家督を継承した子の信虎は翌永正五年十月の坊《ぼう》峰《みね》合《が》戦で叔父信恵を破って武田家の内部対立を克服し、永正六年に郡内に入り小山田氏を従属させ、小山田信有《のぶあり》に妹を嫁がせて講和を結び、郡内に近い国中東端の勝沼《かつぬま》に弟の勝沼信友《のぶとも》を配し、その後、甲斐北西部の国衆今井氏をも従属させていった。

越後では宝徳《ほうとく》元年（一四四九）に上杉房定が守護となって重臣の長尾頼景《よりかげ》や飯沼頼泰《いいぬまよりやす》らの支えにより勢力を広げ、文正元年（一四六六）に関東管領の上杉房顕が死去すると、房定の子顕定が迎えられて関東管領となった。房定は関東での古河公方と上杉方の争いに上杉家の長老として重きをなし、文明十四年（一四八二）には「都鄙和睦」を成立させた。

安定した体制を整えたことから越後には多くの文化人が訪れてきた。なかでも宗祇は文明十年（一四七八）から七度も訪れている。十一年に越後府中で『伊勢物語』の講釈を行い、十五年には「都鄙和睦」を受け関東から越後に赴いた。

その翌年七月に聖護院の道興准后も越後府中を訪れた。「七月十五日、越後の国府に下着す。上杉かねてより長松寺の塔頭貞操軒といへる庵を点じて宿坊に申つけ、相模守路次まで迎に来たり。七日逗留。毎日色をかへたる遊覧ども侍り」とあって、道興は「相模守」房定の接待で府中に七日ほど滞在・遊覧した後、房総半島経由で鎌倉に入り、関東の各地の本山《ほんざん》派の修験者と交流を重ね、さらに奥州に赴き名取川に赴いたところでその紀行文『廻国雑記《かいこくざっき》』の記述を終えている。

文明十八年（一四八六）には歌人の堯恵《ぎょうえ》が、美濃の郡上《ぐじょう》から越中を経て六月十三日に越後府中を訪れたところ、「国の太守相模守藤原朝臣房定の聞こえに達せし」と、房定の知るところとなりその手配で最勝院に移り、十五日の夜には善光寺に詣でて通夜している（『北国紀行』）。長享元年（一四八七）には万里集九が武蔵・上野を経て越後の柏崎から海辺に沿って府中に九月十一日に入り、二日後に「越後太守常泰」（房定）と対談している。

長享二年（一四八八）に上杉房定の嫡子定昌《さだまさ》が亡くなると、宗祇は越後に赴いており、房定が明応三年（一四九四）に亡くなると、編集中の『新撰菟玖波集』に房定の発句「みねの雪いうづみあらす雲間かな」を載せ、房定の跡を継承して房能《ふさよし》が守護になると、同六年に房定の墓参と房能の守護就任を祝うために再び越後を訪れている。

五　自立の場と思考

細川政元政権

関東では諸大名や国衆が独自に動いていたが、京では明応の政変によって細川政元が足利義高《よしたか》（後に義澄《よしずみ》に改名）を将軍に据えたものの、その少し前から細川氏の支配体制が変化していた。細川氏が大きな勢力を築いてきたのは、嫡流の右京大夫家（京兆家《けいちょう》）を中心とする同族連合体制によるところが大きかったが、それが変質しつつあったのである。

丹波・摂津・山城に基盤を置く京兆家と、その同族である摂津分郡守護の典厩《てんきゅう》家や阿波守護家・備中守護家・和泉両守護家・淡路守護家・野州《やしゅう》家などほぼ東部瀬戸内海沿岸地域の守護である庶流家とが、相互依存関係にあって安定した体制をとっていて（二十一頁系図参照）、それを「内衆《うちしゅう》」と称される有力な奉行人や被官が支えていた。

たとえば応仁の乱で都が焼けた嘆きを歌に詠んだ飯尾常房は、阿波守護家出身の内衆であり、その同族には京兆家の内衆の飯尾家兼《いえかね》や、幕府の奉行人が多くいるように、内衆の同族が京兆家・庶流家に広がって連合を支えていた。しかしその内衆がそれぞれに自立的動きを示すようになり、阿波守護家の下において三好之長《みよしゆきなが》が台頭したように内衆の内部対立も顕在化してきた。

庶流守護家で国衆が勢力を広げるなか、阿波の守護代の三好氏が阿波の三好・美馬《みま》・麻植《おえ》の奥三郡の支配を基盤として頭角を現し、その三好之長は阿波守護細川政之に従って在京した後、文明十七年（一四八五）に阿波に下り、離反していた在国の武士たちを討って覇権を握った。

京兆家内衆では、政元の命を受けて明応の政変を主導していた丹波守護代の上原元秀《うえはらもとひで》が、他の内衆の反発を受けるなか急死したので、安富元家《やすとみもといえ》が古老として内衆をまとめたが、明応八年（一四九九）に讃岐出身の香西元長《こうざいもとなが》が山城守護代となって台頭するなど、内衆の内部対立や世代交代が進んでいた。

そこに新たな火種となったのが、明応の政変後に越中に逃れていた足利義稙（義材）の動きで、明応八年（一四九九）に越中の神保《じんぼう》氏や越前の朝倉氏の支援を受け、比叡山延暦寺と通じて京都を窺う情勢となった。そこで政元が被官の赤沢朝経《あかざわともつね》（沢蔵軒《たくぞうけん》）に命じて延暦寺を攻撃させたところ、その大規模な焼き討ちで根本中堂《こんぽんちゅうどう》や大講堂など山上の主要伽藍が焼けた。

勢いに乗った朝経は河内で挙兵した畠山政長の子尚順《ひさのぶ》を討ち、尚順が大和国に逃げ込むと大和にも攻め入って、筒井順賢《つついじゅんけん》・十市遠治《とおちとおはる》ら尚順方の国衆を討ち、法華寺・西大寺・額安寺《かくあんじ》などを焼き大和北部を占領した。この情勢に義尹《よしただ》（義稙《よしたね》）は海路を西に逃れ、周防の大内義興《よしおき》のもとに身を寄せることになる。

内衆の行動に危うさを覚えた政元は、文亀《ぶんき》元年（一五〇一）六月に内衆など被官に向け、「喧嘩の事」「盗人の事」「請取沙汰の事」「強入部の事」「新関の事」の五箇条の禁制を定めて細川領国の規律を求め畿内近国の支配体制の整備へと向かった。

だがそれを精力的に推進する意思に欠けていた。しばしば政務を家臣任せにして出奔し幕政を混乱させ、「四十歳ノ比マデ女人禁制ニテ、魔法飯綱ノ法、アタゴ（愛宕）ノ法ヲ行ヒ、サナガラ出家ノ如ク、山伏ノ如シ。或時ハ経ヲヨミ、陀羅尼ヲベンジケレバ、見ル人身ノ毛モヨダチケル」と『足利季世記《きせいき》』が記すように、女性を近づけず、天狗の術を得ようとして怪しげな修行に熱中、出家者や山伏のような姿や行動をとるなど東山文化の神秘主義的・隠遁趣味的傾向に染まっていた。

その一方で、朝廷や幕府の儀式については、威信が伴わなければ立派な儀式を行っても無意味と語り、後柏原天皇の即位式の挙行に消極的で、現実主義的な面もあった。明応四年（一四九五）に月《げっ》峯寺《ぽうじ》の縁起を絵巻にした土佐光信筆『槻峯寺《つきみねでら》建立縁起絵巻』が成立するが、月峯寺は摂津と丹波の国境の剣尾山《けんぴざん》にあり、政元の領国を見渡せる位置に所在する修験の寺院であり、絵巻に名将の「建立修行」という表現もあって、政元が関わって作られた作品と考えられている。

下剋上の連鎖

妻帯しない政元は九条家から家督相続を条件に聡明丸（のちの澄之《すみゆき》）を養子に迎えて文亀二年（一五〇二）に嫡子に定めたのだが、それにも拘わらず、翌文亀三年五月には阿波守護家から六郎（澄元《すみもと》）をも養子として迎え家督相続を約束した。

かつての義政のやり方を踏襲したのであって、これにより内衆は澄之・澄元両派に分かれて対立が激しくなった。永正元年（一五〇四）三月、政元は赤沢朝経の行為が目に余る非法であるとして討伐を決意し、内衆で摂津守護代の薬師寺元一《やくしじもとかず》に山城の真木島《まきしま》城を攻めさせ、これにより朝経は没落したが、その元一が澄元擁立を策して淀城で反旗を翻したので、澄之派の内衆香西元長に討伐を命じてこれを鎮圧し、さらに朝経を赦免して永正三年七月に河内の畠山義英《よしひで》（義豊《よしとよ》の子）と畠山尚順の討伐に派遣するなど、対応は二転三転した。

政元の後継者をめぐる澄之・澄元派の内衆の間の争いは、ついに永正四年（一五〇八）六月二十三日に、香西元長、薬師寺長忠《ながただ》らが湯殿で行水中の政元を襲い暗殺する事件へと至った。それとともに近江に逃れていた澄元と三好之長が反撃に転じ、これに呼応して八月一日に細川一門も動いた。備前守護家の細川高国《たかくに》が薬師寺長忠の邸宅を攻め、典厩家の政賢《まさかた》が香西元長と戦い、淡路守護家の尚春《なおはる》が澄之と戦った。これらにより長忠・元長が討ち取られ、澄之が切腹して果てると、翌日に澄元が入京し将軍義澄に謁見し、澄元の後見役として三好之長が幕府政界に進出することになった。

しかし将軍を退けた政元が今度は家臣に暗殺されたのであるから、その衝撃は大きく広がった。すぐに畠山尚順が紀伊で決起したことから、赤沢長経《ながつね》が大和に派遣され、尚順と澄元との和議が成立するが、摂津・和泉から入った細川高国も尚順とも結んで長経に反目するに至って、澄元とは袂《たもと》を分かち、高国は伊勢を経て京を窺った。そこに周防に逃れていた足利義尹《よしただ》（義稙《よしたね》）が大内政弘の子義興に擁され上洛する動きも伝えられ、京は不穏な空気に包まれた。

永正五年（一五〇九）四月、三好之長の宿所や澄元の在所が放火されて、二人は近江の坂本に逃れ、高国が上洛を果たしたことから、将軍義澄も京都を逃れ、四月二十七日に義尹・義興一行が周防から堺に到着し、五月八日に上洛して七月一日に義尹が将軍に返り咲いた。

近江に逃れた三好之長も再起に動き、山城の如意嶽《にょいだけ》や近江の九里《くのり》で幕府軍と戦うなか、永正八年には阿波に戻っていた澄元が上洛し、義尹・義興を丹波に逐ったが、反撃にあって京の船岡山での激戦の末、義尹・義興方の勝利となり、義澄は逃れた先の近江岡山で生涯を閉じ、その遺児は播磨の赤松義村《あかまつよしむら》に育てられ、澄元は阿波へと逃れた。

政元の暗殺の混乱が大内義興の上洛を促し、その上洛によって政治が収拾されたのであり、永正九年（一五一二）に高国は自邸に将軍を招いて盛大な宴を開いたが、それには能登守護の畠山義元《よしもと》や細川尹賢《ただかた》など将軍の御供衆《おともしゅう》も参加している。ようやく都は平穏を取り戻し、この束の間の平和を背景にして永正十四年に制作されたのが土佐光信・光茂《みつもち》父子が描き、近衛尚通《ひさみち》・中御門宣胤《のぶたね》・三条西実隆・甘露寺元長らが詞書を記した『清水寺縁起絵巻』である。

大和子島寺《こじまでら》の賢心《けんしん》が坂上田村麻呂の援助を得て清水寺を建立し、その田村麻呂が蝦夷を平定して凱旋し、清水寺を改築したことや、その後の清水寺本尊の千手観音の霊験を描いた作品である。永正十一年（一五一四）に越前の朝倉貞景によって清水寺の法華堂が造営されており、清水寺を管轄する興福寺の一乗院門跡の良誉《りょうよ》が、清水寺別当として異母兄の近衛尚通や尚通の子を猶子としていた将軍義材を誘い、都の平安を祈って制作にあたったのであろう。

博多の商人と琉球王国

義興は十年ほど在京して幕府を支え、永正十四年（一五一七）に石見の守護に任じられ、翌年八月に堺を出帆し山口に帰っていったが、この時期には多くの自立の拠点が西日本に形成されていた。その一つが大内氏が進出していた博多である。

博多は十四世初頭に街路が東西・南北に作られ、十五世紀後半には短冊形の屋敷地割りの街区が見られるようになり、明や朝鮮、琉球との貿易のために護岸が整備され、博多湾が浅瀬であったため船は志賀島まで来て、そこから小舟で博多浜に荷物が運ばれていた。

天与清啓《てんよせいけい》を正使とする第十二次遣明船は、門司で造船された幕府船と細川船、大内船の三船からなり、博多商人宗金《そうきん》の子性春《せいしゅん》が土官《どかん》として乗船して、寛正六年（一四六五）に大陸に渡航したが、乱の最中にあったので細川船は南海路を経て堺に帰着している。これ以後、細川方の堺商人が日明貿易の主役となって、日明貿易の主導権は堺の商人に奪われてきた。

だが、朝鮮や琉球との貿易には深くかかわっていた博多商人は、琉球国王名義の使者を装い（偽使）、朝鮮貿易に携わり、琉球護国寺には一四七七年に「博多茂家」により筆写されたと見られる『熊野権現縁起』が納められた。

文明八年（一四七六）出航の第十三次遣明船は細川氏が中心で、堺の商人が主導権をにぎり、薩摩の坊津《ぼうのつ》で硫黄を積み込み、島津氏の警護で渡航しているが、この坊津は日本の三津に数えられるほどに対外貿易で栄えていた。

琉球では第一尚王朝の尚泰久《しょうたいきゅう》が内紛を克服すると、深く仏教に帰依して広厳寺や普門寺《ふもんじ》、天界寺《てんかいじ》などを建立し、海外貿易で栄え、一四五八年に首里城の正殿に掛けられた梵鐘「万国津梁《しんりょう》の鐘」の銘文には琉球王国の繁栄と海上中継国家としての自負が刻まれている。

琉球国は南海の勝地にして、三韓の秀を鍾《あつ》めて、大明を以て輔車となし、日域を以て唇歯《しんし》となす、この二中間に在りて湧き出ずる蓬萊島なり。舟楫を以て万国の津梁となし、異産至宝は十方の刹に充満せり。

琉球国は南海の景勝の地であって、三韓（朝鮮）のすぐれたところを集め、明国や日本とは密接な関係にあり、この日明の間にあって湧き出た理想の島である、船を万国の架け橋となし、珍しい重宝はいたるところに満ちている、という。

この尚泰久の腹心であった金丸《かなまる》は、王位を継承した尚徳《しょうとく》に退けられていたが、尚徳の死後に王位を簒奪《さんだつ》して第二尚王統を形成した。その尚円《しょうえん》（金丸）の子で第三代尚真《しょうしん》の時には、按司《あじ》（在地の領主）を首里に集住させ、官僚制を整備するなど中央集権体制を整えた。一五〇〇年には西南にある「太平山」を攻め、宮古・八重山を勢力下に置いた。

堺の商人

日明貿易で栄えた堺はその名の通り摂津と和泉の堺に位置し、北が摂津の住吉社領堺北荘、南が和泉の住吉社領堺南荘で、瀬戸内海や南海方面と京・奈良・高野山の消費地を結ぶ湊として発展し、堺南荘が年貢の地下請を達成して商人が台頭し、南荘ともども応仁の乱を逃れてきた人々を受け入れて急速に富を集めてきた。

文明元年（一四六九）に遣明船の細川船が堺に帰港してから、堺商人は日明貿易に積極的に関わるようになり、豪商の湯川宣阿《ゆかわせんあ》・児島《こじま》三郎右衛門らは、琉球に渡って渡海の了解を得たことから、文明八年には博多商人を退けて遣明船の幕府船・相国寺船・細川船三隻が堺を出て南海路を渡海している。文明十五年にも三隻派遣されたが、その内訳は幕府船二隻、内裏船一隻で、幕府船は堺商人の請負、内裏船も堺商人の児島の請負で、堺商人は高額で請け負い貿易を独占したのである。

湯川宣阿は紀伊湯川の出身の材木屋で、文明四年（一四七二）に高野山の東塔の供養に関わっており、文明十年には大和長谷寺の登廊の改修に寄進するなど寺社の修造に携わってもいた。南海路では材木の運送が多く、一条兼良《いちじょうかねよし》の子一条教房《のりふさ》は京を逃れて土佐の中村に下っていて、文明十一年に兄尋尊《じんそん》の大乗院に材木を送ったが、それは堺に到着し奈良に送られている。

堺にやってきた商人や職人によって堺の富は膨れ上がり、それとともに自治組織がつくられた。南荘では鎮守の三村宮（開口《あぐち》神社）とその神宮寺の念仏寺が、北荘では鎮守の菅原神社とその神宮寺の常楽寺が地下の結びつきの核となった。『蔗軒日録《しゃけんにちろく》』文明十六年・十八年条には「会合十人」「会合衆十輩」「十会合」など十人でなる会合衆が記されている。

堺の鎮守である三村宮の祭礼の頭役は文明十六年（一四八四）八月に三宅主計《みやけかずえ》と和泉屋道栄《いずみやどうえい》が、十八年八月に湯川新九郎と助太郎が勤めているが、三宅主計も材木屋であった。ほかに富那宇《ふなう》屋、我《あ》孫子《びこ》屋、河内屋、能登屋、奈良屋、薬屋などの名も見え、その組織的活動は文明十八年二月十二日条の「印首座、今、北庄の経堂に在り。経堂は地下の公界《くがい》の会所なり」という記事から窺える。

北荘の経堂を地下の公界の会所と記すものだが、その地下の公界こそが会合衆の組織であった。公界とは禅林で使われた語で、「仏界」に対する公共の場ほどの意味で、『節用集』に「くがい」の読みがある。堺はこの公界を自立した組織として運営するようになったのである。

各地には堺のような自治組織をもつ都市が生まれており、その商人と関係を結んでいたのが連歌師であって、宗祇は堺の商人の宗友という連歌作者を明応九年（一五〇〇）に「四十年来の知音」と記している。『宗長日記』の大永三年（一五二三）の記事には「薩摩の坊の津の商人、京にて興行に磯のうへの千しほも秋の夕べかな」とあり、薩摩の坊津の商人の求めに応じて京での興行に発句を与えている。坊津から堺を経て京へというルートが生まれていて依頼されたのであろう。

伊勢湾の湊の老若

宗長は駿河に生まれ、守護の今川義忠に仕えていたが、京に出て禅を一休に、連歌を宗祇に学んで宗祇に同行して各地に赴き博多にも訪れている。その宗長が大永二年（一五二二）に駿河から伊勢神宮を目指し、伊勢の大湊《おおみなと》に渡って神宮に着いて千句の連歌の法楽を行い、その後、亀山へと向かう途中、安濃津《あのうつ》にたどり着いた。

この津、十余年以来荒野となりて、四・五千軒の家・堂塔あとのみ、浅茅・よもぎが杣、まことに鶏犬はみえず、鳴・鴉だに稀なり。折節雨風だにおそろし。送りの人は皆かへり、むかへの人はきたりあはずして、途をうしなひ方をたがへ、たたずみ侍る

安濃津にはかつて四、五千軒の家や堂塔があったのに今や跡のみが残り、浅茅《あさじ》や蓬《よもぎ》の生えるまま

になっている、と記している。繁栄を誇った伊勢湾岸の湊町を襲ったのが明応七年（一四九八）八月二十五日に起きた静岡県御前崎《おまえざき》沖で発生した大地震とその津波である。

これにより太平洋岸の湊町は大打撃を受けた。『後法興院記《ごほうこういんき》』同年九月二十五日条は、「伊勢・参河・駿河・伊豆に大波打ち寄せ、海辺二、三十町の民屋悉く溺水し、数千人が没命す。その外、牛馬の類はその数知れず、前代未聞なり」と記している。この時の地震の規模はマグニチュード八・二と推定され、伊勢湾岸の桑名《くわな》や大湊なども甚大な被害を受けたが、特に安濃津の被害が甚大であった。

宗長は亀山の用事が済んでの帰り道に安濃津の人々が身を寄せた里に立ち寄り、懇望されて連歌の発句「かへる世や松やしらなみあきのうみ」を与えたが、それは「もとの津還住」を望むものであって、安濃津の人々は被害にひるまなかった。三年後の正月に駿河の駿府にいた宗長は、安濃津の人々の所望で「あまをぶねはるやあこぎの裏の松」という句を送っている。新年の連歌のために宗長に発句を依頼するほどに安濃津は復活を遂げていた。

安濃津の人々が集団の結束を連歌に求めたように、復興を支えたのは安濃津の人々の力と熱意であった。おなじ伊勢湾岸の大湊には老若による「公界」という自治組織が生まれていたことが知られており、安濃津にも安濃津衆の老若の自治組織があり、それが復興を担ったものと考えられる。

安濃津の北に位置する桑名も湊町として繁栄していたが、宗長は大永六年（一五二六）に駿河から東海道を尾張に出て桑名を訪れ、宗碩《そうせき》の門人である等運《とううん》の所望で句を詠んでいる。桑名は「南北、美濃・尾張の河ひとつに落て、みなとのひろさ五、六町、寺々家々数千間」と賑わっていて、そこから宗長は亀山に向かおうとしたが合戦でかなわず、近江に抜ける八風《はっぷう》街道を経て京に向かっている。

翌年の駿河に下る旅では亀山からの道を桑名の等運の迎えを受けて連歌興行をし、津島に向かう船の中で「桑名衆の老若」と盃を交わして別れを告げている。ここにも老若の自治組織があったことがわかる。

桑名は、南都一乗院領益田荘内にあり、応仁の乱を経て禁裏料所ともなって湊町として発展し、八風街道で結ばれた琵琶湖東岸の近江の商人などからは「諸国商人罷り越し、何の商売をも仕る事候。殊に昔より十楽の津に候へば」と語られ「十楽の津」と称されていた（『今堀日吉神社文書』）。桑名の老若は永正八年（一五一一）に国人の長野氏の干渉に抵抗し、「上儀さへ承引致さず」と逃散をはかって、やがて還津を遂げた実績があって諸方から人々を呼びこみ、自由な取引を行う「十楽の津」となっていたのである。

関東の平和領域

自立の拠点、自立の場は関東にも広がっていた。城郭や陣などが武士の拠点として成立し、湊町も発展していたが、なかでも武蔵の品川は伊勢湾の大湊との交流が盛んで、有徳人が成長していたのである。

品川の日蓮宗妙国寺には有徳人の鈴木道胤《すずきどういん》が檀越となって寺地や梵鐘を寄せていて、鈴木氏は鎌倉公方足利成氏から蔵役を免除され、父道永・子原三郎の三代にわたって財をなしていた。それに連なる鈴木長敏は連歌に秀で、文明二年（一四七〇）に宗祇・心敬らと川越で太田道真主催の『川越千句』を詠んでいる。万里集九が文明十七年十月に品川に赴いた時に「法華宗多し」と記しているが、法華宗だけでなく、品川の有徳人の榎本道琳《どうりん》は南品川にある建長寺末の海晏寺《かいあんじ》に鐘を寄進しており、境内の二基の明応四年銘の巨大五輪塔は道琳夫妻の生前供養として建てたものとされている。品川も大湊の影響を受け自治的な組織を形成していたことであろう。

湊町ではないが下野の足利学校も見落とせない。関東の動乱を記す『鎌倉大草紙』は、「この比、諸国大いに乱れ学道も絶たりしかば、この所、日本一所の学校となる」と記しており、諸国の戦乱の激化もあって、日本中から学生を集め日本一の学校に押し上げたという。「学徒」は日本全国にわたり、南は琉球にまで及んでいた。

文安三年（一四四六）に定められた学校の規則三箇条は、老荘の学を含む儒学以外の学問を教えることを禁じ、学徒に禅衣を着用するよう求め、「不律の僧侶」（戒律を守らぬ僧）や、「学業」を勤めずに遊び暮らす僧などは足利の庄内から追放すると定めている。

『鎌倉大草紙』が「足利は京都幷びに鎌倉御名字の地にて他に異なりと、かの足利の学校を建立して種々の文書を異国より求め納めける」と記すように、足利は室町幕府・鎌倉府を形成した足利氏の名字の地であって、そこに学校が設けられたのである。足利氏の館に付属して建てられた鑁阿寺《ばんなじ》や、足利氏の「霊廟」「樺崎法界寺道場《かばざきほうかいじ》」もあった。

すなわち足利は足利家の由緒の地であることから戦乱や政争があっても、その難の及ばない平和領域として認められ、それが学校を長く存続させ、人々を多く集めたのであった。校長の庠主《しょうしゅ》は禅僧であり、学校のなかには常住という僧がいるなど、禅宗寺院と同じ組織をとっていたが、その禅院のような形をとることで外部の権力から守られ、学徒も俗人のような風体をとらないことで、兵乱の巷にならないように考えられたのである。

この足利学校に永正六年（一五〇九）に立ち寄って宗長は、「足利に立ち寄侍れば、孔子・子路・顔回、この肖像をかけて、諸国の学徒かうべを傾け、日ぐらし居たる体は、かしこくかつはあはれに見侍り」（『東路の津登《あずまじのつと》』）と、学徒が集まって孔子・子路・顔回など中国の儒聖の肖像を掛けて勉学している風景を描いている。その学校の講堂が焼けた時、再建を求めた天文二十二年（一五五三）の勧進帳は次のように記されている（『葛藤集《かっとうしゅう》』）。

下野州足利庄学校講堂再造の勧進帳　　　　本願学徒敬白

儒釈道の三教、猶ほ鼎《かなえ》に三足有るがごとし。三足其の一を欠くべからざる也。諸人三綱・五常を守らば、豈に之を尊ばざらんや。足利の学校は、昔小野侍中（篁）の濫觴《らんしょう》、其の後、上杉長棟庵主（憲実）の中興の開基たり。

勧進帳といえば勧進聖が作成するのが一般であったが、ここ足利学校では学徒が発願しており、学生こと学徒の主体的活動がうかがえる。

湯山の文化

連歌師や歌人は各地に赴いて国人の城館や芸能者の営む庵、曹洞宗や律院などの寺院に宿泊するとともに、湯治のために温泉に滞在することも多かった。湯山《ゆやま》（温泉）は身体や心の癒しを求めて人々が集まる場であり、有馬温泉が「湯客に貴賤なし」と記されているように平和領域として機能していた。

城館や陣は攻防の拠点として人々が集まるが故に自立の拠点となったが、湯山や学校は無防備であるが故に自立の拠点となったものと指摘できよう。たとえば有馬温泉は早くから京・南都の貴顕の湯治場となっており、宝徳四年（一四五二）四月八日に有馬温泉を訪れた禅僧の瑞渓周鳳《ずいけいしゅうほう》は、「村は下方五、六町、人家百戸なるべし。家々は二階、上は湯客を寓し、下は以て自居せり」という温泉村での湯治の風景を次のように描いている（『温泉行記』）。

およそ一の湯と曰ひ、二の湯と曰ふは、優劣あるにあらず。蓋《けだ》しこの地、温泉寺を以て主となす。寺は南にある故、南の湯を一となすか。湯客に貴賤なし。南辺に寓する者は一の湯に入り、北辺に寓する者は二の湯に入るのみ。

律院である温泉寺を主とし、一の湯と二の湯とからなり、湯を楽しんでいたという。文明十九年（一四八七）二月には前伊勢国司の北畠政勝《きたばたけまさかつ》が南都を経て赴いており、二月には大乗院尋尊が興福寺別当政覚《せいがく》とともに律院の温泉寺に着いて入湯したが、それは「七時分に湯に入る、夜二ヶ度、昼三ヶ度」であった。上下八万四千返《べん》の薬師等の咒《じゅ》を読誦し、二十五日には連歌法楽を行い、その時の尋尊の発句は「有馬山花に出入日かすか哉」であった。

宗祇は延徳三年（一四九一）十月に越後の旅から帰洛して三条西実隆邸を訪れ、湯治のために摂津に赴くと伝え、摂津池田の池田若狭守正種《まさたね》の館で五吟百韻を詠んだ後、有馬温泉で肖柏・宗長らと『湯山三吟』を吟じている。

うす雪に木葉色濃き山路かな　　肖柏
岩もとすすき冬や猶みん　　宗長
松虫にさそはれそめし宿出でて　　宗祇

二条派の歌人堯孝《ぎょうこう》の弟子堯恵《ぎょうえ》は古今伝授のため文明十七年（一四八五）に美濃の東頼数《とうよりかず》のもとに滞在し、翌年に北国を経て相模の東常和《つねかず》に古今伝授を行うべく旅に出て、その途中「草津の温泉」に十四日滞在し、「詞に続かぬ愚作」を詠み、「又山中を経て伊香保の出湯」に赴くなど、上州の草津や伊香保温泉に入っている（『北国紀行』）。

宗祇は明応九年（一五〇〇）七月に越後に赴くと、八月に起きた京の大火による種玉庵焼失を旅先で聞き、翌文亀元年（一五〇一）に越後府中で病になったので、訪ねてきた宗長から翌年二月に「上野の国草津といふ湯に入りて、駿河国にまかり帰らんの由、思ひ立ちぬ」と誘われ、信州を経て上州に赴き、宗長は草津の湯に入ったのだが、宗祇は「中風」によいと聞いて「伊香保といふ名所の湯」に足を伸ばし、宗碩《そうせき》・宗坡《そうは》らと『伊香保三吟』を詠んだ。その七月三十日、箱根の湯本にまで辿りついたところで、宗祇は灯の消えるように息を引き取ったという（『宗祇終焉記』）。

草津温泉について『塵塚物語』巻二には「信州おく山の中に草津といふ所あり」と始まる話が載る。ここは「人倫まれなる所、浅間の山のふもとより七八里の奥山」にある「和国第一の熱泉」で、「湯の性つよくさかんなるが故に病によりてこれを忌むといふ」と、熱い湯のため病によっては忌むこともあったので、宗祇はこの湯を避け伊香保に赴いたのである。

だが、「この湯を頼むものは、まづ深切にその人の虚実強柔の質器を見あきらめ」入るべきである、と、湯に入ってその効験を得た者が語っていたというから、宗長は壮健だったので、入湯したのであろう。

2 自立から自律へ

分国法と掟書

一　戦国大名への道

戦国大名大内氏

乱世にあって自立を志向した人々は、自立をもとに新たな動きへと向かっていった。西国で逸早くその動きに入ったのが周防《すおう》の大内氏であって、それは永正十五年（一五一八）に山口に帰った大内義興《よしおき》の父政弘《まさひろ》から始まる。

文明九年（一四七七）末に京を出て周防に帰り、応仁・文明の乱に終止符を打った政弘は、分国の安定化に努めた。九州に出陣して少弐《しょうに》氏と戦って豊前・筑前を確保し、安芸・石見の国人らを従え、北九州や瀬戸内海の海賊衆も従え、西国の支配権確立に力を傾けた。

その分国統治にあたっては、袖判下文《そではんくだしぶみ》によって給地の安堵や宛行状《あてがいじょう》を発給して家臣団掌握へと向かった。文明十年（一四七八）には筑前高鳥居《たかとりい》城の塀・櫓の造営に際し、御家人の給地分限を書き出させて、給地の高に応じた公役を勤めさせている。御内《みうち》・近習《きんじゅ》・外様《とざま》の御家人の別による軍事編成をなし（『正任記《まさとうき》』）、評定衆や奉行人による政務と官僚機構を整備、文明十二年には個別的ながら検地も実施し、家臣の所領を石高で統一的に把握する「惣名帳」という分限帳を作成すると、それに基づいて軍役や段銭を賦課する体制をつくり上げた。

文明十四年（一四八二）に重臣の陶弘護《すえひろもり》の殺害により、政弘は家中の掌握に成功し、文明十七年と十八年に集中的に法令を出している。十七年四月に撰銭令《えりぜにれい》を出して物価統制を行い、十一月に奉行人の出仕や会合日を定めて規律を図り、十八年には居館のある山口に禁制を出し、在山口衆の行動について定めている。分国内の支配機構では周防を陶氏、長門を内藤氏、豊前を杉氏、石見を問田《といだ》氏などそれぞれ守護代に任じてあたらせた。

発掘の成果からも山口はこの時期に大きな変化が認められている。大内氏の居館は十五世紀中頃の教弘《のりひろ》の時代に東西一四〇メートル、南北一五〇メートル、周囲に幅二メートルの濠があったが、政弘の時代には周囲を六メートルの空堀と土塁で囲うものとなり、東側に拡張され一辺が一六〇メートルの方形区画へと広がり、東南部には池泉庭園が設けられるようになった。

町並みの遺構も急増し、整地土層からは区画整理の跡が確認されており、ここに山口は城下町の形態をとるようになった。文明十七・十八年に大内氏は守護大名から戦国大名へと脱皮したものと指摘できよう。

守護大名の段階では、室町幕府の体制に倣って官僚機構や文書伝達網など支配機構を整備してきたが、そのうえで家臣団や政庁、城下町などに独自の法を定めたのである。このように大内氏が戦国大名への道を早くに進んだのは、日明・日朝・日琉貿易に関わり、幕府体制を外から見ることが可能となり、そこから膨大な富を得ていたからである。

この一連の政策に基づいて出された法令の集大成が分国法『大内家掟書《おきてがき》』である。永享十一年（一四三九）の「百姓逃散《ちょうさん》の事」に始まって、長禄三年（一四五九）の七箇条の山口を対象とする禁制など文明八年（一四七六）までは散発的であったが、文明十年からは四月の今八幡社領条々、十月の徳政訴訟の規定、同十三年の奉行人掟条々などと連続的に見られ、明応四年（一四九五）八月の勘気を蒙った輩の扱いの法に至るまでの百二十二箇条からなる。

政弘が帰国してからの法令が中心をなし、一連の法令がなくなる直後の明応四年（一四九五）九月に政弘が亡くなっているので、義興への代替りにあたって起きた宿老の反乱を克服した段階においてまとめられ編まれたのであろう。こうして安定した体制を築いたことで前将軍足利義尹《よしただ》（義稙《よしたね》）を受け入れた義興は、永正五年（一五〇八）に上洛することになったと考えられる。

国人から戦国大名へ

大内義興が日明貿易に必要な「正徳勘合《しょうとくかんごう》」を得て、大永三年（一五二三）に謙道宗設《けんどうそうせつ》を正使に遣明船を派遣したところ、細川高国が将軍義晴《よしはる》に働きかけ「弘治勘合《こうじ》」を用いて遣明船を派遣したことから、両者の争いが現地で勃発する寧波《ニンポー》の乱が起きた。これで日本船の来航は一時禁止されたが、その再開後は大内氏が独占するに至った。

大内氏が守護大名から戦国大名へと成長したのに対し、国人領主から戦国大名へと成長したのが肥後の相良《さがら》氏である。相良氏は遠江国の相良荘の地頭だったが、鎌倉時代に肥後に所領を得て移り住んで、多良木《たらぎ》荘や人吉《ひとよし》荘に勢力を広げてきた。

十五世紀中葉に出た相良長続《ながつぐ》が人吉から多良木をも掌握して相良氏を統一、球磨《くま》郡域を支配すると、寛正四年（一四六三）に守護の菊池為邦《きくちためくに》から葦北郡《あしきた》の領有を認められ、応仁元年（一四六七）には東軍に属して戦った。その跡を継承した為続《ためつぐ》は、文明八年（一四七六）に薩摩の牛屎院《うしくそいん》を島津氏から奪い、同十六年には名和《なわ》氏を逐って八代《やつしろ》郡を領有、翌年には阿蘇大宮司家の阿蘇惟憲《あそこれのり》を支え、菊池氏の推す阿蘇惟家《これいえ》を破った。

こうして政治的地位を確立させたことから、明応二年（一四九三）に『為続法度七箇条』を定めている。売買関係法や下人の人返し法、法度制定手続法、堺相論関係法などからなり、その法制定の主体は所衆《ところのしゅう》と称される家臣団の談合による衆議にあった。「何事にても候へ、その所衆談合を以相計ふ然るべく候」と、所衆の談合によって裁定をなすものとし、そこで解決が困難な場合には、相良氏に披露するものと定めている。第六条でも、法度を申し出る際にはしっかりと仰せ定めるのが肝要である、と記している。

相良氏の領国は球磨郡・葦北郡・八代郡の三郡からなり、各郡の独立性の強い郡中惣《ぐんちゅうそう》が所衆として法制定の主体となっていた。家臣団が一揆の法を制定し、それを相良権力が認定することで分国法として機能したのである。分国法制定におけるこの経過は大名権力の形成の道筋をよく示すものであって、実力で領国を奪いとる形だけでなく、国人らの結びつきを組み込むことで権力が編成されていったのである。

その後も相良氏は長毎《ながつね》が十三箇条を定め、晴広《はるひろ》が天文二十四年（一五五五）に二十一箇条を定めてゆくが、この為続の法制定に大きな影響を与えたのが大内氏の分国法であったと見られる。というのも為続の同族の正任が大内政弘の側近であった。為続は明応四年（一四九五）に正任に「新撰菟玖波集、御意見を以て思立てられ候由、去る春、見外斎より申し下され候」と、『新撰菟玖波集』の撰集を「見外斎」（宗祇）から聞いたという書状を送っており、それもあって『新撰菟玖波集』に五句入集となっている。

戦国大名支配下における国衆の在り方は安芸の国衆の動きによくうかがえる。彼らは大内義興に従って永正五年（一五〇八）に上洛したが、そのうち高橋元光《もとみつ》・毛利《もうり》興元《おきもと》・吉川《きっかわ》元経《もとつね》らは戦線を離脱して帰国すると、永正九年に天野・平賀・小早川・阿曾沼・野間諸氏らと一揆契約を結んで、将軍家や大内氏からの要求には衆中で対応することを誓っている。

このまま大内氏の傘下に入れば大内氏領国の一翼を担うことになるのだが、安芸は東北から勢力を伸ばしてきた尼子《あまご》氏と大内氏との争奪の場となっていて、この時の国衆の盟主の高橋元光は大内氏に滅ぼされており、そのため代わりに盟主になった毛利氏は、大内・尼子の戦国大名の領国の境目で地力を蓄えていった。

守護代から戦国大名へ

大内氏との間において領有を争った山陰の尼子経久《つねひさ》は、明応九年（一五〇〇）に出雲の守護代の地位に返り咲き、近江から下ってきた守護の京極政経《きょうごくまさつね》が永正五年（一五〇八）に経久に後事を託して亡くなると、国人層の結集の場であった一宮《いちのみや》杵築大社《きづきたいしゃ》（出雲）大社を造営し、家臣団を編成し、奉行人制を整えるなどして出雲の国主となった。

永正九年（一五一二）には備後の国人古志為信《こしためのぶ》の大内氏への反乱を支援するかたわら、次男に細川高国から、三男には大内義興から一字を得て、尼子国久《くにひさ》、塩冶興久《えんやおきひさ》を名乗らせ、それぞれと親密な関係を結んだ。永正十四年（一五一七）に大内義興が石見守護となって、これに抵抗する前石見守護山名氏と結んで、石見国内の大内方の城を攻め、翌年には弟久幸《ひさゆき》に伯耆《ほうき》国の南条宗勝《なんじょうむねかつ》を攻めさせた。しかし嫡男の政久《まさひさ》が叛旗を翻した桜井入道宗的《そうてき》の阿用《あよう》城を攻めた時に命を落としてしまう。

永正十七年（一五二〇）にようやく出雲国西部の支配を確立したが、備後国の山内氏や安芸国の宍《しし》戸《ど》氏など国境を接する国人と対立が生じ、同地域に利害関係を有する大内氏との衝突を招いた。大永元年（一五二一）に石見に侵攻し、同三年には契約を結んでいた安芸の毛利氏が大内氏の安芸経営の拠点鏡山《かがみやま》城を攻め落とした。

尼子氏に随《したが》った毛利氏は、大永三年（一五二三）に元就《もとなり》が兄興元の子の夭折から家督を継承したが、その際、井上・桂・粟屋・福原など一族や重臣が連署して、彼ら家臣の合意によって元就の家督継承の申請があって、これに元就が同心したことから、改めて家臣が元就に従属を誓う、というもってまわった形の継承方法がとられた。

元就は、翌大永四年（一五二四）に尼子方の安芸武田氏や友田氏が大内氏に敗北したことから、尼子方から大内方へと転じ、同六年に伯耆・備後守護の山名氏が反尼子方の旗幟《きし》を鮮明にした。このため尼子氏は窮地に立たされたばかりか、翌年には備後国で陶興房《おきふさ》に敗れ、備後国人の大半を失った。享禄元年（一五二八）、経久は備後に赴いて、多賀山氏の蔀山《しとみやま》城を攻めて陥落させたが、石見の尼子方の高橋氏は毛利・和智《わち》氏により滅ぼされた。

ところが同年に大内義興が亡くなると、その跡を継いだ義隆《よしたか》が享禄三年（一五三〇）から九州方面の確保に力を注ぐようになったので、大内・尼子の和議が成立した。それでも経久の三男で塩冶氏に入った興久が、出雲大社・鰐淵寺《がくえんじ》・三沢氏・多賀氏・備後の山内氏等の諸勢力を擁して大規模な反乱を起こすなど、尼子氏は領国経営には苦労した。

越後守護と長尾氏

西日本では細川政元の暗殺とともに大名の動きが活性化したが、東日本においても同様であって、永正四年（一五〇七）八月、越後守護代の長尾為景《ながおためかげ》が決起し守護の上杉房能《うえすぎふさよし》を攻め、房能は府中を逃れたものの自害する事件が起きている。

為景は、前年に父能景《よしかげ》が越中守護の畠山尚順《はたけやまひさのぶ》の要請を受けて越中に出陣して戦死したことから、家督を継承したばかりであったが、房能が明応六年（一四九七）に国人所領への郡司不入《ぐんじふにゅう》の権限を否定するなど守護権の強化をはかっていて、その勢力削減をはかる房能の機先を制して動いたものである。房能の従兄弟の定実《さだざね》を擁し、翌五年に定実が守護に任じられており、幕府と密かに通じていたのであろう。

だがこれに反発したのが房能の兄で、関東管領の上杉顕定《あきさだ》である。同年に八千余の軍勢で来越すると、下越の阿賀北衆《あがきた》を始めとする国衆が為景方と顕定方に分れて争う、「一国ことごとく滅亡」といわれる合戦となった(『実隆公記』)。定実・為景は春日山《かすがやま》城・府中を捨てて越中に逃れ、信濃の国人と連絡をとりつつ佐渡を回って、そこから翌七年に蒲原津《かんばらのつ》に上陸して府中を目指した。このため退却を迫られた顕定は、上野に落ちる途中の長森原《ながもりはら》で討死した。

すでに文明十二年(一四八〇)に守護上杉房定の時期に守護代の長尾氏は分国内の本田と増分の量を苅高《かりだか》で表示する「越後検地帳」を作成するなど、戦国大名への道を歩んでいたことから、為景は同十年には定実を幽閉して実権を握ったのであるが、逆臣の汚名を恐れ守護代の地位に留まった。

さらにその立場から抜け出るため、能登守護の畠山義統《よしむね》と連携し、父の仇の越中の守護代の神保《じんぼう》慶宗《よしむね》を討ち、幕府との関係強化につとめてゆき、将軍の御供衆に許されていた毛氈鞍覆《もうせんくらおおい》と白傘袋の使用を認められ、子には将軍義晴から一字を得て晴景《はるかげ》と名乗らせた。

だが抗争は続いた。享禄三年(一五三〇)から天文七年(一五三八)にかけ、越後上杉氏の一族上《じょう》条《じょう》上杉定憲《さだのり》に結集した阿賀北衆と争い、また同族の上田長尾氏とも対立した。

こうした情勢に翌四年正月、山浦氏など下越国衆十八名が連署して軍陣の壁書を定めている。第一条の「陣取の時、或は陣場を相論し、或は陣具等を奪ひ合ひ、喧嘩に及ぶべからざる事」とある陣取・陣払の規定、喧嘩口論禁止など戦陣に関わる七箇条の一揆契約であって、その文書の裏には為景の花押が据えられているので、為景方の国衆の一揆であったことがわかる。

為景は国衆を把握することに意を注いでいたのだが、抗争が続くうちにこの軍陣の壁書に連署した国衆の多くが反為景方に転じているように戦乱は長引いた。ようやく為景の跡を継承した晴景が、阿賀北衆や上田長尾氏と和議を結び、定実を守護に奉じたことで一段落するのである。

長尾氏にしても、尼子氏にしても、守護代から戦国大名に至る道のりは険しかったが、守護から戦国大名に至る道を進んだ駿河の守護今川氏は、氏親《うじちか》の代に大きく発展することになった。

駿河の今川氏

今川氏親は、父義忠《よしただ》の不慮の死にともなった内紛に、母北川殿やその兄弟伊勢盛時《いせもりとき》（早雲《そううん》）の支援を受け、長享元年（一四八七）に国政を執りはじめ、発給文書に印判を用いるなど新たな政治に取り組んだ。

明応三年（一四九四）九月に氏親は知行の宛行状に黒印を捺しているが、これは東国大名の印判状の初見であり、永正九年（一五一二）には朱印の印判状を出すようになるが、これも朱印状の初見である。

氏親は明応三年（一四九三）から遠江に侵攻し、文亀元年（一五〇一）に遠江守護の斯波義寛《しばよしひろ》と戦い、斯波方が信濃の小笠原氏を頼んだことから激戦となったが、小笠原の帰国とともに優位に立った。永正三年（一五〇六）に早雲とともに三河に出陣し、遠江の国人を味方につけ、同五年に遠江の守護に任じられているが、これは細川政元暗殺の政変を背景にしたものである。

遠江一帯を永正十四年（一五一七）に制圧した氏親は、その翌年に相良荘の般若寺《はんにゃじ》領で検地を行っており、征服地に検地を実施して所領安堵を行う新たな段階へと進んでいった。

氏親の姉妹の北向は正親町三条実望《おおぎまちさんじょうさねもち》の妻となり、氏親自身は中御門宣胤《なかみかどのぶたね》の娘寿桂を妻とするなど、今川氏は京の公家との繋がりが濃く、その交流は宣胤の日記『宣胤卿記』や宣胤と親交の深い三条《さんじょう》西実隆《にしさねたか》の日記から知られる。永正十五年（一五一八）八月に氏親は宣胤から『太平記』を送られてその礼状に、「洛中静謐の由、目出存じ候。大内、和泉堺在座候。定めて上洛仕るべく候や」と記し、大内義興の上洛に触れているなど、京の政治情勢に敏感で、『伊勢物語』や『太平記』などの作品も入手していた。

連歌師宗長は氏親に仕えて、大永二年（一五二二）に遠州掛川の朝比奈泰能《あさひなやすよし》邸に逗留した時の『宗長日記』の記事には、朝比奈氏がいかに氏親に軍忠を働いたかが記されており、それは今川氏の遠江攻略の歴史、氏親の活躍の歴史に他ならない。永正元年（一五〇四）に関東で扇谷《おうぎがやつ》上杉と山内《やまのうち》上杉が合戦に及んだことから、氏親が泰能らを率い出陣した様子を次のように語る。

> 氏親、九月十一日俄かに進発。十三日備中守・福島左衛門尉、駿遠両国軍勢、逐日出陣す。廿日・二日、早雲の陣益形《ますがた》着陣。敵退くやと見えき。をひすがひ一夜野陣。明くる辰ばかりの朝霧のうち、むさし野も深山のやうに敵味方の軍兵みえけるとなり。凡雷鳴のごとし。午刻計、馬を入れあひ、数刻の合戦。敵討ち負けて本陣立川に退く。

氏親の進発とともに備中守朝比奈泰能ら駿遠両国の軍勢が出陣し、早雲の「益形」（枡形）に着陣して合戦した時の模様である。これを見ると、連歌師には軍記を記す素養があったことがわかるが、宗長は氏親が戦いに勝利するよう伊豆三島社に立願し、勝利の報告を聞いた時には「関東出陣戦勝報賽」のために三島社で「出陣千句」を奉納している。

今川氏の領国支配

氏親は大永六年（一五二六）五月に三十三箇条からなる『今川仮名目録』を制定した。その条文の多くは相論が起きた際の裁判規範を示し、田畠・山野の堺相論、相論の最中における手出しの禁止、被官人の問題、知行地の売買、用水や借銭、不入地の問題など多岐にわたる。

広く通用している「天下の大法」や、これまで定めてきた禁制の法については「天下の法度、又私にも先規よりの制止は載せるに及ばざるなり」とあって、これを載せないと記しており、多くは新規や改訂・確認の条文であった。たとえば十六条は他国の人と契約して与えた知行の地を一方的に売却することには謂《いわ》れがないとして「自今以後停止」としている。

このように「自今以後」の停止や改訂とするものが四・九・十三・二十・二十九・三十条などで、変更を規定したものが多い。二十八条が諸宗の宗論を分国中では停止としているように、単に「停止」とするのが三十・三十一・三十三条で、停止の上で但し書きにより具体例を記し補充を図った条項もあるなど、基本的に新たな法制定への意欲がうかがえる。

二十三条では、駿府中での「不入の地」の特権を破棄して町の整備へと向かい、第一条では譜代の名田を正当な理由なく地頭が没収するのを停止とし、名田の年貢を増やすのを目的に名田を望む人があれば、本名主に年貢を増すことが可能かどうかを尋ね、その望みがないことがわかれば新名主に与えるとするなど、富国強兵策をとっていて、今川の大名権力の高まりがうかがえる。さらに第二条にはこうある。

田畠幷山野を論ずる事あり。本跡糾明の上、剰へ新儀を構ふる輩、道理無きに於いては、かの所領の内の三分の一を没収せらるべし。此の儀、先年議定し畢ぬ。

田畠・山野の相論では、正当な境を糾明して、新儀を構える輩に道理が無い場合には、その所領の内の三分の一を没収するとして、この件は先年に議定したものであるという。家臣が審議する議定の場があって、その場で定められた法を確認したのであって、氏親が一方的に定めたわけではなく、議定での審議を経て定められたのである。

最後に「右、条々、連々思当るにしたがひて、分国のためひそかにしるしをく所なり」とあって、これを記した四月の二か月後に氏親が亡くなっているので、子の氏輝《うじてる》への遺言の形で法を制定したものと知られる。

この法制定には、戦場をともにした早雲や、文明五年(一四七三)八月に駿河の所領に下ってきた摂津之親《せっつゆきちか》ら幕府の法曹官僚の影響が考えられるが、宗長も関わっていたか。宗長は各地の大名の動静を見聞しており、山口では大内氏の法制定の動きを見ていた。大永六年（一五二六）に駿河の柴屋軒《さいおくけん》から上洛した宗長は、氏親の死を山城の酬恩庵《しゅうおんあん》で聞き、「大永六年六月廿三日、喬山（氏親）御他界の飛脚、臨川庵より山城薪酬恩庵、七月廿九日到着」と、その中陰の儀を執り行っている。

甲斐の戦国大名武田氏

駿河の隣国の甲斐では守護の武田氏が成長していた。今川氏親は甲斐の河内の穴山《あなやま》氏や国中の西郡に勢力を広げる大井氏を後援しており、永正十二年（一五一五）十月、武田信虎が大井信達《のぶさと》・信業《のぶなり》父子の拠る西郡上野城を攻撃したことから、大井氏救援のため国境を封鎖し（『勝山記《かつやまき》』）、甲府盆地と都留郡に侵攻した。

しかし遠江の情勢変化により宗長の斡旋で和睦が成立し、信虎は大井信達との間にも和睦を成立させ、大井の娘を正室に迎え、永正十六年（一五一九）には甲府盆地中央の川田にあった居館を盆地北部の躑躅ケ崎館《つつじがさきやかた》に移し、この地を「新府中」と称して家臣の集住を図った（『高白斎記《こうはくさいき》』）。

新府中（甲府）の南には時宗の一蓮寺《いちれんじ》があって、その門前に町が形成されていたことから、それを取り込んでのもので、館の西に府中八幡を勧請し、東に恵運院、東南に大泉寺を建立し、国衆の甲府集住を図り、栗原・今井・大井などの国衆の甲府集住への反抗を屈服させ、館の北に詰城として要害山城《ようがいさんじょう》を築いた。戦国都市甲府の誕生である。

この情勢に大永元年（一五二一）に福島衆を主力とする今川勢が侵攻して甲府に迫ると、信虎は今川勢を甲府郊外の飯田河原や上条《かみじょう》河原の合戦で退けたが、その最中の十一月三日に嫡男の晴信《はるのぶ》（後の信玄）が産まれた。こうして信虎は甲斐国内を統一して対外勢力を追い払い、大永二年に身延山《みのぶさん》久《く》遠寺《おんじ》に参詣し、富士山にも登った。かつて足利義満は遊覧しても登るには至らなかったが、信虎はそれを実現しており、その全国統一の夢は晴信に受け継がれてゆく。

大永六年（一五二六）に駿河の今川氏親が亡くなって氏輝が相続すると、信虎は今川氏と結んで、享禄元年（一五二八）に信濃の諏訪《すわ》に攻め入り、同年に甲斐一国内を対象とする徳政令を発しており、分国支配が一定程度固まった。享禄四年に信濃の諏訪氏の後援を得た国衆の栗原兵庫《くりばらひょうご》や重臣の飯富《おぶ》虎昌《とらまさ》らが反旗を翻し、また逸見《へんみ》の今井信元《いまいのぶもと》が諏訪氏の支援によって甲府への侵攻をはかることもあったが、天文元年（一五三二）に今井信元が信虎に降服し、甲州は「一国御無為《ぶい》」となった。

翌年に嫡子晴信の妻に上杉朝興《ともおき》の娘を迎えて上杉との同盟を強化すると、天文四年（一五三五）に今川を攻め、国境の万沢において氏輝と戦っているところに、今川と姻戚関係にある北条氏綱《うじつな》が籠《かご》坂峠《さかとうげ》を越えて侵攻し、小山田氏や勝沼氏を破ったため、信虎は今川・北条に対抗するために同年に諏訪頼綱《よりつな》と和睦した。

ここに相模の伊勢氏（後北条氏）が、戦国大名として体制を整えつつあった武田氏の大敵として登場してきたのである。伊勢早雲の子氏綱は大永三年（一五二三）に姓を北条に改め、鎌倉幕府の継承を唱えるようになっていた。

北条早雲と虎の印判状

氏綱の父盛時（早雲）は明応二年（一四九三）に伊豆を占領した後、目を関東に向けるようになり、その年、扇谷（上杉）定正《さだまさ》からの援軍依頼を機に、関東管領の山内（上杉）顕定《あきさだ》の軍と対峙したものの、定正が落馬して死去したことから兵を返した。

やがて出家し伊勢宗瑞《そうずい》と称すると、相模に進出して大森藤頼《おおもりふじより》の小田原城を奪い取り、関東南部の制圧へと動いた。永正元年（一五〇四）九月には相模の江の島に「当手の軍勢甲乙人等、乱妨狼藉の事、堅く停止せしめ了ぬ。もし違犯の族有らば、速に罪科に処すべき者なり」という禁制を出し、同年の戦いで扇谷定正の跡を継いだ朝良《ともよし》に味方して、山内顕定に勝利している。しかし朝良が、越後守護上杉房能の来援により反撃に出た顕定に降伏したので、早雲は山内・扇谷の両上杉氏と戦うところとなった。

永正三年（一五〇六）に相模で初めて検地を実施していて、これが戦国大名の出発点となった。小田原周辺で指出検地《さしだしけんち》（土地の面積・年貢量を申告させる検地）を実施したもので、この寅年の検地からの伊勢氏（北条氏）の戦国大名としての展開は寅年を画期に行われてゆく。

翌永正四年（一五〇七）、越後守護上杉房能が守護代長尾為景に殺されたことから、永正六年七月に山内顕定が大軍を率いて越後へ出陣したので、早雲はこの隙を突いて扇谷朝良の本拠の江戸城に迫った。このため急ぎ兵を返した朝良と翌年まで武蔵・相模で戦っている。神奈川湊近くの権現山《ごんげんやま》城に拠る上田政盛《うえだまさもり》を扇谷家から離反させ攻勢をかけると、同年七月に山内家の援軍を得た扇谷家が反撃に出て、城は焼かれ敗北した。

この戦いから、相模の守護三浦義同《みうらよしあつ》（道寸《どうすん》）が小田原城まで迫ったことから、早雲は扇谷家と和睦し、義同の相模中央の岡崎城を攻めて、永正九年（一五一二）八月に落とし、義同の逃げ込んだ住吉《すみよし》城も落として鎌倉に入り、相模の支配権をほぼ掌握した。三浦氏攻略のため鎌倉の北に玉縄《たまなわ》城を築いたが、その十二月に久良岐《くらき》郡本牧《ほんもく》四か村に、家来や奉公人が横合《よこあい》（言いがかり）をしないとする制札を出しており、こうしてその支配領域は武蔵の久良岐郡にまで広がった。

早雲は相模のうち足柄上下郡を西郡、相模川の以西を中郡、以東を東郡となして玉縄城を東郡の拠点とし、残る相模の三浦郡については、永正十三年（一五一六）七月に扇谷朝興による玉縄城攻めを退けたことから、三浦義同・義意《よしおき》父子の籠もる三崎城を落として三浦氏を滅ぼし、相模全域を平定したのであった。

永正十五年（一五一八）の寅年に早雲は家督を嫡男氏綱に譲るが、この年から伊勢（北条）氏は虎の印判状を用いるようになった。印判状は虎の図案の下に「禄寿応穏《ろくじゅおうおん》」の字を配した朱印を捺した文書であって、次の文書では奥の永正十五年の部分に印判が捺されている。

永正十五年〈戊寅〉九月仰せ出ださるゝ御法の事

一、竹木等の御用の事は、その多少を定め、御印判を以て郡代へ仰せ出だされば、郡代

より地下へ申し付くべし。（中略）
一、人足の事、年中定め、大普請のほかは、もし御用あらば、この御印判を以て仰せ出ださるべし。
右、この虎の御印判に代官の判形を添へ、少事をも仰せ出さるべし。虎の御印判なくば、郡代同じく代官の判形有りと雖も、用ふべからず。この上に於いてはうひを申し懸くる者あらば、交名をしるし庭中に申すべき者なり。よって件の如し。
永正十五年〈戊寅〉十月八日
木負御百姓中
代官　山角
伊東

伊豆の田方郡木負《きしょう》に出された虎の印判状で、印判のない課役の賦課を無効とし、郡代や代官による百姓・職人への違法な命令を停止し、そのことを百姓に直接に宛てて示している。同様のものが各地の村々に出されていった。守護が直接に百姓に文書を発給せず、文書には花押を用いていただけであって、これは画期的であった。

今川氏親が用いた印判状にならって使用するようになったものと見られるが、この印判状によって大量の文書の発給が可能となり、戦国大名による村落・百姓への直接支配が進んだ。

二　領国支配の進展

北条氏と伊達氏

永正十六年（一五一九）に早雲が死去すると、その跡を継いだ氏綱は、二年後に早雲の菩提を弔う早雲寺を箱根湯本に創建するとともに、本拠を伊豆の韮山《にらやま》城から相模の小田原城に移した。早雲制定と伝わる『早雲寺殿廿一箇条』には、仏神を信じ、早寝早起きをし、読書や歌学、乗馬に励み、文武を兼ね備えるように、と日常生活の作法が細々と記されているが、これが早雲制定かどうかは定かでない。

家督を相続するのに伴って氏綱は代替わり検地を実施し、所領の安堵状を発給し、相模一宮の寒《さむ》川《かわ》神社の宝殿や相模国府の六所宮《ろくしょぐう》、箱根・伊豆山権現の再建など寺社造営の事業を進めていった。大永三年（一五二三）六月十二日の箱根権現の棟札に「(相州)太守伊勢平氏綱」とあり、相模の国主であることが記されている。その年後半に伊豆を本拠地にしていた鎌倉幕府の北条氏に倣って伊勢氏から北条氏と改め、武蔵国西部・南部の国衆を服属させるべく動いた。

これに危機感を抱いたのが扇谷上杉朝興で、山内上杉家と和睦したところ、氏綱は大永四年（一五二四）正月に武蔵に攻め込んで扇谷勢を破り江戸城をも攻略した。朝興は山内憲房《のりふさ》の支援を受けて態勢を立て直すと、古河公方足利高基《たかもと》と和睦し、甲斐の武田信虎とも結んで北条包囲網を形成して反撃を開始し、武蔵の諸城を奪い返して相模の玉縄城へと迫った。

房総半島の里見の軍勢も大永六年（一五二六）に鎌倉を襲撃し、この時に鶴岡八幡宮が焼失したが、享禄三年（一五三〇）、氏綱の嫡男氏康《うじやす》が扇谷朝興方の軍勢に大勝し、鶴岡八幡宮の造営事業を天文元年（一五三二）から開始している。この造営には鎌倉の番匠のほかに奈良興福寺や玉縄・伊豆の番匠を呼び寄せて着手した。

守護大名から戦国大名になった今川・武田氏に対し、北条氏は実力で伊豆・相模を制圧し鎌倉幕府の遺跡を継ぐ形で戦国大名になったのであるが、奥羽の伊達稙宗《だてたねむね》の場合も実力で領域を広げ、大永二年（一五二二）に陸奥守護職に補任《ぶにん》されて大名権力を確立させていった。

伊達氏は鎌倉時代に陸奥国伊達郡に所領を得て本拠とし、室町時代の持宗《もちむね》の時に幕府と鎌倉府の対立が深まるなかで幕府に接近して京都扶持衆となり、その地位と勢力を高めてきた。文明十五年（一四八三）に上洛した伊達成宗《なりむね》は、将軍足利義政・日野富子らに砂金・太刀・馬などを献じ、その献上物の数は随一といわれている。

稙宗はその成宗の孫にあたり、長享二年（一四八八）に尚宗《ひさむね》の嫡男として生まれ、将軍足利義高《よしたか》（義澄）から一字を得て高宗《たかむね》と名乗り、永正十一年（一五一四）の父の死去で家督を継承すると、羽州探題の最上義定《もがみよしさだ》を長谷堂《はせどう》城に破って、妹を義定の室となして最上氏を支配下に置いた。

永正十四年（一五一七）、足利義稙の上洛の祝賀として進物を贈り、一字拝領を許されて名を稙宗に改め左京大夫に任官した。左京大夫は奥州探題大崎氏世襲の官職であったから、これに任じられたことで大崎氏に取って代わる地位を得た。

永正十七年(一五二〇)に最上義定が嗣子のないまま死去すると、その跡をめぐって最上配下の諸将が稙宗に反旗を翻したことから、稙宗は最上領に侵攻して上山城《かみのやま》・山形城・天童城を落とし、翌大永元年には葛西・相馬・岩城・会津・宮城・国分・最上の軍勢を集めて寒河江《さがえ》氏を攻め、この戦いによって最上郡及び村山郡南部に領域を拡大した。

こうして奥州探題の補任を幕府に望んだのであるが、幕府が前例にはない陸奥守護職に任じると、これを契機に体制の整備へと向かった。その版図は出羽の置賜《おきたま》地方の上長井・下長井・屋代、陸奥の刈田・柴田・名取・伊具・宇多・伊達・信夫諸郡に及んだ。

伊達氏の『塵芥集』

天文元年(一五三二)に居城を梁川《やながわ》城から西山《にしやま》城に移した稙宗は、翌年に『蔵方之掟《くらかたのおきて》』十三箇条を制定、天文四年には『棟役日記《むねやくにっき》』を作成し、天文五年(一五三六)に『塵芥集《じんかいしゅう》』を制定している。

『塵芥集』は百七十一箇条からなる大部の分国法で、一条から七条までが神社法、八条から十五条までが仏寺法、十六条から四十条までが刑法、四十一条から七十五条までが盗賊関連法、七十六条から八十三条までが地頭・百姓法、八十四条から九十一条までが用水法、九十二条から百五条までが所帯法、百六条から百二十条までが貸借関係法、百二十一条から百二十三条までが境相論法、百二十四条から百三十七条までが民事法、百三十八条から百五十条までが人身法、それ以下が種々の民事・刑事法という構成をとる。

最初に「先々の成敗におゐては理非を紀すに及ばず、今より後は、この状を相守り、他事にまじはるべからず」と記し、本法令の効力が過去には遡及しないものとして立法したと述べ、奥書に「左京大夫稙宗（花押）」の署判を据えている。

これに応じて「評定の間、理非決断の事」を誓う国分景広《こくぶかげひろ》や中野親時《ちかとき》など十二人の評定衆が連署する起請文が添えられており、その形式といい、また内容といい、明らかに鎌倉幕府制定の『御成敗式目』に倣ったものである。

式目の十条の「殺害刃傷罪科の事　附り父子の咎、相互に懸けらるるや否やの事」と、塵芥集二十五条の「親子の咎、互にかくるや否やの事」が、また式目十三条の「殴人の咎の事」と、塵芥集四十条の「人を打擲する事」がなど、継承関係の明らかな条文は四箇条ある。大部の法令なので、『御成敗式目』を座右に置いて判例を調べるとともに、他の在地の法をも参照し定めたのであろう。

北条氏が鎌倉幕府政治の継承者を主張し『吾妻鏡』に学んだのに対し（北条本『吾妻鏡』）、伊達氏は鎌倉幕府の法の精神に学んだのである。『塵芥集』という命名や法令の混在などから見て法曹官僚が関与したものではなく、評定衆に連歌師の「万年斎　沙弥長悦《ちょうえつ》」がいることから、長悦が関与していたことは考えられようか。長悦は猪苗代兼純《いなわしろけんじゅん》の一族である。

稙宗は大崎氏の内紛に大崎義直《よしなお》の要請に応じて軍勢を派遣して、二男の義宣《よしのぶ》を入嗣させ、奥州・羽州の両探題職を統制下に置くことに成功すると、天文七年（一五三八）には『御段銭帳』を作成しており、その前提には検地の実施があったものと考えられる。

今川・北条・武田の新展開

『塵芥集』が制定された天文五年（一五三六）には、駿河の今川氏親の跡を継いだ氏輝が亡くなっている。氏輝は当初こそ母寿桂尼の後見を得ていたが、やがて江尻《えじり》湊を振興させ、検地を行い、御馬廻衆を創設するなど、意欲的に政策を展開しつつあったところであるが、二十四歳の若さで亡くなった。

その跡を継いだのは善徳寺承芳《しょうほう》で、将軍義晴から一字を与えられ義元と名乗ったところ、花倉の遍照光寺《へんじょうこうじ》にいた兄玄光恵探《げんこうえたん》が福島越前守に擁されて挙兵し、領国を二分する争いとなった（花倉の乱）。この争いに義元は北条氏綱や武田信虎の支援を得て勝利して駿河の国主となって、信虎との関係強化をはかった。

義元を援助したその信虎は、子を元服させ将軍義晴から「晴」の一字を得て晴信と名乗らせ、義元の仲介によって公家の三条家から室を迎え、自らは従五位下・大膳大夫に叙位・任官した。天文六年（一五三七）には長女を義元に嫁がせて甲駿同盟を結んだが、このため今川と北条とが抗争するに至り、駿河の富士川以東の領域をめぐって河東《かとう》の乱が起きた。

北条氏綱はこの河東の乱を西に抱えつつ、同年に上杉朝興が死去して若年の朝定《ともさだ》が跡を継いだことから、武蔵に出陣して扇谷上杉家の本拠の河越《かわごえ》城を陥れ、天文七年（一五三八）に葛西《かさい》城を攻略し、房総進出への足がかりを築いた。十月七日には、古河公方から分かれた小弓《おゆみ》公方足利義明《よしあき》と安房の里見義堯《よしたか》の連合軍を破って小弓公方を滅ぼし、武蔵南部から下総にかけて勢力を拡大した。

氏綱は将軍義晴に鷹や馬を贈るとともに、翌天文八年（一五三九）には娘（芳春院）を晴氏《はるうじ》に嫁がせて古河公方と縁戚になり、足利氏「御一家」の身分を遇された。古河公方の足利晴氏はこの合戦の勝利を賞して氏綱を関東管領に補任したという（『伊佐早《いさはや》文書』）。

天文九年（一五四〇）には鶴岡八幡宮上宮の正殿が完成し、氏綱ら北条一門の臨席の下で落慶式が催された。八幡宮の再興事業を成し遂げたことで名実ともに関東の盟主となり、その領国は伊豆・相模に加え武蔵半国と下総の一部、駿河半国にまで及んだ。小田原城を本城として伊豆の韮山城、相模の玉縄城と三崎城（新井城）、武蔵の小机城、江戸城、河越城などの支城を領域支配の拠点とし、重臣や一門を配置した。

郷村支配の面では、検地によって増した田地や、没収した隠田を把握し、交通の要所には積極的に御領所（直轄地）を設置して側近をその代官に任じ、伝馬制度を整えて領内物資の流通・輸送を整備していった。築城や寺社造営のために職人を集めて商人・職人を統制し、年貢とは別に諸役・諸公事を課した。

そこに新たな動きが甲斐国から始まる。天文十年（一五四一）六月十四日、信虎が信濃の佐久・小県《ちいさがた》郡の合戦から凱旋し、娘婿の今川義元と会うために駿府に赴いたところ、晴信が甲駿国境を封鎖し、信虎の帰郷を認めない措置をとったのである。

此年六月十四日、武田大夫様（晴信）親ノ信虎ヲ駿河へ押シ越シ申シ候。余リニ悪行ヲ成サレ候間、カヨウニメサレ候。サルホドニ地下、侍、出家、男女共ニ喜ビ満足候コト限リナシ（『妙法寺記』）

信虎の悪行に悩まされていた人々は、この措置に大いに満足したというが、「百年の内にも御座なく候」という大飢饉に襲われ、信虎の政治に不安を覚えた晴信が、板垣信方《いたがきのぶかた》・甘利虎泰《あまりとらやす》らの譜代の家臣の支持を得て決断したものと見られる。

武田と北条の領国支配

天文十年（一五四一）六月十七日に晴信は屋形に移り、「国主」として家督相続を告げて、父の虎印の印判状に変えて龍印の印判状を使用するようになった。武田氏の祖である信義が建てた武田八幡の本殿を完成させ、翌年五月には甲斐二宮の美和《みわ》神社の社殿を造営して所領を寄進し、甲斐国内の神社造営を行い、神祇《じんぎ》に基づく守護の体制を築いた。

天文十一年（一五四二）三月に京から歌人冷泉為和《れいぜいためかず》を館の北にある積翠寺《せきすいじ》に迎えて和歌会を開き、六月には諏訪氏庶流の高遠頼継《たかとおよりつぐ》とともに諏訪領への侵攻を開始し、諏訪頼重を甲府に連行して自害に追い込み、八月には分国内に棟別役を賦課して税制を整備し、軍事力の強化を図り、翌年には高遠頼継を撃破して諏訪領を掌握した。

武田に続いて北条氏でも国主の交代があった。天文十年（一五四一）七月の氏綱の死を受けてのもので、死に先立って氏綱は若い氏康に、義を大事にし、侍から農民にいたるまですべてを撫しみ、驕らずへつらわず、その身の分限を守り、倹約に努めて重視すべきことなど五箇条の訓戒状を与えている。甲斐とは対照的な国主の交替となった。

父の跡を継承した氏康は、三浦郡を直轄領とし、天文十一・十二年に相模・武蔵の各地の検地を実施した。次の文書はその検地に基づいて出された文書である。

堀之内の百姓中、壬寅の検地より以後、宝生寺江進せ置く下地の事

百文の下地〈所々たう谷〉　太郎左衛門尉（花押）

参百文の下地〈田嶋〉　三郎えもん（略押）（中略）

右、以下合せて一貫四十五文の所、永代進らせ置くの処、実正なり。たとへ地主かわり候共、違乱横合申すまじく候。よつて件の如し。

天文拾壱年（壬寅）十一月五日

壬寅年《じんいん》（天文十一年）の検地の結果に基づいて、武蔵の久良岐郡の堀之内の百姓が土地を宝生寺に寄進した文書であり、百姓中が花押を据えて寄進していて、その自立的動きが認められる。検地は

村や町の自立性を促すことにもなっていた。

領国支配を固めた氏康は、天文十三年（一五四四）に武田と和睦を結んで、翌年に今川と対立したが（第二次河東一乱）、武田の仲裁によって和睦し、翌十五年に江の島で戦勝祈願を行った後、両上杉氏と古河公方に包囲されていた川越城の救援に向かい、四月二十日に勝利した。この時に扇谷（上杉）朝定が討死して扇谷上杉氏が滅亡したので、北条氏の関東の領国支配は一段と進んだ。

甲州法度と氏康の徳政令

この北条の動きはすぐに武田を動かした。天文十六年（一五四七）六月一日に晴信が『甲州法度之次第』（信玄家法）二十六箇条を定めたのである。この分国法の特徴は次の四点にまとめられる。

① 国中の地頭が罪科人の所領の跡という名目で土地を処分するのを禁じ、領国全体が武田氏の領有と定め、理由なく地頭が農民から田を取り上げるのを禁じている。

② 年貢の滞納を許さず、地頭に取り立てさせ、棟別銭は、逃亡しても追って徴収するか、あるいは連帯責任制で同じ郷中に支払わせた。

③ 晴信の承諾なく盟約を結ぶのを禁じ、他国に勝手に書状を出してはならないとし、内通の防止を図るとともに喧嘩両成敗を規定している。

④ 国法は分国内のいかなることも拘束し、晴信も法度に拘束され、法度の趣旨に反する言動には、身分の別を問わずに訴訟を申し出ることを容認した。

家臣団や領民の統制に腐心した、極めて体系的な法であり、大名が定めていながら自身をも拘束する条文や、守秘義務の多い国法を広く領民に知らせている点に大きな特徴がある。その後に追加も制定され、五十五箇条に及んでいるが、『今川仮名目録』に似た条文が多く、今川氏の影響を大きく受けていた。

晴信は信濃の小田井原《おたいはら》の戦で上杉・小笠原連合軍に大勝すると、信濃侵攻を本格化させてゆき、天文十七年（一五四八）二月に信濃北部の葛尾《かつらお》城に拠る村上義清《よしきよ》を上田原《うえだはら》で破ったが、この時には宿老の板垣信方・甘利虎泰ら多くの武将を失い、晴信も傷を負った。

武田に対抗する北条氏康は、慢性的な飢饉から天文十九年（一五五〇）に領国全域において農民が村や田畠を放棄する逃亡が起き、「国中の諸郡退転」という深刻な状況が生じたので、四月に荒廃した郷村の公事赦免令を発している。

「国中の諸郡退転につき、庚戌四月、諸郷の公事赦免の様体の事」と始まり、以前の諸公事を赦免して六％の懸銭《かけぜに》を賦課し、郡代や触口《ふれくち》の介入を禁じ、百姓の御庭（小田原城）への直訴を認め、田畠を捨てて逃げた百姓が帰郷したならば借銭や借米を破棄するとしたが、今後の欠落《かけおち》については認めていない。徳政令であっても陣夫や玉縄城の城米の納入を命じ、戦時に対処していた。

甲斐では天文十九年（一五五〇）七月に晴信が信濃征服をめざして小笠原領に侵攻したことから、小笠原長時《ながとき》が村上義清のもとに逃れ、中信地域は武田の領国下に入り、その勢いに乗って村上義清の砥石《といし》城を攻めたが、砥石崩れの大敗を喫する。

しかし天文二十年（一五五一）、真田幸隆《さなだゆきたか》（幸綱《ゆきつな》）の策略で砥石城を落としてからは次第に優勢となり、天文二十二年、村上義清は葛尾城を放棄し越後の長尾景虎《かげとら》（上杉謙信）のもとに逃れ、東信濃も武田の支配下に入った。

義清の逃れた先の越後の景虎は、長尾為景の跡を継承した晴景の弟であって、越後の国主となっていた。これ以前、晴景は阿賀北衆や一門の長尾氏対策に苦労しつつ、上杉定実を守護に復帰させて事態の鎮静化に取り組んでいたが、はかばかしい成果を得られなかった。そこで弟景虎を蒲原郡に派遣すると、景虎が平定に成果をあげたことから、これを見た古志長尾氏が景虎を支援し、対立する上田長尾氏が晴景を支えたので、景虎と晴景との対立となったが、上杉定実の仲介で天文十七年（一五四八）に景虎に家督が譲られた。やがて上杉定実が後継者のいないまま死去したことから、景虎が天文二十年に越後の国主となったのである。

晴信は天文二十一年（一五五二）に甲府から諏訪郡へ至る道作りを勧進するように指示し、二十二年には、伝馬役・軍役の勤めを定め、本格的な伝馬役の体制を整えると、四月、その武田の動きを知った村上義清と北信豪族の要請を受けて、景虎が本格的に信濃出兵を開始し、武田領内に侵攻してきた。善光寺平《ぜんこうじだいら》の主導権を巡る甲越対決の端緒となった第一次川中島《かわなかじま》の戦いであるが、ただ両軍は決戦を避けて撤退した。

大名の力量

駿河の今川義元は天文十四年（一五四五）からの武田・北条の関係の鎮静化した情勢に、東三河へ侵攻して勢力を広げるとともに領国支配の強化を進め、天文二十二年二月に『仮名目録追加』二十一箇条を定めている。

寄親《よりおや》・与力《よりき》・同心《どうしん》といった武士の主従関係や、嫡子・庶子の相続関係などの家臣団の統制、分国中の諸商売や奴婢・雑人の人身の扱いなどをも規定したもので、なかでも注目されるのが二十条の「不入の地の事」である。『仮名目録』の二十二条では「不入の地の事、改むるに及ばず」と不入特権を基本的に認め、二十三条では駿府中のみで破棄していたのだが、これに対し、追加では今川氏が代々認めてきた地については保障するとしつつも、はっきりしない地や新儀の不入については認めないとし、その根拠を次のように語る。

守護使不入と云事は、将軍家天下一同御下知を以て、諸国守護職仰せつけらるの時の事なり。守護使不入とありとて、御下知に背くべけんや。只今はをしなべて自分の力量を以て、国の法度を申し付け、静謐する事なれば、守護の手入る間敷事、かつてあるべからず。

これまでは将軍家の天下一同の御下知により、諸国守護職を仰せつけられてきたが、只今は押しなべて自分の力量により国の法度を定め、国内を安定化させてきているのであれば、これからは守護不入も大名の力量によって定める、としている。大名権力がより高次の段階に達していたことがわかる。

今川氏はさらに訴訟に関する十三箇条の条目を定め、毎月の評定を六日とし、二日・六日・十一日には駿河と遠江の公事を、十六・二十一・二十六日には三河の公事を裁断するものとし、便宜のない訴訟人のために目安箱を置き、直訴について定めるなどの裁判制度を整え、検地についても十二条でこう定めている。

知行指出の員数の外、私曲の由訴人有て、百姓前検地すべきよし申すに付いては、披露に及ぶべからず。但し地頭年来所務の内、隠し置く分限、奉公せざるは私曲なり。然ると雖も分限に随ひ余慶あるべきなり。

地頭の知行指出《さしだし》の員数を尊重しつつ、分限を隠し置かないように触れ、検地に基づく知行指出の員数を提出させ、それを分限帳に記載して奉公を命じている。天文十二年（一五四三）の「遠州知行の社山田畠年貢の足留帳」によれば、孕石《はらみいし》氏の所領九町一反に対し「一反五百文代に公方より御検地の時、相定めらる」とあって、反別に五百文の年貢が検地で定められていたことが知られ、所領高を統一的に貫高《かんだか》で表示する貫高制へと向かっていた。

義元の積極的な動きを支えたのは禅僧の太原崇孚《たいげんそうふ》で、崇孚は今川氏の重臣の庵原氏出身の臨済宗の僧で、若き義元を養育し、義元が還俗して家督を継承すると、義元を補佐していた。

今川の動きに触発された北条氏康は、天文十九年（一五五〇）に領内で永楽銭の使用を命じる高札を掲げ、天文二十一年正月に上野の平井城を攻略して関東管領の上杉憲政を越後に追放し、「関東八ヶ国一円」を手に入れると（『小田原旧記』）、古河公方足利晴氏に働きかけて、その家督を氏綱の孫にあたる義氏《よしうじ》に譲らせて北関東にも支配を広げた。

天文二十二年（一五五三）頃からは氏康の命を奉じた奉行人の出す奉書形式の寅印判状が出されている。当初は鎌倉や上野などに限られていたが、天文二十四年になると各地でも出されていった。石巻家貞《いしまきいえさだ》や笠原嗣信、清水康英、狩野泰光、山角定吉《やまかくさだよし》、松田盛秀らの評定衆が印判状によって行政・裁判を執り行う体制が整えられた。

天文二十三年（一五五四）、氏康の嫡男氏政《うじまさ》が甲斐の武田晴信の娘を室に迎え、晴信の嫡男義信《よしのぶ》が正室に今川義元の娘を迎えるなど、今川の太原崇孚（雪斎）を仲介として、北関東に勢力を広げつつある景虎を共通の敵とし、相互に出兵する甲相駿三国同盟が成立したことから、晴信は天文二十四年に善光寺平の川中島で再び景虎と対陣した。

だが長期にわたったため今川義元の仲介で和議を結んだのだが、この時に晴信は善光寺を甲府に移すことを考えるようになったという。翌弘治二年（一五五六）十月に甲府の八日市場の住人四十人を十三組に分けて盗賊や火災予防のための夜回り番を命じ、甲府の町の整備を一段と進めた。この夜回りの番帳を所持する坂田家は、伊勢から下ってきて府中の検断を担った商人であって、天文十一年には馬一匹の諸役所通行許可の権利が与えられている。

弘治三年（一五五七）に再び晴信は景虎と川中島で戦うと、将軍義輝《よしてる》から和睦の御内書が届いて、景虎はすぐに受諾したが、晴信は信濃の守護職を要求し守護に補任された。

戦国大名の経済力と文化力

甲越相駿四国の戦国大名による領国支配が進むなか、弘治二年（一五五六）に公家の山科言継《やましなときつぐ》が姻戚関係を頼って今川の駿河を訪れたが、その日記『言継卿記《ときつぐきょうき》』からは今川氏の経済や文化の力がうかがえる。

言継は京を出て伊勢から船で三河に渡って駿河へと赴いたが、その間の乗馬や荷物を運ぶ伝馬は掛川城主の朝比奈氏が手配し、遠江の見附では奈良屋二郎左衛門の旅籠に泊まっている。菊川の鏃《やじり》造り、島田の鍛冶など職人の工房を見つつ駿府に着き、その滞在中に蜜柑や茶、酒、鯛などの鮮魚、浜名の納豆、木綿などの贈答品があったことを記している。

今川氏の経済力としては、安倍・井川の金山に象徴される鉱工業生産があり、商業活動では、駿府の友野二郎兵衛を駿府の商人頭に任じ、伝馬の特権を与えて諸役を免除し、木綿役を江尻・岡宮・原・沼津などから取ることを認めた。江尻の有力商人の小柳津藤二郎には清水湊を始め沼津・内浦・吉原・小川・石津・懸塚《かけづか》など領国内の湊に出入りする所有の船への課役や入港料を免除する特権を与えた。

器造りの職人を統括する中川大工も諸役・関料を免除したが、早くは天文十三年（一五四四）四月に薫皮《くすべがわ》・毛皮・滑皮などの連雀《れんじゃく》商人が他国に商売することについて皮留の掟を定めており、同十八年には皮造り商売における薫皮製造・販売の独占権を与えた。

戦国大名にとっての商業活動には御用商人の存在が必須であり、越後上杉氏の御用商人である蔵田五郎左衛門は、越後の特産物である青苧《あおそ》を売買する商人だが、元は伊勢神宮の参詣人を組織する御師《おし》であった。奥州の伊達稙宗は左京大夫に任官した際の返礼に二百五十貫文以上の金銭や礼物を将軍に贈ったが、その進上物一切を取り仕切ったのは坂東屋富松氏久という商人であった。

富松氏は幕府政所執事の伊勢氏の使者として奥州の諸大名に派遣され、幕府と大名の間の取り次ぎを行っていた。奥州田村荘の熊野先達職《せんだつしき》（道者を熊野山に案内する修験者の権利）との関係を持ち、白河結城氏一族の熊野先達職を世襲した八槻《やつき》大善院と交渉するなど、熊野の先達・修験との関係から、奥州と畿内近国を結んでいて、坂東屋は京における熊野詣の宿所となっていた。修験と商人はネットワークをもって大名間を結んでいたのである。

こうした経済力に支えられて文化も広がった。今川文化に大きな力があったのは連歌師や歌人であり、なかでも冷泉為和は公家でありながら駿河に下って何年も滞在し、かつ周辺諸国にも大きな影響を与えた。

父為広《ためひろ》は文亀二年（一五〇二）に後柏原《ごかしわばら》天皇の歌道師範、和歌所の宗匠となったが、為和は永正四年（一五〇七）頃に駿河に下り、今川氏の支援を受け、享禄四年（一五三一）に氏輝の歌道師範になってからその没するまでの二十年近く駿河を拠点として活動した。

天文二年（一五三三）には小田原に赴いて北条氏綱のもとでの当座歌会に「この国を四方にやひかん桑の弓　蓬のやすき世のためしには」の歌を詠み、氏綱室の関白近衛尚通女主催の会にも出ている。天文五年に小田原で氏綱の歌会に出た後、駿府に戻ったところで氏輝が急死したため、跡を継いだ義元の歌道師範となった。

翌年に義元が武田信虎女を室に迎えると、甲府に出向き、以後、駿府と甲府を往復し両国の外交の仲介をもするようになった。天文十年（一五四一）に信虎が晴信に甲斐を逐われて義元のもとに赴いた事件にも何らかの形で関わっていたであろう。義元・晴信はともに和歌を好み、月次歌会を十三日にもつようになった。

天文十四年（一五四五）の義元の歌会始に出席した連歌師宗牧《そうぼく》は、「十三日は太守和歌の会始め、年々歳々歳断絶なき恒例、珍事の事なり。出題冷泉大納言殿」と記している。こうした駿河での和歌活動は、為和の『今川為和集』や『為広・為和歌合集』から知られ、駿府を中心にした和歌の交流が盛んであった。なお駿河版と称される書物も刊行され、『聚分韻略《しゅうぶんいんりゃく》』（漢詩を作るのに際して利用する韻書の辞典）が善得寺で、中国の歴史をまとめた『歴代序略』が崇孚によって天文二十三年八月に刊行されている。

『結城氏新法度』

北関東では北条氏康による関東一帯への支配の広がりとともに、北条・古河公方双方の支援を得た下総の結城政勝《ゆうきまさかつ》が、弘治二年（一五五六）に諸勢力を糾合して宿敵である常陸小田氏と戦って勝利し、小田領の中郡四十二郷を領有し、十一月に『結城氏新法度』を制定している。

結城氏は結城合戦により一旦滅亡したものの、再興されてからは常に古河公方を支え、文明十三年（一四八一）に政勝の父政朝《まさとも》が家督を継承すると、北の宇都宮氏、南の小田氏の勢力に囲まれながら勢力を広げ、一族や下妻の多賀谷氏、下館の水谷《みずのや》氏、綾戸の山川氏などの領主層を編成してきていた。政勝はその政朝の跡を大永七年（一五二七）に継承し、周囲の佐竹・宇都宮・小田・江戸の領主連合に対処するなか、『結城氏新法度』を制定したのである。

北関東での法制定の動きは、常陸の太田城の佐竹義舜《よしきよ》が一族の山入《やまいり》氏に奪われた太田城を奪回した際に「軍法二十三箇条」を発布した例が知られているが、その本文は残されておらず、それだけにここからは北関東の動きが詳しく窺える。

『結城氏新法度』は本文が百四箇条からなり、「新法度之を書す　政勝」と政勝の署判が据えられ、さらに追加として二箇条があって、玉岡八郎政広以下十五名の家臣が「御掟の通り、何も背きたてまつるべからず候」と連署して法令順守の請文を載せている。政勝が法を定め、それを家臣たちが守る大名主導型の法令集である。

前文では制定の動機を記し、領内における重臣たちの目に余る振る舞いや親類縁者たちの干渉に苦慮していることを吐露し、家中の統制を眼目として制定したという。規定は刑事・民事・裁判・軍事・家中統制・領内支配など諸般に及ぶ。

その第一条では博打の禁止を命じている。博奕が喧嘩や盗み、謀のもとになるので禁じたというが、『塵塚物語』巻五の「軍中博奕の事」に、博奕で武具や馬具を賭け、戦に向かわない事態が起きていたことを記しており、この点も背景にあったのであろう。

多くの分国法は喧嘩両成敗を規定しているが、本法度では三条から六条、七十七条、八十条などで、当事者のみならずこれに加担する親類縁者をも当事者と同罪に処すとしている。家臣団への規制は厳しく、不忠の者には家族をも死刑に処し、所領を没収するとし、家督の相続や家名の再興・断絶、所領没収などについても、すべて結城氏当主が決定権を持つとする。

知行給与にともなっての軍役の奉公も、五貫文の手作《てづくり》地《ち》所有の家臣については具足・兜を着用し、十貫文では馬一頭と具足一領、十五貫文以上は従者を連れて出陣するようにと規定している。

条文は細かいところまで及ぶ。六十二条は「余り細かなる事を書き載せ候と、諸人存ぜらるべく候、去りながら」と前置きし、寄合での酒肴の制限を規定する。朝夕の寄合での酒肴は「菜一、汁一、酒は上戸に飯椀に十分の一杯」とし、他家他所の客人の場合は亭主の随意であるとし、「一汁三菜にても、酒は天野・菩提山、江川を奔走も」よいとしている。酒の天野とは河内の天野山《あまのさん》金剛寺、菩提山とは大和の菩提山寺、江川とは伊豆の江川で当時の醸造地であって、その銘酒が出回っていたのである。

商業関係の法が多いのも特徴で、七十三条から七十六条が荷留《にどめ》、八十三条が撰銭《えりぜに》、九十一条、百三条が兵粮米の売買、九十二条が酒売について定めている。商品流通の展開が著しく、国衆から大名に上昇するにあたっては、商品流通をしっかり押さえる必要があったことがわかる。

結城の洞法

この法度には「洞中《うつろちゅう》」という表現が見え、八条で「当洞中、其の外小山近辺の諸士」、三十六条で「洞中又何方へも披露致さず」、六十五条で「洞中又は他所悪名批判必々無用に候」、八十七条で「久しく洞中ためまはし候」、一〇四条では「洞中又は近辺の他所」などとある。

「家中」と同じような意味にもかかわらず、家中の語を使用していない。洞はそのまま家と置き換えてもよい場合もあるが、そうでない場合のほうが多い。十三条で「洞を破る造意」、十六条で「洞のもの」、二十三条で「他家の事は是非に及ばず、洞なりとも此方うけがはぬ所へ」、五十四条で「味方中の放れ馬、又洞の放れ馬失せ候」、六十二条で「傍輩、親類、当洞の一家らう人へは」、八十五条で「荷留の義も(中略)洞の為を思ひ、留めさせ候」、八十八条で「洞の不繁昌の基」、九十九条で「洞の悪逆人にて候」などとあって、洞とは、結城家と結城領を意味すると考えられる。

いわば洞は分国法における分国に相当するもので、国人領主による大名権力の在り方が示されている。その洞の構成は、九十五条の「町々其の外里村」での棒打ち禁止規定や、百一条の「郷中より年貢の取様」の規定などによって、町と里村(郷中)からなることがわかる。そのうちの町は、八十二条に「町々、中城、西館共に門番・夜番の次第の三ヶ条」の規定や、九十条の「館・中城・西館、宿其の外の屋敷」所有の規定などから、館（「実城」）とその町々、中城、西館からなっていた。

三十二条の木戸・門・橋の修理規定では、「宿、西の宮、三橋、大谷瀬、玉岡、何方の町木戸・門破れ候」、「西館・中城同前」とあって、西の宮以下の町は、地名の分布などから見て、実城・西館・中城といった城郭外の町と考えられる。

七十四条の荷留の規定によれば、「山川・下館・下妻、惣別此方成敗の中郡・小栗其の外のもの」については荷物と馬だけを押さえるとしているので、重臣たちの拠る山川・下館・下妻の地がその周辺に展開し、さらに中郡・小栗の地もあったのである。

政勝は本法度で寺院や仏事には意を尽くしている。九十四条で「これは申出候事、思慮に候へど申出候」と記し始め、「孝顕の日十三日に寄合、魚鳥の活計返々然るべからず」と、孝顕こと父政朝の命日の天文十六年（一五四七）七月十三日の月忌である十三日に寄合を行う場合には、「活計」（饗宴）をせぬように触れている。

三十条では諸寺・諸庵・諸房や公界寺に氏寺のように子や兄弟を置く場合、寺奉行を通じて披露するように触れ、これを踏まえて八十七条では「久しく洞中ためまはし候」と断って、公界寺に子や兄弟を据える時にはその能力を斟酌してするものと定めている。

政勝は曹洞宗の安穏寺《あんのんじ》や乗国寺《じょうこくじ》の檀越で、天文二十二年（一五五三）には慈眼院《じげんいん》に結城家歴代の廟所を移すなど仏教信仰に篤かった。父が曹洞宗の永正寺《えいしょうじ》の檀越となってその建立に尽くしてきたのを継承したもので、永正寺は後に政朝の法名に因んで孝顕寺《こうけんじ》と改名された。

三　西国の領邦国家

一揆の世

東国で戦国大名がその力量によって領国を形成していた頃、京では将軍が足利義稙《よしたね》から大永《だいえい》元年（一五二一）に義晴へと代わり、大永六年には天皇も後柏原天皇から後奈良《ごなら》天皇に代わっていた。少し遡って京や西国の動きを見ておこう。

永正五年（一五〇八）、細川高国は義稙を将軍に据えたが、阿波に逃れていた細川澄元《すみもと》と三好之長《ゆきなが》とが再起を期し、四国を出て摂津に入って永正十七年に高国軍に勝利し、之長が京に入った。しかし近江に逃れた高国軍の反撃にあい、之長は自害して澄元も亡くなる。

だが、この事件への処理をめぐり、高国と義稙が対立し、翌十八年（一五二一）に義稙が出奔して淡路に逃れたので、播磨の赤松政村《あかまつまさむら》の許にいた義澄の遺児（義晴）が将軍に据えられた。その将軍義晴は大永五年（一五二五）に柳原に幕府御所を造営し、高国は出家して家督を子の稙国《たねくに》に譲って、都には安定が戻ってきたかに見えた。

しかしそれも束の間のこと、稙国が半年後に亡くなり、その翌年に高国が細川尹賢《ただかた》の言い分を入れて、家臣の香西元盛《こうざいもともり》を自殺に追い込んだことから、元盛の兄弟の波多野稙通《はたのたねみち》と柳本賢治《やなぎもとかたはる》が丹波で挙兵し、阿波の細川澄元の子晴元《はるもと》や三好之長の孫元長《もとなが》らと連絡をとり、丹波・堺の両面から京に進撃してきた。義晴と高国はその京の合戦に敗れ近江の坂本に逃れた。

晴元・元長が義晴兄弟である足利義維《よしつな》を戴いて堺に「公方」府を形成したので、幕府は分裂状態になった。京に戻った義晴と高国の間でも、元長との和睦工作をめぐって意見が対立し、堺公方府の勢力や反高国勢力が京を窺う情勢に、義晴は享禄元年（一五二八）に朽木谷《くつきだに》の朽木稙綱《たねつな》のもとに身を寄せ、高国は近江から伊賀・伊勢に出て、翌年には近江・越前を経て海路を出雲まで赴いて尼子経久を訪ねている。

そこから復権を志した高国は、備前三石《みついし》城に入って、この地で実権を握る浦上村宗《うらがみむらむね》に協力を依頼した。村宗は播磨守護の赤松義村を殺害した際、高国の取り成しで名誉を損なうことなく将軍の謁見を果たした経緯もあって協力を約束した。こうして高国と村宗は播磨で柳本賢治と戦い、享禄四年（一五三一）には摂津池田城を陥落させて天王寺に移ったが、堺の三好勢に攻められて村宗が溺死し、高国は尼崎まで逃れたものの捕えられて切腹して果てた。

高国の死を聞いた晴元も、次には三好元長と対立するようになり、その際、三好の四国勢に対抗すべく目をつけたのが本願寺勢力である。三好軍と畠山義堯《はたけやまよしたか》軍に飯盛《いいもり》城を囲まれていた木沢長政《きざわながまさ》が、もとは畠山氏の被官であって、細川氏に属するようになっており、その進言から山科本願寺を通じ一向宗門徒たちの動員を図ったのである。本願寺はかつて細川政元の依頼を受けて義堯の父義英《よしひで》の河内誉田《こんだ》城を攻めたことがある。

本願寺は、越前吉崎を退いた蓮如が若狭・丹波・摂津・河内などを転々とした後、文明十年（一四七八）に山城宇治郡山科の小野荘に拠点を形成し、各地の門徒や大工を動員して、文明十二年に御影堂の、翌年には阿弥陀堂の完成を見ていた。

「寺中広大無辺、荘厳只仏国のごとし」と称されるその寺内は、中心となる「御本寺《ごほんじ》」、門徒や一家衆の居住する「内寺内《うちじない》」、一般門徒や商工業者が住む「外寺内《そとじない》」の三つの郭《くるわ》からなり、外寺内の八町街は「在家又洛中に異ならず、居住の者各富貴」と称されたように賑わっていた。もう一つの拠点が蓮如が晩年を過ごすために建てていた坊から発展した大坂の石山本願寺であった。

晴元の要請を受けた本願寺は、天文元年（一五三二）六月に蓮如の曾孫の法主証如《しょうにょ》を中心に対策を練り、出兵を決意し、摂津・河内・和泉の三万の門徒が石山本願寺に集結して、飯盛城を囲んでいた三好・畠山軍を攻め、河内の誉田城に逃げ込んだ畠山義堯を滅ぼし、元長のいる堺に十万の大軍で攻め寄せ、元長を自害に追い込んだ。

一向宗門徒の勢いはこれにとどまらず、七月には大和の奈良で蜂起して興福寺を襲撃し、菩提院や恵心院を焼き、「僧坊院家、数百家一日して焼亡す」という有様となった。この知らせを聞いた公家は、一揆衆は討死しても諸国に充満して滅びず、すぐに合戦がはじまることから、「天下は一揆の世」「天下はみな一揆の間々なり」と慨嘆している。

ザビエルと西南の大名

畿内近国では政治が混迷を深めて「一揆の世」の状況を呈していたが、中国地方西部から九州にかけての西国でも大きな変化が生じていた。その始まりは享禄元年（一五二八）十二月に大内義興が安芸の陣中で病気になり、山口で死亡したことにある。

跡を継いだ義隆は同三年に遣明船の再開を要請して許可されると、九州に勢力を広げてゆき、四月に筑前守護代の杉興運《すぎおきかず》（興連《おきつら》）が肥前の少弐資元《しょうにすけもと》を攻め、八月に資元配下の龍造寺家兼《りゅうぞうじいえかね》により杉興運は敗れはしたが、天文元年（一五三二）に少弐・大友氏に向けて派遣した陶興房《おきふさ》が筑紫惟門《つくしこれかど》を下した。

豊後の大友氏は永正十二年（一五一五）に義長《よしなが》が公儀への忠節、家族・一族の結束、家臣の規律などからなる十七条と追加八条の条々を定め、その年に子の義鑑《よしあき》が家督を継承して豊後・筑後の守護職を継ぐと、豊後国直入《なおいり》郡の朽網《くたみ》氏などの相次ぐ内紛を抑えて地盤を固め、大内氏と争うようになっていた。

幕府からは大内・大友の和睦要請があったが、なかなか成立しないなか、義隆は後奈良天皇の即位の費用に二十万疋、日華門の修理料をも出すなど、京都との関係を絶やさず、天文五年（一五三六）に大宰大弐《だざいのだいに》に任じられ、陶興房が肥前の少弐資元を破って自殺に追い込んで、ようやく同七年に幕府の調停で大友氏との和睦がなり、大友義鑑は肥後の守護の菊池氏に弟重治《しげはる》を養子に入れて支配権を伸ばしてゆき、天文十二年には博多の息浜《おきのはま》の支配権を取り戻した。

そうした西国の大名を訪れたのがキリシタン宣教師である。一五三四年にイエズス会の創設に関わったフランシスコ・ザビエルが、キリスト教布教のため一五四二年にインドのポルトガル領ゴアに到着し、四七年にマラッカに来て、この地に来航した琉球国の貿易船に乗っていた薩摩出身のアンジローに出逢ったことから日本の情報を入手し、その二年後にゴアを出発、マラッカを経て天文十八年（一五四九）七月に鹿児島に上陸した。

その薩摩では、島津氏の家督が薩摩・大隅・日向三か国の守護職を握っていたが、多くの庶家が分立して対立抗争が激しかった。その抗争に苦しんだ家督の忠昌《ただまさ》が永正五年（一五〇八）に自害し、その跡を継いだ子たちも若くして亡くなったため、弟たちが次々に守護と家督を継承するところとなっていた。やがてその一人の島津勝久《かつひさ》の養子である相州家の忠良《ただよし》の子貴久《たかひさ》が台頭し、庶子家を退け、天文四年（一五三五）には養父勝久を鹿児島から追放し、八年には薩州家の実久《さねひさ》を破り、十四年に戦国大名としての国主の地位を確立させた。そこにザビエルが上陸したのである。

ザビエルは貴久から九月に布教を許可され、それもあってザビエルは日本人を高く評価した。「今まで発見された国民の中では最高であり、日本人より優れている人々は、異教徒の間には見出せない。彼らは親しみやすく、一般に善良で、悪意がない」と語り、日本人は知識欲が旺盛で善良、社交性に富むとも記し、「武士以外の人々は武士を非常に尊敬し、武士はすべてその土地の領主に仕えることを大切にし、領主に臣従している」と、こう武士についても記した書簡をゴアのイエズス会員に宛てて書き送っている。

島津氏の菩提寺である曹洞宗福昌寺《ふくしょうじ》の住持忍室文勝《にんしつもんしょう》と親交を深めたザビエルは、翌年に平戸に移って領主の松浦隆信《まつらたかのぶ》にも好意をもって受け入れられ、さらに山口に移動して大内義隆に逢い、義隆の館に招かれて海外の事情やキリスト教の教義の質問を受けた。

そこから京に出て天皇に布教の許可を得ようとしたが、京都の情勢悪化で布教を断念して平戸に戻り、改めて山口に赴いて義隆に謁見し布教の許可をえて、山口の繁栄を「日本国内で頗ぶる繁盛する山口の城下に赴いた。この地は戸数一万以上で皆材木の構家なり」と記している。

戦国大名としての毛利氏

大内氏が九州経営に力を注いでいる間に、安芸では毛利元就が勢力を広げていた。家臣統制に苦慮しつつ大名権力を形成した肥後相良氏や下総の結城氏などと同様に、国衆から戦国大名化への道を歩んでいた。

享禄五年（一五三二）七月に毛利家臣三十二名の「傍輩中《ほうばいちゅう》」が連署起請文を元就に提出し、用水や債務、人身沙汰の三箇条について、違反した場合には処罰するよう元就に求め、これに元就が同意する形で毛利家の「御家中」の法が定められた。

出雲の尼子経久は子塩冶興久による反乱を天文三年（一五三四）に鎮圧してその遺領を国久に与えると、同六年に家督を嫡孫である詮久《あきひさ》（後に晴久《はるひさ》）に譲った。詮久は大内氏領有の石見銀山を奪い、さらに東部に勢力を拡大すべく播磨守護の赤松政祐《まさすけ》と戦って大勝した。ところが天文七年（一五三八）に大友氏と和解した大内氏が、同八年に尼子との和睦を破棄し石見銀山を奪回し、尼子方の安芸佐東《さとう》銀山《かなやま》城をも落とした。

そこで尼子氏は天文九年に大軍を率いて毛利の吉田《よしだ》郡山《こおりやま》城を包囲したが、陶隆房《たかふさ》率いる大内軍との激戦の末に敗北し、尼子氏は安芸での基盤を失い、失意のうちに経久は翌年十一月に月山《がっさん》富田《とだ》城内で死去する。

経久が実質的に支配したのは出雲・石見・隠岐《おき》・伯耆の山陰諸国であったが、拠点とした出雲においても出雲国造の千家《せんげ》氏・北島氏、国人の宍道《しんじ》氏や塩冶《えんや》氏がおり、彼らとの間で婚姻を推し進めていったが、支配機構の整備にまでは容易にすすまなかった。

さて毛利元就であるが、天文六年（一五三七）に長男隆元《たかもと》を大内氏に人質として出し、十年には尼子軍を敗走させ、十二年に大内軍に従って尼子を攻めるなど存在感を発揮してゆくなか、十五年に隆元に家督を譲っても、実権は保持し、義隆から安芸・備後国を預けられて大名権力を確立させていった。安芸の小早川《こばやかわ》家に三男隆景《たかかげ》を、吉川《きっかわ》家に次男の元春《もとはる》を入れて勢力拡大をはかった。

天文十九年（一五五〇）に有力家臣の井上元兼《いのうえもとかね》を誅伐した際には、このことを大内氏に報告するとともに、井上一族の罪状を十一箇条にわたって書き上げ、大内家臣の内藤興盛《おきもり》に伝えている。大内氏の介入を防ぐとともに家臣団に忠誠を求めたもので、これに応じて家臣の二百三十八名が連署し、上意の成敗・下知・裁判に従うことを誓う起請文を提出した。その第一条は「井手溝道は上様の也」とあり、道と用水が毛利氏当主の支配下にあるものとされ、後半の条々は弓矢の命令に関する法であって、五人奉行を設置し支配体制が整えられていった。

翌天文二十年（一五五一）に大内氏の周防守護代である陶隆房が「御家人の大小老若、其の外御分国中の土民商人以下」をも配下に従え本拠の富田で挙兵した。対立関係にあった豊前守護代の杉重《すぎしげ》矩《のり》や内藤氏らの重臣もこれに加わり、その軍勢が山口に迫ったことから、大内義隆・義尊《よしたか》父子は長門の大寧寺《たいねいじ》に逃れて九月に自刃した。陶隆房は翌年正月には杉重矩を討ち、三月に大友義鎮《よししげ》の弟晴《はる》英《ひで》を大内氏の当主に据えて晴英は義長《よしなが》、隆房は晴賢《はるかた》と名乗った。

当初、元就も陶晴賢に従って連携していて、安芸の佐東領を得、備後にも支配を広げたが、天文二十二年（一五五三）に石見津和野の吉見正頼《よしみまさより》攻めを晴賢に依頼されたことを契機に、晴賢との断交に踏み切った。その三月に子の隆元は書状に「国家を保つべき事、油断すべきとの事にては努々《ゆめゆめ》これ無く候」と、その点を「国家」を保つためと語っている。

九月に五箇条からなる軍法を「当家」の「法度」として定め、違反すれば被官を放つとして家臣の引き締めをはかり、晴賢との緒戦の折敷畑《おしきばた》の戦いで勝利した毛利軍は、弘治元年（一五五五）十月には安芸の厳島《いつくしま》に陶軍二万の大軍をおびき寄せ、小早川・村上の水軍の助けもあって大勝利を遂げた。

毛利国家の内実

晴賢を自刃に追いんだ毛利軍は、防長両国へと侵攻し、周防の山代や富田では「地下人《じげにん》一揆」に苦しめられたが、元就が「動と操」（軍事と計略）の二つを駆使した結果、大内義長・内藤隆世が弘治三年（一五五七）四月に長府の長福寺《ちょうふくじ》で自刃し、防長二か国を手に入れた。この大内攻めでは鉄砲が武器として使用された。

元就はこの年に「郡御法度」や「防長法度」を定め、十二月二日に軍勢狼藉禁止令を出しているが、これには元就ら十二名の安芸国衆の傘連判による一揆契状、福原貞俊《ふくはらさだとし》ら二百四十一名連署による起請文が添えられ、元就は防長二国を押さえて「五ヶ国の太守」となった。

弘治三年（一五五七）十一月二十六日には、隆元・吉川元春・小早川隆景の三人の子に十四箇条からなる教訓状を与え、来し方を振り返りつつ兄弟の結束を求めた。その第十一条において、叔父興元から離れてから今年に至るまでの四十年余り、「大浪小浪、洞他家の弓矢、いかばかりの転変に候」と、いかに苦難を経験してきたかを語っている。

そこに「洞他家の弓矢」と見えるが、隆元が元春・隆景に宛てた覚書の第二条にも「洞他家分国を治め保ち候て見るべく候」とある。洞は他家と対になる当家や家中の意味とも考えられるが、当家や家中の語は他の史料にも見えるので、それらとはニュアンスが違い、『結城氏新法度』でもそうであったが、当家とその領域といった意味合いであろう。

その毛利の「洞」がついに分国を支配するまでに至ったのであって、隆元覚書の第三条には「長久に家を保ち、分国を治める事、更に有り難き事に存じ候つる」と記している。弘治四年（一五五八）八月に元就は隆元に宛てた書状に「惣別、国を治るは」と、治国の要を記すなど、毛利氏の分国は国と家が結びついた「国家」になっていたのである。

永禄三年（一五六〇）に元就・隆元は正親町天皇に即位料を献上して、陸奥守・大膳大夫に任じられ、二月十二日に「天下の美誉、国家の芳声、何事かこれに如《し》かん」という綸旨を拝領している。また将軍足利義輝からは相伴衆の待遇を受けた。

この年、尼子晴久《はるひさ》が急死したことから、子の義久《よしひさ》と将軍義輝の仲介で和議が結ばれるが、元就は石見では戦いを続け、永禄五年（一五六二）に石見銀山を奪回し、出雲に侵攻して月山富田城を包囲、永禄九年に尼子義久が降伏し、城は毛利氏に明け渡された。

毛利氏は早くから流通経済が発達していた西国にあって、商人の把握に意を用いていた。安芸の佐東川《さとうがわ》の河口近くに本拠をもつ堀立直正《ほたてなおまさ》は、天文十年（一五四一）頃から毛利氏と関係を有し、米銭や建築資材を調達し、毛利氏の挙兵に際しては廿日市《はつかいち》や宮島を占拠し、赤間関《あかまがせき》代官となって鍋《なべ》城の城番となり、大友氏との戦いでは物資の輸送を担当した。

赤間関の問丸である佐甲氏は、同関の地下中の有力者で、関役を徴収する役を担い、警固船を仕立てて海賊と戦うこともあるなど海賊商人の一面を有し、瀬戸内海の制海権を握る村上氏とも関係があった。尾道《おのみち》の渋谷《しぶや》氏は毛利氏の物資調達や輸送、船舶の手配をし、その米の管理まで行った。

毛利氏は経済的な拠点には直臣を配置した。赤間関の堀立直正、安芸草津に水軍の児玉就方《こだまなりかた》、石見の石見銀山には平佐就之《ひらさなりゆき》、温泉津《ゆのつ》には武安就安、さらに出雲・豊後の要衝にも配した。

大友の国家

毛利が中国地方に勢力を広げ、新たな国家像を示してゆくなか、隣接する九州北部では、大友義《おおともよし》鑑《あき》が天文十二年（一五四三）に肥後守護職を得て、豊後・筑後・肥後三か国の支配権を握り、遣明船を派遣するなど活発な動きを示すようになったが、天文十九年の「二階崩れの変」によって家臣の手により命を落とし、嫡子の義鎮が家督を継承した。

義鑑は死の直前に「義鑑条々事書」を書き、国衆や加判衆が気持ちを一にすべき事など十箇条を記していたので、義鎮はこれに沿って父の死後の混乱を乗り越えていったが、そもそも大友氏の支配機構には脆弱な面があった。

豊後国内の荘園や郷には政所を置いて大友氏が代官を派遣し、その政所や役人が裁判や土地給与の打渡しを行い、国・郡単位で「方分《ほうぶん》」を置き、加判衆や年寄衆を任じた。その他にも主要な城郭には「城督」を、郡には「郡代」を置くなど、守護の時代からの制度や機構の上に成り立っていて、国主の権限は弱体だった。

このままでは大内氏に攻め込まれるところであったが、大内義隆が陶氏の反乱で自害に追い込まれたこともあって、その圧迫を受けることがなかった。そして山口にいたフランシスコ・ザビエルが、ポルトガル船の豊後日出《ひじ》入港の知らせを受けて豊後府内に入ってきたので、義鎮はこれを迎え、翌天文二十一年（一五五二）にザビエルがゴアに帰ってゆき、代わりに派遣された神父ガゴが府内に入ると、その布教を許可した。教会施設が建設されるなど府内は山口に代わってイエズス会活動の中心となって病院も建てられた。弘治二年（一五五六）からはほぼ毎年のようにポルトガル船が府内港を訪れたことから、大友氏は海外貿易に積極的に乗り出していった。

いっぽうで大内氏の衰退を好機に肥前の守護職を望み、将軍義輝に「南蛮鉄放」（鉄砲）を贈って天文二十三年（一五五四）七月に肥前の守護となり、反旗を翻していた肥後の菊池義武を出家に追い込んで、豊後への護送中に殺害し、さらに将軍に銅銭や緞子・白糸・黄金・火矢・種子島筒などの外国産品を贈り、将軍の権威を背景に弘治二年（一五五六）に国衆の小原鑑元《おばらあきもと》・佐伯惟教《さえきこれのり》らの反乱を「国家を妨ぐべきの企」として退けた。

大内氏を継承した弟の晴英が毛利元就《もとなり》に攻められて滅亡すると、豊前・筑前へと勢力を広げていった。永禄二年（一五五九）には大内氏が握っていた豊前・筑前の守護職を得たばかりか九州探題職をも獲得し、この結果、博多は大友の支配下に入って息浜と博多浜が統合され、博多津御取次、博多代官による支配が行われた。

しかし博多商人はその財力と交渉力によって自治的性格を有していた。宣教師らは、博多が高級かつ裕福なところ、商人の町であって、万事堺の町を模倣し、戦争によって町が破壊されないよう工夫をこらしていた、と記している。博多と箱崎とは地続きだったが、御笠川《みかさがわ》を付け替えて海に向けて石堂川《いしどうがわ》を通し、南には防御のための堀を設け、四方を河・海・堀で囲む都市となった。『筑前国続風土記』によれば、これを行ったのは大友家臣の臼杵安房守《うすきあわのかみ》であって、堀は房州堀《ぼうしゅうぼり》と称されたという。

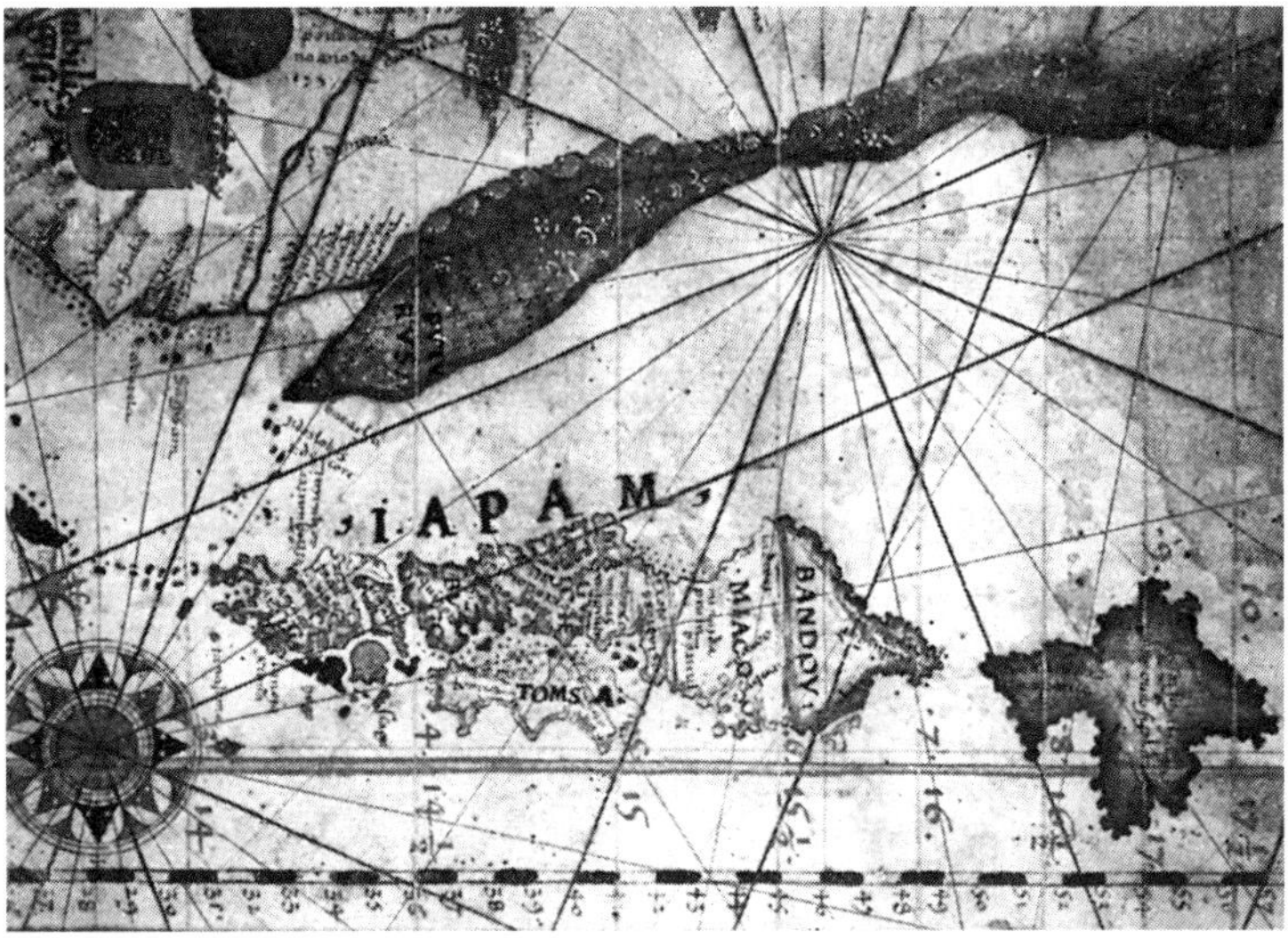

バルトロメウ・ヴェーリヨ作「世界図」（1561年，フィレンツェ・美術アカデミー蔵）

大友氏は永禄三年（一五六〇）には将軍に三千貫文を献上し、永禄六年に毛利元就が悪逆の企てをなしていると幕府に訴えて、将軍から和睦の勧告を引き出させ、一旦は和睦したのであったが、すぐに破綻した。

領邦国家

この時期の日本列島の見取り図ともいえるのが、一五六一年にポルトガル人のバルトロメウ・ヴェーリヨが作成した『世界図』である。

宣教師や船乗りなど見聞をもとに作成されたものであろうが、それによれば日本列島は「BANDOV」（坂東）以下、都・山口・豊後・土佐・鹿児島の諸領域からなり、大坂や銀山、盗賊島、種子島、蝦夷島などの地名も地図には記されている。

山口・豊後・鹿児島とは、それぞれ大内（毛利）・大友・島津氏の領域であって、ポルトガル人はその支配者を国王と称し、日本が六つの王国からなっていたと認識していた。坂東を一つの領域とするのは情報不足ともいえようが、西日本に関しては多くの情報に基づく、リアルな認識によるものと考えられる。

そのうちの島津氏は、ポルトガル人が種子島に漂着して鉄砲を伝えてから六、七年後の天文十八年（一五四九）に初めて鉄砲を実戦に使用しており、加治木《かじき》城を攻めた時のことという。種子島の領主の種子島時堯《たねがしまときたか》は鉄砲を見て、「希世の珍」とその威力に驚嘆し、買い取って島の資源と鍛冶の技術を生かして鉄砲を生産すると、たちまちのうちに九州と琉球とを結ぶ海上ルートを経て列島に流通するようになった。

島津氏と琉球との交通は頻繁で、永正五年（一五〇八）に島津忠治《ただはる》は尚真王《しょうしんおう》に宛てた外交文書に島津領を「下国」とよび、首里を「京師《けいし》」、琉球を「四海の帰するところ」と讃えている。琉球国王は一五二二年に種子島氏、一五二八年には島津の庶流の豊州《ほうしゅう》家を臣下として扱っている。

島津氏は一族の分立が著しかったが、天文二十一年（一五五二）に島津貴久が島津一族との間に「一味同心」を誓った連署起請文を作成して、一族の統合へと向かった。その十年後に忠良（日新《じっしん》）は貴久の子義久に対して「国家の為には身をおしまず」働くよう求めており、島津も国家統合に向かっていた。

ヴェーリヨ作成の『世界図』に見える土佐については、一条兼良の子教房《のりふさ》が京を逃れてその家領である土佐幡多荘《はたのしょう》の回復を狙い、中村に下って来て以来、土佐一条家が形成してきた国家であって、領国は土佐の幡多郡と高岡郡に広がっていた。

四万十《しまんと》川の河口に清水湊を擁し、豊後水道を挟んで大内氏や大友氏、日向の伊東氏などと婚姻関係を結んでおり、一条房基《ふさもと》の子兼定《かねさだ》の母が大友義鑑の娘、室が大友義鎮の娘という関係にあったことから、その存在は海外によく知られていたのであろう。なお兼定は土佐中央部の岡豊《おこう》城に拠る長《ちょう》宗我部元親《そかべもとちか》によって天正二年（一五七四）に豊後に追われた。

西日本地域のこれら山口・豊後・土佐・鹿児島は、いわば領邦国家というべき存在であるが、これらのみで成り立っていたわけではない。これらと交渉をもちつつ、東シナ海や日本海沿岸、さらには瀬戸内海の海域を舞台に活動する海域領主や倭寇集団が成長していた。

瀬戸内海の海域領主は、「札浦《ふだうら》」と称される特定の湊で商船から通行料を徴収する権益を有し、大名船の安全通交を保障することで成長してきていて、毛利・大友の争いには一方に加担せずに、情勢を見ながら双方に関わった。なかでも能島《のしま》の村上氏は多くの海域領主を傘下に置いて、海域支配を行う海の大名となっていた。

海域の世界

倭寇集団の首領である王直《おうちょく》は、明の安徽《あんき》省出身で、一五四〇年頃から明の海禁政策の弛緩に乗じて密貿易を行い、富を蓄積し、五島《ごとう》列島の平戸《ひらど》に居宅を構え「徽王《きおう》」と称され、通商を求めて博多の助左衛門を連れ舟山《しゅうざん》群島に戻って活動していたが、官憲と対立し嘉靖《かせい》の大倭寇で争うなか処刑されてしまうが、この王直の平戸在住を認めたのが平戸領主の松浦隆信であった。

松浦氏は平戸が遣明船の経由地であったことから応仁年間(一四六七～六九)には肥前西下方(肥前西半国)の守護的存在となり(『大乗院旧記』)、五島の一部、長崎半島北部，平戸島など周辺の島々を支配する戦国大名に成長した。多数のヨーロッパ人が訪れ、リンスホーテン編『大航路誌』は「平戸の地は遠方より容易にこれを認むるを得、高くして東北東より西南西に伸びたり。而して其途中に多くの島々と水路あり」と記しており、トルレス神父は書簡で「良港なれば日本全国の異教徒の商人多数同地に来り。またポルトガル船も同地に来ること多し」と述べている。

隆信の父興信《おきのぶ》は大内氏から一字を与えられ、近辺の有馬・大村両氏と激しく争い、その跡を継承した隆信も支配領域の拡大をはかり、壱岐の波多氏の内紛を機に壱岐をも領有した。『フロイス日本史』は、隆信について、「およそ夢にも国王などではなく、小さな殿であって、我ら(ヨーロッパ人)のもとではその地位はせいぜいありきたりの伯爵くらい」と国主とはいえないとしても、外交手腕にたけた端倪《たんげい》すべからざる人物であったという。

貿易の利を期待してキリスト教布教を認めたことから、イエズス会士は貿易船入港時には豊後から出張して乗員の宗務と一般布教を行い、松浦家も教会用地と墓地を提供し、松浦家一族の重臣籠《こ》手田安経《てだやすつね》はキリスト信徒となった。同じ下松浦党で五島の宇久《うく》島を根拠地としていたのが宇久氏であって、福江島に移住し活発に朝鮮貿易に関わるなか、松浦氏の援助を得て反乱を鎮圧して五島の支配を強化した。

朝鮮貿易を主に担っていたのは対馬《つしま》の宗氏《そう》であるが、永正七年（一五一〇）に朝鮮の乃而浦《ないじほ》・富山浦《ふざんぽ》・塩浦《えんぽ》など三浦《さんぽ》の開港地に居住する倭人（恒居倭《こうきょわ》）が、朝鮮政府の統制策に反発して巨済島《きょさいとう》を襲撃し、乃而浦に集結して三浦の乱を起こしたが、朝鮮軍に敗れて対馬に逃げ帰り、これにより朝鮮との関係が断絶した。そこで宗氏は関係の修復に乗り出し、九年に壬申《じんしん》条約を結んで恒居倭は全面禁止となった。

天文八年（一五三九）に家臣のクーデターで宗将盛《まさもり》が追われ、島主になった伯父の晴康《はるやす》は領国の安定化につとめ「中興の主」と称されたが、その頃から倭寇や松浦氏からの攻撃を受けるようになり、宗氏は博多や赤間関からの情報を得て対処するようになった。

朝鮮との貿易に関わっていた博多商人の神谷《かみや》（神屋）氏の寿偵《じゅてい》は、海上から光り輝く山を見てそれが銀鉱脈と確信し、出雲の鷺浦《さぎうら》銅山主三島清衛門と石見銀山を開発したが、それは大永六年（一五二六）のことといわれ、天文二年（一五三三）に寿偵は朝鮮から技術者を呼んで灰吹法《はいふきほう》という銀製錬法により銀の増産を確立し、生産された銀は朝鮮、さらに中国へともたらされた（『銀山旧記』）。

産業技術と農業生産

石見銀山の開発の波は但馬の生野《いくの》銀山や佐渡の鶴子《つるし》銀山の開発へとつながった。生野銀山は天文十一年（一五四二）、但馬の城山の南表に良質の銀鉱石が発見され、坑道が設けられたのが始まりという。但馬守護の山名祐豊《やまなすけとよ》が直轄領として支配し、石見銀山から金掘り下財《げざい》や製錬技術を持つ金吹きを招いて採掘に努めるとともに、生野城（銀山城）を築造して銀山経営と領国防衛の拠点となし、朝廷に白銀を献上している。

その後、山名の家臣の竹田城主太田垣朝延《おおたがきとものぶ》が、主家から銀山の経営権を奪取し、京の正阿弥《しょうあみ》や杉原七郎左衛門を派遣して管理運営に当たらせた。佐渡の鶴子銀山も天文十一年（一五四二）に越後の商人外山茂衛門が開発したのがその最初という。

銀山ばかりでなく様々な技術の導入と改良を通じて産業が勃興して、多様な職人が輩出し、その姿は『七十一番歌合』『洛中洛外図屛風』などに描かれたが、農業生産の分野でも目覚ましいものがあった。それを文芸として記録したのが『田植草紙』である。

山が田を作れば　おもしろいものやれ　猿は簓《ささら》する　狸は鼓打つとの
打てば好う鳴る　狸の太鼓おもしろ　昔より簓は猿がよう擦る
山田の案山子　いつまで（晩歌二番）

山田の開発を進める模様を、猿や狸、案山子などの囃物として謡ったもので、次の歌には新種の稲にこめた生産の上昇や福の到来への期待が詠まれている。

きのう今日からくだりたる　目黒の稲はな　稲三杷にな　米は八石な

福の種やれ　三合蒔いてはさ三石　がごがさし候　げに千本　このいねには
まかうや　福の種をば（昼歌四番）

農村の賑わいにともなって、商人が都から宝を運んでくる様子を次の歌が詠んでいる。

おもしろいは京下りの商人　千駄櫃《せんだびつ》になうて　連れは三人なり
千駄櫃には多くの宝が候よ　宝負ひては　今日こそ殿が下りた
都下りに思ひもよらぬ手土産（晩歌一番）

『田植草紙』は、中国地方に今も伝わる田植歌の早期のもので、約百四十首を朝・昼・晩に分け、田植行事の進行を時の推移にあわせて収録し、特に戦国期からの歌が多く見える。ここには新種の稲の登場が詠まれているが、新たな生産の広がりを物語るのが木綿の国内生産である。

木綿は朝鮮から輸入され、文明二年（一四七〇）に伯耆の山名教豊が同国万福寺の修築のために木綿三千匹を、同五年に大内政弘が清水寺修理料に「正布一千疋、綿布一千疋」を寄せているが、なかでも大内氏の朝鮮貿易では文明七年に二万七千疋、翌年に三万七千疋に及んでいた。

こうした木綿需要の高まりとともに、文明十一年（一四七九）に高野山金剛三昧院領の筑前粥田荘《かいたのしょう》から「木綿一反」、山科家には明応元年（一四九二）に「わたのあぶら樽」が送られており、その数量の少なさから見て、木綿の国産が行われるようになったのであろう。

永正七年（一五一〇）には、「三川《みかわ》木綿」の名で年貢が奈良の大乗院に納められており、その生産は急速に広がっていった。永禄三年（一五六〇）には三河の商人が鈴鹿山脈の千草峠を越えて近江に運んだところ、荷留にあう事件が起きている。木綿は兵衣や鉄砲の火縄、船の帆布などの軍需品としても用いられたことから、急速に生産が進んだのである。

四　畿内近国の秩序

都領域と京の再興

ヴェーリヨ作成『世界図』（一四五頁の図）の「MIACOO」地域は、生野銀山とおぼしき「銀山」の地名が載るなど、京都を中心とする広領域であって、ここでは様々な勢力が乱立していたが、その中心にいたのが天皇である。

天文十九年（一五五〇）十二月、ザビエルは周防を発つと、堺に着いて豪商の日比屋《ひびや》了珪《りょうけい》の知遇を得て、翌年正月に了珪の支援を受けて京に到着し、宣教の許可を「日本国王」から得るため、インド総督とゴアの司教の親書を持参して、後奈良天皇・将軍義輝への拝謁を請願したのであるが、認められなかった。

ザビエルの後任の布教責任者のコスメ・デ・トーレスは、天皇について「栄誉に関わる貴人は『おう』と呼ばれ、その職は世襲である。民びとは彼を偶像のひとつとしてあがめ、崇拝の対象としている」と指摘している。

幕府の将軍は京都を没落することが多く、朝廷を支える力を失っていたことから、大永六年（一五二六）に後柏原天皇の死にともなって践祚した後奈良天皇は、即位式をなかなか行えず、北条氏、大内氏、今川氏など諸大名から寄せられた資金でようやく十年後の天文五年（一五三六）に紫宸殿で式を行う事ができた。

即位式の献金を行った大内義隆が大宰大弐への任官を申請したように、地方の大名は官位への叙任を求めてきた。将軍は天皇への直奏を禁じていたが、もはやそれを止める力を失ってしまい、大名と天皇との直接交渉がなされてゆき、地方の大名が天皇を支えるところとなっていた。

天皇の内裏がある京都は、応仁の乱の荒廃から立ち直ってきた。延徳二年（一四九〇）閏八月の土一揆には鐘をついて町々が警戒し（『親長卿記《ちかながきょうき》』）、明応四年（一四九五）十月の土一揆の蜂起には「町人幷土倉方衆」が高辻室町で一揆勢数十人を討ち取っている。

その翌年から祇園祭の再興の話がでるようになり、四年後の明応九年（一五〇〇）に中絶していた祇園祭が復活をみている。『祇園会山鉾次第籤を以てこれを定』の記録によれば、一番の長刀鉾が四条東洞院《ひがしのとういん》と烏丸との間の町から、二番の天神山が五条坊門綾小路の町からという具合で、二十七番の船鉾が四条綾小路町から出ることまで定められた。復活にあたって町人たちの間に相論が起きたので、侍所の開闔《かいこう》である布施頼涼邸で籤改《くじあらた》めが行われたという。

永正元年（一五〇四）八月、幕府は洛中の諸口から入る馬に積まれた米俵が「米場」に付けなければならないのに、「小売の在所」に運びこむ者がいるとして最初に米場に付けるよう命じており、幕府も主要な経済基盤である京都を中心とする流通システムを整備するようになり、京都の町の復活は着々とすすんでいった。

大永七年（一五二七）に細川高国の家臣の柳本賢治《やなぎもとかたはる》の軍兵が町に押し寄せるという風聞から、町人が馳せ集まり辻子《ずし》の囲いや町の囲いをして自衛しているなど、町人に自治の動きも広がった。

『洛中洛外図』

越前の朝倉氏の依頼により土佐光信は永正三年（一五〇六）に洛中図を描いたが、それは復興した京の町の姿であったろう。洛中図の現存作品のうち最古とされる国立歴史民俗博物館所蔵の歴博甲本は、三条公爵家から町田家を経て歴博保管となったもので、町田本とも称される。

最古という根拠は将軍御所（公方様）を大永五年（一五二五）に細川高国が造営した柳原御所として描いている点にある。この年十二月に将軍義晴は柳原御所に入っており、僅か一年二か月ほどの短期間の使用ではあったが、それがゆえに作品の成立時期が明らかとなった。この年には宗長が愛蔵の『源氏物語』を手放して寄進し再興に尽くした大徳寺山門の造営が始まっており、京都再興の機運は漲《みなぎ》っていた。

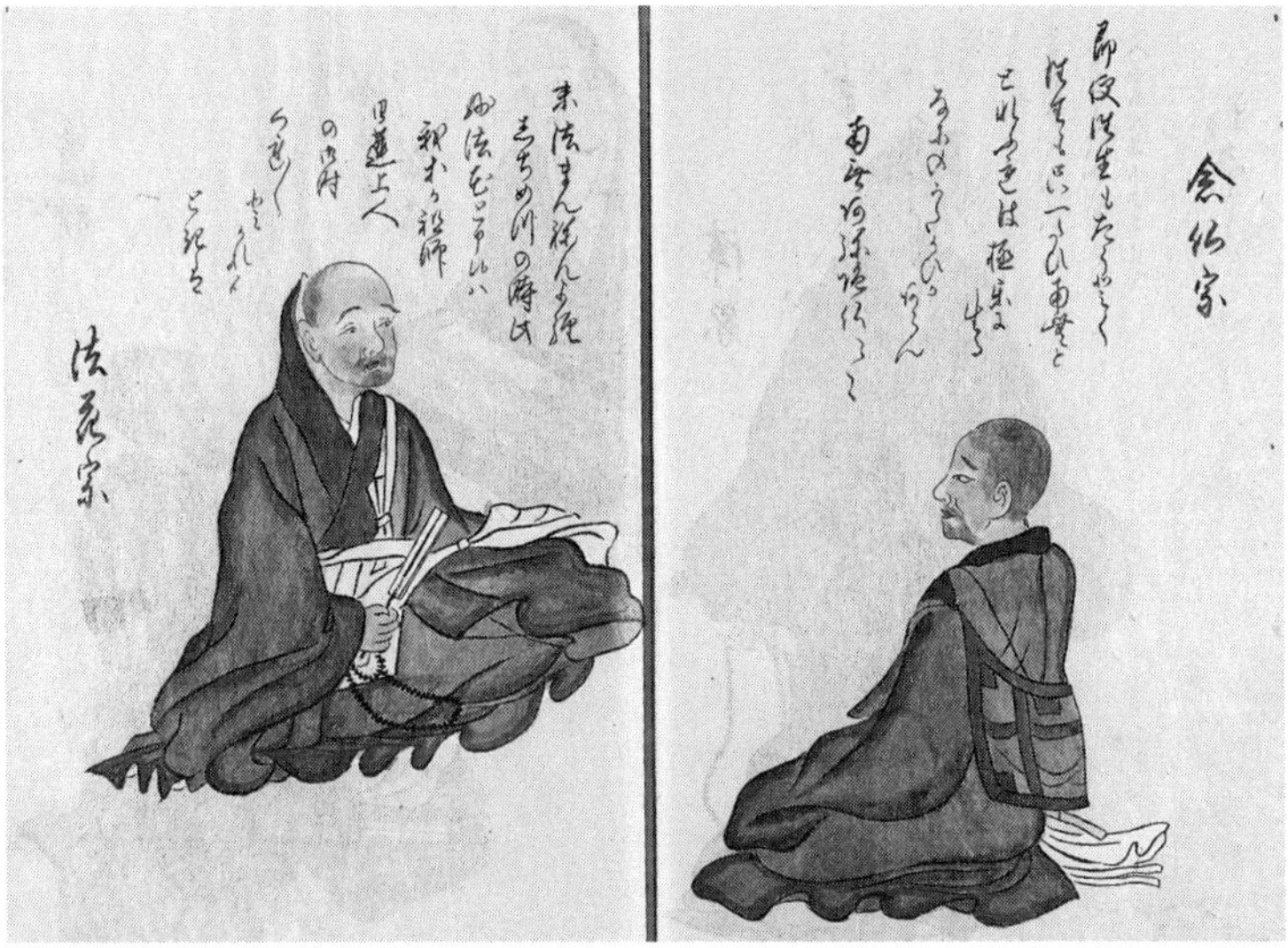

『七十一番職人歌合』から念仏宗と法花宗　（国立国会図書館蔵）

歴博甲本はその京都の風景を描いて六曲一双からなり、絵師は土佐光信が候補にあがっている。右隻に一条大路から南の洛中を中心に、上部に東山の風景を描き、東福寺・清水寺・三十三間堂・八坂塔・祇園社・知恩院・南禅寺・真如堂などの寺社が並ぶが、そのうち清水寺は文明元年（一四六九）に塔を除くすべてを焼失したが、十六年には本堂が完成していた。知恩院は永正十四年（一五一八）に炎上したが、同年に万寿寺の堂宇が移されて阿弥陀堂とされている。真如堂は文明十六年に足利義政によって神楽岡の東の地を寄進されて堂が築かれ、大永四年（一五二四）に『真如堂縁起』が完成している。

左隻には一条以北の北辺を中心に、上部に北山から西山にかけての風景を描いていて、今宮社・大徳寺・金閣寺・北野天満宮・平野社・嵯峨釈迦堂清凉寺・等持院・天竜寺・松尾社などの寺社を描く。

永正六年（一五一〇）の酒屋役の算用状に上京・下京の酒屋役の高が記され、天文八年（一五三九）の「洛中洛外酒屋土倉役」の納銭には上京・下京各住人が請文を提出しており（『蜷川家文書』）、京都が上京と下京からなっていたことから右隻に洛中（下京）を、左隻に上京を描くことになったのであろう。

多くの職人の姿が見え、『七十一番職人歌合』に描かれている檜皮葺や紺掻《こうがき》などの職人十六人が認められる。右隻の右半分は、祇園祭の神輿渡御と山鉾巡行が中心に描かれ、左半分には内裏の西の町の賑わいが描かれており、その賑わいを支える人々の生活を裏庭の風景で示すなど、京の再興が人々の不断の営みからなっていたことがうかがえる。

左隻の右半分は公方様・典厩（細川尹賢）・細川殿（高国）など幕府要人たちの邸宅が中心をなし、左半分は小川に沿った町並みと周辺の公家の邸宅が中心をなしているが、この構図については文明二年（一四七〇）に焼失した相国寺の塔から俯瞰した眺望であるとの指摘があり、もしそうならば右隻の構図はどうかとみると、東西の道が左上から右下に傾斜して描かれているので、一条大路を西に行った双ヶ岡《ならびがおか》辺からの風景とも思えてくる。

彼ら町人の精神的な支えとなったのが日蓮宗（法華宗）であって、この法華宗の僧の姿も左隻の四扇に見えている。『七十一番職人歌合』の六十五番には、念仏宗との番で「法花宗」が描かれ（前頁の図）、「末法万年、余経悉滅の時、此の妙法花と申候は、我等が祖師日蓮上人の御時、くれぐれ説かれ候」という画中詞が記されている。

天文法華の一揆

法華宗は日蓮以後、幾つかの門流に分かれ、そのうち公家や武家への法門奏上《ほうもんそうじょう》と王城《おうじょう》弘通《ぐつう》を試み京に拠点を置いたのが、妙顕寺《みょうけんじ》を中心とする四条門流、本圀寺《ほんこくじ》を中心とする六条門流で、ほかにも富士門流や中山門流が進出するようになり、町人の信仰を獲得して、その財力によって寺院を形成した。

京都の法華寺院は二十一カ本寺と称され、大きな勢力を築いていたところから、一向一揆の動き封じを狙った細川晴元が、この勢力に目をつけた。天文元年（一五三二）八月に本願寺門徒が京都に押し寄せると、法華宗徒を中心に撃退し、さらに摂津富田《とんだ》の一向宗徒の蜂起をも撃退したばかりか、法華一揆が京都の一向宗寺院を焼き払った。

そこで晴元は近江の六角定頼《ろっかくさだより》の軍勢を誘って、法華一揆と合わせて山科本願寺を攻めさせた。大坂の石山本願寺の防御に手を取られていた山科本願寺は、激しい攻防の末に多数の死者を出して伽藍が焼け落ち、法主の証如《しょうにょ》は石山本願寺に逃れた。

この後、一向一揆と晴元との戦いは大坂と堺をめぐる攻防の末、天文二年（一五三三）になって和睦が実現するが、その年、下京六十六町の月行事は祇園社に群参し、神事はなくとも山鉾を渡すよう求めた。京では町と町が結びついた町組が形成され、祇園祭はその下京町組の祭礼となっていたのである。

これら町組を背景に法華一揆は年貢や地子銭《じしせん》を免除し、自検断を行う自治をしいてゆき、天文三年（一五三四）には内裏近くに町組「六町」が成立している。そうしたなか天文五年に比叡山西塔の花王坊と法華信者の松本新左衛門とが一条観音堂で宗論を行ったところ、これに破れたと見た山門の大衆が僉議《せんぎ》し、洛中の法華衆の追放を決めたばかりか、東寺以下、根来寺《ねごろじ》や石山本願寺にまで援兵を求めて総攻撃に出た。

六角定頼や木沢長政は両者の調停交渉にあたったが、和睦の成立には至らず、洛中の法華衆は「洛中の九重条里小路に寺構を掘り、恣に堀を掘り」と、上意の沙汰を受けず、七月二十七日に討って出て合戦が始まると、それは二十八日にまで及んだ。法華衆の数は三万、山門側の衆徒は十万ほどもあったという。

四条口を突破した山門衆徒が市中に放火し、これによって下京が悉く焼け、上京も三分の一が焼けてしまい、法華二十一カ本寺はすべてが炎上、妙覚寺の日兆以下僧俗門徒の死者は一万にも及んだという。京都の焼亡は応仁の乱を上回るものであったという。

乱後、法華衆の僧俗で構成された集会衆は洛中洛外での徘徊を禁じられ、諸本山の再興が厳しく禁じられたが、翌天文六年（一五三七）には下京町組の中組・西組・七町半組、艮組の存在が知られているので、すぐに復興が始まった。法華宗本山の再興も天文八年の本満寺から始まり、町組も天文十年に小河七町の存在が知られ、京都は上京町組と下京町組から構成されていった。天文十一年には集会衆の堺からの還住が許されている。

洛中洛外をめぐる動き

天文八年（一五三九）、阿波から三好元長の子範長（後の長慶《ながよし》）が上洛し、細川晴元に謁見すると、晴元を支えてきた三好一門の長老である政長《まさなが》との対立がおきた。これはやがて和解に至るが、次には政長と木沢長政との対立が天文十年に起きた。

木沢長政が晴元に反逆して上洛し、将軍義晴と晴元を京から逐うと、河内守護代の遊佐長教《ゆさながのり》が長政の擁立した河内守護畠山政国《まさくに》を追放し、その兄畠山稙長《たねなが》を迎えて範長方につくことを表明したので、翌年、長政は稙長の河内高屋《たかや》城を攻撃して太平寺《たいへいじ》で戦ったが、政長・範長からの援軍を得た長教に敗れて討死した。

細川高国の養子の氏綱（尹賢の子）が畠山稙長の支援を得て、高国の旧臣を集めて蜂起し、天文十二年（一五四三）に堺を攻撃したことから、範長は細川晴元の命で堺に出陣して戦ったが、天文十四年に氏綱に呼応して丹波から上野元全《うえのもとたけ》らが進軍し、山城井手《いで》城を落とし、元全の父元治も槇島《まきしま》まで進出した。このため晴元が大軍を率いて出兵し、範長は山城宇治田原で戦うとともに、波多野稙通の支援要請に応じて丹波にも出兵、内藤国貞の籠もる丹波世木《せき》城を落とした。

しかし稙長の跡を継いだ畠山政国が遊佐長教らと細川氏綱を援助し、足利義晴と連携して細川晴元の排除への動きを見せたことから、範長は晴元の命により越水《こしみず》城から堺に入るが、その堺を細川氏綱・遊佐長教・筒井氏などに包囲された。範長が堺の会合衆の働きにより何とか切り抜けると、そこに弟の三好実休《じっきゅう》・安宅冬康《あたぎふゆやす》（鴨冬）、十河一存《そごうかずまさ》らの四国の軍勢が到着して一気に形成が逆転し、範長は摂津原田城や三宅城など将軍方の城を落とし摂津を奪い返した。このため義晴は近江に逃れ、嫡子の義輝に将軍職を譲ったのである。

天文十六年（一五四七）に範長が細川氏綱・遊佐長教軍に勝利すると、これを聞いた足利義晴は帰京して細川晴元・六角定頼らと和睦したので、範長は翌十七年に定頼の斡旋で和睦して越水城へ帰城した。

このように戦乱が続く都周辺であったが、その頃の京の風景を描くのが東京国立博物館所蔵『洛中洛外図屏風』である。残念ながら摸本であり、六曲一双の右隻の右端を欠くが、天文八年（一五三九）に幕府御所が柳原御所から室町御所（花の御所）に移って以後の風景を描いており、後に描かれた上杉本以前の風景を知ることができる。

歴博甲本とは違って、幕府御所が右隻に移されて内裏とともに右隻左半分の中心をなし、本覚寺など再興・移転された法華宗寺院がいくつか描かれている。左隻では細川京兆邸が中心をなす。ここに描かれた京の町人の活動は目覚しく、多くの分野で「名人」が誕生し、道を求め、「天下一」を称するようになったのはこの頃からである（『当代記』）。

天文十七年（一五四八）に範長は筑前守長慶と名乗り、政長を討つべく機会を狙っていたが、政長が晴元の信任が厚かったことから、越水城の軍議において長慶は晴元を敵とする覚悟を決めたという（『細川両家記』）。実際、晴元が三好政長父子の追討を受け入れなかったため、長慶は細川氏綱・遊佐長教と結んで晴元に反旗を翻し、三好政勝の榎並《えなみ》城を包囲したので、六角定頼から「三好筑前守（長慶）謀反」と称された（『足利季世記』）。

天文十八年（一五四九）に長慶は政長の江口《えぐち》城を攻め、六角の援軍を待つ政長に対し、江口城への粮道を絶ち、弟の安宅冬康・十河一存らに別府川に布陣させたところに、六角軍が山城の山崎に到着したのであったが、その日の江口城の戦いで長慶は政長らを討ち取って大勝した（江口の戦い）。これにより細川晴元と三好政勝らは摂津から逃亡し、六角軍も撤退し、晴元は足利義晴・義輝父子らと近江坂本に逃れた。

三好長慶政権

長慶は晴元に代えて細川氏綱を擁立して七月に入京すると、すぐ摂津に戻って晴元方の伊丹親興《いたみちかおき》が籠城する伊丹城を包囲し、天文十八年（一五四九）に遊佐長教の仲介で開城させ、摂津国を平定した。三好政権の誕生である。

近江国に逃れていた足利義晴は、京都奪回を図って翌年に京都東山の慈照寺の裏山に中尾城を築いたが、その五月に亡くなり、子の義輝が細川晴元とともに中尾城に入った。しかし長慶が近江に遠征軍を派遣したので、退路を絶たれるのを恐れて堅田に逃れた。

ザビエルはこの将軍・管領不在の時期の京都に入ったのである。都は「一切は戦乱の巷」「公方様は少数の重臣を連れて郊外に逃れ」という状況と、「日本全国最高の国王(天皇)」を訪ねるには贈答品がないとしてあきらめたという。都は長慶の支配下に入り、その天文十九年(一五五〇)七月十日に長慶は「上京洛中洛外惣中」に定書を伝えた。

一 公方衆地子銭の儀は、御入洛まで、百姓前相拘わるべき事
一 寺社本所領は、この間有り来たり候如く、納所せしむべき事
一 当方衆取り来る請地并当知行分は、町中として速に取り立て、此方へ納むべき事

将軍に仕える公方衆の地子や、寺社本所領、長慶の三好衆の所領を保護することを伝えるほか、「町中」としてなすべきことや、さらに「牢人衆」や「京中への出入り」についての対策を示し、都を警衛することを触れている。

天文二十二年(一五五三)、長慶が晴元と戦うため丹波へ出陣すると、義輝は東山の麓に霊山《りょうぜん》城を築いて入ったので、長慶は丹波・摂津・山城の三方面からの脅威を抱えることになったが、松永久《まつながひさ》秀《ひで》に命じて軍勢を派遣すると、晴元軍は敗走し、義輝は近江朽木に逃れた。

こうして長慶は京都に睨みをきかせつつ、居城の芥川山《あくたがわやま》城を摂津上郡の政治的拠点とし、摂津下郡では越水城を拠点となし、また松永久秀兄弟を丹波に派遣し、翌年に三好長逸《ながやす》を播磨に出兵させるなどして支配領域を広げていった。永禄元年(一五五八)、義輝が細川晴元や三好政勝・香西元成

らとともに京都奪還に動くと、将軍山城《しょうぐんやま》で交戦し、叔父康長を始め三好実休・安宅冬康・十河一存ら三人の弟の率いる四国勢の来援で優位に立って和睦が図られた。

十一月の義輝の五年ぶりの帰京の際には、長慶が細川氏綱・伊勢貞孝とともに出迎え、幕府の実力者としての存在を示している。その長慶の勢力圏は阿波・堺・芥川・山城・京都のラインを中軸に山城・丹波・和泉・阿波・淡路・讃岐・播磨に及んでいた。

阿波の拠点であった勝瑞《しょうずい》城は、発掘調査によれば、方形の城跡からは枯山水式の庭園をともなう礎石建物（会所）があり、隣接して池泉式《ちせんしき》庭園をともなう主殿が確認されている。中国や朝鮮の陶磁器・茶碗、瀬戸・備前の焼き物、金箔を貼った瓦も多数出土していて、長慶の文化的素養をうかがわせるものがある。

五　東日本の領邦国家

近江の戦国

「都」領域の西半分では細川京兆《けいちょう》家や三好氏が領国を形成してきたが、これに対応する東半分の近江以東の北陸・東海地域の動きはどうだったのであろうか。

京に隣接する近江では六角高頼が永正十七年（一五二〇）に亡くなると、その跡を相国寺の僧となっていた定頼が継いだ。兄の氏綱《うじつな》が二年前に亡くなったことによるもので、その育った環境から将軍権力を支える立場をとった。義晴が近江に避難してきた時には、三年間、観音寺《かんのんじ》城近くの桑実寺《くわのみでら》に迎えており、義晴はここで発願して土佐光茂《みつもち》に『桑実寺縁起』を描かせている。義晴の子義輝の元服には加冠役を勤め、しばしば将軍の要請で上洛し、和睦の仲介をなした。

六角氏は隣接する伊賀国にも四郡のうち阿加郡、山田郡、阿拝《あはい》郡の三郡に支配を広げ、北近江では京極《きょうごく》氏や浅井《あざい》氏と抗争を繰り返していた。そのうちの京極持清《もちきよ》は応仁の乱で東軍に属して西軍の六角氏と争って文明二年（一四七〇）に亡くなり、跡を継いだ高清《たかきよ》は文明十年（一四七八）に幕府に帰参した。しかし高清の後継をめぐり京極氏が分裂するなか、国衆の浅見氏や、近江の浅井郡の浅井亮政《すけまさ》らが台頭してきたのである。

この内紛に大永五年（一五二五）に六角定頼が北近江に出陣したことで、高清や亮政は美濃に逃れたこともあるが、翌年には復帰して勢力を広げていった。『塵塚物語』巻五に、江州一乱の時に浅井某が落ち武者となり、比叡山の雲母《きらら》坂を下っていて、出会った老人から「そのほうが家かならず末さかへて、貴族の名を得べし」と予言された話が載るが、この浅井某とは亮政のことであろう。

亮政の台頭に危機感を覚えた定頼は、享禄四年（一五三一）の箕浦《みのうら》合戦で亮政を破って、天文二年（一五三三）に和睦を結ぶのだが、これを機に亮政は小谷《おだに》城に京極高清・高広《たかひろ》を迎えて体制を整えてゆき、同四年に再び六角と浅井の合戦となった。この頃に六角の観音寺城や浅井の小谷城が城郭として整えられるようになり、幾つもの曲輪から構成された山城とその麓の居館群、そして城下町などが形成されており、観音寺城は高石垣からなる新たな城郭の出現となった。

天文七年（一五三八）に京極高清が亡くなると、六角が攻勢をかけて佐和山《さわやま》合戦に勝利し、亮政が小谷城に引き籠ったことで、六角の勝利は確定したが、九月に近江北郡で九箇条の徳政令が出されている（『菅浦文書』）。同じ頃に六角氏が「国中徳政」を行っているので、それを受けて独自な法を含めて浅井氏から出されたのであろう。

天文十一年（一五四二）に亮政が亡くなって跡を継いだ久政《ひさまさ》は、京極高広の追い落としにかかったので、高広は三好長慶と結んで対抗した。天文二十一年に六角高頼の死去により義賢《よしかた》が家督を継ぐと、京極高広はその隙をついて六角氏の佐和山城を落とすが、義賢が反撃して翌年に久政の太尾《ふとお》城が落とされ、浅井氏は退けられて「北郡錯乱」に終止符が打たれ、京極氏は滅んだ。

この年に浅井氏は十三箇条の徳政令を出し、近江の北半分の統治にあたり、久政の嫡男は義賢から偏諱《へんき》を与えられ賢政《かたまさ》と名乗るようになった（後に長政《ながまさ》と改名）。

弘治三年（一五五七）に六角義賢は嫡男の義治《よしはる》に家督を譲って剃髪、承禎《じょうてい》と号し、これ以後、京周辺の動きに密に関わるようになり、将軍義輝や細川晴元を助けて三好長慶と戦い、永禄元年（一五五八）には長慶と義輝の和睦を仲介し、義輝を京に帰している。

越前の朝倉氏

越前の朝倉氏も将軍を支えてきた大名であって、孝景は永正十年（一五一三）に近江に出兵して足利義稙（義材）の帰京を支援し、朝廷には即位費用や内裏修理費用を献じ、将軍から白傘袋・毛氈鞍覆・塗輿を許され幕府の相伴衆に列する名誉を与えられ、その間、本拠の一乗谷《いちじょうだに》を整備してきた。

発掘調査によりわかったのは、南北に細い山間の一乗谷を流れる一乗谷川に沿って城下町が形成され、南側の上城戸、北側の下城戸を土塁と濠とで固め、城戸内の中央山裾に朝倉氏の居館、武家屋敷、寺院が建てられ、道路は直線を基本として南北の中央を走る道路に面して商人や職人の家が立ち並び、谷内には田畠はなく、市街地は計画的に造られていたことである。

孝景は、「治世よろしく、将師に兵法を論じて厳、詩歌を評して妙」（月舟寿桂《げっしゅうじゅけい》）、「文道を左に、武道を右にした風流太守」（春沢永恩《しゅんたくえいおん》）といった評があるように文武に秀で、蹴鞠や和歌など京の文化を好んで嗜んだ。

清原宣賢《きよはらのぶかた》は享禄二年（一五二九）に一乗谷に来て以来、天文十九年（一五五一）に一乗谷で亡くなるまで四度も来ており、『日本書紀神代巻』や儒学を講義した。奈良蓮仙院の僧で明に渡って医学を学んだ谷野《たんの》一栢《いっぱく》は、天文五年（一五三六）に明の医学書『八十一難経《はちじゅういちなんぎょう》』を一乗谷で出版している。歌人の冷泉為和や蹴鞠の飛鳥井《あすかい》雅綱《まさつな》、神道の吉田兼右《かねみぎ》らも来ていた。

朝倉氏の領国支配は郡を単位とし、敦賀郡司・大野郡司にはそれらの郡の支配を任せ、一乗谷の直属下に坂井・吉田・足羽《あすわ》三郡が配され、府中奉行の下に丹生《にゅう》・今立《いまだて》・南条三郡が配される体制であった。隣国への遠征には積極的で、永正十四年（一五一七）には重鎮の朝倉宗滴《そうてき》を軍奉行として若狭・丹後に出陣させて若狭守護の武田元信を助け、翌年に美濃から土岐《とき》頼武《よりたけ》が逃れてくると、孝景

【朝倉氏略系図】

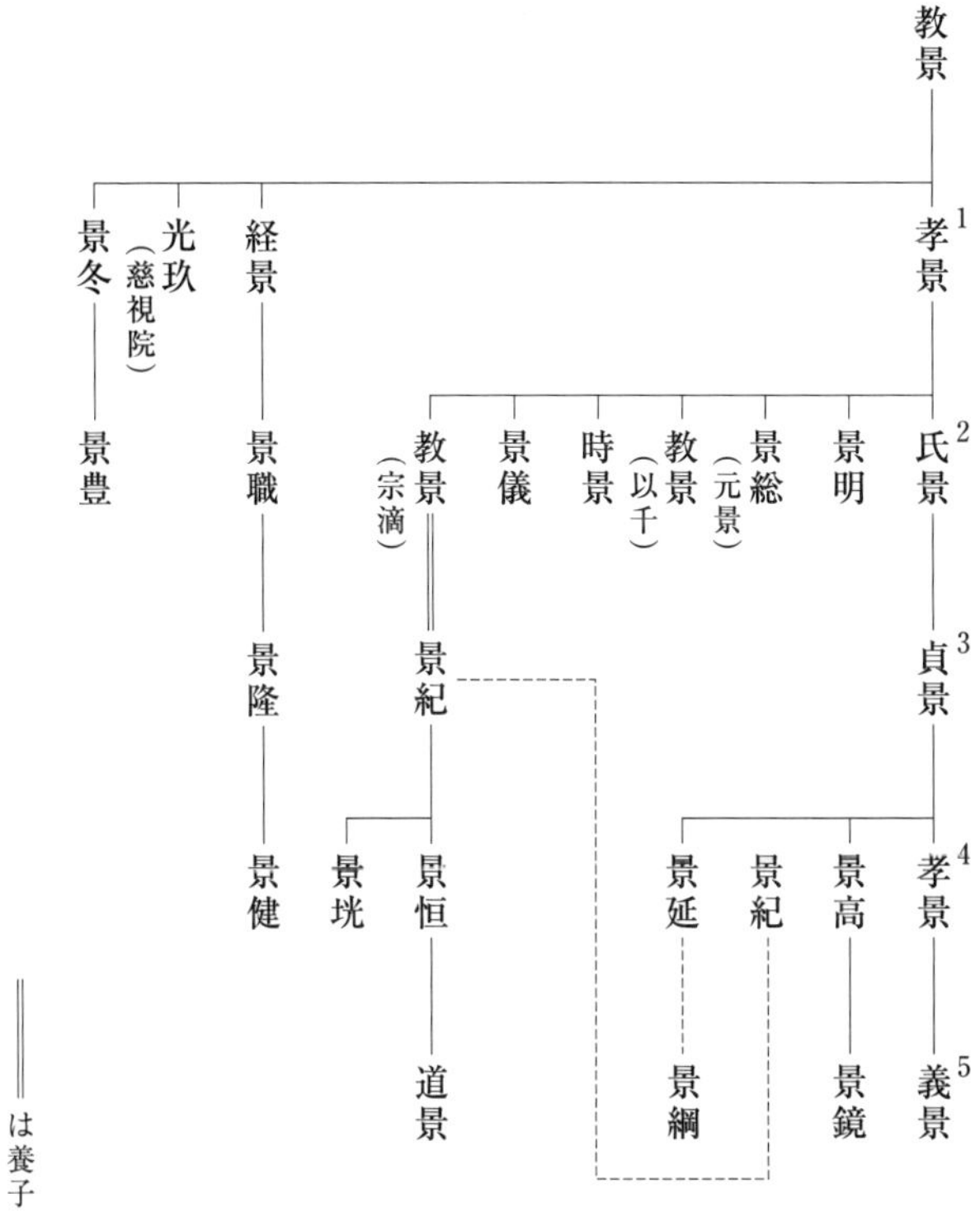
教景
1 孝景
経景
光玖（慈視院）
景冬
2 氏景
景明
景総（元景）
教景（以千）
時景
景儀
教景（宗滴）
景豊
景職
景隆
景健
3 貞景
景紀
4 孝景
景高
景紀
景延
景恒
景垙
5 義景
景鏡
景綱
道景
＝は養子

は弟景高《かげたか》を美濃に遣って復帰させている。

大永五年（一五二五）には、宗滴に軍勢を率いて近江小谷城に出陣させ、美濃の内乱に介入する浅井氏を牽制し、六角定頼と浅井亮政との関係を調停し、美濃には朝倉景職《かげもと》率いる軍勢を出して稲葉山城へと迫った。大永七年（一五二七）には、近江の将軍義晴の求めに応じ、宗滴らが兵一万を率いて細川高国らと合流して洛中に進軍、三好元長らの軍勢と桂川で合戦して勝利しており、大永八年に孝景は将軍義晴の御供衆に加えられた。

享禄四年（一五三一）の加賀一向一揆の内紛（享禄の錯乱）にあたっては、宗滴が一向一揆を攻撃して手取《てどり》川付近まで侵攻し、翌年に和議を結んでいる。天文十三年（一五四四）、越前に逃れていた土岐二郎（頼武）を美濃守護とするため、尾張の織田信秀《おだのぶひで》と謀って、美濃の斎藤利政《さいとうとしまさ》（道三《どうさん》）・土岐頼芸《ときよりのり》を攻めて、稲葉山城下を焼き払ったのだが、道三の夜襲に一万以上の死者を出して退却せざるをえなかった。

美濃の斎藤道三

美濃も都とのつながりが深く、他方で東国へと開かれた地であったことから、多くの公家や文化人を迎えてきており、その中心人物であった斎藤妙椿が文明十二年（一四八〇）に亡くなると、養子の斎藤利国《としくに》（妙純《みょうじゅん》）と甥の斎藤利藤《としふじ》の間で相続争いが生じ、守護の土岐成頼《しげより》が利国を支援し、幕府が利藤を応援して戦いとなった。

この争いに勝利した利国が斎藤家を継いだが、利藤も成頼に守護代に取り立てられたことで、両者は対立を含みつつも安定を見せていた。そこに明応四年（一四九五）に、土岐成頼が嫡子の政房《まさふさ》を廃嫡にして末子の元頼《もとより》を跡継ぎにしようとしたことが絡み、利藤と小守護代石丸利光《いしまるとしみつ》が近江の六角氏と結び、土岐政房と斎藤妙純が近江の京極氏、尾張の織田氏、越前の朝倉氏と結んで船田《ふなだ》合戦が起きた。この結果、政房・妙純方が勝利して成頼は隠居、元頼は自刃した。

明応五年（一四九六）十二月に斎藤妙純（利国）が六角討伐のため近江に出陣して戦死すると、土岐政房は革手城から福光構《ふくみつかまえ》に守護所を移し、嫡男の頼武《よりたけ》ではなく次男の頼芸を跡継ぎにしようとしたことから、再び相続争いが起きた。斎藤氏の推す守護の頼武と重臣の長井氏が推す頼芸との争いから、斎藤利良《としなが》・頼武が越前に逃れて再起をはかり、朝倉氏の加勢を得た頼武が永正十六年（一五一九）に頼芸に勝利して守護となった。

やがて台頭してきたのが長井《ながい》藤左衛門尉長弘《ながひろ》と長井新左衛門尉の「長井一類」であって、大永五年（一五二五）に「濃州も錯乱し、土岐殿・斎藤名字中は一緒に山中へ逃亡し、その跡を長井一類が占拠」したと越後の上杉氏に伝わっており（『上杉家文書』）、長井氏が土岐氏の実権を握って、守護には土岐頼武と守護代には斎藤利茂《としこげ》が復帰した。

この長井一類のうちの新左衛門尉は元は京都妙覚寺の僧侶で、美濃にやって来て長井弥二郎に仕えるなか、頭角を現して西村から長井と称するようになったという。この新左衛門尉の子の新九郎《しんくろう》規秀《のりひで》（後の道三）が、天文二年（一五三三）には長井長弘の跡を継承した景弘とともに土岐氏の実権を握り、天文四年に守護の頼武を追放して頼芸を国主となした。

だが、それとともに美濃国内の混乱は激しさを増し、天文六年（一五三七）に規秀が斎藤家を継承して斎藤左近大夫利政と名乗り、土岐一族や斎藤一族との間で抗争を続けるなか、天文十三年に、越前朝倉氏と尾張の織田信秀の連合軍二万五千が越前に逃れていた土岐二郎（頼武）を美濃守護とすべく井口城下に攻め入った。だが利政はこれを城下に敵を招き入れ夜襲によって撃破し、さらに織田軍を木曾川に追い詰めて軍勢を溺死させた。

天文十六年（一五四七）頃に利政は出家して道三と名乗って、天文二十一年に国主の頼芸を国外に追放すると、土岐氏と縁戚関係にあった近江の六角氏が侵入してきたが、これを退けて道三は名実ともに美濃の国主となった。この時に尾張の織田信秀は侵攻しなかったが、それは駿河の今川氏が進出してきたからであり、道三の娘を嫡子信長の嫁に迎えて同盟が成立した。

尾張の織田、三河の松平

尾張は尾張平野が広がり、南は伊勢湾を臨み、北は木曾川を隔てて美濃に接する豊かな国であった。室町幕府の斯波氏が守護となり、文明七年（一四七五）十一月に、斯波義廉が守護代の織田敏広《としひろ》に擁立された。

しかし斯波義敏派の又守護代織田敏定《としさだ》と衝突するなどして、守護の斯波氏の力は失われてゆき、代わりに守護代の織田家が勢力を広げ、そのうちの織田伊勢守家が岩倉城に拠って上四郡を支配し、織田大和守家が清洲《きよす》城に拠って四郡を支配するようになった。

美濃に侵攻した織田信秀の父は織田大和守家の三奉行の一人の織田信定《のぶさだ》で、尾張南西部の海東《かいとう》郡・中島郡に跨る勝幡《しょばた》城を居城としていた。大永六年（一五二六）に近くの津島に来た連歌師の宗長は、「領主織田霜台三郎」信秀が訪ねてきたので会っているが、この二年前に「霜台」信定は津島を焼き払って支配したばかりであり、この津島を経済的基盤として織田氏は成長していった。

大永七年（一五二七）に家督を信定から譲られた信秀は、天文元年（一五三二）七月桑名から船に乗って津島に着いた公家の山科言継と飛鳥井雅綱を出迎え勝幡の館で接待しているが、その新造の館は「目を驚かし候おはんぬ」というほどの立派さで、言継らは蹴鞠や和歌・鷹狩などで遊び、清洲城へと向かった（『言継卿記』）。

信秀は天文八年（一五三九）に古渡《ふるわたり》城、天文十七年に末森城を築き、主家の織田大和守家とは臣従関係を維持しつつも、弟信康《のぶやす》や信光《のぶみつ》ら一門・家臣を尾張の要所に配置するなど、他勢力を圧倒する地位を築いていった。朝廷に献金して従五位下に叙されて備後守に任官し、天文十年には伊勢神宮遷宮に際し材木や銭七百貫文を献上し、天文十二年には朝廷に内裏修理料として四千貫文を献上している。

その尾張の織田氏を脅かしたのが三河の松平清康《まつだいらきよやす》であって、大永三年（一五二三）に家督を継承すると、翌年に岡崎城を拠点に三河の制圧へと動き、尾張に侵攻して天文四年（一五三五）に守山城を攻めたところ、その陣中で家臣に殺害されてしまい、叔父の信定《のぶさだ》が跡を継いで岡崎城に入った。

そのため清康の子広忠《ひろただ》は伊勢・遠江に逃れるなか、岡崎奪回を図り、天文六年（一五三七）に駿河の今川義元の援助を得て奪回すると、これ以後、今川の傘下に入った。そこで織田信秀は三河に侵攻し、天文九年に安祥《あんじょう》城を攻略、天文十一年には小豆坂《あずきざか》の戦いで勝利し、西三河の権益を保持したのだが、この年に広忠に家康が生まれている。

信秀は天文十六年（一五四七）に美濃の稲葉山城を攻撃して敗れ、翌年に犬山城の織田信清《のぶきよ》（弟信康の子）と楽田《がくでん》城の織田寛貞《ひろさだ》が謀反を起こしたのでこれを鎮圧して従属させたが、今川との戦いでは苦戦を強いられることになった。

天文十八年（一五四九）に子の信長と斎藤道三の娘を結婚させて和睦したのはそのためでもあったが、天文二十年に急死してしまい、十九歳の信長が家督を継承した。信長は「大うつけ」と評されていたが、家督としてこれまで遇されてきていた。しかしこの機会に今川勢力が尾張に入ってきて、内紛もあり前途は多難だった。

なお、天文十六年（一五四七）には、三河の松平広忠が今川氏に竹千代（家康）を人質として差し出すために送る途中を、田原城の戸田康光が奪って織田信秀に送ってきたことから、信秀が今川と交渉して織田信広との人質交換により、竹千代は今川義元のもとに送られて人質として日々を過ごすことになり、元服して次郎三郎元信《もとのぶ》、さらに蔵人佐元康《もとやす》と名を改めた。

永禄元年の画期

天文二十三年（一五五四）、駿河の今川義元《よしもと》は、氏真《うじざね》と北条氏康《ほうじょううじやす》の娘との縁組により、武田・北条との間に甲相駿三国同盟を結んで尾張に目を向け、鳴海《なるみ》城に今川の勢力が及んできた。

この情勢に、信長は斎藤道三に援軍を頼んで那古野《なごや》城の防備を固め、弘治元年（一五五五）に清洲城の下半国守護代である織田彦五郎信友《のぶとも》を討って清洲に拠点を移した。守護所であった清洲城に入ったことで、尾張の国主としての自立を表明し、それに相応しい城館と城下町を形成していった。

義元は、弘治元年（一五五五）の川中島の戦いに際し、武田晴信と長尾景虎の仲介をして両者の和睦を成立させると、駿河・遠江・三河で検地を実施し、尾張への進軍の時期をうかがうようになったが、信長は斎藤道三が弘治二年四月に嫡男の義龍《よしたつ》に長良川河原の戦いで敗死したので美濃に出陣し、永禄元年（一五五八）には対抗する弟の信勝を討ち、岩倉城を陥落させ尾張の統一をほぼ完成させた。

この永禄元年には関東でも新たな動きがあった。関東一帯に支配を広げた北条氏が印判状による伝馬手形《てんまてがた》を交付する伝馬制度を本格化させているのである。

> 伝馬弐疋、相違無く出だすべし。大須賀式部丞用ふる所なり。一里一銭、法度のごとく彼の宰領前に出だすべきなり。よって件のごとし。
>
> 戊午　壬六月十八日　　石巻奉

小田原より
下総迄各宿中

これは大須賀式部丞《おおすがしきぶのじょう》に与えられた印判状による伝馬手形で、「常調」という印字に馬の図案を上郭に配する朱印が押され、小田原から下総までの宿における通行を認めている。伝馬制度にあわせて領国内の宿を整備し、永禄二年（一五五九）二月には、家臣らの諸役賦課の実態を調査し、『北条氏所領役帳』（『小田原衆所領役帳』）を作成している。

小田原衆、御馬廻衆、玉縄衆、江戸衆、松山衆、伊豆衆、津久井衆、足軽衆、他国衆、御家中衆、職人衆など、衆別に計五六〇人の所領の領地とその貫高、負担すべき馬・鉄砲・槍・弓・指物・旗・軍役の動員数などを記しており、これによって家臣や領民の負担が明確となり、家臣団や領民統制が円滑に行われるようになった。

いっぽう、永禄元年（一五五八）に甲斐の武田晴信は信濃の善光寺を甲府に移し、永禄二年二月に長禅寺住職の岐秀元伯《ぎしゅうげんぱく》を導師として出家して「信玄」と号した（『甲斐国志』）。五月の信濃佐久郡の松原神社奉納の願文に「釈信玄」、九月一日の生島足島《いくしまたるしま》神社への願文に「徳栄軒《とくえいけん》信玄」と署名している。信玄は京の文化に倣って館も室町幕府の御所風に整備し、徳栄軒信玄と禅宗風に名乗ったのである。岐秀元伯は信玄の学問の師で、信玄は甲府に長禅寺を建てて母の大井夫人の菩提を弔った際に住職として迎え、これを契機に府中五山の制度を設けた。長禅寺を筆頭に能成寺、東光寺、円光院、法泉寺である。

信長は永禄二年(一五五九)二月二日に上洛して将軍義輝に面謁しているが、その軍列には異形の者が多かったという。五日後に「雑説あり」ということで急遽尾張に引き返したが、今川義元の動きが活発化したのを聞いたからであったろう。

桶狭間の戦い

義元は前年に氏真に家督を譲り、いよいよ三河鎮圧から尾張以西への侵攻に力を注いでいた。永禄二年(一五五九)三月に七箇条の軍法を定め、八月に朝比奈泰能に大高《おおだか》城の在城を命じ、翌三年(一五六〇)五月に駿府を発って、尾張の那古野城を目指して駿河・遠江・三河三か国あわせて二万余の大軍を率い侵攻を開始して沓掛《くつかけ》城に入った。

五月十八日、松平元康の率いる三河勢を先発させ、織田方の丸根《まるね》砦、鷲津《わしづ》砦の攻撃を命じたが、この報が織田方に入り、清洲城に籠城すべきか、出撃すべきかで軍議が紛糾したが、その際に信長は何も動かなかったという。しかし義元の進軍の報を得るや、幸若舞の「敦盛」を舞った後、清洲城を出発し、熱田社で戦勝祈願を行い、鳴海城を囲む善照寺《ぜんしょうじ》砦に入って二千から三千の軍勢を整えたという。

松平の猛攻を受けた丸根砦の織田軍は、大将の佐久間盛重《さくまもりしげ》が討死し、鷲津砦では籠城戦を試みて飯尾定宗《いいのおさだむね》、織田秀敏《ひでとし》が討死し、飯尾尚清《ひさきよ》が敗走した。制圧を完了した大高城に向けて、義元率いる本隊が沓掛城を出発する。

織田軍は善照寺砦に佐久間信盛《のぶもり》以下五百余りを置いて二千の兵で出撃し、桶狭間方面に敵軍の存在を察知して進軍を開始した。視界を妨げるほどの「石水混じり」の豪雨のなか、兵を進めた織田軍は義元本隊に奇襲を仕掛けた。今川軍の総勢は二万人だったが、義元を守る兵力は五六千、馬廻りは僅か三百に過ぎず、乱戦となった。

義元は輿を捨て三百騎の親衛隊に囲まれ騎馬で退却を図ったものの、度重なる攻撃で周囲の兵を失ってしまい、信長の馬廻に追いつかれた。信長も馬を下りて戦い、乱戦の末に義元は討死したという。「服部小平太、義元にかかりあひ、膝の口きられ倒れ伏す。毛利新介（良勝）、義元を伐臥せ頸をとる」というのが最期であったという。

義元の敗死により今川軍は戦意を喪失し、合戦は織田軍の勝利に終わった。有力武将を失った今川軍は駿河に向かって後退、水軍を率いて今川方として参戦していた尾張弥富《やとみ》の服部友貞《はっとりともさだ》は海路を敗走し、大高城を守っていた松平元康も戦場を離れて大樹寺《だいじゅじ》に身を寄せた。自害を考えたものの、住職の登誉天室《とうよてんしつ》から説得されて切腹を思いとどまり、今川軍の城代山田景隆《かげたか》が捨て去った岡崎城にたどりついたという。

この桶狭間の戦いに続く一連の戦いによって、西三河から尾張に至る地での今川勢力は一掃され、松平元康は今川氏から自立して旧領回復を目指し、信長と講和を果たすと、名を元康から（松平）家康に改め、三河・遠江国へと版図を広げてゆくことになる。

信長は松平氏との講和によって東からの脅威を回避できたことから、美濃の斎藤氏との戦いに専念して急速に勢力を拡大した。永禄四年（一五六一）五月に道三の子義龍が亡くなり、その跡を十四歳の虎福丸（龍興《たつおき》）が継ぐと、信長は二日後には美濃に進軍し、永禄六年に清洲城から小牧山《こまきやま》城に移って犬山城の織田信清を攻めて美濃攻略を本格化させてゆく。

小牧山城は主郭が山上の東端にあって、上下二段の石垣に囲まれた堅固な要害をなしており、その主郭に通ずる道は真っ直ぐの大手道で、その道の左右に武士の屋敷があり、職人居住区の城下は町家が短冊形をなす街区で、背割りに排水施設が設けられた計画的町であった。尾張から美濃を睨む地に位置し、築城には近江の観音寺山城のように石垣を用い、城下に住空間の整備を行うなど、領国の統合を表象するものであった。

信長の領国支配を見ると、天文二十一年（一五五二）、加藤全朔《ぜんさく》・加藤紀左衛門の「商売」に「徳政、年紀、要脚、国役」を免許するなど、その初期は「大法」（慣行）を認めるものが多いが、永禄三年（一五六〇）に三河の東龍寺には「無縁所」として諸役を免除しており、永禄五年二月には尾張上野の鋳物師に「筋目」に任せて鐘や塔の九輪などを鋳造するよう定めている。

総力戦への備え

信長が最初に上洛した永禄二年（一五五九）の四月には、長尾景虎も上洛しており、将軍義輝に謁見して相伴衆に取り立てられ、近衛家の当主である関白近衛前久《さきひさ》と親交を深め、前久の越後下向の受け入れを了承して帰国した。

翌年の桶狭間の合戦は東国の情勢に多大な影響を及ぼした。甲相駿三国同盟の一角の今川家当主が討ち取られたことから、北条・武田家と敵対していた越後の長尾景虎が動いてきたのである。永禄三年(一五六〇)五月に近衛前久が越後に下ってくると、八月に景虎は「永禄の飢饉」下の関東に侵攻したが、これには前久も同道していて、関東管領の上杉憲政を奉じて三国《みくに》峠を越え、上野の北条方諸城を次々と攻略していった。

これに対し、北条氏康は九月に河越に出陣し、十月には松山城に入って対応を指示した後、小田原城に戻り、玉縄城に北条氏繁、滝山城・河越城に北条氏尭《うじたか》、江戸城・小机城・由井城に北条氏照、三崎城に北条綱成《つなしげ》、津久井城に内藤康行を配したが、景虎は破竹の勢いで北条方の諸城を攻略し武蔵国へと進んだ。永禄四年(一五六一)二月には松山城、鎌倉を攻略し、三月下旬に酒匂川《さかわがわ》付近にまで迫って小田原城を包囲し攻撃を開始した(小田原城の戦い)。

だが北条一門の北条宗哲《そうてつ》が「当城の事は備え堅固に候。鉄砲五百丁籠り候間、堀端へも寄せ付くべからず候」と大藤式部丞《だいとう》に書き送っていたように、小田原城の防備は堅かった。越後勢も飢饉のため長期にわたる出兵を維持できず、北条と同盟を結ぶ信玄が信濃・川中島に海津《かいづ》城を完成させて信濃北部に支配域を広げたこともあって小田原から撤退し、鎌倉に兵を引き上げ鶴岡八幡宮で閏三月に山内上杉家の家督と関東管領職を相続し、名を上杉政虎《まさとら》と改め、足利藤氏《ふじうじ》(義氏の庶兄)を鎌倉公方に擁立し、六月に越後国へ帰っていった。

この情勢にあって、甲斐の武田信玄は甲府の府中八幡宮への国内神社の禰宜《ねぎ》に勤番して祈禱を命じ、甲斐の一宮・二宮・惣社、武田八幡・石和《いさわ》八幡・窪八幡・三輪明神・熊野権現の大社には社頭での参籠祈禱を命じ、慈眼寺・法善寺・普賢寺・福光園寺・薬王寺・大蔵寺・放光寺などの真言宗寺院にも祈禱を命じると、越後の上杉政虎との川中島の決戦に向けて動きを本格化させ、北信に侵攻して信濃善光寺平に勢力圏を拡大させた。

こうして上杉政虎と信玄との永禄四年（一五六一）九月の第四次の川中島の戦いが始まったが、この戦いで信玄は実弟の信繁をはじめ重臣の諸角虎定《もろずみとらさだ》、山本勘助、三枝守直《さいぐさもりなお》ら有力家臣を失い、自身も負傷した。そのためこれを契機に信玄の信濃侵攻は一段落し、西上野に出兵を開始していった。政虎は十二月に将軍義輝から一字を得て輝虎《てるとら》と改め、以後、戦いの場は信濃から関東へと移っていった。

信玄は、上野侵攻に徹底抗戦していた箕輪城主の長野業正《ながのなりまさ》が病死すると、永禄七年（一五六四）には飛驒に侵攻して越中の一向一揆と結び、北の会津の葦名《あしな》氏とも結んで上杉の孤立をはかり、第五次の川中島の戦いに臨んだが、決戦は回避したので輝虎も軍勢を引き上げた。

自律する地域組織

乱世にあって自立を志向した人々は、自立からさらに自律した組織の形成に動いてきた。大名権力は国法を定めて国家組織の形成へと動き、国衆は一揆形成を通じて大名権力と向かい合うなか、大名権力に包摂されつつも、国人領主として領域の組織化をはかった。

村や町も自律した組織を形成していた。近江の延暦寺領得珍保《とくちんほ》の今堀郷の「日吉神社文書」には村掟が多数残されているが、当初は永正十七年（一五二〇）十二月二十六日の掟に「諸堂・宮・庵室に於いてバクチ諸勝負堅く禁制なり」とあるように、内部の規則を衆儀で定めていたが、大永七年（一五二七）五月四日には「山越衆中」が市町や津湊で商売する上での取り決めをしたり、享禄二年（一五二九）に「今堀郷惣中」が九里半《くりはん》街道の商売をめぐって高島南市の商人との裁判に向けての取り決めをしたりと、外部に向けても規律を定めるようになっている。

こうした内部と外部に向けての規律が定められるようになって、村は「惣中」「惣分」として自律的な組織を形成し、持続が可能になっていった。北条領国下にあった村や町は『北条氏所領役帳』（『所領役帳』）に載るが、その村や町の名の多くは今に繋がっており、村の結びつきを物語る神社や寺も多くが今に繋がっている。村を知行した武士がそのまま土着した事例もある。諸所に所在した武士の城郭は防御の拠点から政治的経済的拠点となってゆき、地域統合のシンボルとなった。

戦国大名の権力はこうした村や町の発展に支えられて形成されてきた。その村や町を結んでいた職人は大名に編成され活動することもあれば、大名や国衆との間にあってネットワークを結んで自律的に活動することもあった。水軍や商人、宗教者の活動は広がっていた。特に畿内周辺では様々な自律的な組織が生まれていた。元亀二年（一五七一）十月のガスパル・ヴィレラがポルトガルに送った書簡には、日本の僧院の状況が記されている。

「堺と称する日本国中主なる市の一つ」には三百の僧院が存在し、戸数が三十万余もあったが、今は六万、第二に都の仁和寺、第三が東福寺、建仁寺、清水寺、愛宕山、石清水八幡宮寺、比叡山、三井寺、さらに奈良の興福寺、東大寺、春日社、四天王寺、大坂の石山本願寺、大和の多武峰、紀伊の根来寺、高野山などをあげ記している。なかでも大きな勢力を伸ばした堺、本願寺、根来寺については詳しく記している。

3　天下と世間

『信長公記』と信長文書

一　天下布武へ

将軍義輝の討死

長尾景虎・織田信長が相次いで上洛した直後の永禄二年（一五五九）三月、三好長慶は洛北の鞍馬寺で花見を行った。これには連歌師の谷宗養《たにそうよう》、商人の立入宗継《たてりむねつぐ》、将軍側近の細川藤賢《ほそかわふじかた》、寺町通昭、斎藤基速らとともに、長慶の家宰《かさい》である松永久秀が参加しており、久秀はこの時期から台頭してきていた。

長慶は五月に河内に遠征した後、大和に入って滝山《たきやま》城から信貴山《しぎさん》城に居城を移すと、翌年に上洛して将軍足利義輝に謁見、相伴衆《しょうばんしゅう》に列し、子も一字を与えられて義長と名乗り、さらに永禄四年（一五六一）には義興《よしおき》と改名して御供衆《おともしゅう》に列したが、その年に久秀も上洛して御供衆に列し、弾正少弼《だんじょうしょうひつ》に任じられる破格の扱いを受けた。

近江の六角承禎《ろっかくじょうてい》が三好長慶と対立する畠山政国《はたけやままさくに》の子高政《たかまさ》に連携して京に進軍し、三好義興、松永久秀らと将軍地蔵山で戦うなか、高政が永禄五年（一五六二）に三好実休《じっきゅう》を和泉久米田《くめだ》で破って河内高屋城を回復したことから、承禎は洛中に徳政令を出し山城国を掌握した。

ところが五月に高政が教興寺《きょうこうじ》の戦いで久秀軍に敗れて紀伊国に追われたので、承禎は山城から撤退して三好長慶と和睦し、大和にいた久秀は奈良中を睨む多聞山《たもんやま》に築城、十市遠勝《とおちとおかつ》を降伏させ、翌年に家督を嫡男の久通《ひさみち》に譲った。

この前後から長慶の周辺には不幸が続いていた。永禄四年（一五六一）三月に弟の十河《そごう》一存《かずまさ》、五年に三好実休、そして六年八月には嫡男義興が亡くなったので、後継者として十河一存の子を養子となした。永禄七年五月に弟の安宅冬康《あたぎふゆやす》を謀殺したのは後継者を思ってのことであろうが、その一存の子が元服し三好重存《しげまさ》と名乗り、上洛して将軍に謁見した直後の七月、長慶は飯盛《いいもり》城で生涯を閉じている。将軍や細川京兆家《けいちょうけ》を支えつつ対抗しながら幕府の実権を掌握してきた一生であった。

こうして三好家は三好三人衆（三好長逸《ながやす》・三好宗渭《そうい》・岩成友通《いわなりともみち》）や、長慶甥の義継、松永久秀らに支えられることになるが、これを機会に義輝は将軍権力の強化に動いた。鉄砲の導入に意を注ぎ、塚原卜伝《ぼくでん》に剣術を習ったという義輝は、上杉と武田、大内と尼子、大内と大友などの講和の仲介をしたり、上洛した大名に謁見したりするなど、積極的にその存在感を高めた。

永禄八年（一五六五）には、三好重存に一字を与えて義重《よししげ》と名乗らせて左京大夫に任じたのだが、これに危機感を抱いた松永久通率いる三好義継、三好三人衆ら一万の軍勢が五月十九日に上洛し、室町御所を取り巻いた。義輝が三好義重と結んで将軍権威の上昇に邁進しつつあることに、義継を立てる松永久通・三好三人衆が反発したのである。

これまでにもよくあった将軍と大名の間の争いで、多くの場合は将軍が没落して事件は終わっていたのだが、予期しないことに義輝は御所を脱出せず自刃したのである。近江に没落を繰り返していた義輝には、もう没落の選択がなかったのであろう。「みよし武家をとりまきて、武家も討ち死ににて、あとをやき、黒土になし候」(『御湯殿上日記』)と、将軍討死として世に伝わった。義輝の弟には興福寺一乗院門跡の覚慶《かくけい》(後の義昭)と鹿苑寺周皓がいたが、京にあった周皓は殺害され、奈良の覚慶は久秀の保護下に軟禁された。

上洛への誘いと六角氏

永禄八年(一五六五)七月に将軍側近の細川藤孝《ふじたか》・一色藤長《いっしきふじなが》が覚慶の脱出を図って連れ出し、奉公衆の和田惟政《これまさ》の所領がある近江甲賀《こうか》郡に逃れると、覚慶はそこから八月五日に上杉輝虎(謙信)や織田・武田、島津、相良《さがら》らの諸大名に上洛を呼びかけた。

そこから六角承禎の手配で野洲《やす》郡矢島に移ったところで、三河の家康から十一月二十日付けの応諾の返事が届き、尾張の信長からは十二月五日付けで「度々御請け申し上げ候如く、上意次第、不日なりとも御供奉の儀、無二その覚悟候」という細川藤孝宛ての了承の返書が届いた。そこで覚慶は翌九年二月に還俗《げんぞく》して義秋と名乗り、朝廷と連絡をとって吉田兼右《かねみぎ》を通じ四月に左馬頭に任じられた。

だが受け入れた六角承禎は義秋上洛には前向きでなく、三好三人衆に応じていたことから、義秋は若狭の武田義統《よしずみ》を頼り、ついで越前の朝倉義景《よしかげ》の一乗谷《いちじょうだに》に入った。朝倉義景は父孝景《たかかげ》が天文二十一年(一五五二)に将軍義輝から一字を与えられて義景と名乗り、弘治元年(一五五五)に加賀の一向一揆と戦った時には、義輝の斡旋で和睦したという経緯もあって迎え入れたのである。義秋も永禄十年（一五六七）に義景と加賀一向一揆の和睦を斡旋することになる。

六角氏が義秋を支援しなかったのには内部事情があった。永禄六年（一五六三）十月に子義治《よしはる》が重臣の後藤賢豊《かたとよ》を観音寺《かんのんじ》城内で暗殺する事件を起こし、そのため進藤・平井・池田ら有力家臣が反発して、承禎・義治父子が観音寺城から逐われたことがあり（観音寺騒動）、蒲生定秀《がもうさだひで》の斡旋で帰城したものの著しく勢力が衰退し、永禄九年には浅井氏との「南北都鄙鉾楯」に惨敗し危機に瀕していた。

翌十年（一五六七）四月十八日に六角氏は『六角氏式目』を定めている。「当国一乱已後、公私意に任せず、猥りがはしき輩、御成敗たる条々」と始まり、観音寺騒動以前の状態に政治を復し、安定化を目指すべく制定したもので、三上恒安《みかみつねやす》・蒲生定秀ら二十名の有力家臣の起草による、全六十七箇条からなる分国法である。

第一条に「神社仏事の訴訟においては、早く聞し召しいれられ、祭礼・修理・興隆ならびに社領寺務等は、速やかに仰せつけらるべき事」とあって、三十七条に「御糾明を遂げられず、一方向の御判幷に奉書を成さるべからざる事」ともあるように、この式目は承禎・義治（義弼）父子の承認を経て成立したもので、承禎・義弼父子と家臣の間で式目の遵守を誓う起請文が取り交わされた。

守護大名から成長した大名の分国法とは異なり、大名権力を制限する性格を有する。式目の内容は所領相論、年貢の収納、刑事犯罪、家族関係、債権関係、訴訟手続きなど、領主相互の利害対立を超える協約であって、六角氏の恣意的姿勢を制約している。

この六角氏と提携した三好三人衆は、義輝が亡くなった後、阿波にいた義晴《よしはる》弟の義栄《よしひで》を将軍につけるべく摂津に迎え、朝廷に働きかけた結果、義栄は左馬頭に任じられたのだが、永禄十年（一五六七）になって三好義継を擁していた松永久秀との対立が深まり、四月七日に久秀が多聞山城に入ると、三人衆も大和に下った。両者は東大寺に陣を構えて睨み合った末、十月十日に久秀が三人衆のいる大仏殿に攻め込み、このために大仏殿は焼失し大仏の首が落ちた。

茶人である久秀は対陣により近辺の松屋久政《まつやひさまさ》の茶室・珠光座敷が失われるのを恐れ、松屋の椿井宅に避難させていたという（『松屋会記』）。

古今無双の名将

覚慶（義昭）からの上洛要請を受けた信長は、永禄八年（一五六五）九月にそれまでとは違った花押を使用するようになる。麒麟《きりん》の「麟」の字を基にした形状の花押で、麒麟は中国で世の中がよく治まっている時に姿を現す想像上の動物である。

花押は自署を崩したサインで、自署の草書体に発し様々な形のものが考えられてきた。中世後期の武家は足利尊氏使用の花押に準拠する足利様という花押を用いることが多かったが、戦国大名は個性的な花押を考案するようになる。尼子経久・毛利元就は足利様に実名の一字の久・元の字を合わせ、浅井久政は下向きの彎曲型をなす花押を用いた。信長も花押の形を変えてきていたが、ここで実名にはよらないで理想・願望を表現する花押を使用するようになったのである。

その契機は将軍の討死と見られてきたが、時期的に考えれば、上洛を誘われたことから、新たな政治への意思、決断の現れとして使用したものと見るべきであろう。とはいえ美濃攻略に手間取っていた信長は直ぐに上洛しなかった。東美濃には甲斐の武田氏が勢力を広げつつあり、三河には松平家康が徳川に姓を変えて新たな動きへと向かっていた。

武田とは永禄八年（一五六五）に姪で東美濃の国衆遠山直廉《とおやまなおかど》の娘を養女として信玄の子勝頼に嫁がせ、同盟に近いものとなっており、三河の松平とは同盟関係にあったが、上洛の進路にあたる南の北伊勢と、西の近江への対応も必要であった。

信長の美濃侵攻は永禄九年（一五六六）に増水した川の合戦で多数の死者を出すなど、容易に進まなかったところ、翌年八月十五日、「美濃三人衆」稲葉伊代守良通《いなばよしみち》、氏家卜全《うじいえぼくぜん》、安藤守就《あんどうもりなり》らを寝返らせてすぐに動いた。「俄かに御人数出され、井口山のつづき瑞竜寺山へ懸け上られ候。是は如何に、敵か味方かと申す所に、早町に火をかけ、即時に生か城になされ候」（『信長公記』）と、斎藤龍興《たつおき》の稲《いな》葉山《ばやま》城を落したのである。

そこで居城を小牧山から移し、城下町の井口を岐阜と名を改め、尾張・美濃両国を領有すると、そこに天皇から次の綸旨が届いた。

今度、国々本意に属するの由、尤も武勇の長上、天道の感応、古今無双の名将、いよいよ勝に乗ぜらるべきの条、勿論たり。就中、両国の御料所、かつがつ御目録を出ださるの条、厳重に申し付けらるれば、神妙たるべきの条、綸命此くの如し、これを悉せ。以て状す。

永禄十年十一月九日　　　　　　右中弁〔晴豊〕（花押）

織田尾張守殿

信長が尾張・美濃を支配したことを「武勇の長上、天道の感応」に基づくものと称賛し、「古今無双の名将」信長がこれからも勝ち進むのは勿論のこととし、尾張・美濃領国の禁裏御料所の目録を送るので年貢を納めるよう手配するよう要請している。

これ以前の天文二十二年（一五五三）に長尾景虎は後奈良天皇から綸旨を得たが、それは伝奏の広《ひろ》橋《はし》大納言兼秀《かねひで》に宛てられたものであり、景虎が敵を治罰《ちばつ》し、「忠を一朝に尽くし」たと讃えていた。それとは違って、これは信長に直接に宛てられ、しかも「国々本意に属するの由、尤も武勇の長上、天道の感応」と信長を絶讃している。これは突然にもたらされた綸旨ではなく、天皇と信長との間には交渉があり、出されたのであろう。

天下布武

綸旨の使者となった立入宗継は、永禄五年（一五六二）十二月に禁裏御倉職《きんりみくらしき》に任じられ、永禄七年には尾張に赴き御料所の回復を信長に求めていた（『立入宗継記』）。したがって綸旨の後段に見える、尾張・美濃の禁裏御料所の目録を送るので年貢を納めるよう手配して欲しい、と要請した一文は、懸案事項を改めて伝えたものであり、それとともに尾張・美濃両国の信長の領有権を認めたことをも意味している。

朝廷と信長との交渉役となったのは、宗継の他にも信長の右筆である明院良政《みょういんりょうせい》や、上洛した信長に命じられて禁裏御所の修理にあたることになる村井貞勝・朝山日乗《あさやまにちじょう》などが考えられるが、さらにもう一人、医師の曲直瀬道三《まなせどうさん》も関わっていた可能性が大きい。

というのも綸旨と同じ表現が、永禄十年（一五六七）二月九日に道三が毛利元就に送った意見書に「此度の富田一着の趣、天道の感応、冥慮の加護」「御武威、天下無双」「近年の名将」と見えるからである（『毛利家文書』）。これは元就が前年十一月に尼子の出雲富田《とだ》城を落とした「武略」について評した文言である。

道三は足利学校に学んで医学を志し、上洛して足利義輝やその周辺の大名に仕え、永禄九年（一五六六）には出雲に下って毛利元就の病気の治療にあたった関係から、この意見書を送ったのである。また日乗であるが、尼子氏に仕え、毛利氏に仕えるようになり、出家して上洛し天皇に仕えたという経歴から見て、道三と接点があったであろう。

すなわち彼らの交渉の結果、信長宛ての綸旨が作成されたわけである。綸旨とともに誠仁《さねひと》親王の元服費用を求める女房奉書と、それらに添えられた万里小路《までのこうじ》大納言惟房《これふさ》の書状も届いて、信長は次の請文を書いている。

綸旨・女房奉書、殊には紅衫下《こうしん》され候。則ち頂戴致す事忝き事、斜《なの》めならず候。随て仰せ出さるる条々、先以て意得《こころえ》存じ奉り候。かたがた是より言上致すべし。恐惶敬白。

十二月五日　　　信長（朱印）

万里小路大納言殿

人々御中

綸旨・女房奉書や紅衫（紅の衣）を拝領したことに感謝し、仰せに従うことを誓った請文であるが、通常、請文には丁重に花押を用いるところなのに、信長は朱印を用い、その朱印の字は「天下布武《てんかふぶ》」である。天下に武を布《し》くとは、綸旨の「武勇の長上、天道の感応」に応じた信長の行動指針に他ならない。

信長は禁裏御料所の保護を謳ってかの綸旨を得たことから、武力による天下の静謐を宣言する「天下布武」の朱印を請文に押捺したのであって、さらにその朱印状を広く使用して存在をアッピールしていった。

扶助として阿野の内拾貫文申し付くる上は、全く知行相違有るべからざるの状、件の如し。

永禄十　十一月日　　　信長（朱印）

同日付で天下布武の朱印状六通が今に伝わるが、この「天下」とは日本国全体を漠然とさすのではなく、京を中心とする畿内近国をさすことが指摘されており、ヴェーリヨ『世界図』の「MIACOO」である。実際、信長が印判状を発給した地域もここに限定されている。

信長は天下布武をもって上洛を決断したのである。将軍になっていない義秋の誘いに乗って仮に上洛しても先は見えないのだが、信長はこの綸旨を得たことで、上洛後の体制づくりに方向性が見えて上洛を決断し、大和で対立していた興福寺在陣衆と松永久秀には十二月一日に和田惟政と佐久間信盛を派遣して義秋上洛への忠節を求めた。

信長上洛

上洛にあたって信長は徳川家康の嫡男信康《のぶやす》に娘を嫁がせ、武田信玄の娘を嫡男の信忠《のぶただ》に迎える約束をしており、近江の浅井長政には妹の市《いち》が嫁入りして同盟が結ばれ、近江の国人に知行の安堵を約束して味方に加わるよう伝えた。

翌永禄十一年（一五六八）二月から北伊勢の国人の神戸《かんべ》氏や長野氏を攻略して、神戸氏に三男信孝《のぶたか》を養子として入れ、この段階で越前一乗谷の足利義秋と連絡をとったのである。義秋は同年四月に元服して義昭と名乗っていたが、その二月に義栄が将軍となったことから、もはや一乗谷に留まっているわけにはゆかなくなっており、朝倉義景が動かないことから七月に美濃に入り岐阜城下の立《りゅう》政寺《しょうじ》で信長に対面した。

八月に信長は近江佐和山《さわやま》城まで出て上洛の路次の確保を求めると、六角氏により拒否されたが、上洛の間近なことを知った近江の神社や町などは、信長から禁制を得ていて、その制札に信長は「弾正忠《だんじょうのじょう》」と名乗っている。

いったん岐阜に戻った信長は、九月七日に尾張・美濃・伊勢・三河四か国の軍勢を率いて上洛を開始し、近江の箕作山《みつくりやま》城を攻略すると、六角義賢・義治父子は戦わずして観音寺城から落ち、それとともに永原・後藤・進藤ら六角の有力家臣が降伏した。この噂を聞いて「京中辺」は「大騒動」となったが、入洛間近の信長には次の綸旨が届いていた。

入洛の由、既に叡聞に達し、それにつき京都の儀、諸勢乱逆無きの様、下知を加へらるべし。禁中に於いて陣下者召し進せ警固せしむべきの旨、仍て天気執達件の如し。

九月十四日　　　　　　　　　　　　左中弁経元

織田弾正忠殿

信長はすでに天皇に入洛を伝えていて、天皇からは入洛した軍勢に乱逆《らんぎゃく》がないよう、禁中の警固を求められていたのである。そこで岐阜から義昭を近江の桑実寺《くわのみでら》に迎え、二十六日に東寺に入り、義昭は清水寺に入った。信長は明院良政と義昭近臣の細川藤孝を通じて禁中の警固を命じ、洛中の上京以下と山城の大山崎以下の各所に禁制を出し、義昭とともに三好三人衆の攻撃に着手した。

十月一日に抵抗していた池田勝正が降伏し、摂津芥川《あくたがわ》城に入った信長は、石山本願寺に五千貫、堺に二万貫の矢銭《やせん》(上納金)を課して本願寺に認めさせた。十月四日に松永久秀に大和一国の支配を認めると、久秀は大名物《おおめいぶつ》の茶入れ「つくもかみ」を進上し、堺の商人今井宗久も「松島ノ壺」「紹鷗《じょうおう》茄子《なす》」を進上、芥川城下には「異国本朝の珍物」を持つ多くの人々が訪れたという。

十月八日には公家・寺社の本所領を安堵し、十月十四日に義昭は帰洛して六条本圀寺《ほんこくじ》に、信長は清水寺に入って軍勢による濫妨狼藉の停止、洛中洛外の警護を命じた。こうして早くも山城・摂津・河内・丹波・近江が信長の支配下に入った。「畿内の逆徒」は十日余りで退散し、「天下ご存分に属し、天下布武の実績を示したのである(『信長公記』)。

これに天皇は「今度早速に入洛せられ候。珍重に候。しかしながら信長忠功により候と感じ候」と、すべては信長の功であると讃え、十月九日に公家や寺社本所領の安堵状が義昭と信長によって出された。三好三人衆が擁した将軍足利義栄が死去したので、十月十八日に義昭は念願の征夷大将軍になった。

その際に義昭は信長に副将軍になるか、管領に准ずる職へ就任するかを勧めたが、信長は断っている。三好長慶が官位を与えられ将軍の相伴衆に列して、朝廷・幕府の体制にとりこまれてきたのを見ていて避けたのであろう。信長の扱いに困った義昭は、信長を「御父織田弾正忠」と称し「武勇天下第一也。当家再興、これに過ぐべからず。いよいよ国家の安治ひとへにたのみ入る」と謝意を示し、信長を後見として位置付けた。

ここに信長は朝廷には天下を護持し、幕府には将軍の父として武家を支える立場での、軍事政権を樹立したのである。十月二十六日に信長は美濃に帰国したが、これは天皇や将軍にとりこまれず、美濃・尾張両国の国主の立場を改めて表明するためのものであったろう。

天下の成敗

翌永禄十二年(一五六九)正月、信長の美濃帰還の隙を突いて、三好三人衆と牢人衆が義昭の本圀寺を攻撃した。この報を聞いた信長は豪雪の中を二日で駆けつけたが、すでに池田勝正・明智光秀・三好義継らにより退けられていた。そこで信長は『殿中御掟《でんちゅうおんおきて》』九箇条の掟書を義昭に示したが、これは岐阜で考えていたものであろう。

前半の四箇条は、御所に奉公する人々を不断奉公衆、公家衆・御供衆・申次、惣番衆に分類して彼らの勤務内容を定め、後半の四箇条は、訴訟や裁判に関わる手続きを定め、最後の一条で公方に伺候する人々の範囲を規定するなど、公方義昭の恣意的動きを規制するものであった。十六日にはその追加として「寺社本所領・当知行の地」の規定、「請取沙汰停止」、「喧嘩口論」の停止、理不尽の催促停止、直の訴訟停止、奉行人を通じての訴訟、当知行地への下知は請文を要件とするなど、七箇条の具体的な裁判の指針を示している。

幕府の規範や先例を踏まえつつ、義昭の行動を規制したもので、これを信長が定めて、その掟書の袖に義昭が花押を加えて認めたことで、幕府再興が信長の手になったことが示された。

それとともに将軍御所の造営を始めた。畿内のほか尾張・美濃・近江・伊勢・三河・若狭・丹波・丹後・播磨など諸国の武士に造営を命じ、濠を拡張し四方に石垣を高く築いて防備を固め、洛中洛外の番匠や鍛冶を召集し、細川氏の屋敷からは「藤戸石《ふじといし》」、東山の慈照寺庭園からは「九山八海《くせんはっかい》」などの名石や名木を集めて「武家の御城」が築かれた。

禁裏の修理も村井貞勝や朝山日乗らに命じ、それは元亀二年（一五七一）に完成するまで続き、「織田弾正忠奇特の沙汰、都鄙貴賤の男女、言語道断、不可説」と人々の目を引いた。

信長は義昭が御所に入るのを見届け、留守を細川藤孝、明院良政、木下秀吉らに託し四月下旬に帰国したところ、伊勢の北畠具教《とものり》の弟木造具政《こづくりともまさ》が信長方に転じたので、その日のうちに南伊勢に侵攻し、大河内《おかわち》城を大軍で包囲し、籠城戦の末に十月に和睦して次男の信雄《のぶかつ》を養嗣子として北畠家に送り込んだ。

そこからすぐに上洛したものの、わずか六日後に岐阜に帰ってしまう。「上意とせりあゐて下了ぬ」と、義昭・信長の不和が伝わったので（『多聞院日記』）、京都の警固に不安を覚えた天皇は帰国の理由を問う勅使を信長に派遣したが、この義昭・信長の不和は、翌元亀元年（一五七〇）正月に信長が五箇条の事書を公方義昭に示して承諾させたことで決着する。

その第一条は、諸国に御内書を出す時にはその内容を信長に伝えるものとし、それに信長が書状を添える事、第二条は、これまでの御下知をすべて破棄し、御思案の上で出すべき事、第三条は、公儀に尽くした輩には、信長が上意に基づいて信長の所領から恩賞を与える事、第四条は、天下の儀は信長に任せ置かれたことから、上意を得ずして信長の考えで成敗を加える事、第五条は、天下静謐のために禁中の儀を油断なくあたるべき事である。

その骨子は、義昭が信長に断りなく毛利元就と大友宗麟《おおともそうりん》、上杉謙信と武田信玄などの講和を独自に進めた動きへの対応であって、義昭には禁中の事を勤めるように求め、天下の成敗は信長が実行すると宣言したのである。

それとともに諸国の大名・国衆に対し「禁中御修理、武家御用、そのほか天下いよいよ静謐のため、来る二月中旬、参洛すべく候条、各も上洛あり、御礼を申し上げられ馳走肝要に候。御延引あるべからず」と、上洛して禁中と武家の御用を馳走するように求め、「御延引あるべからず」と強く念を押している。

禁裏と武家の権威を梃にして天下護持の立場から信長が「天下静謐」のため大名や国衆に上洛を求めたものであって、広く西は備前・因幡、東は遠江・飛驒・甲斐、北は越中、南は紀伊・近江にまで及んでいた。

これに応じて三河の徳川家康、備前の宇喜多らが上洛（『言継卿記』）、四月一日の御所普請の完成を祝う能に招かれた姉小路《あねがこうじ》嗣頼《つぐより》・北畠具教・三好義継・松永久秀らも上洛したのであった。

二　東国の国家編成

信玄の領国拡大

信長は上洛して軍事政権を樹立するところとなったが、永禄八年（一五六五）に信長と同じく上洛を誘われた武田信玄は、今川義元の娘を母とする嫡男の義信《よしのぶ》との対立から飯富《おぶ》兵部少輔を討つなど内紛を抱えるなか、翌永禄九年に箕輪《みのわ》城を落として上野《こうずけ》西部を領国化すると、翌十年十月には義信を廃嫡し今川氏真と断交、織田・徳川と結んだ。

駿河の今川氏真は、義元の戦死で跡を継いだものの、三河を徳川家康に奪われ、遠江領内が混乱に陥る「遠州錯乱」となって、井伊直親《なおちか》や飯尾連龍《いのおつらたつ》を粛清して事態収拾につとめたものの、多くの国衆の支持を失った。越後の上杉輝虎（謙信）と連絡をとり、永禄十年（一五六七）に武田と断交した時には、駿河湾産の塩を甲斐に送るのを停止する「塩止め」を行ったが、これにより信玄は翌十一年十二月に駿河に攻め込んで、駿府に近い久能山《くのうざん》に陣をとった。

氏真は駿府を放棄して掛川城に籠ったが、信玄に呼応した家康が侵攻して浜松を拠点に攻めてきたので、永禄十二年（一五六九）五月に掛川城は開城となり、氏真は妻の出た北条氏康を頼ってゆき、ここに戦国大名今川氏の幕は閉じ、それとともに信玄は駿河に江尻《えじり》城を築き、海賊衆を組織するなどして駿河を領国化していった。

信玄の次の照準は北条氏に定められた。信長や将軍足利義昭を通じて越後上杉氏との和睦（甲越和《こうえつわ》与《よ》）を試み、同年五月にその和睦が成立すると、越相同盟に対抗するため常陸の佐竹氏など北関東勢力と同盟を結ぶことで北条に圧力を加えるとともに、十月には小田原城を包囲した。しかし落とせずその撤退に際しての三増《みませ》峠の戦いでは武田軍の被害も大きかった。

この年に正親町天皇に扁額《へんがく》を乞い、比叡山延暦寺の法性院の什物《じゅうもつ》である弘法大師筆の不動明王画像を請い受け、仏法の護持者として国家安穏を唱える立場をとるようになり、翌年正月には駿河の花沢《はなざわ》城を攻めて駿河の大半を手に入れた。

領国支配の面では、天文二十一年（一五五二）七月、甲斐の二宮社壇の上葺の勧進を「判升」で行うよう命じたが、このように升の統一を図ったことが、甲州升（京升三升分）へと繋がるが、その升造りは小倉家が担った。秤では守随《しゅずい》家が細工人を抱えて甲州一国の秤所とされ、この秤によって計量された甲州金が流通し、その鋳造に関わった松木家は永禄十二年（一五六九）十月に所領を安堵されている。

甲斐金の産地である黒川金山は、明応七年（一四九八）の大地震による災害を記す窪八幡神社の別当寺である普賢寺住職が著した『王代記』に見える。十六世紀前半には本格的な金の採掘が始まり、専門の職人集団としての金山衆《かなやましゅう》の文書も存在する。出土した中世陶磁の検討から、戦国時代初期からの開始が確認されている。

信玄の時代には黒川千軒《せんげん》と呼ばれる家屋が建ち並び、人口が千人前後まで増加して鉱山町が形成されており、元亀二年（一五七一）の武田家朱印状によれば、黒川金山衆は北条綱成《つなしげ》の守る駿河国深沢城攻めに動員され、この時の功によって人足普請や棟別役など諸役を免除されている。

信玄により編成された武田家臣団の在り方は、『甲陽軍鑑《こうようぐんかん》』所載の「甲州武田法性院信玄公御代物人数事」という家臣団の書上《かきあげ》から知られる。それによれば、御親類衆、御譜代家老衆、先方衆（他国衆）、海賊衆、旗本足軽大将衆、諸役人奉行衆からなっていた。

このうち御親類衆の小山田信茂《おやまだのぶしげ》、穴山信君《あなやまのぶただ》、木曾義昌《きそよしまさ》は自身の家臣を独自の一手衆として構成し、信玄の弟の信廉《のぶかど》には先方衆が組衆として指揮下に配備された。その他、有力家臣には軍役衆や先方衆を預ける寄親《よりおや》・寄子《よりこ》制がとられ、騎馬数は九一二一騎、これに雑兵五人連れで四万五千強、旗本足軽・家中足軽などを含めて五万強が最大軍勢であって、戦国最強軍団と恐れられた。

謙信の関東侵攻と府内支配

永禄八年（一五六五）、義昭から上洛を促された越後の上杉輝虎（謙信）は、関東の経略に手を取られたこともあってすぐには応じられなかった。関東の下総の関宿城《せきやど》が北条氏康の攻撃に晒され、信玄が西上野へ攻勢をかけ倉賀野《くらがの》城を攻略したので、大軍を率いて武田軍の上野の拠点・和田城を攻めるなどしていた。

その後も上杉氏の関東への侵出は数度に及ぶが、これを可能とした一つの要因が越後府内の整備である。永禄三年（一五六〇）五月に府内の町人に地子と船頭前、酒、麴、馬方、薬、茶など諸役の五か年免除を認めている。永禄元年以来の旱魃や長雨による国中疲弊に対処した徳政の一環であって、これにより府中の町人や家臣が上杉氏に直属することになった。

八月には、関東在陣留守中の掟を定め、春日山《かすがやま》要害の普請を油断なくおこなうように指示し、商人の蔵田氏に府内掟の順守を命じている。永禄五年（一五六二）には春日・府内・善光寺門前の火の用心を命じたが、この善光寺は信濃の善光寺如来を直江津に移して建てられたもので、その門前は町場となっていた。

永禄九年（一五六六）、輝虎は常陸国の小田氏治《おだうじはる》を降伏させ、同盟を結ぶ安房の里見氏救援のため下総に奥深く侵攻したが、千葉氏の拠点である臼井《うすい》城攻めに失敗し、輝虎に味方や降伏していた関東の大名・国衆らが次々と北条氏に降った。永禄十年にも上野・武蔵・常陸・下野・下総などで転戦したが、東上野を掌握するにとどまった。

翌永禄十一年（一五六八）、越中の一向一揆と椎名康胤《しいなやすたね》が武田信玄に通じたために一向一揆と戦い、信濃北部の飯山城に攻め寄せた武田軍を退け、離反した康胤を討つべく越中に入って松倉城や守山城を攻撃した。ところが信玄と通じた揚北衆《あがきたしゅう》の本庄繁長《ほんじょうしげなが》が反旗を翻したので、帰国を余儀なくされ、繁長と手を組んだ出羽尾浦《おうら》城の大宝寺義増《だいほうじよします》を攻めて降伏させ、繁長の居城の本庄城に猛攻を加えて鎮圧したが（本庄繁長の乱）、永禄十二年に蘆名盛氏《あしなもりうじ》・伊達輝宗《てるむね》の仲介により繁長の嫡男顕長《あきなが》を人質にとって繁長の帰参を許した。

こうしたなか北条氏康が輝虎に和を申し入れ、信玄への対抗から越相同盟が成立したことで、北条氏照が関宿城の包囲を解除し、上野の北条方の豪族は輝虎に降った。北条氏は北に上杉、西に武田、東に里見の三方向に敵を抱える苦しい情勢からその打開をはかったのである。

輝虎はこの年の閏五月、足利義昭の入洛を祝して織田信長に鷹を贈り、八月には越中へ出兵し椎名康胤を討つため大軍を率いて松倉城を攻囲したが（松倉城の戦い）、信玄が上野に侵攻したために帰国し、上野の沼田城に入城した。

元亀元年（一五七〇）正月には下野の佐野昌綱《まさつな》が背いたため唐沢山《からさわやま》城を攻撃し、氏康からの支援要請を受けて上野に出陣し、武田軍と交戦した後、年内に帰国した。妻をもたなかった輝虎は四月に氏康の子北条三郎を養子として迎えて景虎《かげとら》と名乗らせ、自らは十二月に不識庵謙信を称した。

北条の軍事力編成

永禄年間の北条氏は、武田や上杉との間で侵攻や同盟を繰り返すなか、軍事力の強化に力を注いだ。永禄四年（一五六一）の上杉の小田原城攻めに対しては鉄砲五百挺を用意し、十月には越後勢の再来に備え「軍陣定書」を触れている。鑓《やり》・小旗・馬鎧《うまよろい》を綺麗にすることを命じ、本来参陣すべき人数と不足人数を武士毎に記し、「在郷被官」も駆り集めるよう命じ、武装の用意がない者さえも動員するようになった。

城郭の普請にも意を注いだ。関東に侵攻してくる上杉勢に備え、永禄六年（一五六三）六月には相模の玉縄《たまなわ》城の塀の修築を東郡・三浦郡と武蔵久良岐《くらき》郡の三郡に普請役を課し、その際、柱や竹・縄などの寸法から数量までをも記し、塀の造りや手間、修復など細かく指示している。永禄八年には江戸城の夏普請について定め、永禄九年には小田原城修築のため郷村から一二二五人の人足を徴用し、「鍬・もっこ」を持参させている。

永禄十二年（一五六九）の武田軍との三増峠の戦いで苦戦した経験から、「信玄相豆武の間、来年出張」という信玄再来に備え、留守番の城々の防備のため、十二月二十七日に「人改」（戸口調査）を「惣国掟」として寺社領にまで行っている。「当郷にこれ有る者、一人も隠し置き、此の帳に付けざるを、後日、聞き出し次第、小代官・名主の頸を切るべき事」と、洩れなく防備にあたらせ、百姓をも城番に使用するようになった。

臨戦態勢に備えて永禄七年（一五六四）に反銭《たんせん》を米で納める穀反銭を創設し、そのための公定歩合を、永楽銭百文を米一斗二升から一斗四升へと定め、翌八年には棟別銭も麦二に対し永楽銭一の割合で納める正木棟別《まさきむなべつ》の制度を設け、麦の公定歩合を百文につき三斗五升と定めるなど、銭納から穀物納へと転換した。

永禄十三年（一五七〇）二月に出した人改令では、「虎印判」で御用の命令が来た時には、一日として間違いなく馳せ参じるように命じ、「か様の乱世の時」には、「その国にこれ有る者」は罷り出て奉公すべしと定めている。乱世では国にある者すべてがひとしく奉公せよ、と総動員体制を築いていった。

郷村の構成は神社の棟札から知られる。永禄十三年四月の喜多見氷川神社の棟札には「代官」香取新兵衛、「大旦那」江戸頼忠、「本願」斎藤道善以下五名、「百姓中」孫右衛門以下十名の名が見えるなど、郷村は小代官、名主、百姓を中心に構成されていた。伊豆の岩科《いわしな》郷の郷鎮守神明社は天文十一年(一五四二)と天正九年(一五八一)に造営されていて、その際の棟札が残るが、天正九年の棟札には「本願」佐藤氏、「政所屋」渡辺氏、「役人」中村氏を始め多くの村人の名が見える。

城の普請にあたった番匠や石切のほか、専門的職人の編成もなされた。永禄二年(一五五九)二月の『北条氏所領役帳』に見える職人衆は、職人頭の須藤惣左衛門を筆頭に鍛冶、番匠、大鋸引《おおのこひき》、切革、青貝師《あおがいし》、石切、紙漉、結桶師《ゆいおけし》、笠木師、経師《きょうじ》など二十六名で、給地が与えられていた。

職人・商人の編成

北条氏は鍛冶職人については、永禄八年(一五六五)に武蔵の「柏原鍛冶」に十二間の棟別銭免除と不入の特権を与え、二十丁の鑓を上納するよう命じ「公物」の支給を伝えている。番匠については、元亀元年(一五七〇)四月九日に大工の太郎左衛門に対し、番の細工として番匠七人を箱根湯本に派遣するように命じたが、その構成は国府津《こうづ》二人、花水三人、鎌倉・金沢一人ずつで、太郎左衛門は番匠の棟梁であったろう。

大鋸引については、永禄十一年(一五六八)十月二日に相模藤沢の大鋸引の頭森木工助に対し、作料を一日一人五十文、公用としても一日一人十七文ずつ支払うので、まず一手を着到させ、残り一手も待つと伝えている。石切については、同年十月十六日に石切棟梁の左衛門五郎と善左衛門に対し、七人が土肥に来て石切を行い、城の土蔵の根石を三日中に出すように求め、公用の支給を示している。元亀元年（一五七〇）四月十日には左衛門五郎を武州の石切に任じ、江戸城や川越城、岩槻城の勤めをするよう命じている。

職人編成は分国内だけで完結しなかった。天文元年（一五三二）に始まる鶴岡八幡宮造営に鎌倉番匠や玉縄番匠、伊豆番匠のほかに奈良番匠、奈良塗師を招いている。小田原新宿の鋳物師の山田氏は河内の日置荘から天文年間に移ってきて、永禄十二年（一五六九）に分国中の自由な鋳物師商売を認められ、天正十四年（一五八六）に鋳物師の棟梁となっている。分国内の薬種販売を認められた小田原の有力商人宇野氏は、大陸から日本に渡り博多や京都で活動した医師の外郎《ういろう》氏の流れを汲む。

職人編成とともに、永禄元年（一五五八）に印判状による伝馬《てんま》手形を交付する伝馬制度を本格化させ、交通体系を整備しており、永禄十年七月の金沢から浦賀まで銀鍛冶職人の荷を運ばせる伝馬手形が今に伝わるが、これは浦賀で大型の軍船を建造するためであった。十二年七月には大磯から小田原城まで鋳物の鋳型に使用する砂が運ばれ、天正元年（一五七三）には厚木宿から炭が運ばれており、その船は相模川を下って河口の須賀湊を経て小田原に着いたのであろう。元亀元年（一五七〇）には須賀から熱海まで麦百三十俵が須賀郷代官・船持中に命じられている。

海水運輸送では軍需物資の運搬が重視され、早くは天文二十三年（一五五四）七月に「船方中法度」四箇条が出され、公方の公事を船持中に勤めるように命じ、船賃の徴収や家屋敷の売買、欠落《かけおち》対策、郡代・地頭・主人の諸役駆使の禁止などを定めており、翌年三月には船番匠の公用、緊急時の伺候、棟別銭の免除などを定めている。永禄四年（一五六一）三月には伊勢の廻船中・問屋中に兵粮米の徴用を依頼するなど、分国の湊への警戒を怠らなかった。

紀伊からは梶原氏を水軍として招いて、三浦郡に知行地を与え、水軍を強化した。良港の神奈川湊を支配していた矢野氏は、廻船の「日吉新造」と称する船が寄港した時には、臨検し、材木を古河公方へ転送することを命じられていたが、永禄九年（一五六六）には三崎《みさき》城の城主となり、神奈川湊は三崎城の管轄化に入った。

伊達氏の国家編成

奥州の伊達稙宗《たねむね》は天文十一年（一五四二）に後継者がいない越後の上杉定実《さだざね》に三男実元《さねもと》を入れ、伊達領を婿の相馬《そうま》顕胤《あきたね》に割譲しようとしたことなどから、長男の晴宗《はるむね》や桑折《こおり》景長《かげなが》・中野《なかの》宗時《むねとき》ら家臣団との対立を深め、ついに奥州全域に及ぶ天文の乱の勃発の因をつくった。

当初こそ稙宗方が優勢だったが、天文十六年（一五四七）に稙宗支持の会津の蘆名盛氏が田村氏や二階堂氏との対立によって晴宗方に寝返って、戦況は晴宗に傾き、翌年、将軍・足利義輝の仲裁を受けて、晴宗が家督を継いだ。

晴宗は本拠を出羽の米沢城に移すと、米沢の町を中心に、伊達氏発祥の地である桑折西山城や梁《やな》川《がわ》城とを結ぶ道、弟実元の大森城とを結ぶ板屋道、越後とを結ぶ「越後のつう路」、会津とを結ぶ土湯通など道路網を整備し、天文の乱で動揺した伊達氏家臣団の統制に着手した。

天文二十二年（一五五三）には、天文の乱の最中に両陣営に乱発された安堵状を整理し、改めて家臣たちに知行地の安堵と給与を行い、棟役・段銭・諸公事を免除する判物を給した。その控えをまとめた帳簿が『伊達晴宗公采地下賜録』であり、これにより家臣団の所領と家格が確定された。同年には和睦に不服で、抗戦を続けていた懸田《かけだ》俊宗《としむね》・義宗《よしむね》父子を滅ぼし、長男親隆《ちかたか》を岩城重隆《いわきしげたか》の養子とするなど、我が子を岩城氏・二階堂氏・佐竹氏に次々と送り込んで縁戚関係を結び、勢力回復に努め、天文二十四年（一五五五）には奥州探題職に補任《ぶにん》された。

父稙宗が陸奥守護に補任された際は大崎氏の奥州探題職は否定されていなかったが、この晴宗の補任は伊達氏の東北地域支配の正当性を幕府に認めさせたものであり、こうして次男を元服させ将軍義輝の偏諱《へんき》を受けて輝宗と名乗らせ、永禄七年（一五六四）に家督を譲った。

家督を継いだ輝宗は、当初こそ実権を晴宗と重臣中野宗時・牧野久仲《まきのひさなか》父子に握られていたが、永禄十三年（一五七〇）に中野宗時の謀反を理由に中野父子を追放して家中の実権を掌握し、鬼庭良直《おににわよしなお》を評定衆に抜擢し、中野宗時の家人であった遠藤基信《えんどうもとのぶ》の才覚を見込んで外交を担当させ、南奥羽諸侯間の紛争を調停しつつ勢力を広げ、会津の蘆名氏との同盟関係を保った。

その蘆名氏は、嫡男盛興《もりおき》が伊達輝宗の養女と結婚したことで、伊達との和平を成立させ、家臣団の反乱も克服し、会津全域を掌握したほか、安積《あさか》・岩瀬《いわせ》両郡や越後国小河《おがわ》荘をも押さえた。天文十八年（一五四九）には郡中の番匠に対し細工の法度を定め、永禄三年（一五六〇）からは何度も徳政令を出し、簗田氏を商人司として登用して流通支配の強化を図った。その本拠である黒川城の城下には馬場町・大町・南町・材木町などの町場があったが、永禄四年から向《むかい》羽《は》黒山城《ぐろやましろ》を築くと、その山麓の宿町には二千余の軒が連なっていたという。

国衆の年中行事の世界

東国の戦国大名の国家編成については多くの史料から知られるが、規模の小さな国衆の在り方を伝えてくれる史料は多くなく、わずかに永禄十一年（一五六八）に越後で上杉氏に反旗を翻した揚北衆本庄繁長の一族である色部《いろべ》氏の『色部年中行事』が伝わる。

色部氏は越後北部の小泉庄色部条を拠点とする小泉庄本庄氏の庶流で、その色部勝長《かつなが》は上杉謙信に従って各地を転戦し、謙信から第三次川中島合戦に際しては、雪の中大儀ではあるが、どうか夜を日に継いで参陣してほしい、と懇望されて一月後に出陣しており、永禄四年（一五六一）の第四次川中島合戦では奮戦を賞され「血染めの感状」を賜ったといわれ、永禄七年には下野の唐沢山城の城代となっている。

その勝長が永禄十一年（一五六八）の本庄繁長の反乱の際に謙信方として戦って亡くなったので、その跡を幼少の弥三郎（顕長《あきなが》）が継ぐと、謙信は後見の三潴《みずま》氏によく補佐するよう伝え、上杉家中では色部氏を本庄氏より席次を高くに置いた。勝長、顕長と続いた後に顕長弟の長実《ながざね》（長真）が継いだが、『色部氏年中行事』はこの三代の時期に成立したと見られている。

表紙に「色部年中行事　永禄年中」とあって、最初に「年始歳暮に惣の御百姓衆の上物幷に寺社神領よりの諸役、其の外品々御用の覚えの日記幷に御親類・御家風の年始の御礼次第」とあり、永禄四年（一五六一）、永禄五年、永禄八年の文書を巻末に載せていることから、永禄四年以前の勝長の時期に原型が作られ、「長真様御代に御座敷許され」の注記があるので、その後に追加されていったのであろう。

本書は主に正月の儀礼や秋の祭礼、色部氏領の粟島からの貢納物などを記しており、その構成は、①正月の椀飯《おうばん》・御礼参上の次第、②十二月大歳からの準備の次第、③正月行事以外の行事・神事における諸役や調進物の記録、④領内粟島よりの貢納品の書立、⑤正月中の「御前様」の饗応・引出物の次第などからなる。

大晦日には「拾弐月つごもりに本百姓・やどた（宿田）の百姓まいり、御門たて申し候」とあって、色部氏の館の門に門松が立てられたが、その館は居城の平林《ひらばやし》城の山麓にあり、宿田は平林城のすぐ北西の集落で、色部一族の宿田氏の居館がある。門松立てに参集した百姓には樽・鶴口の酒が振舞われ、正月十一日までに約百七十人の客が年頭の挨拶に訪れた。

「年々正月一日より御親類・御家風衆、春之御礼として参上之時、椀飯の御祝、御酒・御肴之次第の日記」によれば、「正月朔日、田中・今泉・早田・山上、彼面々を始め」とする家臣団の中核をなす「御親類・御家内衆」が最初に出仕し、続いて「小島同名衆」「岩船衆」「牛屋衆」などの「在郷衆」、さらに最明寺《さいみょうじ》や青龍寺《せいりゅうじ》などの寺家、千眼寺《せんがんじ》などの衆徒や先達山伏、番匠衆・大工・染屋・曲師などの職人、「神主殿」「八幡の大夫」の神職、そして「御百姓衆」であった。

正月三日には、「色部・牛屋両条、早く沙汰致すべき事」と始まり、「先づ神社仏寺等を奉る事」「溝池堤を築き固むべき事」「御年貢以下雑米等未進を為すべからざる事」の三箇条の吉書が書かれて、領主としての行政が始まる。神事、勧農、乃貢《のうぐ》からなる武家の吉書三箇条に倣ったものであるが、この吉書を記したのは、家政機関でなく「青龍寺」という寺家であり、寺院の役割の大きさがうかがえる。

陸奥結城白河氏にも永禄五年（一五六二）十二月の「結城白河氏年中行事」という同様な年中行事書があり、正月の椀飯を始めとする贈答や挨拶の在り方が知られる。各地の大名や国衆はこうした年中行事を定めていて、日常では平穏な生活を送っていたのである。

三　信長の領国支配

信長の経済力

東国の大名が抗争を繰り返しながら国家編成に取り組むなか、信長も領国支配を展開していた。当初は大法や筋目に基づいて諸権利を安堵してきていたのであるが、永禄六年（一五六三）四月十七日の尾張妙興寺に出した禁制を見ると、それまでの方針とは異なって、改めて審査して権利を認定するようになっていたことがわかる。

その禁制は軍勢の濫妨狼藉、棟別・徳政、寄進地への違乱など三箇条からなるが、ここに発給したのは「一国無双の伽藍」を理由としており、そうした由緒がない寺ではこの権利が否定されたことであろう。さらに十二月の尾張の瀬戸への制札は、瀬戸物の流通について諸口の商人の国中往来を保障するなど商取引について定め、違反者に対しては成敗を加えるとしており、これは安堵ではなく新たに制定した法であったことがわかる。

新たな支配の展開は居城を小牧山に移した頃からであって、この時期から商業や職人編成を重視する政策を展開するようになったのである。伊勢湾岸には多くの湊町があり、尾張国内には瀬戸や常滑《とこなめ》の陶器の生産地があって、経済活動が盛んだったことによるが、ついで美濃を領有してすぐに出したのが次の著名な法令である。

定　　楽市場

一　当市場越居の者、分国の往還煩ひ有るべからず、并に借銭・供米・地子・諸役免許せしめ訖んぬ。譜代相伝の者たりと雖も、違乱有るべからざるの事

一　押買・狼藉・喧嘩・口論すべからざるの事

一　理不尽の使い入るべからず。宿を執り非分懸け申すべからざる事

右条々、違犯の輩は速に厳科に処すべき者也。仍て下知件の如し。

永禄十年十月　日　　（花押）

岐阜の円徳寺《えんとくじ》に伝わる制札で、円徳寺内にあった楽市場《らくいちば》の要請に沿って出されたものである。市場住人の分国内の自由通行と諸役を免除するなど、これまでに楽市場に認められていた権利を認め、経済の活性化を図ったのである。翌年九月に近くの加納に宛てた制札では、第二条で「楽市楽座の上、諸商売すべき事」とあり、自由商売である楽座をも認めている。枢要な市町には楽市楽座の特権を安堵・付与していったことがわかる。

上洛した信長は、堺や草津・大津に代官を置いてゆき、「天下」のため往還する旅人の煩いをなくすとして関所を廃止し、翌永禄十二年（一五六九）には近江の堅田中《かただちゅう》に諸公事を免除する特権を認め、堺からは二万貫の矢銭を提出させ、三月に畿内や上京・山城・奈良中に撰銭令《えりぜにれい》を出している。

悪銭の流通している事態には、銭の状態から鐚銭《びたせん》を三つに分類し、その二倍、五倍、十倍の量で精銭と同価値で取引をさせようとし、上京には米での売買を禁止し、金銀での売買を行うように定め、金拾両を銭十五貫文、銀拾両を銭二貫文とする交換比価を公定するなどの売買法令を出すなど、畿内近国の商品流通の掌握を目指した。

信長の軍事力

信長は軍事技術を積極的に取り入れその武力は機動力に優れていた。桶狭間の戦や稲葉山城の落城はその点をよく物語るものだが、さらに元亀元年（一五七〇）三月、徳川家康を始め諸大名・国衆が上洛し、四月十四日に将軍の二条御所の完成を祝う立会の能七番が観世《かんぜ》・金春《こんぱる》の大夫により行われたがそれが終わるとすぐ二十日には「信長公京都より直に越前へ御進発」と京を発った。

若狭の武藤氏を討つのを名目とし、近江の坂本・和邇《わに》・田中、若狭の熊川へと進むが、武藤の背後には越前の朝倉氏が関わっているとして越前に入り、敦賀を経て木《き》の芽《め》峠を越え、越前の国中に乱入するという手際の良さであった。しかし近江の浅井氏が朝倉氏と結んで信長軍を挟み撃ちにする情報が伝わるや、急ぎ金《かな》ヶ崎《さき》城に木下藤吉郎秀吉や明智光秀、池田勝正を置き、若狭を経て朽木《くつき》谷《だに》を通って京に戻っている。この情勢に一向一揆が蜂起した。

美濃三人衆の稲葉良通《いなばよしみち》のいる近江守山《もりやま》を、一揆が攻めたので、五月九日に岐阜への帰り道を確保するため、森可成《もりよしなり》、佐久間信盛、柴田勝家、中川重政らを要衝に配置すると、浅井長政が鯰江《なまずえ》城に軍勢を集め、市原野郷では村人が一揆して通路を塞いだ。信長はやむなく千草峠を越え伊勢に抜けようとしたが、そこを鉄砲で狙われ、あやうく命を落とすところだったという。

六月には六角承禎が南近江に入ってきたので、これは佐久間信盛・柴田勝家が退け、浅井長政が朝倉の支援を得て坂田郡に要害を構えると、六月十九日に信長は出陣して長政の小谷《おだに》城に迫り、虎御前山《ごぜんやま》に陣をしき、二十二日には箇が鼻に陣を移し、横山城を攻めた。

この情勢に朝倉勢が浅井に加勢して近江に入り、織田勢には徳川勢が援軍として加わり、両軍は姉川《あねがわ》を挟んで対陣し、二十八日に合戦が始まった。

卯刻、丑寅へむかって御一戦に及ばる。御敵もあね川へ懸り合ひ、推つ返つ散々に入り乱れ、黒煙立て、しのぎをけづり、鍔をわり、ここかしこにて思ひ思ひの働きあり、

この激戦の末に姉川の戦いを制すると（『信長公記』）、信長は上洛したが、すぐに岐阜に帰ったものの、三好三人衆が挙兵したので、八月下旬に再び岐阜を発って京に入り、二十五日に京から出陣している。その時の軍勢は数万、三人衆の籠る摂津の野田・福島城を攻めた。しかしそこに立ち塞がったのが本願寺である。

本願寺法主の顕如《けんにょ》は、信長の美濃平定時には祝意を示していたことから、信長は不意をつかれた格好であるが、本願寺はもともと三好三人衆と結びついており、信長の築いた砦が本願寺の近くにあったことから、危機感を抱いて反信長に転じたのである。

九月に顕如は美濃の郡上《ぐじょう》惣門徒中、近江の中郡門徒中らに「仏敵信長」と戦う蜂起を促す檄文を送った。河内・紀伊から四国・九州に及ぶ坊主衆・門徒中には、「大坂より諸国へ悉く一揆をこり候へ」と触れていて、元亀元年（一五七〇）九月十二日から信長方と戦闘状態に入った。義昭と仲違いして京を出奔した関白近衛前久《このえさきひさ》が、薩摩の島津氏に送った書状には、六角・浅井・朝倉・三好三人衆が悉く本願寺に一味をしていると記している。

実際、本願寺の挙兵に呼応して朝倉・浅井軍三万が南近江、坂本口へと進み、二十日に大津に放火、翌日には逢坂《おうさか》を越え醍醐《だいご》・山科《やましな》を経て京へと迫った。信長は急いで義昭とともに京に戻り近江

の坂本に入ったが、朝倉勢が比叡山と結んで対抗したので、要害を各所に設け、山僧と交渉したものの了解がえられず、両軍は滋賀郡で睨み合いを続けた（滋賀の陣）。

本願寺勢力の基盤

この情勢に各地で戦いが広がった。十月一日に四国から篠原長房《しのはらながふさ》が三好三人衆に加勢するため摂津中島に到着し、山城の西岡では徳政一揆がおき、三好三人衆も京に迫る情勢となった。信長は、浅井と長年の対立関係にあった六角承禎とは何とか和解にこぎつけたが、伊勢長島では本願寺一族寺院の願証寺《がんしょうじ》を中核とした一揆が起き、尾張小木江《こきえ》城の信長の弟信興《のぶおき》が自害し、近江の堅田を守る坂井政尚《まさひさ》も朝倉・浅井連合軍に攻められて戦死した。

本願寺法主は親鸞の血統に相続されてきて、法主の一族、家臣、門徒などを教団構成員とし、その会議である衆議が教団の意思を決定するなど、戦国大名と同様な意思決定システムをもっていた。門徒は国ごと、郡ごと、特定の村や町ごとに門徒団を結成し、その中核に取次の寺院があって、法主の指令を伝達していた。

大坂の石山本願寺は山科から拠点が移されてから、証如《しょうにょ》の下で寺領を拡大し、城郭建築の技術者を集め、周囲に堀や土塁を築き、塀、柵をめぐらし寺内町を形成するなど防備を固めてきた。天皇・公家衆との接近をはかり、細川晴元の養女を室に迎え、甲斐の武田氏、相模の北条氏とも親交があった。

イエズス会のガスパル・ヴィレラの永禄四年（一五六一）八月の書状は、「日本の富の大部分は、この坊主の所有」と記すほどに裕福で、その信仰について「夜になって坊主が彼らに対して説教をすれば、庶民の多くは涙を流す。朝になって鐘を鳴らして朝のお勤めの合図があると、皆、御堂に入る」と記すほどに篤かったという。

本願寺はこの信仰心を梃にして勢力を広げ、それを経済的に支えたのが大坂をはじめとする各地の寺内町である。寺内町には三つのタイプがあって、真宗寺院の主導によって成立したタイプが越前の吉崎や山科、伊勢の一身田《いしんでん》の寺内町であり、土豪の門徒化で成立したタイプが摂津の久宝寺《きゅうほうじ》、越中の城端《じょうはな》、大和の今井など、門徒集団による買得《ばいとく》・占拠によるタイプが河内の富田林《とんだばやし》、大《だい》ケ塚《つか》、和泉の貝塚などであった。

そのうち今井町は興福寺一乗院の今井庄を母体に生まれ、天文二年（一五三三）に一向宗道場が建てられ、越智氏によって破却されることもあったが、松永久秀と国衆とが争うなか、永禄年間に顕如から寺号に称念寺を得て、河瀬兵部丞（後に改め今井兵部房）と河合清長《かわいきよなが》（後に改め今西正冬）が門徒や在郷武士・牢人を結集して寺内町が形成され、成長してきた。

石山合戦では石山本願寺、三好三人衆側について、堀を深くし土塁や見通しを妨げる筋違いの道路等を築き、枡形や虎口を固め、西口に櫓を設け、今西家を城構えとする環濠都市となった。

摂津の久宝寺は蓮如の布教活動に始まり、西証寺（のちの顕証寺）が創建され、周囲に環濠をめぐらせて環濠集落・寺内町が形成されたもので、石山合戦時には土豪の安井氏が織田方に付いて寺内町の一向宗派と対立した。寺内町すべてが本願寺に属したわけでなかった。

富田林もその一つで永禄三年（一五六〇）に興正寺証秀《しょうしゅう》が石川西側の河岸段丘の荒芝地を百貫文で購入し、「大坂並」の寺内特権を獲得したのに始まる。周辺四か村の「八人衆」が協力して芝地を開発して御堂（興正寺別院）を建立し、町割等を行い、その八人衆が年寄として自治を担った。石山合戦では本願寺側につかず、信長から「寺内之儀、別条有るべからず」という安堵状を得た。

このように本願寺と織田信長とは裕福な町を掌握し、朝廷や武家と関係をもちながらも従属はしないなどの共通面が多く、それが故に以後、十年に及ぶ対立を繰り返すことになった。

試練の信長

四方に敵をつくり窮地に陥った信長は、浅井氏とは講和をとりつけたが、朝倉氏や山門、本願寺との和議は難航した。そこで天皇を通じて和平交渉に臨むこととし、三井寺にいる信長のもとに近衛前久の跡をうけ関白になった二条晴良《にじょうはるよし》と義昭がやって来た。

和平交渉は晴良が信長からの誓紙を携え、穴太《あのう》の陣所で綸旨や御内書を示して始まったが、山門は信長の荘園押領に悩まされていたのでなかなか応じず、ようやく晴良が和議不成立の場合には高野山に隠遁すると迫って講和が実現し、次の綸旨が山門に下された。

今度義景・信長防戦の儀に就きて、公武の籌策《ちゅうさく》に任せ、和与の由、神妙なり。殊に山門領先規の如く相違あるべからざるの段、併しながら仏法・宝祚、平安の基、何事かこれに如かんや。その旨を存ずべきの由、天気に依り件の如し。

庚午

十二月九日　　　　右中弁判

山門衆徒中

山門領の保護を約束する綸旨で、義景から信長には三箇条の起請文、信長からは五箇条の起請文が出され、人質交換がなされ、浅井と織田の領国の境界も確定したことから、朝倉は越前に帰り、信長も岐阜に帰って一件は落着したかに見えた。

しかし煮え湯をのまされた格好の信長は、危機を脱したことからすぐ改めて岐阜を拠点に周辺の地への経略に乗り出した。元亀二年（一五七一）正月二日、木下秀吉に命じて越前と大坂を結ぶ道筋のうち東北近江の姉川・朝妻の間での諸商人の通行を停止させ、伊勢の神戸《かんべ》具盛《とももり》を近江の日野城に幽閉した。二月には近江佐和山城の磯野《いその》員昌《かずまさ》を浅井氏から寝返らせて、丹羽《にわ》長秀《ながひで》を入れ員昌を高島郡に移したので、浅井氏は反抗したものの、秀吉に退けられた。

五月には一向一揆の拠点の伊勢長島を攻めたが、中州を利用したゲリラ戦に悩まされ、放火して退却するところを反撃にあって、柴田勝家が負傷し、氏家卜全が討死した。この信長の動きに、越前の朝倉義景の娘と本願寺の顕如の子教如《きょうにょ》との婚姻が決まり同盟関係が深まったことから、信長は近江に出陣し、北近江の浅井氏と一向一揆を攻めて牽制しつつ、南近江の一向一揆の拠点の金森《かねがもり》を攻めて、周囲の稲を刈り取らせ、鹿垣を結回して出入りを止めて降伏させた。

信長の次の刃は屈辱を強いられた山門に向けられた。三井寺近くに陣をとると、九月十一日に比叡山焼討ちを決行。坂本に放火し、山下の日吉社境内を焼いて八王子社のある八王子山に逃げ込んだ僧や俗人を殺害したばかりか、山上にまで殺戮が及んだ。信長は明智光秀に滋賀郡を与え、佐久間信盛に本願寺勢力の拠点の金森や延暦寺領・六角氏家臣の闕所地《けっしょち》をあたえた（『吉田文書』）。

この焼討について『信長公記』は「叡山を取詰め、根本中堂・山王廿一社を初め奉り、霊仏・霊社・僧坊・経巻・一宇も残さず、一時に雲霞の如く焼き払ひ、灰燼の地となるこそ哀れなれ。」と記しており、比叡山が壊滅的な打撃を受けたというが、比叡山はこれまでにも焼討ちされており、この時に被害の著しかったのは山下の坂本の町であって、山上にはさほどの被害はなかったらしい。

山門滅亡の知らせを聞いた公家の反応もさして大きくなかった。

山門滅亡の知らせはむしろ遠国の大名、なかでも甲斐の武田信玄は仏法を尊崇していただけに驚いた。信玄は信長と結ぶ徳川家康を討つべく元亀二年（一五七一）二月に遠江・三河に侵攻し、同年五月までに小山《こやま》城、足助《あすけ》城、野田城などを落として甲斐に帰還した。そこに比叡山焼討ちによって天台座主の覚恕法親王《かくじょほうしんのう》（正親町天皇の弟）が下って来て、覚恕から仏法の再興を懇願された。

これより先の元亀元年（一五七〇）に信長が義昭に『殿中御掟』を示したことについて、信玄は義昭側近の一色藤長に宛て、「出頭人」信長の振る舞いには異議があり口上で申し上げるという書状を送っていただけに、覚恕の要請を受けて信長への敵対心を強く持つようになった。

信長包囲網

十月三日、小田原で北条氏康が亡くなって、その後を継いだ嫡男の氏政は、謙信との同盟を破棄して弟の北条氏忠、北条氏規を信玄に人質として差し出し、十二月二十七日に信玄との間の甲相同盟を回復させ、東国からの信長包囲網を形成しつつあった。

信長は内裏の建物群を元亀二年（一五七一）に完成させると、天皇家の経済の安定のために洛中の町人に米を貸し付け、その利息を毎月納入させることにした。田畠一反あたり一升の米を納入させ、その米を禁裏の賄とし、さらに京の町、一町あたり五石を預け、年三割の利息で納めるように下京四十三町、上京八十四町に触れ、毎月十三石の利息米を禁裏御倉職の立入氏に納めさせた。

だが信長への包囲網は信長の周辺に迫ってきていた。正月に六角承禎が一向一揆と結んで蜂起し、南近江の金森・三宅に立て籠もったので、佐久間信盛が周辺の地に対し一揆と内通しないように触れている。三月には前年から動き始めていた三好義継・松永久秀らが、信長への敵対行動に入り、河内の交野《かたの》城を攻め、摂津の伊丹忠親《いたみただちか》も高槻の和田惟政との縁戚関係から義継と同盟を結んだ。四月には紀州の門徒が本願寺に入ったのである。

本願寺の顕如は正月に武田信玄に書状を送って、信長が摂津・河内に出陣するならば信長の背後を脅かすように伝えており、五月に信玄は義昭に忠節を誓う誓紙を届け、義昭からは「天下静謐の馳走」を求める誓紙が信玄に送られた。

こうしたなか信長は三月に浅井を攻め十二日に上洛すると、四月に佐久間信盛・柴田勝家らに河内の反信長勢力を攻めさせたので、三好義継は若江城に、松永久秀は大和の信貴山城に、久秀の子久通は多聞山城に逃れたことから、信長軍は大和に入ったが、筒井順慶との交渉により奈良中には入らなかった。

信長は五月に岐阜に帰って浅井攻めに取り懸った。子の奇妙(後の信忠)の初陣を兼ねてのもので、近江横山に陣を構えて大吉寺《だいきちじ》を攻め、一揆していた僧俗を切り捨て、琵琶湖北岸の浦々を焼き払い、七月十七日に虎御前山に要害を築いた。これに対し、浅井長政が朝倉義景に救援を頼んだことから、義景が一万五千の兵を繰り出し小谷城近くの大嶽に布陣すると、信長は虎御前山と横山城とを結ぶ連絡路を通して小谷城側に築地を築き攻める体制を整えた。だがそこでの一進一退の状況から、信長は木下秀吉を虎御前山城に据えて岐阜に帰っていった。

九月、信長は京の義昭に十七箇条の意見書を申し入れた。元亀元年(一五七〇)正月に示した五箇条の事書への違反の指摘、それへの意見である。第一条は、事書第五条の、禁中の儀を油断しないようにあたる事への違反であって、年々懈怠《けたい》ないように伝えていたのに「近年の御退転」はあってはならないといい、第二条は、事書第一条の、諸国に御内書を出す時には内容を信長に伝え、信長が書状を添える事への違反で、馬などを御内書で所望していることはどうなのかなど、公方としてあるまじき行為を並べ連ねて最後にこう指摘している。

諸事に付きて御欲にふけられ候儀、理非にも外聞にも立ち入らざるの由、その聞こえ候。然らば不思議の土民・百姓にいたる迄、悪しき御所と申しなし候。

義昭が欲に耽《ふけ》って耳を貸さないその態度から、「悪しき御所」という噂が立っている、と意見を締めくくっているが、これらを示された義昭は甲斐の信玄に期待をかけていた。本願寺と信長の和平の斡旋を武田信玄に求めるかたわら、越後の上杉謙信にも信玄との和睦を求めた。

武田信玄の死

義昭に期待された信玄は、元亀三年（一五七二）七月に覚恕の斡旋で僧正に任じられ、北条氏との和議を背景として駿河に侵攻した後、十月三日に甲府を進発し、諏訪から伊那郡を経て遠江に向かうとともに、山県昌景《やまがたまさかげ》・秋山虎繁《とらしげ》らを徳川氏の三河へ向かわせ、自らは馬場信春らと青崩峠《あおくずれとうげ》から遠江に攻め入った。

そこから浅井・朝倉氏に信長への対抗を要請しつつ、徳川方の諸城を落としてゆき、昌景も柿本城、井平城を落として信玄本隊と合流した。信長は上杉謙信と誓紙を交わして信玄を背後から襲うように求めていたのであるが、十一月、信長の叔母おつやの方の治める東美濃の岩村城が武田方の手に落ちてしまう。

信長が浅井・朝倉・本願寺勢力に対峙していて、家康への援軍が数少なかったため、家康は十月に武田軍に敗退し（一言坂《ひとことざか》の戦）、十二月には二俣《ふたまた》城も落された。劣勢に追い込まれて浜松に籠城の構えを見せていたが、武田軍が浜松城を攻囲せずに西上していったのに誘われて出陣したところ、十二月に遠江の三方ヶ原《みかたがはら》で敗退してしまう（三方ヶ原の戦）。

信玄の誤算は浅井長政の援軍として参陣していた朝倉義景が撤退してしまったことにあり、これを知って義景に文書を送り再度の出兵を求めたが（「伊能文書」）、義景は動かなかった。包囲網の一角が崩れて、信玄の軍勢は前進を止め、元亀四年（一五七三）に三河に侵攻し、二月十日に野田城を落とした（野田城の戦い）。

都での信玄への評価は高く、ルイス・フロイスがカブラルに宛てた書状は、信玄について「すべて戦術によって坂東の七、八か国を征服しました。戦争においてユグルタに似ており、軍兵を損すること甚だ少なく、数日のうちに右二か国（三河・遠江）を占領してしまいました」「彼は武力によって畏怖され、部下たちから大いに尊敬されております」と記している。

野田城落城の報を聞いた義昭は喜んで、二月十三日に挙兵の意思を浅井・朝倉に表明し、本願寺も各地の一向一揆に檄を飛ばした。二条城の堀を掘らせ、防備を固めたところ、この「公儀御逆心」の報を得ても、信長は信玄への対応ですぐに動きがとれなかった。

その信玄であるが、野田城落城直後から度々喀血し、持病が悪化、進撃を突如停止して療養していたが、ついに近習・一門衆の合議により四月初旬に甲斐への撤退を決めた。四月十二日、軍を甲斐に引き返す途中の信濃駒場で信玄は死去した。死を三年間は伏せるようにとの遺言で、三年後の天正四年（一五七六）四月十二日に甲斐の恵林寺《えりんじ》で葬儀が営まれた。

信玄の動きや情勢を見守っていた信長は、謙信を頼みとしつつ三月二十九日に上洛して義昭との和議を試みたが、信玄頼みの義昭は、畿内の情勢も好転していたこともあって和平を拒否し、京都支配を担当する村井貞勝の屋敷を囲むなど対決の姿勢をとった。

そこで信長は四月四日に「上京悉く焼き払ひ候」と、上京の焼討ちによって二条御所を孤立させたので、危険が禁裏にも及びそうになって天皇が調停に動き和平がなった。和平の成立で信長は岐阜に帰ったが、その途中、近江の百済寺《ひゃくさいじ》が一揆と通じていたとして焼き払い、五月十五日には佐和山城に出向いて五千の大軍を運べる大船を造るように命じ、それが七月五日に完成した。

室町幕府の消滅

足利義昭は信玄の死が伝えられたこともあり、元亀四年（一五七三）七月三日に二条御所を三淵藤英《みつぶちふじひで》に預けて京を出ると、山城の守護所の槇島城《まきしま》に立て籠もった。一端、没落した後に迎えられようかという作戦であり、今度の頼みは西国の雄である毛利氏だった。

しかしこれは信長が想定していたところであり、信長は建造したばかりの大船で琵琶湖を渡って坂本から入洛すると、十三日に毛利輝元に宛てた書状で「（義昭が）天下捨て置かる上は、信長上洛せしめ取り鎮め候」と記し、十六日に出陣して槇島を攻めると、あっけなく義昭は降伏し、その身柄は秀吉によって河内若江城に送られた。
だが、義昭に同行したのは奉行衆、奉公衆数名だけで、多くは京都に残り、義昭は幕府関係者にも見捨てられたことになる。以後、義昭は将軍の職は保持するものの、実権も権威も失ってここに室町幕府は事実上消滅したのである。
そこで信長は七月二十一日に元亀の年号を不吉として改めるよう朝廷に奏上し、二十七日に京都支配のために村井貞勝を「天下の所司代」に任じ、その翌日に元号が、多くの案のなかから信長の望んだ天正と定まり、正親町天皇の裁可で信長に伝えられた。

改元執行せられ、年号天正に相定まり候。珍重に候。いよいよ天下静謐、安穏の基、この時に如くべからざるの条、満足に察し思し食さるるの旨、天気候ところ也。仍て執達件の如し。

七月二十九日　　左中将親綱

織田弾正忠殿

天正の出典は『老子経』の「清浄なるは天下の正と為す」であり、ここに「天下静謐、安穏」を実現する武家政権としての信長政権が始まった。幕府の再来ではなく、新たな武家政権の誕生である。八月二日、義昭から離れた細川（長岡）藤孝は山城西岡の地の支配を「一職」に信長から与えられており（『東寺文書』）、これまでの重層的支配権を整理する動きが始まった。

信長はその藤孝に命じて淀城に立て籠もる三好三人衆の岩成友通を討たせ、自らは三万の軍勢を率いて越前に侵攻して朝倉軍を破り、朝倉義景は一乗谷を捨てて大野郡の賢勝寺《けんしょうじ》に逃れて自刃した。さらに八月二十六日には浅井攻めのため虎御前山に陣を据え、秀吉が小谷城に攻め上がり、二十八日に久政を、九月一日に長政を自害に追い込んだ。長政に嫁いでいた信長の妹・市らは落城前に信長に引き取られ、浅井氏の旧領は秀吉に与えられた。

九月二十四日には、尾張・美濃・伊勢の三万の軍勢を率いて、伊勢長島の攻略に向かった。滝川一益らが長島周辺の敵城を次々と落としたことから、伊勢の大湊に対し、長島攻略のため桑名に出船するよう命じたが、これはうまくゆかず、十月に矢田城に滝川一益を入れて撤退のところを、一揆軍による奇襲を受け、林通政が討死した。

長島攻めが進まないなか、十一月五日に秀吉は堺で義昭との間で帰洛の交渉に入ったが、義昭が人質を条件としたために決裂する。河内の三好義継《みよしよしつぐ》が義昭に同調して反乱を起こしたが、信長は佐久間信盛を派遣し、義昭を紀伊の由良に追い、義継は家臣の裏切りで自害した。

こうした情勢から本願寺の顕如は、信長に名物茶碗「白天目《はくてんもく》」を贈って和解へと至り、信長は妙覚寺で茶会を開いた時にはその茶席に「白天目」を出している。この席には堺の茶人の津田宗及・今井宗久を招き、千宗易（利休）の手前で茶を喫した。十二月には松永久秀が多聞山城を明け渡したので、京周辺の事態は信長の思う通りに進んだのである。

義昭から京都復帰交渉を依頼された毛利輝元は、安国寺恵瓊《あんこくじえけい》を派遣したが、和平交渉決裂後の天正元年（一五七三）十二月十二日に恵瓊が備前岡山から国許に送った書状には、交渉の経過を記す興味深い記事が見える。

信長側の交渉役は木下藤吉郎秀吉と日乗であったこと、人質を求める義昭に、秀吉が「さやう上意にて、そこまで御くつろぎなく候はば、一大事の儀にて候間、ただ行方しらずに見えもうさず」と、自らの立場を弁えていない、と言い放ったことを記し、最後に次のようにも記している。

信長の代、五年、三年は持たるべく候。明年あたりは公家になどに成らるべきかと見および申し候。左候て後、高ころびにころばれ候ずると見え申し候。藤吉郎さりとてはの者にて候。

信長の代は長くはないであろう、来年には官職について公家になるだろうが、仰向けに転んでしまうようになろう、と予言し、秀吉について「さりとてはの者」と高く評価していて、信長・秀吉の今後を見通したものとなっている。

恵瓊は浦上宗景《うらがみむねかげ》の使者と別所長治《べっしょながはる》らとともに上洛していて、信長が宗景の使者に備前・播磨・美作の領知安堵の朱印状を与えたことや、宗景と別所長治との境界を定め、双方の当知行を認めたことなど、信長政権の方向性をも語っている。もともと恵瓊は安芸守護であった武田氏出身の安国寺の僧で、毛利に仕えて京の政権との交渉役を担うところとなったのである。

その毛利氏は、永禄六年（一五六三）に輝元の父隆元が亡くなったが、九年に祖父元就が尼子氏を破って中国地方最大の大名となっていた。同十二年に出雲の大半が尼子勝久・山中幸盛の挙兵により奪われはしたが、元亀元年（一五七〇）に取り返して勝久らを京に逐った。

領国支配の面では家臣の所領の貫高を基準に軍役を賦課することこそないものの、永禄三年（一五六〇）には検地を実施し、それに基づいて知行地を与えており、軍事面では中小領主層を「一所衆」「同道衆」といった形で編成していた。

毛利領国は東国とは異なって対外貿易が盛んで海水運が発達していたので、石見銀山の銀の輸出、鉄砲の流入など、流通支配に見るべきものがあった。瀬戸内海には村上水軍など独立性の高い水軍があったが、日本海沿岸の赤間関《あかまがせき》、肥中関《ひじゅうせき》、通関《かよいせき》、須佐関《すさせき》、温泉津関《ゆのつせき》、美保関《みほのせき》などの要港を直轄支配しつつ、局地的に海上交通の湊には在地の領主の支配権を認めていた。商人・職人支配も山口などの都市を中心に行われた。

元亀二年（一五七一）に元就が死去すると、その後は輝元が一族の吉川元春・小早川隆景らに支えられ、信長に対抗する一大勢力となっていて、信長はこの毛利には木下秀吉を取次にあたらせ対応してゆくことになる。

信長への対抗勢力は毛利ばかりではなかった。天正二年（一五七四）正月、越前の朝倉氏旧臣で信長が守護代に任じていた桂田長俊に対して、国内の武士が反発し、府中城の富田長繁によって殺害されており、その富田も一向一揆により殺害され、越前は「一揆持ち」の国となったのである。

四　信長政権の展開

蘭奢待と『洛中洛外図屛風』

信玄の跡を継いだ武田勝頼も侮れない存在であった。天正二年（一五七四）二月に東美濃に侵攻してきたので、信長は子信忠とともに迎撃したが、信長の援軍が到着する前に明智城は落城し、信長は武田軍との衝突を避けて岐阜に撤退している。

越前・東美濃方面で不安定な状況が続くなか、信長は上洛して新たな動きに入った。三月に従五位下に叙され昇殿を認められ、それとともに勅許を得て東大寺正倉院の香木蘭奢待《らんじゃたい》を見るべく奈良に下ったのである。この報を聞いて警戒していた奈良中の人々は、信長が一行の人数三千人に陣取りを堅く停止したので、「一段の善政の下知」と喜んで安堵しており（『多聞院日記』）、南都に武家信長の存在を示すことになった。

信長は松永久秀の多聞山城に入り、「三国に隠れなき御名物の蘭奢待」を一寸八分ほど切り取り、伴の馬廻り衆に見せている。『信長公記』が「拝み奉る事、且は御威光、且は御憐愍、生前の思出忝き次第」と記しているように、これを見せることで、見る人に信長の「御威光」と「御憐愍」を思い知らせたのである。

室町将軍足利義政が応仁の乱前の寛正六年（一四六五）九月に南都に下って蘭奢待を切り取った例に倣ったもので、義政はその前年に後花園天皇の譲位を援助していたので、信長も正親町天皇の譲位に動いており、朝廷を支える武家政権としての存在を示す意図が込められていたのであろう。

さらに切り取った蘭奢待を周辺に分与することで求心力も高めていった。贈物は名物であればあるほど価値が高くなる。信長は諸大名との間で贈与をくりかえし行っており、同じ三月には上杉謙信に『洛中洛外図屏風』を贈った。このことは謙信の年譜と関係文書を収録した『御書集』天正二年三月条から知られる。

尾州織田信長、使介として佐々市兵衛を越府に遣す。屏風一双を贈らる。画工狩野源四郎貞信入道永徳斎、永禄八年九月三日これを画く、花洛尽、書札に及ばる。

信長の使者の佐々長穐はしばしば信長から謙信に派遣されているので、信長が狩野永徳の描く屏風『花洛尽』を贈ったことは事実と見てよいであろう。上杉本『洛中洛外図』がこれにあたるが、問題はこの屏風が永禄八年（一五六五）九月三日に描かれたとある点である。

この時期は将軍義輝が殺害された直後にあたり、この日付には何らかの意味があったと見られる。

贈るのであれば天正期の京を描いた屛風を贈ればよさそうなのに、そうしていないのは、この日付には信長や謙信にとって記念すべきことがあったからで、ともに義昭から上洛するよう促されていた。とはいえ都を逃れた義昭が介在していたとは考えられないので、信長が当時、接触していた天皇の周辺から信長に贈られた屛風という可能性が考えられる。

四月になると再び本願寺勢力が動き始めた。摂津中島城を攻め落とし、河内の遊佐信教《ゆさのぶのり》の高屋城が反信長勢力の拠点となってこれに四国の三好康長《やすなが》も加わった。そこで信長の命を受けて十一日に大和の筒井順慶が出陣し信教を討ち取っている。

「根切」「撫切」の方針

五月には武田勝頼が遠江の高天神《たかてんじん》城を攻める報が入ったので、信長は岐阜に帰って兵粮米の手当を命じ、岐阜を発ったが、十七日に高天神城が落城したため、浜松城から来た徳川家康に三河の吉田城で軍資金の黄金を渡して岐阜に戻った。

次に狙いを定めたのが伊勢長島の一向一揆である。七月に数万の大軍と、織田信雄《のぶかつ》・滝川一益《たきがわいちます》・九鬼嘉隆《くきよしたか》らの伊勢・志摩水軍を率いて攻めたが、この時に信長は「天下の儀仰せ付けらるに依て、御手透き御座なく、御成敗御延引なされ、今度は諸口から取詰め、急度御対治なさるべきの御存分」と、天下の儀を仰せ付けられたことを名分に臨んだという（『信長公記』）。

大鳥居城などに立て籠もる一揆衆を大軍で水陸から包囲し、「大鉄砲を以て塀・櫓打崩し、攻められ候」と、大砲で攻撃し、詫び言を申してきてもこれを認めず「干殺し」にしようと兵粮攻めにした。このため飢えて亡くなる者が続出し、八月二日の風雨の激しい夜には、大鳥居城から逃げ出してきた一揆勢男女千人余を討ち取り、九月二十九日に長島城の門徒が船で大坂方面に逃れようとすると、鉄砲で一斉射撃を浴びせ掛けた。中江城や長島城に立て籠もった長島門徒二万人には、城の周囲を柵で包囲し、焼き討ちして全滅させたのである（『信長公記』）。

信長が河尻秀隆《かわじりひでたか》に送った書状に「種々一揆ども懇望仕り候へども、この刻、根切るべき事に候の間、その咎を免ぜず候」「男女悉く撫切に申し付け候」と記していて、最初から「根切り」（根絶）する方針であった。この「根切」「撫切」の方針は信長が一揆を反乱軍と見做したためである。

長島一揆との合戦の最中、摂津・河内では本願寺勢力にも動きがあったので、荒木村重や長岡藤孝、明智光秀が対応していたが、その際にも「大坂根切の覚悟」で油断なく才覚するよう伝えている。十一月、荒木村重が摂津伊丹城を攻めて伊丹忠親を逐い、伊丹城は有岡《ありおか》城と改称され村重に与えられている。

閏十一月には分国の国々の道作りを坂井文助・河野藤蔵・篠岡八右衛門・山口太郎兵衛の四人の奉行に命じ、年三回の修築と、架橋、水道などについて指示し、関の停止とともに分国の交通網の体制を整えていった。

天正三年（一五七五）正月には洛中洛外の寺社本所領について、それを管理する雑掌に退転がないように指示し、二月末に上洛すると、三月十四日に前権大納言中山孝親《なかやまたかちか》に米五石を給与するなど公家・門跡衆に米を分配し、徳政令を発して公家衆を保護し、三月二十三日に塙直政《ばんなおまさ》を大和国の守護に命じた。「先代未聞の儀」と言われたように(『多聞院日記』)、大和には守護が置かれなかっただけに衝撃をあたえたが、大坂を攻めるための布石であった。

四月、石山本願寺・高屋城周辺に大軍で押し寄せて焼き討ちし、両城の補給基地である新堀《にいぼり》城を落とし、三好康長を攻めて降伏させ、河内国の諸城を破城として、四月二十八日には岐阜に帰って、次の武田との合戦に向かった。四月十二日に武田勝頼が信玄の三回忌を府中の館で供養した後、本願寺と連携して尾張・三河に向けて出陣したとの報告が届いたからである。

長篠の戦い

勝頼は四月二十八日に越中の杉浦氏に宛てて「織田上洛の上、大坂へ取り掛かり候」と記しており、その出陣は信長の留守を狙った可能性もあるが、諸城を落とし五月一日に長篠城を包囲した。武田に離反し徳川方についた奥平貞昌《おくだいらさだまさ》を討つべく、一万五千の軍勢を率いて貞昌の長篠城へ攻め寄せたのである。

六日には小幡信真《おばたのぶざね》に十三箇条の軍役条目を示し、十一日に長篠城攻略に取り懸ったが、奥平勢の抵抗に武田軍が手間取っているのを知った信長は、十二日に三万の大軍を率いて出陣し、十七日に三河の野田で徳川軍八千と合流した。勝頼は「信長・家康、後詰として出張候と雖も、指せる儀なく対陣に及び候」と長坂光堅《ながさかみつかた》に宛てた書状に記すなど、戦いを楽観視していたらしい。

しかし地の利を有効に活用したのは織田・徳川連合軍方であって、十八日に設楽原《したらがはら》に陣をしき、二十一日に武田軍との合戦が始まった（長篠の戦い）。武田軍一万五千に、織田・徳川連合軍は十万の大軍であったから、勝利は歴然としていた。

武田の騎馬隊に応じて馬防柵を設け、「佐々蔵介（成政）、前田又左衛門（利家）、野々村三十郎（正成）、福富平左衛門（秀勝）、塙九郎左衛門（直政）」が奉行して、「鉄砲千丁ばかり」火縄銃を用いる射撃もあって武田軍に圧勝した。武田軍は馬場信春、内藤昌豊、山県昌景など有力武将を失い、勝頼は何とか戦場を脱したが、ここからは領国拡張でなく、領国支配の充実に向かうことになった。

鉄砲の製造技術が伝わって以来、各地の大名はこれを受容してゆき、大友宗麟《おおともそうりん》が永禄二年（一五五九）に豊前・筑前守護に幕府から任じられたのは、鉄砲を将軍義輝に献上したからと言われ、上杉謙信が上洛して義輝から拝領した鉄砲の玉薬調合の書物は宗麟が献上したものという。その上杉氏では永禄十年には家臣に鉄砲を装備させており、天正三年（一五七五）の『御軍役帳《ごぐんやくちょう》』には、鉄砲三百の軍役量が記載されている。上杉に攻められた北条氏もまた鉄砲を装備していた。

畿内でも三好長慶や根来《ねごろ》衆により実戦で使用されており、信長は元亀元年（一五七〇）五月の美濃の遠藤胤俊《えんどうたねとし》・慶隆《よしたか》に宛てた書状で、鉄砲を塙直政・丹羽長秀に調達させたと記しているように、早くから目をつけていたが、長島合戦と長篠合戦においてその威力が発揮され、戦いは新たな段階に入った。

ただ長篠合戦自体は圧倒的な武力の差が大きく、武田の騎馬隊といっても上層の武士のみが乗馬でき、しかも遠征軍であった。それにも拘わらず武田軍の強さが謳われ、鉄砲の威力が知られたのは、信長が我が勝利を広く世間に伝えたからである。このため虚実入り混じる長篠合戦の屏風が制作されるようになった。このことは桶狭間での今川義元への勝利と同じで、信長は情報戦にも巧みだったのである。

六月二十七日、武田軍圧勝の成果をひっさげ、信長は摂関家以下、諸国の国衆の迎えを受けて、入洛した。

信長政権の新展開

京に入った信長は、天台宗と真言宗の相論を知ることになる。常陸国における天台宗と真言宗の僧侶の争いに端を発し、天台宗の僧が着ていた素絹の衣を真言宗の僧にも認めるべきか、認めないとするかで、二転三転する綸旨が出されていたのである。

そこで信長は公家の中から五人の奉行を任命して問題の解決に当たらせた。その奉行の一人である三条西実枝《さんじょうにしさねき》は、「禁裏の御儀共、如何辺の取沙汰、余りに以て正体なきの由、信長申されて、五人の奉行相定め候。一切諸事の儀、直奏候」と記しており、五人の奉行はほかに勧修寺晴右《かじゅうじはれすけ》、中山孝親、甘露寺親元、庭田重保《にわたしげやす》らであった。

このように信長が朝廷の政治体制を整える動きをとったことから、誠仁《さねひと》親王の禁中での鞠遊びに信長が黒戸《くろど》御所の縁に祗候した七月三日、正親町天皇は信長に官位を与えようとしても、信長はこれを固辞し、家臣への苗字や任官をもちかけた。すなわち松井友閑《まついゆうかん》に宮内卿法印《くないきょうほういん》、武井夕庵《たけいせきあん》に二位法印、明智光秀に惟任日向守《これとうひゅうがのかみ》、塙直政に原田備中守、丹羽長秀に惟住《これずみ》、荒木村重に摂津守、羽柴秀吉に筑前守などとするもので、武家独自の官位を模索してのことであろう。

信長には任官より先にせねばならないことがあった。それは一揆に奪われた越前の平定である。というのも天正三年（一五七五）四月に顕如が北陸道の門徒に宛てて、信長が宗旨破却を企てていることから、籠城に際しては兵粮に注意し、仏法の擁護・再興にあたるよう指令していたからである。八月十二日に岐阜を出た信長は十四日に越前に着き、その本隊三万は敦賀から、美濃からは大野郡を目指して金森勢が、海からは水軍が侵攻を開始し、十五日に総攻撃に入って一揆方の防衛ラインを突破、一揆軍の西光寺・下間和泉《しもつまいずみ》らを討ち取った。

信長は村井貞勝に戦場の様を「府中町は死がい計にて、一円あき所なく候」「山々谷々残る所なく捜し出し、くびをきり候」と知らせており、一万人を超える門徒を「撫切」にしたという。そこで加賀の能美《のみ》・江沼両郡に簗田広正・佐々長穐・堀江景忠らを配し、九月二日に越前北庄《きたのしょう》に移って築城を命じ、柴田勝家に越前八郡を与えて越前の国掟九箇条を定めた。

その最初の三箇条は、越前が「一揆持ち」の国となったことへの反省から、「国中へ非分の課役」を懸けないよう（第一条）、「国にたて置き候諸侍」に勝手な扱いをしないよう（第二条）、「公事」は正しい道理に基づくよう（第三条）求めている。

続く第四条は「京家領」については乱以前の知行に基づいて安堵し、第五条は諸関を停止するものとし、これは他の分国と同様に措置をとるものと定め、第六条からは大国を預け置かれた大名の心構えを示している。

最後の第九条で「何事に於いても信長申す次第に覚悟肝要に候」と、信長への絶対服従を要求し、「侍の冥加有りて長久たるべく候。分別専用の事」と、侍の本分を尽くすようにダメを押している。この掟は越前国宛ではあっても、回覧されて他の分国にも運用されていったことであろう。

信長は越前での合戦の成果に基づいて、本願寺を赦免する方向で交渉に臨み、松井友閑・三好康長に仲介するように命じて、その和議の条目を十月五日に入手すると、十日に岐阜を発って完成したばかりの瀬田橋を渡って入洛した。二十一日に本願寺赦免を友閑・康長を使者に立てて伝えると、本願寺からは年寄が礼をのべにやってきた。「当寺の儀、御懇望について御無事の上は」と本願寺の懇望により赦免したという形がとられたのである。

信長の安土城

十月三十日に勧修寺晴右の屋敷で「信長昇進の事」の談合があり、十一月四日に信長は権大納言に任じられ、七日に右近衛大将を兼任した。源頼朝が上洛した時の待遇に倣ったものであるが、簡便な消息宣下による任官ではなく、正式な陣座での任官の儀式が行われており、これに向けて岐阜にいた時から陣座を木村高重につくるように命じていた。

信長はこれによって積極的に朝廷の内部に入ってゆく。十一月六日と七日には、門跡や公卿に広く新地を朱印状で宛行《あてが》い、当知行安堵を中心とする政策をさらに一歩進めていった。そのうちの摂家の一条内基《いちじょううちもと》に宛てた朱印状を掲げる。

山城国西院内百石の事、新地として進覧す。全く御直務あるべきの条、件の如し。

天正三年十一月六日　　信長（朱印）

一条殿

内基はこの五月に土佐から上洛してきたばかりで、この後、十一月十四日に消息宣下で内大臣となって、翌年十一月に右大臣に転じると、その跡に信長が入って内大臣となり、さらに天正五年（一五七七）に左大臣に転じると、その跡にも信長が入って右大臣となった。

信長が朝廷の内部に食い込んでいったのは、基本的には他の勢力が天皇と結びつくのを嫌ってのことであろう。それとともに公家はこれまで信長を「信長」と呼び捨てにしていたが、「大将殿」と表記するようになった（『兼見卿記』）。また十一月十六日に松井友閑が村井貞勝に宛てた青蓮院《しょうれんいん》門跡の知行地の扱いに関わる書状に「上様の御前相澄む事に候」と記すように、以後、家臣の書状も「信長」から「上様」と記すことが多くなる。

なお信長が右大将になった十一月七日には嫡子信忠が秋田城介《あきたじょうのすけ》に任じられ、二十八日に信長は信忠に家督と尾張・美濃領国を譲っている。後継の体制を固める狙いとともに、本拠を岐阜から安《あ》土《づち》に移す狙いもあった。天正四年（一五七六）、安土城の築城を丹羽長秀に命じている。「正月中旬より江州安土山御普請、惟任五郎左衛門に仰せ付けらる」とあって（『信長公記』）、岐阜城を信忠に譲って新たな居城を安土山に求め、二月に城内の仮御座所に移った。

安土は岐阜と京を結ぶ中間に位置し、信長分国の中央にあって、琵琶湖に臨んで水運も利用できる要衝の地である。以前から行っていた分国の道作りはこの安土城築城を睨んでのものでもあったことがわかる。

信長は清洲城、小牧山城、さらに岐阜城へと居城を変えてきており、それぞれの城郭は信長の政治構想を示すものであった。なかでも岐阜城は比高差が三〇〇メートルもある金華山《きんかざん》の山上と山麓の御殿、そして城下町とからなり、山上からの眺望は美濃・尾張を見渡すことができ、信長はここを居所となし、山麓の御殿を各地からの使者や客人を受け入れる接待空間とした。

永禄十二年（一五六九）に二条御所の造営現場に現れたルイス・フロイスは、京都滞在の許可を求めて認められたので、五月に岐阜を訪れ次のように記している（『日本史』）。

宮殿は非常に高い、ある山の麓にあり、その山頂に彼の主城があります。驚くべき大きさの加工されない石の壁がそれを取り囲んでいます。第一の内庭には、劇とか公の祝祭を催すための素晴らしい材木でできた劇場ふうの建物があり、その両側には、二本の大きい影を投ずる果樹があります。

御殿はいくつかの郭で連結されており、二階が婦人部屋、三階が茶室、四階が展望室で、その見事さが記されている。上の城には百名以上の若い貴人がおり、信長とその家族に仕えていたという。

七月に訪れた山科言継《やましなときつぐ》は、『言継卿記』に山麓の城下町について御殿近くには木下秀吉や武井夕庵、織田信広などの屋敷があったことを記している。岐阜城は信長領国の政庁の機能を有していたのであり、信長はここで政権構想や戦術を練っては上洛し、出陣を繰り返していた。領国の政治的統合を表象していたものであるが、次の安土城の場合はどうか。

築城は四月一日から尾張・美濃・伊勢・三河・越前・若狭・畿内の諸侍を動員して石垣造りから始まり、天主の築造には京・奈良・堺の職人を徴発し、木村高重が普請奉行にあたり、大工の棟梁は岡部又右衛門であった。

石山本願寺攻め

天正四年（一五七六）四月、本願寺が再び挙兵すると、信長は摂津知行の荒木村重、山城の光秀と長岡藤孝、南山城・大和の原田（塙）直政らに出陣を命じた。村重が野田、光秀と藤孝が森口と森河内に入り、直政は本願寺南の天王寺の砦に入って木津を攻めた。

本願寺が楼岸と木津を押さえて、海上との連絡路を確保していたからであるが、本願寺は楼岸から討って出て直政軍を鉄砲でさんざんに撃ち、五月三日に直政が戦死した。信長は安土城の築城を子の信忠に託し、四月晦日に上洛して妙覚寺に入ると、あわただしく天王寺砦を守るべく五月五日に出陣し、七日に軍勢を率いて先頭に立ち、天王寺砦を包囲する本願寺軍一万五千に攻め入った。自身も銃撃され負傷したが、本願寺軍を撃破、追撃して二千七百人余りを討ち取ると、天王寺砦に佐久間信盛・松永久秀を配し、原田の跡の大和知行を筒井順慶に託し、石山本願寺の四方十か所に砦を築き、住吉浜に要害を構え、水陸から包囲して兵粮攻めをする手配を整えた。

いっぽう信長は京に恒常的な「御座所」を構えることとし、「泉水大庭、眺望面白く」という関白二条晴良の二条殿を京の二条屋敷とし、晴良を大報恩寺に移した。そこに興福寺の別当職をめぐる相論が持ち込まれた。七月六日に「禁中の義、諸事談合を加へ、その上を以て左大将殿へ御意を得べき旨、左大将殿より相定めらる」(『兼見卿記』)とあって、勧修寺晴右、中山孝親、甘露寺親元、庭田重保ら四人の奉行人が談合し、その結果を信長に伝えた後、奏上するものと定めた。

五月になると毛利輝元が断交を伝えてきた。天正二年(一五七四)に浦上宗景が山中幸盛と結び、尼子勝久が因幡の鳥取城に入るなど、信長勢力が中国地方に及んできたことや、この二月に足利義昭が紀伊国から毛利領内の備後の鞆《とも》に移って毛利の保護を得て反信長勢力を糾合したことになどよるものであり、本願寺の再度の挙兵もそれと関係していて、越後の上杉謙信も本願寺と和睦して信長と敵対するようになっていた。

七月、児玉就英《こだまなりひで》らの率いる能島《のしま》・来島《くるしま》の毛利水軍八百隻が押し寄せて来ると、淡路の安宅信康《あたぎのぶやす》の水軍は本願寺包囲網の一環として信長の命により海上を封鎖していたが、なすすべもなかった。木津川口の戦いでは「ほうろく火矢」という火薬を詰めた丸い器物を投げ込まれ、信長軍は大敗を喫し、毛利軍からは本願寺に兵粮・弾薬が運び込まれた。

九月には謙信が越中に侵攻して、一向一揆支配下の富山城以下の諸城を攻め落とし、椎名康胤《しいなやすたね》の蓮沼城を陥落させて康胤を討ち取り、越中を平定すると、十一月には畠山氏の能登に進んで、熊木城以下の諸城を次々に攻略し七尾《ななお》城を囲んだ。ここに毛利輝元・石山本願寺・上杉謙信および、紀州の雑賀衆《さいがしゅう》などが反信長勢力として立ち現れたのである。

この事態に信長は禁裏との関わりを強めていった。本願寺攻めに際しては勅使の派遣を要請し、清涼殿において信長出陣の祈禱が行われている。十一月に信長の奏請で大内裏東南にある神泉苑が東寺に還付されており、それとともに十三日に女房奉書で「天下の御いのり」が東寺に命じられた。

その奉書の内容は、神泉苑が年月を経るうちに埋もれてしまい、天下が穏やかならざる事態になっているので、苑を整備した「右大将との」(信長)の奏請により元の如く東寺に還付する故、天下の祈禱を行うのが肝要であり、十分に管理をするように、というものである。その袖には信長の朱印が捺され、実効性を信長が保証していること、天下に関わる朝儀を信長が主導していることを意味していた。

安土の首都計画

天正四年(一五七六)冬、信長は安土行幸を計画した。山科言継の娘阿茶の父への書状に「みやうねんは、あつちへ大りさまきやうかう申され候はん」と見える。当時、譲位に向けて礼服の風干しが行われていて、行幸するのが正親町天皇なのか、誠仁親王の践祚後なのかはともかく、行幸が実現し、そのまま居座れば遷都という事態にもなる。

それだけに安土整備は急がれ、十一月十一日に杣《そま》大鋸引《おがひき》・鍛冶・桶結・屋根葺・畳指を動員して国役として作事を行うように木村高重に指示している。『フロイス日本史』は「信長は新しい町と屋形とを安土山といわれる山上に造った。七階建てで、彼の時代までに日本で建てられたうち最も威容を誇る豪華な建物であったという」と記している。

十一月二十日に信長は内大臣となり、翌年二月に本願寺攻めのため河内・和泉攻めに出陣し、和泉の貝塚で一向一揆を退け、本願寺に味方して兵を繰り出してきた紀伊の雑賀一揆を攻めた。これは紀ノ川河口域の雑賀郷・十ヶ郷を中心に広がる土豪の一揆衆で、鉄砲を所持し、大名などの傭兵として活動していたのである。

三月一日にその一揆の中心人物である鈴木孫一《まごいち》の居城雑賀城を囲み、三月十五日に降参させて帰洛したのであるが、中国地方では毛利方についた備前の宇喜多秀家《うきたひでいえ》が三月に播磨に侵攻し、四月には室津に進み、毛利輝元が三原に本陣を進めるなど緊張感が高まっていた。

そうしたなか六月に信長は「安土の山下町中」に十三箇条の法を定めている。第一条の楽市楽座の布告に始まり、往還の商人の寄宿を強制する第二条、普請と伝馬の免許・免除の第三・四条、火事や咎人、盗人の処罰規定の第五から第七条、徳政免除の第八条、来住者の権利保護の第九条、喧嘩口論など町の平和に関する第十・十一条、家並役免除の第十二条、博労による馬売買を指定する第十三条など、市場法の性格を越えた都市法の制定となった。なかでも第十二条の町並みや居住の者の規定では、奉公人や諸職人であっても家並役を免除しており、奉公人や諸職人を優遇したのは、安土への来住を促したからである。

安土の整備が進むなか、信長は閏七月に完成した京の二条の屋敷に入っており、ここに安土を中心に京都・岐阜を押さえとする領国の空間構造が形成された。だが外の動きも活発化してきた。八月に雑賀一揆が再び蜂起し、北国では謙信が能登に侵攻して七尾城を包囲し、九月十五日に畠山の家臣遊佐続光《つぐみつ》が謙信と通じ、信長と通じる長綱連《ちょうつなつら》を殺害したことで七尾城は落城し、これにより謙信は越後・上野・越中・飛驒・能登を領国とするに至った。

長綱連の要請を受けた信長は、柴田勝家や羽柴秀吉・滝川一益・丹羽長秀・前田利家・佐々成政ら三万の大軍を派遣したのであったが、秀吉が勝家と意見があわずに抜け出てしまい、残った勝家軍が九月十八日に手取川《てどりがわ》を渡河し水島に陣を張ったところ、七尾城陥落の報が入ったので退却を始めたが、その背後から謙信勢に襲いかかられて敗退を喫した。

これ以前、八月に天王寺砦にいた松永久秀も、信貴山城に立て籠もって挙兵したので、九月に織田信忠を派遣し、信貴山城に攻めた結果、久秀は十月十日に自刃した。離反・同盟・謀叛を繰り返したその一生であるが、茶人としても名を成した。信忠は久秀を滅ぼした功により十五日に近衛中将に任じられ、十一月二十日に信長は右大臣に昇進した。

いっぽう北陸戦線から抜け出た羽柴秀吉は、信長に叱責され、十月二十三日に播磨に派遣されると、服属してき黒田孝高《よしたか》の姫路山城を本拠に播磨・但馬を転戦し、但馬の太田垣輝延《おおたがきてるのぶ》の竹田城を落とし、竹中重治《しげはる》・黒田孝高を派遣して毛利方の福原城を落とし、備前・美作国境に近い赤松政範の上月城《こうづき》をも十二月には落とし、ここに尼子勝久・山中幸盛を入れた。

安土城の偉容

翌天正六年（一五七八）正月に安土城に出仕した五畿内・若狭・越前・尾張・美濃・近江・伊勢の面々からの礼を受けた信長は、座敷で信忠以下十二人に茶を出し、狩野永徳の描いた御座所の濃絵《だみえ》を見せたのをはじめ、ほぼ完成した安土城の御殿を人々に見せている。正月二十五日に村井貞勝が京から下って来た時には、林秀貞《はやしひでさだ》とともに安土城の「殿主」をみせている。

『安土日記』によれば「御殿主ハ悉黒漆也。御絵所皆金也。高サ十六間々中　天正五丁丑八月廿四日柱立、同霜月三日屋上葺合候」とあって、前年五月に立柱、十一月に屋根が葺かれたという。七重からなり、その上一重についてこう記されている。

三間四方御座敷之内、皆金、外輪に欄干有。上龍下龍、天井には天人御影向の遊ばさる所に候。柱ハ金也。狭間戸鉄黒漆也。四方柱には数六十余、南伏儀・神農皇帝。段々に御縁をはり出し三皇・五帝・孔門十哲・西文王・老子、かうらんきほうしひうち北に二太公望、商山四皓・七賢　狩野永徳にかゝせられ、ほうちゃくをつらせられ候。

座敷は黄金で装飾され、中国の古典古代の皇帝や儒者・賢人などの図を狩野永徳に描かせたのである。二重目は八角四間で外柱が朱、内柱が皆金の装飾で、「釈門十大御弟子等かゝせられ　尺尊御説法之所」とあって、印度の仏教的世界が描かれた。三重目には絵がなく、四重目は岩の間。龍虎之戦の絵、竹間、松の絵、桐ニ鳳凰、「きよゆう　耳をあらへは　そうほ　牛を牽き帰る所」の図、「てまりの木」「庭子之景気」、鷹の間などからなっていた。

全体にわたり花鳥風月を描いているが、その素材は中国の古典に求められ、山水画の世界を基調としたものとなっている。唐絵を求めた室町将軍の武家趣味の延長上にあった。

城郭の造りでは、岐阜城の山上と山麓とが分離していた空間が一体化して高層建築をなし、小牧山城のように大手道が造られ、その先が瓦葺の建物という山岳寺院の境内空間のようになっていた。城下から、琵琶湖の対岸から仰ぎ見る壮麗で偉容を誇る建物、それが安土城であった。

城下には直属の宿老衆や先手衆などとともに、尾張から弓衆・鉄砲衆・馬廻衆・小姓衆・小身衆などを移し、機動性を有する直属の軍団を編成した。国々には主要な家臣を配属し、上杉景勝に対しては柴田勝家・前田利家・佐々成政らを、武田勝頼に対しては滝川一益・織田信忠らを、波多野秀治に対しては明智光秀・細川藤孝らを、毛利輝元に対しては羽柴秀吉を、石山本願寺に対しては佐久間信盛を配していった。

二月に安土に相撲取り三百人を集めて相撲を取らせ、京では朝儀復興で節会を行わせるなど、安土・京は安穏な年明けとなったが、信長にとって難題を抱えた年ともなった。

西と東の攻防

正月に毛利輝元が大軍を上月城奪還に向けて動かし、二月に秀吉が播磨の書写山《しょしゃざん》に要害を築いたところ、別所長治が播磨三木城に立て籠もって本願寺・毛利方についたのである。丹波では長治の姻戚関係にある波多野秀治が反旗を翻したので、これには信長自ら出馬しようとして止められ、光秀が派遣された。

西で慌ただしい動きが始まるなか、北では謙信が三月九日に春日山城内の厠で倒れて十三日に急死し、この謙信死去の報は三月下旬に信長の耳に入った。謙信には実子がおらず後継者を定めていなかったため、養子となっていた景勝・景虎の間で相続争いが起きた。

四月九日、信長は「征伐の功、未だ終わらざるの条、先ず一官を辞さん」と、突然に任じられたばかりの右大臣の官職を辞し、嫡男の信忠へのその地位の継承を奏請すると、すぐ辞任は認められたが、信忠への与奪は認められなかった。

信長は自らが戦場に出馬することを考え、もしもの場合を想定して職を子に譲っておこうとしたのであるが、天皇は出馬しないように求めており、辞任だけを認めたのである。

その四月に毛利輝元は備中松山城に陣をしき、十八日に吉川元春・小早川隆景が六万の兵を率いて上月城を取り囲んだ。これについての秀吉の急報で、信長は自身の出馬を言い出したが、佐久間信盛、滝川一益、明智光秀、丹羽長秀らに抑えられ、織田信忠が派遣されることになったが、それでも五月十三日に出陣を予定していたところ、大雨で断念した。

六月十六日に上洛した秀吉は信長に面会したが、信長から上月城からの撤退と別所攻めを命じられたので、秀吉は撤退を余儀なくされ、七月三日に上月城が陥落して、尼子勝久は自害、山中幸盛は備中松山城への護送中に処刑された。三木城攻略もまた容易に進まなかった。

しかし、毛利水軍による大敗の経験に学んでいた信長は、大型船の建造を志摩水軍の九鬼嘉隆と伊勢の滝川一益に命じていて、その嘉隆の六艘と一益の一艘からなる、装甲を施した大型鉄甲船が七月に和泉の堺に廻航されてきた。喜んだ信長はその大船を見るため九月末に堺に赴き、大船を幟《のぼり》や指物《さしもの》、幕などで飾った出迎えを受け、信長は一人船に乗った。

船は大坂沖に配置され海上ルートを遮断したのだが、予期せぬことに、十月に荒木村重が本願寺の顕如と盟約を結んで信長に離反した。秀吉は村重とは旧知の仲の黒田孝高を有岡城に派遣して村重に翻意を促したが、逆に孝高が村重に捕らえられ幽閉されてしまい、信長も説得を試みたものの不調に終わった。この動きに呼応し毛利水軍の六百余艘が本願寺への大量の兵粮米を積載して木津川の河口に向かった。

十一月に織田と毛利の水軍による戦端が開かれると、九鬼嘉隆が敵船を引きつけ大砲で撃破して毛利水軍を敗走させ、毛利・本願寺間の粮道の遮断に成功した。この鉄甲船には大砲三門が搭載されていた。毛利水軍の敗走と、続く十一月十六日の高槻《たかつき》城の高山右近、十一月二十四日の茨木《いばらき》城の中川清秀の降伏によって村重は孤立したが、有岡城に籠城し、三木城の別所長治とともども織田軍に抗したので長期戦の様相を呈した。

摂津・播磨で長期戦が続くなか、謙信死後の越後では家督相続の争いが起きており、これが東国全体を巻き込む争いへと発展していた。謙信の養子の景勝と、小田原北条氏から人質として出されて養子に迎えられていた景虎とが争うなか、景勝が先手をうって三月二十四日に春日山城本丸と金蔵を占拠して家督を宣言すると、景虎は五月に城を抜け出し城下の御館に立て籠もった（御館《おたて》の乱《らん》）。景虎の実兄北条氏政が甲相同盟により武田勝頼に出兵を依頼したので、勝頼は信越国境まで出兵したが、景虎を支援せずに両者の調停へと動き、それが不調なまま、三河の徳川家康が駿河に侵攻したため、越後から撤兵した。代わって北条の軍勢が越後に攻め込んだがこれもうまくゆかず、天正七年（一五七九）三月に景勝に攻められた景虎は二十四日に自害し、景勝は勝頼の異母妹と婚約し同盟を結んだ。

安土宗論

天正七年（一五七九）五月十一日に信長は完成した安土城天主に移り住んでいるが、この日は信長の誕生日であったという（『フロイス日本史』）。その五月末、安土城下の浄厳院《じょうごんいん》で浄土宗と法華宗の宗《しゅう》論《ろん》が行われた。

浄土宗の霊誉玉念《れいよぎょくねん》長老が安土の町で法談をしていたところ、法華信徒の建部紹智《たけべしょうち》・大脇伝介《おおわきでんすけ》の二人が問答を仕掛けて論争となった。この噂により都鄙の僧俗が安土に集まったのを伝え聞いた信長は、信長の定めによるものと両宗に伝えると、浄土宗側はどんな指示にも従うとの返答があったが、法華宗は同心しなかったので宗論で決する事になった。

信長は五山南禅寺の鉄叟景秀《てっそうけいしゅう》らを宗論の判者に招いて、経過を記録して報告するように命じ、こうして安土町末の浄厳院の仏殿において、浄土宗の僧（玉念・貞安・洞庫）と、法華僧（日珖・日諦・日淵）との間で宗論が行われた。

浄土宗側から、釈尊が四十余年の修行を以って以前の経を捨てたならば、汝は方座第四の「妙」の一字を捨てるか、捨てないか、と問が発せられると、法華側が答えに窮したので、判者を始めとして満座一同がどっと笑い法華の袈裟を剝ぎ取った。時に天正七年五月二十七日の辰刻であった。

その宗論の記録が信長に届くや、信長は時を移さず浄厳院へ出向いて、法華宗・浄土宗の当事者を召し出し、法華宗には他宗誹謗を禁じて侘証文を書かせ、逃げた建部紹智・大脇伝介を捕えたばかりか頸を切った。その侘証文を掲げる。

敬白　起請文の事

一、今度、近江の浄厳院に於いて浄土宗と宗論仕り、法花衆負け申すに付いて、京の坊主普伝幷塩屋伝介仰せ付けられ候事

一、向後他宗に対し、一切法難致すべからざる之事
一、法花一分之儀立て置かるべきの旨、忝く存じ奉り候。法華上人衆一先牢人仕り、重ねて召し直さるゝ事

天正七年五月廿七日　　法花宗

上様　浄土宗

法華宗側は信長を「上様」と記して従属を誓ったのである。宗論が信長の下において安土を場として公開で行われ、その結果、両者が信長に従属する意思表示をしたことの意味は大きく、信長は天皇の権威によらない高次の権力を創出したことになる。

フロイスによれば、信長は当初は法華宗に属していたかに見えていたという。実際、長篠合戦では旗指物の上に付ける小旗（まねき）に「南無妙蓮華経」の字が記されており、京の寄宿先も法華寺院であった。

しかし「顕位」についてからは、誇らしげにすべての偶像より自分を優れたものとなすようになったとも記している（『日本史』）。それだけに安土宗論は画期的事件であった。天正七年（一五七九）六月の比叡山日吉社の記録には、日吉の百八社の再建が綸旨でなされるところが、信長は信長の下知で行われるようにしたという。

六月一日に明智光秀が丹波の波多野秀治の八上《やかみ》城を落とし、宇津頼重《うつよりしげ》の宇津城をも落として丹波

の禁裏御料所である山国荘《やまぐに》を復活させ、丹後の一色氏の弓木城《ゆみのき》も落としたことから、十月二十四日に安土に凱旋して丹波・丹後の平定を報告すると、信長から「天下の面目を施し候」と称えられた。九月に籠城を続けていた荒木村重が毛利との連携をはかって城を抜けたので、信長は有岡城を攻めて、置き去りにされた妻子をはじめ荒木一族三十七人を京の六条河原で斬殺し、郎党も尼崎で殺害した。

信長二男で北畠家に入った信雄が、信長に無断で伊賀に出兵して敗れたことについては、信長は九月二十二日に「第一に天下のため、父への奉公、兄城介（信忠）大切、且は其方のため」にあってはならぬことと記す譴責状《けんせき》を送って謹慎させているが、これは本願寺の本格的な攻撃を控えての勝手な行動に怒ったものである。

五　信長の天下構想と世間

本願寺赦免

毛利方の備前の宇喜多直家が服属するなど戦局が好転するなか、十一月に信長は京屋敷の二条新御所を誠仁親王に進上し、親王の五男邦慶親王を信長の猶子《ゆうし》となして、ともに二条新御所に移った。信長は親王に接近しその関係を深めており、あるいは次期天皇の後見の立場を狙っていたのかもしれない。

こうして再び天皇を動かし本願寺との和睦に動いた。前回は毛利と連携していた本願寺が動かなかったが、今回は信長には圧倒的有利な条件がそろっており、十二月十五日に天皇の意向が勧修寺晴豊《はれとよ》と庭田重保を勅使として本願寺に伝えられ、十八日には安土の信長に伝えられた。

翌天正八年（一五八〇）正月に三木城が落城した状況から顕如も決断を迫られ、三月に信長が総攻撃に及ぶという情報も入ってきた。三月一日、「叡慮」が勧修寺晴豊と庭田重保が勅使として本願寺に伝えられ、信長からは前関白の近衛前久が派遣された。

十七日に信長側から七箇条の講和条件として、「惣赦免の事」や天王寺北城、大坂退城後の扱い、末寺の地位保証、南加賀の二郡の返還、退城の期限を盆明けとすることなどが示され、誠仁親王による大坂城退城を求める消息も添えられていた。閏三月三日には本願寺への加賀国返付も伝えられた。

閏三月七日に顕如側近の下間頼廉《しもつまらいれん》・下間頼龍《らいりゅう》・下間仲孝《なかたか》が誓紙を差出してついに講和へと至った。顕如は禁裏からの仰せに従ったという立場から、信長は赦免したという立場からの和議の成立となったのだが、雑賀衆や淡路の門徒と結ぶ子の教如は抵抗を続け、四月九日に顕如が本願寺を嫡子の新門跡に渡して紀伊の鷺森《さぎのもり》御坊に退去した後も、信長に抵抗して本願寺を占拠し続けた。

しかし荒木村重が花隈《はなくま》城の戦いに破れるなどの情勢悪化や、近衛前久の再度の説得工作もあって、教如も本願寺の明け渡しを受け入れて雑賀に退去し、八月二日に本願寺は信長の手に入った。その直後に城から出火し、三日三晩燃え続け焼き尽くされた。『多聞院日記』は、退去を快く思っていなかった教如方が火を付けたという噂を記している。

その八月二日に、信長は大和・摂津・河内の諸城の破却を命じ、大和国では筒井順慶の筒井城を始めとして概ね破却され、十五日に大坂に着いた信長は、畿内諸城の破却をも命じ城郭を破ることを進めていった。

それとともに譜代の家臣である佐久間信盛とその嫡男信栄に対して、十三日付けで十九箇条の折檻状を突き付けた。他の武将が天下の面目を果たす働きをしていたのに、本願寺を包囲するだけで人に任せて積極的に戦を仕掛けなかったことなど事細く理由をあげ、出家して高野山に隠棲するよう迫ったのである。

突き付けられた佐久間父子は高野行きを選んで没落し、続いて古参の林秀貞、安藤守就、丹羽氏勝も、かつての謀反の企てや野心を理由に追放された。本願寺の赦免を行うとともに家臣の引き締めをはかったことになる。

天下の支配の深まり

八月十三日、完成した安土の様子を狩野永徳に描かせた『安土屛風』が成り、これを天皇に見せるために禁裏に運ばせた。安土の存在を強く印象づけるものであって、これは後にヴァリニャーノに贈られ、ローマに運ばれることになる。

九月には諸国で検地が行われた。天正五年（一五七七）には越前国掟九箇条を受けて柴田勝家が越前で「国中御縄打」（検地）行っていたが、その検地がこの時期から広く行われていった。播磨では秀吉が実施し、九月二十五日に佐久間信盛の跡の大和に入った明智光秀と滝川一益が、大和の寺社本所・諸寺諸山・国衆に所領の指出を命じている。

十一月、摂津・河内・大和の国々を破却させていた筒井順慶に大和を与えたので、順慶は郡山《こおりやま》城を居城とした。柴田勝家は加賀に侵攻し一向一揆の拠点である尾山《おやま》御坊（金沢御堂）を陥落させている。この御坊は天文十五年（一五四六）に建設されて一向一揆は勢力を拡大させてきて、本願寺の惣赦免でも安堵されていたが、すぐに破られてしまったのである。

天正九年（一五八一）になると二月に越中国を佐々成政に宛行《あてが》い、三月には堀秀政に和泉の所領の指出しを行わせている。次の朱印状はその三月に丹後の領知で長岡（細川）藤孝に検地を行わせたものである。

丹後国領知方の事、国中残る所なく糾明を遂げ、諸給人の手前、面々の指出の員数相違なく充行い、余分に於いては、其方覚悟に任せて、軍役已下、速に申し付くべく候。

信長（朱印）

天正九

三月五日

長岡兵部大輔とのへ

諸国で検地や知行宛行が続き、信長の領国支配の体制が整えられていったことがわかる。宗教勢力として残るのは高野山と根来寺であったことから、高野山が荒木村重の残党を匿っていたとして、朱印状で召し出すように命じて使者十数人を差し向けたところ、高野山が使者を殺害したので、その報復として八月十一日に高野聖を捕えて殺害している。

十月二日には堀秀政の軍勢を派遣して、連携していた根来寺を攻めさせ、三百五十人を捕虜とし、十月五日には高野山七口から筒井順慶の軍をも派遣して総攻撃したが、高野山側も応戦して戦闘は長期化していった。

九月三日、伊賀国に残る惣国一揆に対し、信雄が発向して甲賀口・信楽口・加太口・大和口の諸口から攻め入り十一日に平定したので、信長は十月十日に伊賀国に入って、一宮の上の国見山に登って国中の様子を視察している。

この十月二日には前田利家に能登国を与え、十月二十五日には七月から始まっていた羽柴秀吉による兵粮攻めによって因幡の鳥取城が落ちて因幡が平定され、さらに秀吉は十一月に毛利氏水軍の基地となっていた淡路の岩屋城を落として淡路をも平定した。

馬揃えと神の領域

天正九年（一五八一）の新年から信長は安土と京都で新たな行動に出た。正月十五日に爆竹を使用して小正月の火祭りである左義長を安土で挙行したのである。安土松原町の西の琵琶湖岸に馬場を築かせ、馬廻衆に思い思いの頭巾や衣装などで飾らせ、自らも黒い南蛮笠、赤い布袴、唐錦の羽織、虎の皮の行縢《むかばき》の姿で、葦毛の馬に乗り、近衛前久や一族を従えて町中を行進したので、「見物群集をなし、御結構の次第、貴賤耳目を驚かし申すなり」と見物人が驚嘆したという。

ついで正月二十三日に明智光秀に宛てて「重ねて京にては、切々馬を乗り遊ぶべく候。自然わかやぎ、思々の仕立てあるべく候」と、京でも馬揃えを行う故、畿内の直奉公の者に触れて集まるように命じた。翌日に天皇から要望があったことを伝えているが、それは近衛前久が動いたからであろう。

光秀が上京の東に構築した馬場は南北に八町、毛氈で包んだ柱で柵を作り、行宮《あんぐう》を設けて金銀の装飾が施された。二月二十日に上洛した信長は本能寺に寄宿し、二十四日に越前から柴田勝家らが上洛し、二十八日に行宮で天皇・公家衆の見物するなか、諸将は馬揃えに金襴豪華な衣装で参加したのである。

信長一行は辰の刻に本能寺を出て室町通を北上し、一条を東に曲がって馬場に入った。一番に丹羽長秀、二番に蜂屋頼隆《はちやよりたか》、三番に明智光秀、四番に村井貞成がそれぞれ国衆を従え、その後ろを織田一門衆（連枝衆）、近衛前久・正親町季秀《すえひで》・烏丸光宣《からすまるみつのぶ》らの公家衆、細川昭元・細川藤賢らの旧幕臣衆、そして信長の馬廻衆・小姓衆、柴田勝家らの越前衆、さらに弓衆百人が進んで、最後に信長が入場した。

その「花やかなる御出立、御馬場入りの儀式」は、「さながら住吉明神の御影向もかくやと、各神感をなし奉り訖」と評されたが、ここに住吉明神の御影向に譬《たと》えられているのは、神は馬に乗って降臨すると考えられていたからである。馬場といえば二月二十五日に亡くなった天神こと菅原道真の祀られたのは北野の馬場であり、馬揃えはその三日後の二月二十八日に行われたのである。これを見た「貴賤群集の輩」は「かかる目出たき御代に生まれ合わせ、天下安泰にして黎民烟戸ささず、生前の思出有り難き次第にて上古・末代の見物なり」と感激したというが（『信長公記』）、神である信長が降臨し、「天下泰平」をもたらしたという演出であったろう。

馬揃えには宣教師たちも招かれて見物しており、フロイスの記録によれば、宣教師が信長に贈った金装飾を施した濃紅色のビロードの椅子を信長が気に入って、行進の時、信長の前を四人が肩の高さまでその椅子を持ち上げて進み、信長は馬から降りた時に一度その椅子に座って見せたという。三月五日にも再び馬揃えが行われたが、この時は名馬五百騎を選んで、騎乗者全員が黒笠、黒い胴服に裁着《たっつ》け袴、腰蓑《こしみの》姿という黒づくめであった。

フロイスの書簡によれば「信長に天皇に謁見できるようにと助力を求めると、信長は「汝らが寵を得る必要はない、何故なら予が国王であり、内裏である」と私に語った」と記しており、信長は自身が天皇を越える存在と考えるようになっていた。

馬揃えの勢威の様を見た天皇は、三月七日に信長を左大臣に推任するが、信長は天皇が譲位し、誠仁親王が即位した際にそれをお受けしたい、と返答し、四月一日には、今年は陰陽道の金神《こんじん》の年なので譲位に不都合と言い、譲位と信長の左大臣就任は延期となった。信長には官位の昇進を望む意思は全くなかったのであろう。

東国諸国の平定

信長の次の標的は甲斐の武田氏となった。武田勝頼は長篠合戦で敗退した後、越後上杉家との間で甲越同盟を結んでいたが、三月に遠江の重要拠点であった高天神城が、徳川家康に攻められて落ちたので失望が生まれるなか、十二月に新府《しんぷ》城を築城して甲府の城館を捨てて入った。

そこに信玄の娘婿である木曾義昌が信長に寝返ったことから、これを機に信長は武田領国への本格的侵攻を行うところとなった。動員令を発して、木曾から信忠が、駿河から徳川家康が、相模から北条氏直が、飛驒から金森長近《かなもりながちか》が、それぞれ武田領攻略へと向かった。

信忠軍は滝川一益と信忠譜代衆である河尻秀隆・森長可・毛利長秀等からなり、二月二日に新府を出た武田軍と諏訪の上の原で対陣した。すると伊那城の城兵が下条信氏《しもじょうのぶうじ》を追い出して織田に降伏し、南信濃の松尾城の小笠原信嶺《のぶみね》も織田に投降してきた。

織田長益《ながます》、織田信次《のぶつぐ》、稲葉貞通ら織田軍が深志《ふかし》城の馬場昌房と戦って開城させると、駿河江尻の穴山信君《のぶただ》（梅雪）も家康に投降し、徳川軍はその先導によって駿河から富士川を遡って甲斐に入国した。勝頼は穴山梅雪の裏切りを知って、諏訪の陣を引き払い新府に戻ったが、これによって仁科盛《にしなもり》信《のぶ》が籠もった信濃高遠《たかとお》城が孤立し、三月二日の信忠率いる織田軍の攻撃を受けて落城した。

信濃諸城の落城という形勢から勝頼は新府城を放棄、城に火を放って小山田信茂《おやまだのぶしげ》の岩殿《いわどの》城を目指したのだが、信茂にも裏切られてしまい、三月十一日に自刃して武田氏は滅亡した。

信長が安土を出たのはその六日前、十三日に美濃の岩村城から弥羽根に進み、十四日に勝頼の首級を実検し、十九日に高遠から諏訪の法華寺に入り、二十九日に知行割を行った。木曾義昌に信濃二郡、穴山信君に甲斐の本知行分を安堵し、滝川一益には上野国と信濃二郡、河尻秀隆に穴山領を除く甲斐領、徳川家康に駿河、森長可に北信濃四郡、毛利秀頼に南信濃は与えたのである。

三月には甲斐・信濃の国掟十一箇条を定めた。七年前の越前国掟九箇条と比較すると、関所の撤廃や奉公など七条目まではほぼ同じであるが、その次から越前国掟では支配の心構えを示していたのに対し、城普請（第八条）、鉄砲・兵粮（第九条）、道作り（第十条）、堺目の公事（第十一条）などを具体的に定めており、領国支配は明らかに深まっていた。

四月三日に信長は甲斐に向かって富士山を見つつ新府に立ち寄り、甲府の信玄館の仮御殿に入って、恵林寺の僧衆の成敗を命じ、快川《かいせん》長老ほか「老若上下百五十人余り」が焼き殺された。富士山南麓の駿河大宮浅間神社を経て東海道を上り、家康の接待を受けつつ、浜松城に入城し、浜松からは船で吉田城に至って、四月二十一日に安土城に帰った。

見果てぬ夢

四月二十三日、勧修寺中納言晴豊は信長の東国平定を祝う正親町天皇・誠仁親王の贈り物を届けると、すぐに上洛し二十五日に、信長を太政大臣・関白・征夷大将軍のいずれかに任じたい、という天皇の意向を村井貞勝に示した。

五月になって上臈《じょうろう》の御局・大乳人に付き添って信長にこの件を伝えたが、信長はすぐそれに答えなかった。信長が望んだのは安土行幸であったと考えられる。この年正月の『晴豊日記』には「行幸の用意、馬くらこしらへ出来申し候間、禁裏御目かけ申し候」と記されており、行幸計画が進んでいた。信長は元旦の年賀に出仕した織田一門、大名らに対し安土城の天主下の「御幸の間」を見せている。

元来檜皮葺、金物日に光り、殿中悉く惣金なり。何れも四方御張付け、地を金に置上げなり。金具所は悉く黄金を以て仰せ付けられ、斜粉をつかせ、唐草を地ぼりに、天井は組入れ、上も輝き下も輝き、心も詞も及ばれず。（中略）正面より二間の奥に皇居の間と覚しく、御簾のうちに一段高く、金を以てみがき立て、光耀き、衣香当たり撥って四方に薫じ、御結構の所あり。

「御幸の間」の奥の一段高い所に「皇居の間」があるので、行幸の段取りは進んでいたことであろう。前後の事情からすれば遷都も構想していたのかもしれない。だがそれに向けては、中国と四国の平定を達成する必要があり、中国に秀吉を派遣し、四国は長宗我部元親《ちょうそかべもとちか》が勢力を拡大していたので、明智光秀を通じて服属をはかったものの、元親は応じていなかった。

元親は天正三年（一五七五）に一条兼定《かねさだ》を四万十川で破って土佐国を平定した後、織田信長と同盟を結んで伊予・阿波・讃岐に侵攻し、天正八年までに阿波・讃岐両国をほぼ制圧した。しかし信長が土佐と阿波南半のみの領有を認め、臣従するよう迫ってきたことから、元親はその要求を拒絶した。天正九年三月に三好康長・十河存保《そごうまさやす》らの反攻を受け、天正十年になると、信長が三男の信孝の派遣を決め、五月七日に讃岐を信孝に、阿波を三好康長に与えるものと定め、自ら出馬することにしていた。

その五月十五日に徳川家康が穴山梅雪とともに駿河国を与えられたことへの礼に安土を訪れ、明智光秀の饗応により手厚くもてなされたが、そこに備中高松城攻めの秀吉の使者から信長への援軍要請があったので、信長は光秀に援軍に向かうよう命じ、家康らは京・大坂を経て堺へと向かい、信長は五月二十九日に中国遠征の出兵準備のために上洛して、本能寺に逗留した。

光秀が坂本城を出て丹波亀山に入ったのは五月二十六日、翌日に愛宕山に参詣し、連歌師の里村紹巴《じょうは》を交えて連歌会を開いたが、この時に光秀は「ときは今あめが下知る五月かな」の発句を詠じたという。ここに「逆心の企」を謀り、京に戻って、六月二日に本能寺を襲撃したのである。百人ほどの手勢であった信長は、自ら槍を手にして奮闘したものの、圧倒的数の明智軍の前に力尽き、居間に戻って火を放ち、燃え盛る炎の中で自害して果てたという。

夢を託すべき信忠は、妙覚寺にいて異変を聞いて駆け付けたが、時既に遅かったので、二条御所に赴いて親王を禁裏に移した後、明智軍に取り巻かれて自刃して果てた。

信長文書の可能性

時代の動きを信長中心に見てきたが、そのなかで手がかりとしたのは、信長に仕えた太田牛一《おおたぎゅういち》の『信長公記《しんちょうこうき》』である。信長の幼少期から足利義昭を擁して上洛するまでの首巻と、上洛から本能寺の変に至るまで一年一巻で記す十五巻の、全十六巻からなる。

牛一は尾張春日郡の出で、信長の死後には丹羽長秀に右筆として仕え、長秀没後には豊臣秀吉に仕えた。『信長公記』はその時期の記録をもとに編纂されたもので、年月日をきちんと記して編年的にまとめるなど、執筆姿勢はいたって真面目、一部に錯綜は認められるものの、文書と照らし合わせてゆくと事績が比較的正確に記されていることがわかる。

そこでこれまで文書を中心に『信長公記』を併用して信長の動きを見てきたのである。ただ文書は歴史的事実を丹念に探ってゆくのには有効な史料だが、時代の思考や流れを探ることは著しく難しい。というのも通常の文書は宛てられた人物のみが見ることができるからである。ところが信長文書はやや性格を異にする。多くは書き写され、閲覧に供されてきたからである。

たとえば元亀元年（一五七〇）正月に信長が義昭に示して承諾させた五箇条の事書などは広く回覧されたことであろうと先にも指摘した。こうした掟や村井貞勝宛ての消息などは所司代の貞勝を通じて回覧されたと考えられる。牛一が詳細な信長の伝記を記し得たのも、見聞したことのみならず、大量の文書を見ることができたからであって、実際、『信長公記』には多くの文書が収められている。したがって信長の動きや考えを探る上で、信長の発給文書から探ることは有効なのである。

回覧されたことがわかる文書の一つに、天正八年（一五八〇）八月に信長が佐久間信盛・信栄に示した十九箇条の折檻状があって、『信長公記』にも収められている。その第一条を見よう。

一、父子五ヶ年在城の内に善悪の働きこれ無きの段、世間の不審余儀無き子細共候。我等も思あたり、言葉にも述べ難き事。

父子が五年も在城していながら、とかくの働きがなかったのは、「世間」から不審に思われてもやむをえない、と記している。文書が広く見られたのは、信長がこのように「世間」に対応し、自らの考えを伝えようとしたからである。第三条では、信盛とは違って、明智光秀の働きを「天下の面目をほどこし候」、羽柴秀吉について「数ヶ国比類無し」、池田勝三郎恒興《つねおき》には「天下の覚えをとる」と高く評価しており、これもまさに世間に伝えようとしたのであった。

この世間にどう思われるのか、といった考えや見方を問題にしよう。光秀や恒興への評価に見える「天下」とはこの世間と対の関係にあって、天下の面目は世間の面目に、天下の覚えは世間の覚えにも言い換えることができる。

信長は世間の評価、世評を気にかけていたのである。天正元年（一五七三）三月七日の細川藤孝宛ての黒印状十七箇条の第十五条では、「今堅田一揆成敗」について、「世間のかほつきもかはるの由候」と記し、比叡山を焼討するにあたっては「山門山下の僧衆、王城の鎮守たりと雖も、行体・行法、出家の作法にも拘わらず、天下の嘲弄も恥ぢず、天道の恐れをも顧みず、淫乱、魚鳥を服用せしめ、金銀に耽って」と、山僧の行為・活動が天下・天道に背くものだと指弾し、広く世間に訴えて焼討を実行に移したのである。

世間と世評

信長は世間の評判（世評）を常に気にかけ、それを利用していたわけで、足利義昭に十七箇条にわたる意見をした時には、十五条で宿直の若衆を扶持する際の行為について「天下褒貶沙汰の限り」と指摘し、十七条では「不思議の土民百姓に至るまで、悪御所と申しなす由候」と、その評判が悪いと痛罵した。

長島の一向一揆に対しては「本願寺念仏修行の道理をば本とせず、学文無智の故、栄華に誇り、朝夕乱舞に日を暮らし」と、彼らの乱行をあげて殲滅《せんめつ》している。その言い分が正しいかどうかはともかく、敵の非を暴くことを世間に提示する必要があったのである。

遡れば信長の名声が一気にあがった桶狭間の戦いや長篠の戦いなども、信長によって天下に、世間に伝えられたのであって、多くの戦いが戦記に記され、屏風に描かれたのも、世間に訴えることを一つの目的にしていた。

天正九年（一五八一）三月に、武田方が遠江高天神城を徳川家康に攻められ、兵粮の補給がなされずに籠城者が餓死に及んで落城した時、信長は「武田四郎勝頼、御武篇に恐れ、眼前に甲斐・信濃・駿河三ヶ国にて歴々の者、上下其数を知らず、高天神にて干殺しにさせ、天下の面目を失ひ候」と語っており、この時に「天下の面目」を失った勝頼の行動を手掛かりに武田家臣を調略によって寝返らせて勝頼を滅ぼしたのである。

その年六月には鳥取城を攻める秀吉に「千万に一にも利を失い候へば、外聞と云い、実儀と云い、かたがたもって然るべからず候」と、世間の外聞を気にしている。

ではその世間とはどういうものか。蓮如の文明五年（一四七三）の御文は門徒の道場での座衆の在り方を批判するなかで「世間ノ名聞に似たり」として世間との違いを強調している。天文二十一年（一五五二）の大隅の島津忠将《ただまさ》が肝付兼盛《きもつきかねもり》に送った契状の第一条は「世間何ヶ様、転変為リと雖も、御屋形様（貴久）を守り奉り、御奉公一味位置も同前に申すべき事」とあって、島津家中の外の世界を世間と称している。

毛利家中においても、天正六年（一五七八）五月二十日の吉川元家の益田元祥宛ての起請文は毛利一家の衆が互いに相違ないと語り、「さのみ世間者恐ろしくも候はぬ事たるべく候」と、世間を一家の外の世界として捉え、天正九年六月十三日の吉川元春の書状も、「今日まで世間の人口にも乗らず候」と外部からの噂の発信源として世間を捉えている。

永禄三年（一五六〇）二月の小田原北条氏の虎印判状による徳政令は、諸郷の百姓中に対し、秋の年貢の半分を米で納めるよう、「世間の売買」に従って命じたことを触れている。各地の村や町、大名や国衆の支配地域、また武士や商人・芸能民・宗教者などの諸団体が自立し自律するなか、それぞれの外部世界を世間として捉えたが、実はその内部世界も世間をなしていたのであり、それらが重層的に存在する重層構造をなしていた。

世間と御威光

この世間に注目した西洋史学者の阿部謹也は、世間を日本人をとりまく人間関係の枠で、贈与・互酬の原則があり、長幼の序、時間意識の共通性という特徴を有すると捉え、その世間の視点から日本人の歴史意識を探った。

そこで指摘されているような「世間」が、実はこの時代に広がりをもって形成されてきたのである。先に見た色部氏や結城白河氏の年中行事の世界がその世間を構成し、さらに上部には大名家中の世間があり、下部には侍や百姓中の世間があった。そうした世間の付き合い方を記しているのが、徳川氏の一門、「十八松平」の一つである三河深溝《ふこうず》の松平家忠の日記である。

その日記は正月や端午の節句、歳末の年中行事はもちろん、家族や竹谷・鵜殿・形原氏などの近隣の領主を始め、仕えた家康や徳川家中、支配下にあった家臣や百姓、そして座頭や幸若舞、山伏、修験者、連歌師などとの交流の様子を記し、そこでの饗応や贈答について詳しく書いている。まさに贈与・互酬の原則があり、長幼の序、時間意識の共通性という特徴がうかがえる。

戦国大名はこうした世間を統治するべく「国家」形成へと動いてきたのであった。朝倉氏は「国を執りしより以来（中略）、諸卒を下知し、国家つつがなく候」と語り、北条氏は「軍法は国家の安危」、四国の長宗我部氏は「国家のため大小事に寄らず、悪事申し扱う者これあらば」と掟書に記している。国法を定め、検地を実施し、村の戦闘要員や町の職人を把握し、拠点となる城を築いてその城下に家臣団を集めるなど独自の支配を達成してきた。

その国家においては国主の「御威光」が強調される。威光といえば以前は神仏のそれであったが、この段階では武威の威光が強調され、御威光を世間に見せつけ、その世間の称賛を得て御威光を輝かせていった。信長も威光により天下を統治し、世間を支配していったわけで、『信長公記』には信長の御威光が盛んなことが記されている。

天正三年（一五七五）に越前の一向一揆を攻め滅ぼしたことについて、「十余日のうちに賀越両国仰せ付けられ、御威光なかなか申すばかりなり」と記され、同年十一月に信長が右大将になったことについて「忝くも天子より御かはらけ出だされ頂戴、上古末代の面目、御威光これに過ぐべからず」、安土の築城についても「御威光、御手柄あげて計《かぞ》ふべからず」、天正八年に播磨の別所氏の頸が安土に運ばれてきた際にも、「御敵をなす者悉く御存分に属し、御威光なかなかあげて計ふべからず」と記されており、信長は威光をもって臨んだことがわかる。

戦国大名のこの威光は、大名の身体、国主の身体を象徴する存在として、制作し飾られた甲冑具足や、戦場を彩る陣羽織や武器・武具などの威信財、大名の儀礼と接待空間である御殿の室内を装飾する障壁画・屏風と室外を装飾する庭園、大名の地域統合からさらに天下統合の象徴として荘厳された城郭などの文化に示されていった。

4 世間の身体

『フロイス日本史』と秀吉文書

一　天下人の交替

天下人の身体

戦国大名はそれぞれに個性を発揮し、創意工夫をこらしたが、なかでも信長は異彩を放っていた。岐阜から上洛途中の元亀元年（一五七〇）三月に近江の常楽寺に国中の相撲取りを集め相撲を取らせているが、この常楽寺近くに築いたのが安土城であり、天正六年（一五七八）二月には相撲取り三百人を安土に集めその中から二十三人を選んで相撲を取らせたばかりか、八月十五日にも近江・京都の相撲取り千五百人を集めて取らせている。

安土で左義長の祭りを行うと、京では馬揃えを行い、ここでは自らが頭に唐冠を被り、後ろに花を挿し、袖には蜀江錦《しょっこうにしき》の小袖を重ね、腰蓑には白熊の皮を用い、腰には天皇から贈られた牡丹の作り花を挿し、長刀持ちには安土で相撲を取った「たいとう」を採用した。

集まった群衆や、世間に見せつけることによって、この評判は諸国に伝わって、出羽の大宝寺《だいほうじ》氏・安藤氏、陸奥の蘆名氏、下野の長沼氏は鷹や馬を贈ってきた。金色の瓦で葺かれた安土城も、城下から、琵琶湖から見上げられる存在で、その内部を家臣に見せ、狩野永徳に安土城を描く屏風をつくらせた。これは安土市街と城、湖水・諸邸宅・道路・橋脚等に至るまで、寸分の違いもなく描かれ、宣教師のヴァリニャーノに贈られ、修道院に飾られ多くの人々が見るところとなった。

信長は身体を駆使し、政権を掌握し、合戦に勝利していったのだが、自ら出馬・出陣する弱点を傍近くで見ていた明智光秀により足元を掬《すく》われる。光秀は天正十年（一五八二）五月に安土で徳川家康の饗応をしていたところ、毛利征討にあたっていた羽柴秀吉の支援を命じられ、六月に出陣したが、その途上の丹波亀山で重臣に信長討伐の意を打ち明け、京に戻って本能寺を急襲、手薄な信長を自害に追い込んだ。かつて足利尊氏が丹波篠山《ささやま》で挙兵した例に倣ったのであろう。

光秀は天正九年（一五八一）六月に独自に軍法を定めた際、瓦礫のように落ちぶれ果てていた我身を召し出し、莫大な人数を預けてくれたのであり、一族家臣、子孫に至るまで信長への御奉公を忘れてはならない、と感謝の文を記し、翌年正月の茶会では床の間に信長自筆の書を掛けるほどに信長を崇敬していた（『宗及茶会記』）。

『フロイス日本史』は、「光秀は主君とその恩恵を利することを弁え、自らが受けている寵愛を保持し増大するための不思議な器用さを身に備え、誰にも増して絶えず信長に贈与することを怠らず、その親愛を得るために喜ばせることは万事につけて調べているほどで、その嗜好や希望に関しては、いささかもこれに逆らうことがないように心がけた」と記している。光秀がこうした献身的行動をとったのは、殿中にあってはよそ者で、外来の身だったので、ほとんど全ての者から快く思われていない境遇にあったからとも記している。

しかし、その才知、深慮、狡猾《こうかつ》さにより信長の寵愛を受けていたと評するかたわら、光秀が、裏切りや密会を好み、己を偽装するのに抜け目なく、戦争においては謀略を得意とし、忍耐力に富み、計略と策謀の達人であって、築城に造詣深く、優れた建築手腕の持ち主であった、ともいう。

天正八年（一五八〇）の佐久間信盛折檻状で、信長は光秀の働きを天下の面目を施した、と絶賛していたが、その時、信盛が信長に逐われたように、いつしかそれが我が身に降りかかってくるかもしれない、と疑心暗鬼にかられてもいたことであろう。松永久秀、荒木村重なども自立の動きに走ったように、光秀も意を決したのである。

光秀から秀吉へ

ならば光秀に周到な用意があったかというと、そうではなかった。信長・信忠を討ったその後の構想はなかったにひとしい。信長を滅ぼすと、毛利や上杉に味方につくよう誘うとともに、京都と近江とを押さえるべく動いて、居城の坂本城に入った後、安土・長浜・佐和山城を押さえ、六月五日に安土城の信長蓄蔵の金銀財宝を接収して家臣に配給した。

情勢を見ていた天皇からは勅使の吉田兼見《かねみ》が派遣され、「京都の儀、別儀無き様、堅く申し付く旨」が伝えられ、京都の治安維持が託されたので、六月八日に安土を発ち、九日に昇殿を果たすと、朝廷に銀五百枚、五山や大徳寺に銀各百枚を贈った。これにより朝廷の保護者となったのである。

だが、与党勢力として期待していた姻戚関係にあった丹後の細川幽斎《ゆうさい》（藤孝）・忠興《ただおき》親子は信長への弔意から髻《もとどり》を払って松井康之《やすゆき》を通じて織田信孝に二心無きことを示し、光秀の娘で忠興の室の珠《たま》（後の細川ガラシャ）を幽閉して光秀の誘いを拒絶した。大和一国を支配する筒井順慶や摂津衆の高山右近らも期待していた動きをとらなかった。

　主君の殺害に及んだ光秀は世間の評判をすこぶる落としたのであり、これに対し世間の評判を獲得したのが、本能寺の変を知るや急遽、毛利と和睦して中国地方から引き返してきた羽柴秀吉である。備中に侵攻していた秀吉は、毛利方の清水宗治の守る備中高松城を水攻めしていて、毛利輝元・吉川元春・小早川隆景らの毛利軍と対峙していたが、事件の報を得るや、すぐさま清水宗治の切腹と開城、備中・美作・伯耆などの割譲を条件に毛利輝元と講和し、軍を引き返した。

　摂津富田に着いたところに、池田恒興・中川清秀・丹羽長秀・織田信孝らが参陣し、六月十三日に天王山の麓の山崎で光秀軍と戦い、兵力で優って勝利した。光秀は敗北して勝龍寺《しょうりゅうじ》城に逃がれ、深夜に坂本城を目指し落ち延びる途中、落ち武者狩りにあって竹槍で刺され深手を負い自害した(山崎の戦い)。

　十四日、明智軍の敗退が伝わると、天皇と誠仁親王は秀吉・信孝に太刀を送り、京都の治安維持を秀吉に託した。翌十五日に安土城が焼け落ち、秀吉は十六日に安土に入り、さらに長浜城を奪回して美濃・尾張に入った。こうして秀吉は迅速に信長・信忠の領国を掌中におさめたのである。

　いっぽう本能寺の変の際に堺にいた家康は、急ぎ伊勢を経て三河に逃げ帰ったが、帰路で別行動をとった穴山梅雪を殺害し、すぐ甲斐に軍勢を送ってその旧領や河尻秀隆の旧領を手に入れた。素早く動いた秀吉・家康に対し、遅れをとったのが柴田勝家である。馬揃えで上洛した時、上杉景勝の越中侵入の報が入ったので、北陸に戻って富山城を奪回し、魚津城も攻め落としたところに信長の変事の報が入ったが、すぐには動けなかった。また上野にいた滝川一益は北条氏直に神流川《かんな》の戦いに敗れ、厩橋《まやばし》城から伊勢の長島へと移った。

信長の後継者

天正十年（一五八二）六月末、尾張の清洲において織田家の家督と遺領の配分を決める清洲会議が開かれた。清洲は信長自立の拠点であったから、織田家の筆頭家老であった柴田勝家は勇躍して会議に臨んだことであろう。しかし会議の主導権は秀吉が握っていた。

会議の出席者は秀吉・勝家の二人と池田恒興・丹羽長秀らであり、織田家の人物は除かれていた。勝家は、後継者に信長三男で秀吉とともに光秀を倒した織田信孝（神戸信孝）を推し、秀吉は信長の嫡男信忠の長男三法師《さんぼうし》（後の織田秀信《ひでのぶ》）を推すなか、家督の信忠を討った光秀を誅罰《ちゅうばつ》した秀吉の意見が大勢を占めた。信孝が兄信雄と争っていたこともあって、池田恒興や丹羽長秀らは秀吉を支持し、信孝が幼少の三法師の後見人となるという妥協案によって、三法師が信長の後継者、堀秀政がその傅役《もりやく》となった。

信長の遺領は分割され、信雄が伊勢と尾張を、信孝が美濃を、勝家が越前と秀吉旧領の長浜を、秀吉が播磨と光秀の掌握した丹波・山城・河内を、丹羽長秀が若狭と近江の滋賀郡・高島郡を、池田恒興が摂津池田・伊丹と尼崎・大坂・兵庫を、堀秀政が長秀旧領の近江佐和山を得た。

これらの情報を得た奈良多聞院英俊《えいしゅん》は、「天下の様、柴田・羽柴・丹羽五郎左衛門、池田紀伊守、堀久太郎以下五人して、分け取りの様にその沙汰あり。信長の子らは何も詮に立たず」と記している（『多聞院日記』）。信長の事実上の後継者として秀吉の評判が伝わったことから、秀吉が七月十一日に京都本圀寺に入ると、公家たちは相次いで訪問した。

秀吉は光秀を破った山崎に城を築いてその存在をアッピールし、山崎と丹波で検地を実施し、九月九日に信長百日忌の法要を行った後、十月十五日に大徳寺で信長の葬儀を執り行った。この時、信長の木像を入れた棺は養子の羽柴秀勝《ひでかつ》と池田恒興の子輝政《てるまさ》が担いだ。『フロイス日本史』は、秀吉が主君信長の供養をもっとも豪華にかつ盛大に奉行するよう命じ、近隣の諸侯・諸武将を都に召集し、王者の風格があり優れた人物にふさわしい葬儀を営んだ、と記している。

信長に太政大臣が追贈され、秀吉は大徳寺に位牌所として總見院《そうけんいん》を建立し、銭一万貫を寄せた。總見院は信長が安土城内に移築した總見寺に因むもので、信長は總見院殿と称されていた。なお信長の木像を造った「七条大仏師宮内卿法印康清」は、かつて武田信玄の注文で甲斐の円光院や清水寺の勝軍《しょうぐん》地蔵を造った仏師である。

こうして秀吉が信長の後継者としての地位が広く認められたことに、柴田勝家と滝川一益や織田信孝らが対抗するようになり、秀吉は「高貴さと武勲において己れに優れた競争相手である柴田」と信孝を亡きものにしようと決意を固め動いていった（『フロイス日本史』）。十月二十八日に秀吉は信雄と結んで、十二月に入ってからでは勝家が雪で動けないのを見計らい、信孝打倒の兵を挙げた。

十二月九日に五万の大軍を率いて出陣すると、十一日に堀秀政の佐和山城に入って、そこから勝家養子の勝豊《かつとよ》の守る長浜城を囲んで落とし、ついで美濃に侵攻して信孝を攻めて降伏させた。

天正十一年（一五八三）正月、滝川一益が秀吉方の伊勢の峯《みね》城を守る岡本良勝、関城・亀山城を守る関盛信らを破って、二月十日に北伊勢に侵攻したが、桑名城を落とすまではできず、秀吉方の蒲生氏郷・細川忠興・山内一豊らを攻撃して亀山城は落としたものの、戦いは膠着した。

この情勢に二月二十八日、勝家が前田利長を出陣させ、三月九日には自ら三万の大軍を率いて出陣したので、秀吉は北伊勢を蒲生氏郷に任せて近江に戻って、三月十一日に柴田勢と対峙した。四月に織田信孝が岐阜で再び挙兵したので美濃に赴くと、その隙を突いて勝家の重臣佐久間盛政が奇襲し、大岩山《おおいわやま》砦の中川清秀を破り、岩崎山《いわさきやま》砦の高山重友を敗走させた。

四月二十一日に引き返した秀吉は反撃に出て、福島正則と加藤清正・片桐且元ら「賤《しず》ヶ岳《たけ》の七本鑓」と世に謳われた秀吉子飼いの武士の活躍により、賤ヶ岳の合戦で柴田軍に勝利し、大敗を喫した勝家は越前北庄に逃げこんだ。秀吉はこれを追って府中城を攻めて前田利家を降し、その利家を先鋒となし二十三日に北庄城を包囲し、惣構《そうがまえ》を破った。

本城に取り懸って九重の天守にかけ上ると、勝家は正室の市の方と共に自害していたという。秀吉は加賀と能登をも平定してそれを前田利家に与え、織田信孝は岐阜城を信雄に攻められ、尾張野間に逃れたところで自害した。

大坂城と城下町

秀吉は安土から坂本へと移ったが、ここには信長が比叡山焼き討ち後に明智光秀に命じて築かせた城があった。光秀は「築城のことに造詣が深く、優れた建築手腕の持ち主」とフロイスに称された築城の名手であり、坂本城は「日本人にとって豪壮華麗なもので、信長が安土山に建てたものに次ぎ、この明智の城ほど有名なものは天下にない」と絶賛されていた。

秀吉はこの地からこれまでの一連の動きを五月十五日に毛利輝元に伝えている。柴田攻めにあたって「日本の治はこの時に候」と兵たちに叱咤したこと、来月中旬までに国分け・知行分けを済ませ、毛利との境目を定めること、東国の北条氏政や北国の上杉景勝も秀吉の覚悟に任されたこととなったので、毛利も任されれば、「日本の治、頼朝以来これにはいかでか増すべく候や」と、頼朝の例をあげて輝元に服属を迫った。

こうして秀吉は坂本城や安土城を上回る天下の城を築くことに動き、選んだのが大坂本願寺（石山本願寺）の跡地である。天正十一年（一五八三）六月に信長一周忌の供養を行った後、大坂に入って城の縄張りと城下の町割りを行った。六月末に堀秀政が近江の佐和山から材木を送るよう指示しているので、すでに大名の屋敷割りが始められていたことがわかる。八月には浅野長政が近江の職人を大坂城築城に動員するために諸役を免除し、石垣の石運搬の掟も定めている。

秀吉は関東の領主への書状で、大坂が五畿内の「廉目《かどめ》」のよい所として居城に定めたと記しているように、大坂は畿内の中央に位置し、北に淀川、東に大和川、そして西に大阪湾を臨む水上交通の要衝であり、大船・小舟が日々幾千万艘も着岸していた。東から京を見据えた信長に対し、秀吉は西から京を見据えるとともに、はるか西の地をも睨んでいた。

九月一日から築城工事が総奉行黒田孝高の下で始められるなか、毛利輝元からはその服属の証として人質に甥の吉川広家《きっかわひろいえ》と叔父の小早川元総《もとふさ》(秀包《ひでかね》、毛利秀包)が送られてきて、ますます工事が急がれた。『フロイス日本史』は、秀吉が信長を己れよりも劣れる者たらしめようと決意し、安土山の城郭・宮殿を凌駕する、宮殿と城郭、新市街の建設を開始し、諸侯に邸宅を造るように命じ、わずか四十日間に二千五百以上の家屋が完成した、と記している。

城郭は上町《うえまち》台地に築かれ、天守台の築造には当初こそ二、三万人があたったが、年末には五万人が関わった。天守は外観が五層からなるが、石垣の中の三層を加えて八階、安土よりも一階多く、上部は黒漆喰、下部の腰板も黒と、黒色で統一され、屋根は金箔の軒瓦で光り輝いていた。

内部には障塀画が描かれ、金・銀・生糸・緞子・茶の道具などが充満し、刀や短刀など立派な武器もあり、後に大坂城を訪れた豊後の大友宗麟は、城のあまりの豪華さに驚いて「三国無双の城」と称えたという。本丸は巨大な水堀と空堀とがめぐらされ、東北に天守閣が、真ん中には詰め丸の居住空間が、正室・側室・人質などの奥御殿は南にあって、本丸の南の黒鉄《くろがね》門が政庁のある表御殿を結んでいた。

フロイスは十一月に、秀吉が天皇や五山などの寺院を大坂城下に移転させる噂を記しており、その構想もあったことであろう。城下の北と南に寺地が設けられ、上町台地上に武家屋敷が並び、八月には四天王寺と結ぶ二つの南北の道筋を開いて、奥行二十間の短冊状の地割がなされ町家が造られていった。

小牧・長久手の戦い

秀吉の台頭を予言していた安国寺恵瓊は、天正十二年（一五八四）正月十一日の毛利家臣への書状で、秀吉は信長の配下にあった時にも「羽柴々々と申し候て、世上操をも、又弓矢をも、手に取り候」と、その手腕が抜群であったが、今は「日本を手の内にまわし候、今日までは名人に候」といい、日本を手の内に入れた存在になったと記し、警戒を怠らぬよう戒めている。

信長の遺産をほぼ継承し、さらに発展させてきた秀吉の次なる課題は、三河の徳川家康と尾張・伊賀・北伊勢を領する信雄への対処であった。家康は前年五月に家老の石川数正《かずまさ》を大坂に派遣し、賤ヶ岳の勝利を祝して大名物を贈ってきたので、これに応えて秀吉は八月に家康に刀を贈るとともに、関東の「無事」（和睦）に向けて動くよう求めた。

家康は甲斐・信濃へと勢力を拡大しており、十月末に北条氏政と和議を結ぶとともに、秀吉から「関東惣無事」の要請があったとして、氏政に協力を伝えるなどしていたが、その家康に連携を求めてきたのが織田信雄で、秀吉の圧迫を受けて接近してきたのである。

天正十二年（一五八四）三月六日、信雄は秀吉に内通したとして重臣を謀殺して、秀吉と絶交すると、その翌日に家康が浜松を出陣しており、信雄と家康の連携がなっていた。さらに四国の長宗我部元親や紀伊の根来衆・雑賀《さいが》一揆、越中の佐々成政などにも働きかけがあって、ここに秀吉包囲網が形成された。

これらに秀吉は、北陸の佐々成政には前田・上杉を、中国地域には毛利・宇喜多を、四国には淡路の仙石秀久《せんごくひでひさ》を、紀州勢には岸和田城の黒田孝高をあたらせた。そして関盛信、九鬼嘉隆、織田信包ら伊勢の諸将を味方につけると、大坂から美濃に移ってきた池田恒興が、三月十三日に尾張の犬山城を守る中山雄忠を攻略し、蒲生氏郷・堀秀政らが伊勢の峯城を落とした。家康・信雄連合軍も反撃に出て、羽黒にいた森長可を破って小牧山に布陣した。

秀吉は紀伊の一揆勢三万の大軍が和泉岸和田城を攻めて、大坂城にも迫る勢いから、大坂に戻っていたが、中村一氏・黒田長政らが一揆勢を退けたので、三月二十一日に大坂から出陣し、二十八日に秀吉軍十万は犬山城近くの楽田に陣をとり、長期にわたって徳川連合軍三万と対峙した（小牧山の戦い）。

四月六日、森長可・池田恒興らが秀吉の甥羽柴信吉《のぶよし》（豊臣秀次）を擁して、三河に奇襲をかけようと動いたが、これを察知した徳川軍から追跡を受け、九日に池田恒興父子と森長可らが戦死し、この後、戦いは膠着状態となった（長久手の戦い）。

秀吉の手筈は狂ったものの、八月はじめに秀吉は正式に大坂城に入って、銭一万貫を朝廷に納め、これまでの実績を踏まえて、正親町天皇が望んでいた譲位を申し沙汰することを伝え、そのために官職を望んで、十月二日に叙爵し左少将に任じられると、すぐに譲位後の仙洞御所の縄打を行って築地を築き始め、親王の即位費用として即位時に三千貫、作事に五千貫など、一万貫の拠出を約束したのであった（『顕如上人貝塚御座所日記』）。

こうして秀吉は伊勢に入ると、十一月十五日に信雄と桑名南方の矢田河原《やだがわら》で会見し、講和を成立させたことから、十一月二十一日に従三位・権大納言に叙任されて公卿となった。ただ講和は家康の了解なしに行われたので、信雄は事情を家康に伝えるとともに、自ら浜松に出向いて説明し、家康から了承が得られたことから、秀吉・家康の和議が十二月十二日に成立し、家康の次男が人質として秀吉に送られることになった。

信雄は翌天正十三年（一五八五）二月二十日に上洛して、秀吉の執奏により大納言に任官するが、この執奏による任官は、信雄が秀吉に臣従したことを意味している。

根来・雑賀攻め

天正十三年（一五八五）三月八日、秀吉は大徳寺總見院で茶会を開いた。このように信長の墓所で行ったのは、信長の威光を背景にしてのものであり、京や大坂・堺の茶湯衆百四十三人を召したが、そのうち堺衆は津田宗及・千宗易（利休）が南北に分担して触れたものであり、秀吉は茶湯の道具を並べ多くの見物人に見せたという。

三月十日に正二位・内大臣となり、内大臣に「平朝臣秀吉」を任じる宣旨がもたらされたので、その慶を奏するために参内した。信長とは違って、秀吉は朝廷の内部に積極的に入っていった。そしてこれを機に前年に手を焼いた紀伊の一揆勢を攻めるべく、毛利に分国の諸浦の警固船を岸和田沖に向けるように触れ、三月十一日に大坂城を出陣したが、これに応じて翌日に天皇は出陣祈願を石清水八幡宮に命じている。

秀吉には期するところがあって、前年八月四日に紀伊国に「当国の儀、太刀も刀も入れざる体にて、一篇申し付け候」という方針を示していたことから(『高野山文書』)、その実行にあたったのである。根来衆の支配下にある泉南の諸城には、根来衆や一揆衆が、小山・田中城、積善寺《しゃくぜんじ》城、千石《せんごく》堀《ぼり》城、沢城などを築いていたが、そのうちの千石堀城を落とすと、一気に秀吉勢の優勢となった。

一揆勢は雑賀へ、根来へ、高野山へと逃れていったことから、二十三日に秀吉軍が根来に入ったところ、根来衆は八千から一万人はいたものの立ち向かうものはなく、一部は高野へ、主力は雑賀へと逃れていた(『フロイス日本史』)。根来寺は本堂、多宝塔(大塔)や南大門など一部を残して三日間燃え続け、灰燼に帰したという。和泉貝塚にいた宇野主水《もんど》の日記には「日の入る以前より根来寺の通り焼烟上りてより、その夜大焼、天かがやく也」とある。

根来寺の境内は四里にわたって清浄で広大・優美な地であり、僧は自分の坊をもち、大きな囲いが施されており、千五百以上の寺院、神仏像があり、それらの持ち主の僧は日本で見られる最も豪勢、富裕な人々であったという(『フロイス日本史』)。発掘によってもそのことは裏付けられ、坊舎の跡からは半地下式の貯蔵庫と思しき建物が所々で発掘され、そこには備前焼の大甕が設えられていた。

比叡山や高野山と並んで日本の大学と称された学院はこうして消え去ったのだが、根来焼討があった前日の二十二日には、有田郡の国人白樫氏に誘われた雑賀荘の岡衆が、同じ雑賀の湊衆を銃撃したことから雑賀衆は大混乱に陥り、一部は長宗我部元親を頼って土佐に逃亡し、湊衆も脱出しようとした船が沈没し、大勢の死者が出ていた。

二十三日に秀吉勢の先鋒が雑賀荘に侵攻し、翌日に秀吉も根来から紀ノ川北岸を西進して雑賀に入って、粟村の居館を包囲、湊・中之島一円に放火、雑賀荘は「雑賀も内輪散々に成て自滅」した。秀吉は紀伊湊に城を拵え、国中置目を申し付けようとしたが、太田左近宗正を中心にした地侍が宮郷の太田城に籠城したので、堤を築いて水攻めへと移った。

長引きはしたものの四月二十一日にようやく小西行長の水軍が堤防内に入って、安宅船や大砲を使って攻撃したため、翌日、五十三人の首が差し出され、籠城衆は降伏した。秀吉は四月二十二日に三箇条の朱印状を発した。その第一条で泉州・紀伊攻めでは「土民百姓」の首を悉く刎ねるつもりだったが、寛宥すること、第二条では太田村を水攻めで男女党類まで殺そうと思ったが、憐れんで助命することとするなど、百姓の救済を示している。

しかし第三条では次のように刀狩を命じたのであった。

在々百姓等、自今以後、弓箭・鑓・鉄砲・腰刀など停止せしめ訖《おわん》ぬ。然る上は、鋤・鍬など農具を嗜み、耕作を専らにすべき者なり。

百姓から弓箭・鑓・鉄砲・腰刀などを取り上げ、農耕に精を出すように命じ、そのための鋤・鍬・鍋釜・家財・牛馬などの道具や小屋を返しとしたのである（『太田文書』）。紀伊南部の日高・牟婁《むろ》郡の一部では依然抵抗は続いたものの、他の地をおおむね制圧し、紀伊一国を弟の羽柴秀長領とした。

二　秀吉政権の政策

刀狩・城下町・検地

紀伊国を与えられた羽柴秀長は、紀伊湊に吉川平介《きっかわへいすけ》、日高入山に青木一矩《かずのり》、粉河に藤堂高虎《とうどうたかとら》、田辺に杉若無心《すぎわかむしん》、新宮に堀内氏善《うじよし》を配し、和歌山城を藤堂高虎に築城させ、さらに天正十三年（一五八五）閏八月に「紀州国中　惣百姓中」に宛てて、検地のために検地掟目を小堀新介《こぼりしんすけ》に与えて遣わすので、百姓が境にあって脅すことがないよう触れている（『神前文書』）。

刀狩りと城下町の形成、そしてこの検地の三つの政策が同時に進められたのであり、紀伊のみならずこの三つの政策は各地で進められた。雑賀攻めに関わった中村一氏は、近江の甲賀郡に知行地を得ると、五月八日に岸和田城から甲賀に移り水口《みなくち》城を居城となし、それまで同名中や郡中惣の形で一揆契約状を結んでいた地侍たちを、紀州攻めの際に甲賀衆の築いた堤防が決壊したことを理由に追放して（「甲賀揺れ」）、この年の中村一氏の入部以降、二度の検地が行われた。

これ以前の甲賀侍衆が郡内に居住していた時には田畑や山林が村々に入り組んでいたが、「甲賀ゆれ」を機に侍衆が牢人になったことから、田畑や山林が村の領内に入った、という（慶長十四年（一六〇九）の文書）。いわゆる村切りが侍衆の排除と検地によって行われたのである。

大和の筒井定次は、天正十三年（一五八五）閏八月十八日に伊賀に転封を命じられ、二十四日に伊賀に入ると、侍衆に対して牢人になるか、「百姓なみ」になるかを迫り、天正九年に伊賀の惣国一揆が解体した後にも国内に留まっていた国人・侍たちを追放している。

筒井の去った大和でも、国衆が残らず国中を追い出され、多武峰《とうのみね》の衆徒も弓・鑓・鉄砲・大小刀・具足などを没収された。郡山城に入った秀長は、残っていた侍衆をも在所から追放したので、「住み馴れたる国里を諸侍残りなく払われ、国中において女子山野に迷ふ体たらく、悲嘆極まりなき処なり」という有様になったといわれた（『多聞院日記』）。

さらに秀長は奈良町の商業を禁じて郡山町の商業独占をはかった。天正十六年（一五八八）に本町以下の十三町に地子が免許され、碁盤目状の町割が行われ、そのうちの紺屋町・豆腐町・柳一丁目は、天正十六年の『郡山惣分日記』に見える「箱本十三町」と呼ばれる有力町であり、紺屋町には営業の独占を認めた秀長の書状が伝わっている。

近江では、秀吉が天正十一年（一五八三）七月に検地を行っており、蒲生上郡保内の今在家《いまざいけ》には検地に関わる水帳が今に伝わる。十一年に日野の蒲生氏郷を伊勢松ヶ島に移した秀吉は、十二年六月に「日野町中」に七箇条の条規を定めるなど、近江でも検地と町の整備が行われてゆくなか三つの政策が展開していったのである。天正十三年閏八月に近江を与えられた羽柴秀次は、安土城を引き払うと、近くに八幡《はちまん》城を築いて城下町を形成し、天正十四年六月には近江八幡山下町中に宛て都市法を定めている。

伊勢に移った蒲生氏の拠点松ヶ島は参宮街道が通り、北に松ヶ崎の湊町が存在する交通の要衝であったが、氏郷は十六年に居城を松坂に移転し、参宮街道が城下を通るように経路を変更するとともに、武家地の殿町、日野の商人を据えた日野町、大湊商人を据えた湊町など町人地を形成していった。

寺院政策

町には武士と商人・職人を集め、村には百姓に農業への出精を促してゆくなか、寺院とはどう向き合ったのであろうか。秀吉は天正十三年（一五八五）の雑賀攻めと併行して、四月十日に高野山に使者を派遣し、七箇条の条目を示した。

当知行地を安堵して、押領地の返上を命じ、寺僧・行人《ぎょうにん》が武具鉄砲を所持するのを禁じ、仏事の勤行に専心するように命じ、山内に「天下に対して御敵をなす悪逆人」を匿うことを禁じた上で、最後の二箇条で「比叡山・根来寺」が天下に敵対して破滅したことは、眼前に見たであろうと指摘し、これらの条件を呑むよう伝えた。

根来寺焼討で根来衆が逃げ込んだ高野山は、秀吉による焼き討ちを恐れていて、高野山の金堂の造営の勧進にあたっていた本願上人の木食応其《もくじきおうご》が動き、これらの条件を全面的に受け入れた。逃げ込んだ根来衆を斬首して差し出し、応其は嵯峨天皇の宸翰《しんかん》と空海手印の文書などを携え、在陣中の秀吉と面会して、秀吉から六月十三日に五箇条の覚を示された。

その覚は、一山の和尚以下の惣山一統が得心して朝廷に奏達された上は、今後の当寺のことは秀吉の扱いとされるとし、金堂造営のために米一万石を寄せ、旧領の一部を返還して堂舎の修造にも寄進することから、金堂の普請には手抜かりなく行い、知行地や物成の算用をしっかりするよう、木食上人が万端にわたって馳走するものとする、というものであった。

この方針は、後の天正十九年（一五九一）の金剛峯寺《こんごうぶじ》惣中に宛てた五箇条の条目で確認されていて、その第一条では高野山、根来寺、粉河寺、雑賀などが武勇を専らにして蜂起し、武家に鉾楯に及んだことを指摘、第二条では根来寺、粉河寺、雑賀を追伐した際に高野山も破却すべきだったところを、木食上人の詫び言により、武具や兵革を用いる逆徒を成敗し、仏事の勤行や学問の肝心を心掛けることとしたので、一山が立て置かれ、寺領三千石が下されたとある。

さて雑賀が滅亡したことから、その鷺森にいて中立を保っていた本願寺の顕如の処遇はどうなったのか。フロイスはこう記している（『日本史』）。

身を掩う恐怖心には打ち勝つことができす、羽柴の足下に平伏して許しを求めた。これに対して秀吉は、ほとんど彼など眼中になきがごとく、平伏している彼に向かい、遥かな高座から言葉をかけた。

秀吉の前にひれ伏すようになったという。大坂に戻った秀吉は、顕如の使者の下間頼廉《しもつまらいれん》と円山内匠《まるやまたくみ》を四月二十七日に迎えると、大坂城の天守から風呂や便所まで見せつつ、顕如が大坂に移ってくるように伝え、五月四日にその寺地の縄打を秀吉自身が行った。

その寺地は大坂城の北、中島河崎の天満宮の東に隣接し、東と南は大川に囲まれていた。町割は南北五単位、東西七単位からなり、五月二十一日に作事が始まって七月には御堂の作事が終わった。顕如は七月四日に雑賀の鷺森から貝塚に移り、八月三十日に貝塚から中島に船で向かっている。

本願寺の坊は寺内町の東端に置かれ、大坂城から見下ろされる監視下に置かれた。宅地開発がなされ、諸国の参詣者が集って城下町全体の活性化が図られた。本願寺以外にも寺町が南の天王寺寺町とその北の上町台地の南、天満の北にも設けられ、浄土宗ほかの諸寺院は城下町に包摂された。

四国制圧と関白就任

紀伊を平定した秀吉の次の標的は四国の長宗我部氏の服属にあった。土佐の長宗我部氏は柴田勝家と結んだ後、小牧・長久手の戦いでは織田信雄や家康らと結んで秀吉に対抗し、秀吉が送り込んだ仙石秀久の軍勢を破ったこともあり、雑賀衆の一部も逃げ込んでいて放置はできなかった。

長宗我部氏は国親の子元親によって勢力を拡大させ、剽悍な地侍を動員し、永禄十一年（一五六八）冬に土佐中部、翌十二年に安芸国虎を滅ぼして土佐東部を平定し、天正二年（一五七四）には西部にあった一条兼定を豊後に追い、翌年に来襲した兼定を四万十川の戦いで破って、土佐を平定すると、織田信長と同盟を結んで伊予・阿波・讃岐に侵攻し、天正八年までに阿波・讃岐両国をほぼ制圧していた。

信長は元親の四国征服に対し、土佐と阿波南半国のみの領有を認めつつ臣従を迫ったところ、元親が拒絶したため、天正十年（一五八二）五月に織田信孝を中心とする四国攻撃軍が編成され、三好氏旧臣らが阿波の一宮城と夷山《えびすやま》城を落とした。そこで元親は明智光秀の家臣の斎藤利三《としみつ》に宛てて、信長に恭順する意向を示したが、信長の死により、危機を脱し、政治的空白に乗じて勢力拡大を図り、阿波の大半を支配下に置き、九月には勝端《しょうずい》城を落として阿波を平定していた。

天正十三年（一五八五）に紀伊を平定した秀吉は、元親に伊予・讃岐の返納を命じると、元親は伊予割譲を条件に和平を講じてきたが、秀吉はこれを認めず、宇喜多秀家・黒田孝高らを讃岐に、毛利輝元・小早川隆景を伊予に、羽柴秀長・秀次を阿波に、十万を超える大軍を派遣した。

元親は阿波白地《はくち》城を本拠として阿波・讃岐・伊予の海岸線沿いに防備を固めて抗戦したが、諸城は次々と攻略され、阿波白地城にまで追いつめられたので、ついに七月二十五日に降伏し、阿波・讃岐・伊予が没収され、土佐一国のみが安堵された。

この四国討伐の最中の七月十一日に秀吉は関白となって、次の宣旨が下された。

権大納言藤原朝臣淳光宣す、勅を奉るに、萬機巨細宜しく内大臣を關り白すべしてへり。

天正十三年七月十一日　　掃部頭兼大外記造酒正中原朝臣師廉奉る

秀吉が関白職を巡る争いにたまたま介入した結果であった。その争いの発端は秀吉の左大臣任官問題にあった。左大臣の二条昭実《あきざね》が二月十二日に関白となり、内大臣だった近衛信輔《のぶすけ》が三月十日に左大臣になったことで、秀吉に右大臣になるかとの打診があり、これに秀吉が、右大臣で亡くなった信長の凶例を理由にして嫌い、左大臣を望んだ。このことから秀吉に超された信輔が関白を望むようになり、それを拒否する昭実との間で争いが起きた。

これに譲位や摂家の家の例などの問題も絡んで争いが紛糾し、秀吉に裁定が持ち込まれた。秀吉は近衛家と親しい所司代の前田玄以《げんい》から話を聞くや、双方の主張を棚上げして自らが関白を申し受けたい、と提案したのである。

関白には五摂家以外なりえないという意見も出たが、秀吉は近衛前久の猶子となって信輔の兄という形をとって関白になること、その礼として近衛家に千石、他の摂家に五百石の領地を宛行《あてが》うことを持ちかけた。これを受け入れた近衛前久は次のように語ったという。

関白の濫觴は一天下をあつかり申すを云ふ也。而に今、秀吉四海を掌に握れり。五家をことごとく相果たされ候とも、誰か否と申すべきに、此の如く再三の届の上、剰へ当家の養子となり、果して信輔に当職与奪あらば、是非に及ばざる次第なり。

秀吉は天下を掌に握り、当家の養子となったのであるからやむを得ない、と受け入れたが、二条家は関白を辞退しないと返答したものの無視されて、秀吉は関白となった。信輔宛ての判物に、秀吉は両者の争いを「天下」意見したところ、天皇から関白を拝任するよう求められ、一度は辞退したが「叡慮」なので引き受けた、と記している。この段階で公家をも包摂することになった。

領邦国家の包摂

関白になった秀吉は、翌八月、越中に出陣し、小牧・長久手で秀吉に対抗していた佐々成政と飛騨の姉小路自綱《あねがこうじよりつな》を服属させた。八月二十五日に成政が剃髪し降伏してくると、織田信雄の仲介もあって成政を許し、越中新川郡を与え、越中の残りの大部分を前田利家の子利長に与えた。

こうして小牧・長久手の戦い後の対策が一段落したところに、九州の島津氏の圧迫を受けていた大友宗麟が助けを求めてきた。九州は豊後の大友氏・肥前の龍造寺《りゅうぞうじ》氏・薩摩の島津氏の三大名の鼎立状態にあったが、天正六年（一五七八）に大友氏が日向の耳川《みみかわ》の戦いで島津氏に敗れ、天正十二年三月に龍造寺隆信《たかのぶ》が有馬氏を攻めた際に援軍の島津氏に敗れて戦死したため、島津義久の勢力が大きく伸びて北九州にまで及んできていた。

そこで秀吉は、天正十三年（一五八五）十月二日に島津義久・大友宗麟に停戦命令を発した。これは「勅諚」に基づくものであると前置きし、関東から奥州の果てまで綸命に任せ、天下は静謐になったのに、九州が未だに「鉾楯」の状態なのはあってはならず、「国郡境目の相論」については、互いに存分の意見を提出するよう、それらを聞いた上で追って裁定を下す故、先ずは敵味方双方が弓箭を止めよ、これは「叡慮」である、実行しないならば成敗を下す、と命じたのである。

秀吉は天皇を補佐し国政を総攬する関白の立場を越えて、天皇の了承を得ずに天皇の政務を代行する摂政の立場において命令を発したのであって、紛争を調停し、停戦命令を発し、その命令違反への処罰を行うという、三段階の安全保障政策を掲げたわけである。

この時の停戦命令には「関白殿御内証の趣」を伝える長岡玄旨《げんし》（細川幽斎）・千宗易（利休）の連署状が添えられていて、利休は秀吉の側近としてその内意を伝える役割を担っていた。調停を望んでいた大友はすぐに同意したが、島津はそうはいかなかった。九州平定を目前にしていたこともあり、「由来なき仁」の秀吉が関白顔するとは何事かなどの反発が生まれ、同意にはいたらなかった。

ただ勅命とあっては無視できず、「関白殿」が「天下掌に治めらるの段」を認識し、使者を大坂に送ると伝え、翌年正月、島津義弘が大友氏との争いは信長の定めた講和の条件を大友が破ったためであるという立場を記し、鎌田政弘を使節として送ってきた。

そこで秀吉は、肥後半国・豊前半国・筑後を大友に、肥前を毛利に与え、筑前を秀吉直轄となし、残りを島津領とする九州国分け案を提示して、七月以前に返事するよう求めた。明らかな島津への挑発であったが、秀吉はさらに島津討伐の先まで見据えていた。

前年、対馬の宗義調《そうよししげ》に対して「日本の地に於いては、東は日下など悉く治掌し、天下静謐のこと候」と、東国を掌握したことから「筑紫を見物しながら」動座し、さらに「高麗国へ御人数を遣す」と、朝鮮半島への軍勢派遣をも表明しており、毛利輝元には国分け案とともに、「弓箭の覚悟」、軍勢派遣や兵粮確保を命じ、「高麗渡海の事」に触れていた。

しかし西に下ってゆくためには家康の処遇を何とかしなければならなかった。正月二十七日に織田信雄が岡崎に赴いて秀吉と家康の間を仲介して、和睦が成立したが、秀吉はこの件について「如何様にも秀吉次第の旨」と、家康が懇望したので赦免したものであると諸大名たちに伝えていった。だが、その実は妹の朝日を家康の正室として下し、甲斐・信濃の支配を家康の裁量に任せるなど、秀吉譲歩の上での和睦であった。

秀吉政権の基本政策

東西の領邦国家を包摂するべく動くなか、秀吉は禁中を掌握することを忘れていなかった。天正十四年（一五八六）正月に大坂城内にある黄金の茶室を禁中の小御所に移して茶を献じている。壁や天井・柱・障子の腰すべてを金張にし、畳表は猩々皮、縁は萌黄地金襴小紋、障子には赤の紋紗を張り、黄金の台子・皆具《かいぐ》を置いていたという。

正月十九日になると、十一箇条の朱印状を発給し民間統制へと動いている。奉公人、百姓、給人らを対象とした、斗量や堤防、服装にまで及ぶ規定で、その第一条にはこうある。

一、諸奉公人、侍の事申すに及ばず、中間・小者・あらし子に至る迄、其の主に暇を乞い出でざる事、曲事に候間、相抱べからず。但し前の主に相届け、たしかに合点これあらば、是非に及ばざる事。

侍以下の奉公人が主人に暇を乞わずに新たな主人に奉公することを禁じるとともに、そのような奉公人を抱えないようにも命じ、主人と奉公人の関係を明確に設定した。給人の下にある百姓については、第二条で「其の在所に有る田畠をあらすべからず」と耕作に精を出すように命じ、給人は在所に赴いて百姓に相対し検見を行って、三分の一を百姓が、三分の二を給人が取るように定めている。

さらに第三条から第七条にわたり詳しく定めている。すなわち第三条は日照りや水害の時の年貢の収納について、第四条は百姓が年貢・夫役を拒否して他郷に移るのを禁じ、第五条は給人が百姓が迷惑しないよう分別することを求め、第六条は年貢の収納升について、第七条は堤の修理について定めている。続く第八条から第十一条までは諸奉公人の衣服・履物の規定である。

この朱印状の適用範囲だが、これを収録している『竹中氏雑留書』は秀吉の軍師だった竹中半兵衛の子重門《しげかど》の手になる書物で、それに近江「西村文書」に「秀吉公制札」として載ることから、近江が対象にあったことは間違いない。すでに見たように近江では天正十一年（一五八三）七月に検地が行われ、十二年九月にはそれに漏れた土地の検地も行われていた。その時に近江の今堀惣中は検地について三箇条の申合せをして訴訟を行っており、鈴村と大森の捨田をめぐる争いが起き、十三年三月には検地のため百姓が逃散している。

ただ朱印状の第五条・第七条に「其の国」という表現があることから見て、近江をモデルに秀吉が直接支配下の分国に宛てたものと考えられる。十三年三月には山城でも検地のために百姓が逃散しており、山城にも適用されて次第に広がっていったことであろう。

二月には京都の内野に新城を築き始めている。『多聞院日記』同年二月二十七日条は「去る廿一日より「内野御構の御普請」「諸国衆自身々々沙汰す。をびただしき事なり」と「内野御構」の普請が始まって国衆が動員されたことを記し、『顕如上人貝塚御座所日記』も、京都の内野辺に建てる「関白殿の御殿」に諸大名が在京し大普請が始まった、と記す。

翌年にはこの「関白殿新殿」を「聚楽《じゅらく》」と号し、ここへの行幸が目論まれるが（『時慶記《ときよしき》』）、聚楽とは「長生不老の楽しみを聚むるもの」の意である。内野は大内裏の跡地で野原となっていたが、この地の開発により上京と下京は統合されてゆくことになった。

四月一日には京都に大仏を建立するため東福寺近傍を選定したが、二十二日になって東山に地を求め、藤堂高虎ら諸大名に用材の運上を命じ、八月には大仏作事のために明《みん》の工匠を肥前松浦《まつら》から召している。これらモニュメントについて、フロイスは「秀吉は自ら言うように、己が偉名を後世に残すこと以外には何も望んではいなかったので、尊大な彼は権力を誇示しようとして、さらに都においてきわめて非凡のことを行った」ものであると評している。

豊臣政権の成立

分国の内政を固めた秀吉は、家康との和睦を利用して、越後の上杉景勝に上洛を促した。前年の天正十三年（一五八五）十一月、家康との人質交渉が進まない段階で、「家康成敗」へと動くことを上杉景勝らの大名に伝えていて、正月には出馬するとも報じていた。

秀吉からの強い上洛要請に、景勝は五月二十日に春日山城を発ち、加賀の金沢で石田三成の出迎えを受け、六月十四日に大坂城に到着して秀吉に臣従の礼をとった。そこで秀吉は景勝に佐渡の支配を認め、執奏して景勝を四位の少将となし、九月二十五日には「関東其の外隣国面々の事、入魂次第に申次らるべき」と、関東や隣国の諸大名との間の取次の役を命じた（『上杉家文書』）。

西に向けては瀬戸内海の「海賊大将軍」村上掃部《かもん》が能島《のしま》で海賊を働いたとして、その成敗を小早川隆景に命じ、六月には堺政所の松井友閑を罷免して、石田三成と小西立佐《りゅうさ》を奉行に任じた。立佐は秀吉側近のキリシタンであり、秀吉からその「財宝一切」と堺の町支配を委任され、子の行長は「海の司令官」であると『フロイス日本史』は記している。

九州では、秀吉の国分け案について島津家中において議論があったが、返答の期限である七月も迫った六月十三日、義久は肥後八代《やつしろ》に出陣し、島津忠長・伊集院忠棟《いじゅういんただむね》の大軍が大友方の筑紫広門《ひろかど》を攻め落とし、七月には高橋紹運《じょううん》の岩屋城を落とし、宝満山《ほうまんざん》城も陥落させた。この島津挙兵の報を七月十日に得た秀吉は、島津「征伐」をきめて、長宗我部元親・信親父子の四国勢に出陣を命じ、毛利の中国勢にそれへの加勢を命じ、羽柴秀長・秀次が備前以下六か国の軍勢を派遣することとした。

そうした矢先、天皇にと考えていた誠仁親王が七月二十四日に亡くなって、譲位は再び遠のくかに見えたのだが、親王の第一王子和仁《かずひと》が皇嗣とされて譲位が進められることになった。九月に秀吉は母の大政所《おおまんどころ》を人質として家康のもとに送り、家康に上洛を促したので、家康もついに折れ、十月十四日に浜松を出発して岡崎に大政所が到着するのを見届けて、二十六日に大坂に着き、「如何様にも関白殿次第」と秀吉への臣従を誓った。

秀吉は「関東の儀」を家康に任せることとし、執奏して家康を権中納言になした。その家康が京都を発つ前日の十一月七日、正親町天皇が譲位して和仁親王が天皇となった（後陽成《ごようぜい》天皇）。すぐ二十五日に即位礼が行われ、久しぶりにスムーズに譲位から即位へと進行したのだが、これらを沙汰し即位礼において天皇に即位灌頂を伝授した秀吉は、太政大臣に任官し、豊臣の姓が与えられた。豊臣とは「天地長久万民快楽」を意味していた

この姓の創出によって関白の職は豊臣姓にも継承される道が開かれ、ここに秀吉の羽柴政権は豊臣政権へと転換したのであって、その豊臣政権が手掛けた最初の仕事が九州平定である。秀吉の軍師の黒田孝高が督促しても、なかなか九州に出兵しなかった毛利輝元も、八月に四国勢が豊後に渡

ったことから、九月に九州渡海を始め、十月四日に小倉《こくら》城を落とした。

島津義久は羽柴秀長・石田三成に書状を送って弁明しつつも、日向口から島津家久が、肥後口から義弘が豊後へと攻め入り、十二月には戸次川《べつきがわ》で四国の長宗我部元親・信親、十河存保《そごうまさやす》らの援軍と戦って破り、この時に信親・存保らが討死した。こうした情勢から秀吉は自ら出陣することに決し、翌天正十五年（一五八七）正月に宇喜多秀家を始めとする十万の大軍を出陣させ、三月一日に羽柴秀次・前田利家に京都を守らせて大坂城を発った。

関白殿下の行軍

秀吉の行軍について『フロイス日本史』は、自らの偉大さを日本国中に誇示しようとするものであり、豪華そのもの、見事に清潔で調和と秩序を保ち、まるで復活祭の行列の観があったと記し、次のようにその様子を描いている。

関白の前方には、金を積んだ五頭の馬と、絹と刺繍でふちどられた衣で覆われた三十頭の馬、および立派な馬具を装備された八頭の馬が右側を歩き、見事に手入れされた百五十頭が前の方を進んだ。

備前片上、岡屋を経て備後赤坂で足利義昭の出迎えを受けて同道し、十八日に安芸の厳島神社に参拝して大願寺経堂の建立を命じ、二十五日の長門赤間関《あかまがせき》に着いている。そのゆったりした足取りは、関白殿下の御威光を世間に見せつけるものであって、この時に山陰路を経て九州に赴いた細川幽斎は、紀行文『九州道の記』を著わしている。

秀吉の九州行きの道筋にあたる毛利氏と秀吉との関係には縁浅からぬものがあった。秀吉は永禄十二年（一五六九）三月十八日に小早川隆景に宛てた書状で「拙子申次べきの由候」と記しているように、信長の命により毛利の「申次」となっていて、本能寺の変直後には毛利と和議を結んだ。輝元が秀吉に従うようになってからの申次は黒田孝高や安国寺恵瓊が務めていたが、毛利が服属したとはいえ、その家中に殿下の威光を見せつける必要があったのである。

豊臣軍は長門赤間関で二手に分かれて島津「征伐」へと向かうこととなり、東側を進んだのは豊臣秀長率いる毛利・小早川・宇喜多など総勢十万余で、豊前・豊後・日向へと進軍し、四月六日に山田有信らの籠る南日向の高城を囲んで、十七日に義弘・家久など二万を撃破し、島津軍に多くの犠牲を出させ敗走させた。

秀吉は十八日に小倉から九州の西側を進み、筑前の秋月、筑後の高良山《こうらさん》を経て四月十六日に熊本、十九日に八代、そして二十七日に薩摩に入り、五月三日に川内《せんだい》の泰平寺《たいへいじ》に陣をしいたが、その行軍は飢餓と病気に苦しみ、帰り道を模索していたという（『フロイス日本史』）。

しかしこの間、あらかたの大名や国衆が豊臣方に下り、豊臣軍が迫ってきたことから島津家久は秀長に降伏して開城し、義久は鹿児島に戻り剃髪して名を龍伯と改め、家老の伊集院忠棟とともに泰平寺に参って秀吉に謁見し降伏した。五月九日、秀吉は島津義久に次の書状を与えて九州平定を高らかに宣言した。

日本六十余州の儀、改めて進止すべきの旨、仰せ出だささるの条、残らず申し付け候。然れども九州国分けの儀、去年相計ふ処、御下知に背き、猥しき所行、御誅罰のため、今度関白殿薩州に至り、御動座成られ、既に討ち果たさるべき剋、義久一命を捨て走り入る間、御赦免候。然る上は薩摩一国充て行われ訖ぬ。全く領知せしめ、自今以後、叡慮を相守り、忠功を抽んずべき事、専一候也。

薩摩一国を安堵するので今後はよく心得て叡慮を守るよう命じたもので、その後、秀吉は大隅《おおすみ》まで巡検し、戻って肥後の佐敷《さしき》に着いた時、北政所からの書状が届いたので、その返事に「高麗の方まで日本の内裏へ出仕申すべきよし、早船を仕立て申しつかはせ候」「唐国まで手に入れ、我ら一期のうちに申しつくべく候」と、高麗・唐の服属に向けての意欲を記している。六月七日に博多に着くと、箱崎八幡宮に本営を構え改めて九州の国分けを行った。

筑前国と筑後・肥前から各二郡を小早川隆景に、豊後を大友義統《よしむね》、豊前六郡を黒田孝高、同二郡を毛利吉高、肥前の大部分を龍造寺正家、日向を伊東祐兵《すけたけ》・秋月種長・高橋元種・島津豊久、薩摩を島津義久、大隅を島津義弘、肥後を佐々成政・相良頼房、対馬を宗義調《よししげ》にそれぞれ給し、安堵したのであった。

三　関白秀吉の政権と栄華

博多の町割

秀吉の新たな政策は博多から始まる。フロイスは、秀吉が「過る戦争のために徹底的に破壊され、雑草に覆われた野原と化している筑前国博多の市を再建させることを決意した」と記したように、秀吉はまず都市博多を再興した。

博多は天文二十年（一五五一）の大内義隆の滅亡後、大友氏が代官をおいて支配してきた。フロイスはその頃の博多について「下全域において、当時博多の市以上に高級かつ裕福なところはどこにもなかった。商人の市であり、万事、堺の市を模倣したものであった」「富裕な商人たちは戦争によって町が破壊されないように、予め進物を贈って交渉した」と記しており（『日本史』）、堺に似た富裕な自治都市であって、大名に贈物をして町を守ってきたのである。

町は海岸部の息浜《おきのはま》とその東の博多浜からなり、大友氏の時代にはその東分、西分それぞれに代表の月役がおり、その上に大友氏から派遣された博多代官がいた。大友宗麟はキリスト教に理解を示し、永禄元年（一五五八）に博多内の海岸部の土地をイエズス会の教会建設用地として寄進したので、宣教師はこの土地から「地代および税金」のほかに毎年入港税を徴収した。

しかし永禄二年（一五五九）に筑紫惟門の侵攻によって焼かれ、天正八年（一五八〇）には龍造寺氏が侵攻、十四年には島津氏が北上して博多は焦土と化していたのである。そこで六月十日に秀吉は「フスタ」という南蛮船に乗って博多の跡を検分したが、この船には二人の伴天連と神谷宗湛《かみやそうたん》、小姓衆が乗りこみ、翌十一日から博多の町の指図（再興図）が描かれて、十二日から町割が行われ、博多奉行の滝川一益・長束正家《ながつかまさいえ》・小西行長・山崎志摩らのもとで博多は再興に向けて走り出した（『神谷宗湛筆記』）。

この時に協力して大きな役割を果たしたのが博多商人の神谷宗湛と島井宗室《しまいそうしつ》である。宗湛は貿易により巨額の富を築いた神谷寿偵《じゅてい》の曾孫貞清で、博多が焦土になったため永禄十二年（一五六九）に父紹策《じょうさく》に連れられ肥前の唐津《からつ》に移って業を営むなか、天正十年（一五八二）に同じ博多商人の島井宗室の案内で上洛し、本能寺で信長に謁し、本能寺の変では危うく難を逃れたという。

天正十四年（一五八六）十月に再び唐津から上洛、堺の茶人の津田宗及の斡旋で秀吉に近づいて、大徳寺で出家して宗湛と名乗り、翌年正月から大坂城の大茶会や郡山の茶会などを始めとする各地の茶会に出た後に帰国した。秀吉の九州征討にあたっては唐津から秀吉の在陣する薩摩にまで赴いており、四月二十八日に石田三成の仲介で秀吉に面会し、その後に唐津に帰り、四月八日に秀吉の箱崎の陣所を訪ね、津田宗及の仲介により秀吉に面会している。

秀吉は海岸部の息浜の町割を行って各地に避難していた町人に帰還を命じたが、その息浜では東西六十間、南北百二十間の街区を設定して町割がなされ、博多浜の町割では息浜街区の延長上に東西三十間、南北百二十間の街区を新設し、息浜と博多浜を隔てていた入江や湿地帯を埋め立て、その西町・東町はそれぞれ神谷宗湛・島井宗室の手により割り出され、町家が建設されていった。

博多の蔵には兵粮米が集荷され、後の朝鮮出兵に際しては兵站基地となった。聖福寺《しょうふくじ》や承天寺《じょうてんじ》の境内・門前が縮小され、善導寺《ぜんどうじ》・妙楽寺《みょうらくじ》などの寺院は移転させられ、埋立地や南側の縁辺部に移された。これまでの寺院中心の博多から、町人中心の博多へと変わっていったのである。

これにともなって諸関諸座の停止、地子諸役の免除、喧嘩両成敗、付沙汰の停止、出火放火の処罰、徳政免許、押買狼籍の停止などを規定する九箇条の法が出されたが、なかでも第三条の博多の廻船への違濫禁止と、第八条の「津内に於いて、諸給人家を持つ儀、有るべからさるの事」の二箇条は、博多津の商人の特権を認め、町人中心の博多の性格がうかがえる(『毛利家文書』)。

伴天連追放令

秀吉は箱崎の陣所に宣教師らを招いたり、フスタ船に自ら乗り込んだりして、彼らと歓談するなか、長崎に来た定航船を博多に廻航するように求め、博多にはポルトガル船が入れる港がないと聞かされると納得するなど、和やかな交流があった。

その秀吉が六月十九日になると態度を一変させ、五箇条の伴天連追放令を出したのである。その追放令は次の通り。

定

一、日本は神国たる処、きりしたん国より邪法を授候儀、太以て然るべからず候事

一、其の国郡の者を近付け、門徒になし、神社仏閣を打ち破るの由、前代未聞に候。国郡在所知行等、給人に下され候儀は、当座の事に候。天下よりの御法度を相守り、諸事その意を得べき処、下々として猥がわしき義曲事候。

一、伴天連その知恵の法を以て(中略)日域の仏法を相破る事、曲事に候。伴天連儀、日本の地にはおかせられ間敷く候間、今日より廿日の間に用意仕り、帰国すべく候。その中に下々伴天連に不謂族申しく懸くる者在らば、曲事たるべき事

一、黒船の儀は、商売の事候間、各別に候条、年月を経諸事売買すべき事

一、自今以後、仏法のさまたげを成さざる輩は、商人の儀は申すに及ばず、いづれにてもきりしたん国より往還くるしからず候条、その意をなすべき事

已上

天正十五年六月十九日

第一条は、日本は神国であってキリスト教国が邪法を授けることはあってはならないとし、第三条で伴天連に二十日以内に帰国するように命じたのであった。この法令を「布告を板に書いたもの

を博多の公開の場所に掲げるように」指示し、さらに「同じ布告を日本の他の様々な市や主要な場所に掲げさせた」という（『フロイス日本史』）。

定めに沿って、石田三成と生駒親正《いこまちかまさ》が博多と箱崎に触れ回り（『豊前覚書』）、博多に教会を建てる土地を与えていたのは没収となった。秀吉は前年五月十四日に「伴天連らが日本中、いずこの地にも居住することに関しては、予はこれを許可する」と、国内での布教の許可とその特権を認めていたが（『フロイス日本史』）、ここに来て伴天連追放令を出すに至ったのである。

これにともない、キリシタン大名の高山右近を追放し、イエズス会準管区長のガスパール・コエリョを呼んで、追放令発布の理由として、神社仏閣や仏神像を破壊し、牛馬を食用とし、人身売買を行っていることなどをあげたという（『フロイス日本史』）。この法令が出されるのを予感していた右近は、秀吉が大いなる妨害と反撃を始める可能性があるから十分注意するよう宣教師たちに語っていたという。

右近が追放されたのは、第二条の、国郡を知行して人々を信徒となしたことによるもので、その信徒が神社仏閣を破る事態を起こしたことがあったからである。右近の知行していた高槻や播磨明石ではその動きが起きていた。ただ伴天連は追放しても、第四条では黒船での商売を認め、第五条ではキリスト教国からの往還は認めており、貿易の利益が損なわれないように考えていた。

博多の町復興とリンクしてこの法令が出されたことの意味は大きく、伴天連追放令は都市整備の一環でもあった。六月十九日の箱崎の陣所での秀吉の茶会に宗湛と宗室が招かれていることから見て、博多復興計画はこの日を起点に始まったものと考えられる。

伴天連追放令発令が出される前日の十八日、秀吉は十一箇条からなる伴天連追放についての基本方針を定めていた。第一条は「伴天連門徒の儀、其の者の心次第たるべき事」とあって、信仰そのものは禁じないとし、第二条は、キリシタン大名が国郡を知行することについて、その領主が信仰に志がない寺庵や百姓らに門徒になるように押し付けることを理不尽とし、第三条では、領主・給人は当座に給与されたものであって変更はあっても、百姓には変わりがないので理不尽なことをしてはならないとする。第四条は、知行地が二百町、二・三千貫以上の領主がキリシタンとなる場合は、公儀の許可が必要とし、第五条は、それより以下の領主はその一人だけならばよいとする。

第六条から九条までは、本願寺門徒への対応を振り返って、キリシタン統制に乗り出した事情を語り、第十・十一条では伴天連が人身売買を行い、牛馬を売買し、食用にしていることなどをあげて、非難を加えている。この基本方針にそって六月十九日に追放令が出されたわけである。

追放令の波及

秀吉はこれまでキリシタンの教会を京都や大坂に設ける許可を出し保護することで、その力を利用してきたが、九州を平定するなか、キリシタンの信仰が大きく広がっていたことに直面するとともに、仏神徒側からの反発なども鑑みて、博多の復興を機に追放令を出すに至ったのである。

この方針転換には、医僧の施薬院全宗《せやくいんぜんそう》や尼僧の慶光院周養《けいこういんしゅよう》の存在も大きかった。ペロ・ゴメスの一五八七年の『日本年報』には、施薬院全宗は高山右近の敵であって、秀吉に右近の行為を不当となじり、キリシタンを激烈に批判したため、秀吉が激怒するようになった、と記しているが、六月二十六日の箱崎の茶会には石田三成、宗湛、九鬼嘉隆らとともに施薬院全宗が同席していた。慶光院周養は伊勢神宮から派遣され、秀吉の夫人や母にキリシタンの行動を取り締まるよう働きかけていた。追放令の第一条には日本が神国であると記され、伴天連追放の基本方針の定めは伊勢神宮の文庫に伝わっている。

ただ秀吉は貿易の利を考えていたから、大村純忠《おおむらすみただ》が教会に与えていた長崎の地と、有馬鎮貴《しげたか》（晴信）が教会に与えていた浦上《うらかみ》の地とを没収して、秀吉の直轄地となし長崎の城塞を破壊すると（『フロイス日本史』）、翌年四月に長崎代官に佐賀の鍋島直茂《なべしまなおしげ》を任じて支配にあたらせ、長崎惣中に地子銭を免除し、町の繁栄をはかった。

堺の小西立佐に銀二千貫をもたせて長崎に派遣し、ポルトガル船から生糸の一括買い付けをさせている。伴天連追放令にもあるようにポルトガル船の来航を促し、貿易を独占していった。つまり伴天連追放令は秀吉による貿易統制令でもあり、貿易の利を独占する意図があったのである。

長崎は元亀元年（一五七〇）、フィゲイレド神父が水先案内人とともに各地で水深を測量し、大船入港に長崎が適しているのを知って、大村純忠と協定を結んで、福田に来航したポルトガル船を長崎から出帆させるようにし、翌年から長崎入港が定例化していた。長崎には島原・志岐・五島・平戸・山口・博多などから、追放されたり、戦乱で被災したりした人々が移住しはじめ、元亀二年に

『南蛮屏風』(右隻)より　南蛮船から上陸した商人たち　(神戸市立博物館蔵)

大村純忠の家臣と有馬義直《よしなお》の立会いで町の造成が開始され、大村町・島原町・平戸町・横瀬浦町・外浦町・文知町の六か町が成立していた。

天正八年(一五八〇)、長崎は大村純忠からイエズス会に寄進されたが、その寄進状によれば、領内の田畠とともに長崎を教会に与え、行政も教会に委ねること、ポルトガル船の停泊料は教会の、貿易税は大村家の所得とすることとしている。譲渡を取り決めた巡察使ヴァリニャーノの記録には、長崎は海に囲まれた高い岬があって、港がよく守られ、陸地に続く方面は要塞と堀で強化され、住民は工人と商人のみでその戸数は約四百、日本中から商人が来る、と記されている。

秀吉はこの長崎に宣教師追放令を公布して、教会領の長崎・浦上・茂木の没収を命じ、貿易の独占を図った。多くのキリシタン大名が貿易により富を得ているのに目をつけ、その独占を図ったものであるが、この貿易の利を求めた欲求は、途絶えていた明との貿易の再開をも睨んでいた。

長崎のほかにも、大村と有馬の地の諸城を破壊し、各地教会を焼いたばかりか、堺や畿内近国の都市、人々の出入りが多い主要な寺社、例えば奈良の市や紀伊の高野山、伊勢神宮などに追放令を布告して、博多で行ったように伴天連追放を行った（『フロイス日本史』）。京都の南蛮寺や豊後のコレジヨも破却された。

北野の大茶会と肥後一揆

七月十四日に大坂に帰った秀吉は、九月十三日に母の大政所と正妻の北政所とともに京都の聚楽第に移ってここを本城とした。聚楽第は堀に囲まれ、本丸・北の丸・西の丸などの曲輪からなり、周辺には大名屋敷と町人地からなる聚楽町が建てられて城下町が形成され、その優美な姿は三井記念美術館所蔵『聚楽第屏風』に描かれている。

かつて信長は安土城への行幸を考え、秀吉は大坂への遷都を考えたことがあったが、今度は自らが居城を京都に移しそこに天皇を迎えようという目論見であり、その布石として京都の北野天満宮で大茶会を企画し、八月二日に洛中上下や奈良、堺にまで次の高札を掲げさせた（『太閤記』）。

高札

来十月朔日、北野松原に於いて茶湯を興行せしむべく候。貴賤によらず、貧富に拘わらず、望みの面々来会せしめ一興を催し、美麗を禁じて倹約を好み、営み申すべく候。秀吉数十年求め置きしかざり立てをくべきの条、望み次第、見物すべく候。

八月二日

秀吉の沙汰書によれば、十月一日から北野の森で十日間にわたって大茶湯を催し、名物を残らず取り揃えて数奇・執心の者に見せること、茶湯執心の者ならば若党・町人・百姓らの別なく参るよう、座敷は畳二畳敷、着座の順序は自由、日本の国は申すに及ばず、唐国の者まで罷り出でよ、というものであった。

九州平定の成果を世間に披露し、その威光をみせつける性格のものであった。当日の秀吉の茶事は四席あって、関白秀吉、千宗易、津田宗及、今井宗久の各席には名物が飾られ、北野の森に建てられた茶屋の総数は千五六百軒に上ったという。天正十三年（一五八五）三月の大徳寺總見院での茶会に次ぐ茶人たちの晴の舞台となった。

ところが十日以上は続く予定の大茶会であったが、一日のみで終わってしまう。原因は七月末に肥後で起きた一揆が広がりを見せていたからである。肥後国を与えられ隈本《くまもと》城に入った佐々成政が、秀吉の朱印状で所領安堵を受けた国人らに、朱印状通りに所領を渡さず、また来年の検地を命じられていたにもかかわらず、すぐに検地を行おうとしたことから、これに反発した国人領主の隈本氏が蜂起した。その時に城に籠った一揆の人数は一万五千人、男八千、侍八百人、鉄砲八百三十挺といわれ、国人・地侍・百姓の蜂起であった。
これに対し、秀吉は小早川隆景をはじめ、小早川秀包《ひでかね》、毛利吉成《よしなり》（勝信）、黒田孝高、さらには毛利輝元にも出兵及びその準備を命じたところ、九月末には肥前で西郷氏が、十月半ばには豊前で緒方・如法寺氏が一揆を起こした。秀吉は「一揆原、其の外国々の牢人原の儀、追い払はる儀、安かるべき儀に候」と楽観的態度をとってはいたが、北野の大茶会を一日で取りやめているように内心は穏やかでなかった。明春には軍勢を派遣することを伝え、十二月には自らの動座をほのめかしたほどである。

しかしその十二月に肥後の一揆が鎮圧されたので、来春正月に肥後仕置のために上使二万余を派遣することを伝え、天正十六年（一五八八）正月十九日に四国衆、浅野長政、加藤清正、小西行長らが出陣し、三月に肥後仕置が行われた。佐々成政は責任をとらされて肥後を失って切腹となり、肥後は加藤清正、小西行長に与えられた。かつて信長が佐久間信盛に示した折檻状のように、秀吉は成政に対して、柴田勝家に与同したことに始まる「陸奥守前後悪逆条々」を六箇条にまとめて記し、大名たちに伝えたのである（『島津家文書』）。

聚楽行幸

九州の一揆が一段落すると、秀吉は前年九月十三日に造営なった聚楽第への後陽成天皇行幸に向けて本格的に動き出し、行幸への参列を理由に、諸国の大名に上洛を促し、天正十六年（一五八八）

四月十四日の行幸の日を迎えた。その盛儀は、大坂中島天満宮社僧の大村由己《ゆうこ》が著わした『聚楽行幸記』から知られ、由己は秀吉に関する軍記や書物を多く作成している。

奉行の前田玄以が室町将軍義満・義教の時の例を調べて報告すると、秀吉はこれに倍増する馳走を命じ、自ら関白として禁裏に天皇を出迎えに赴いた。

ジョアン・ロドリーゲス『日本教会史』は、聚楽第を「日本でこれほどに立派なものはかつてなかったし、将来もないだろうと噂された」と記し、「聚楽から王宮へはたいへん真っ直ぐな一本の道」が通り、その道を国王と関白が行列を飾って往来した、と記している。聚楽への行幸は先頭が着いても後尾はいまだ禁裏にあり、その間は十四五町あるが、警固の固めの人数は六千余に及んだという。

初日の儀は七献の饗宴と管絃があり、翌十五日に秀吉は、京中の銀地子五千五百三十両を禁裏料所に、米地子八百石のうち三百石を院御所に、五百石を「関白領」として六宮智仁《としひと》親王に進呈したほか、諸公家門跡には近江高島郡の八千石の地を与えることを菊亭《きくてい》右大臣晴季《はるすえ》、勧修寺大納言晴豊、中山大納言親綱に伝えた。

智仁親王に「関白領」として進呈したとあるが、これは秀吉が親王を猶子となして後継者に考えていたからであろう。実子のいない秀吉は後継の体制を考えていたことがわかる。

続いて大名たちから三箇条の誓紙を書かせた。その第一条は、聚楽第行幸に昇殿供奉して有り難く感涙を催したこと、第二条は、禁裏や公家の知行地を将来にわたって改変しないよう努めること、そして第三条では「関白殿仰せ聴かさる趣、何篇に於いても聊かも違背申すべからざるの事」と、秀吉の命令には服従すること、と誓ったのである。

誓紙は同文で二通からなり、一通は前田利家、宇喜多秀家、豊臣秀次、豊臣秀長・徳川家康、織田信雄ら五人が署名し、もう一通は長宗我部元親ら二十三人が署名している。このうち徳川家康は源姓、長宗我部元親は秦姓、井伊直政は藤原姓、織田信包は平姓で、ほかはすべて豊臣姓であって、任官とともに豊臣姓とされたことがわかる。ここに豊臣姓に包摂された武家の家格秩序が生まれたことになろう。

二つのグループのうち第一のそれは、三日目の和歌の会の際に、前田利家を除いて勅裁により、公家の家格に準じた清華《せいが》の家格が与えられた。利家が除かれたのは公卿にはなっていなかったからで、利家は天正十八年（一五九〇）に公卿となっており、この四月一日に公卿となっていたものの上洛の遅れた上杉景勝と大江輝元とともに後に清華の家とされた。

第二のグループは昇殿を許された諸大夫の家格とされ、さらに誓紙提出を行わなかった武家は、伴天連追放の定めの第四条に見える二つの分類、知行地が二百町、二・三千貫以上の領主と、それ以下の領主の二つの階層とからなっていた。

行幸は四日目に舞御覧があり、五日目に還幸となって、行幸が恙なく終わったことから、秀吉は和歌三首「時を得し玉の光のあらはれて　御幸ぞけふのもろ人の袖」「空までも君が御幸をかけて思ひ　雨降すさぶ庭の面かな」「御幸猶思ひしことの余りあれば　帰るさおしき雲の上人」を詠んで天皇と院に進呈している。

イエズス会の宣教師たちは、この時期の秀吉について「この暴君はいとも強大化し、全日本の比類ない絶対君主となった」「この五百年もの間に日本の天下をとった諸侯がさまざま出たが、誰一人この完璧な支配に至った者はいなかったし、この暴君がかち得たほどの権力を握った者もいなかった」と記している（『イエズス会日本報告集』）。

大仏殿造営

聚楽行幸が終わると、秀吉は「いよいよ洛中洛外にぎはひ侍る」よう考え、大仏殿の本格的建設に取り掛かった。二十年かかるところを五年で造営するという意気込みで奉行五人を指名し、大奉行に前田玄以を任じてその宿所での協議を経て、奈良の大仏師・大工を京に呼び、材木は土佐・九州・熊野などから運んだ（『太閤記』）。

東山渋谷《しぶたに》の仏光寺《ぶっこうじ》の跡地に、二十一か国から人夫を動員して三つに分け、整地と石垣積の工事に取り掛かった。四方の石垣を築くため、蒲生氏郷が京の白河の奥から石を引いた時には、石を緞子でくるんで木遣りの音頭とともに引いたので、見物の貴賤の人々が多く集まり、押し分けられないほどだったという。五月十二日に大仏建立のため石垣を積み、土を盛ってその上から洛中の人々に餅や酒を振る舞った。十五日には礎石を据える儀式が行われ、金春・観世の立会能による風流《ふりゅう》も行われた。

大仏の造像は時間がかかるので唐金《からかね》ではなく木像とし、六月十六日に漆膠塗りの彩色の唐人を差し出すように薩摩の島津と豊後の大友に命じ、大仏の造像を奈良大仏師の宗貞・宗印に命じ、高野山の木食上人の沙汰で工事を本格化させ、六月二十一日に大工や大鋸師を大和・紀伊・近江・伊勢・丹波諸国から召すよう、木食とその手伝いの寺沢広政に命じた（『安楽寿院文書』）。

七月五日には大仏殿普請の手伝いの人夫の徴用規則が定められた。十月朔日から一月交替で、十三番からなる約七万人以上もの大量動員であった（『鍋島文書』）。たとえば十一月朔日の二番では、合わせて九千四百人のうち六千人を羽柴北庄侍従（堀秀政）が、二千人を村上周防守（義明）が、千四百人を溝口伯耆守（秀勝）が負担し、二番以下では四千から五千人の徴用が月毎にあって、最後の十三番は翌年十月一日で羽柴備前宰相（宇喜多秀家）が負担した。

大仏造営はかつては勧進により行われていたが、城郭建設と同様に大名の手伝い普請により行われたのであり、それとともに多くの寺社の再興が図られていった。また聚楽行幸から大仏殿造営の流れに沿い、秀吉の豊かな財力にも支えられ、様々な芸能や工芸がその極みを尽くすようになって、世間を驚かすようになった。様々な職能の人々の「仕事」が世間の人々に認知されていったのである。

聚楽第では北野の大茶会が開かれてからしばしば茶会が開かれるようになり、聚楽行幸の少し前には千宗易こと利休の名声が諸国に広がって、利休好みの侘び茶の道具の評判は九州にも伝わり、利休は「天下一」と称された。

この「天下一」の称号は永禄年間に始まっているが、特に工芸の面において、天下一の鏡作り、天下一の釜作りなどが現れるようになり、秀吉の頃からは天下一の能面師も現れたが、次にあげるのは天下一の畳指に関わる秀吉の朱印状である。

大坂に於いて畳指棟梁の事、久次郎仰せつけられ候間、その意を成し、いよいよ精入るべく候也。

天正十六　六月六日（朱印）

天下一畳屋久次

この年には彫金師の後藤徳乗が十両の大判金（天正大判）を作り、鍛冶・番匠の座が廃止され、翌年には利休の弟子の山上宗二《やまのうえそうじ》による『山上宗二記』がなり、連歌師の里村紹巴が『新式和歌』を秀吉に贈り、絵画では狩野一門とともに、能登から出た長谷川等伯が本法寺《ほんぽうじ》の日通《にっつう》上人や千利休の知己を得て、總見院・三玄院・大徳寺塔頭に水墨障塀画を描いて台頭するなど、天下人をパトロンとする芸術家が頭角を現した。

四　全国一統への道

刀狩令と海賊停止令

大仏殿普請の手伝令を出して三日後の天正十六年（一五八八）七月八日、秀吉は海賊停止令と刀狩令の二つの法令を出している。そのうち刀狩令は三箇条からなる。全文を掲げよう。

条々

一、諸国百姓ら、刀・脇指・弓・鑓・鉄砲、その外武具のたぐい所持候事、堅く御停止候。その子細は入らざる道具をあひたくはへ、年貢所当を難渋せしめ、自然一揆を企て、給人に対し非儀の動をなすやから、勿論御成敗有るべし。然者、その所の田畠作らざらしめ、知行ついえになり候の間、その国主、給人、代官等として、右武具悉く取あつめ、進上致すべき事。

一、右取をかるべき刀・脇指、ついえにさせらるべき儀にあらず候の間、今度大仏建立の釘・かすがいに仰せ付けらるべし。然者、今生の儀は申すに及ばず、来世までも百姓たすかる儀に候事。

一、百姓は農具さへもち、耕作専に仕る候へば、子々孫々まで長久に候。百姓御あはれみをもって、此の如く仰せ出され候。誠に国土安全万民快楽の基也。異国にては唐堯のそのかみ、天下を鎮撫せしめ、宝剣利刀を農器に用ひると也。本朝にてはためしあるべからず。此旨を守り、各其趣を存知し、百姓は農桑を精に入るべき事。

右、道具急度取集め、進上致すべし。由断すべからず候也。

天正十六年七月八日　（朱印）

第一条で諸国の百姓から刀や脇指・弓・鑓・鉄砲その他の武具の類を没収することを命じているが、これは天正十三年（一五八五）の紀州の刀狩令の延長上にあり、「一揆を企て」とあるので一揆対策は明らかで、九州で起きた肥後の一揆などを踏まえて出されていることは疑いない。

ただ第二条で、没収した刀・脇指を大仏建立の釘や鎹《かすがい》に使うと述べて、それを大仏造営に使うことで来世までも百姓を助けるのであるといい、第三条で、百姓に農業に精を入れるように命じている。これを聞いた奈良の多聞院英俊は、「天下の百姓の刀を悉くこれを取る。大仏の釘にこれを遣ふべし」と記し、現世では刀故の争いで命を失うのを助けるため、来世では大仏殿の釘に使っての万民利益のためというが、「内証」は一揆停止のためかと指摘している（『多聞院日記』）。

大仏造営と一揆対策の二つから刀狩令は出されたのであるが、大仏造営を理由に全国が対象とされたのである。『島津家文書』の七月十日付けの秀吉の直書には「大仏殿の柱壱本弁にその方分領百姓等、刀・脇指取り集め三万腰到来の処、まことに精を入れらるの趣、感悦斜めならず候」とあって、没収された刀や脇指は京に運ばれた。

刀狩令と同時に出された海賊停止令も同じ理由に基づく全国令であった。これも三箇条からなり、第一条にはこう見える。

一、諸国海上に於いて賊船の儀、堅く御停止に成らるるの処、今度、備後・伊予両国の間、伊津喜島にて、盗船仕る族在るの由聞し食さる、曲事に候。

この法令は備後・伊予両国の間の伊津喜島（斎島）において盗船があった事件を例にとり、これを曲事として発されているが、この事件が起きたのは大仏殿造営にともなって多くの木材が海上を運ばれていたからであろう。そうでなければ瀬戸内海での賊船行為を理由に多くの地域に海賊停止令を出すことはないのである。

二つの法令が出された一か月後の八月十五日に、秀吉は肥前の松浦鎮信に宛てて、唐人・大工・古道具を大仏の作事のために「軽船」に載せて差し出すよう命じている。すなわち秀吉は聚楽行幸を機に諸大名に秀吉の命令に背かないように誓わせ、その上で大仏殿造営を梃に諸国百姓から武具を没収し（刀狩令）、「国々浦々の船頭・漁師」など「船遣い候者」が海賊行為をしないよう、給人や領主の知行地に海賊の輩があれば、知行地を召し上げると命じ、諸国の浦々の支配を進めたのである（海賊停止令）。

この二つの法令を受けて、加賀の南二郡を知行する溝口秀勝は、武具を進上するとともに「浦方の者共賊船御停止の誓紙」を提出し、八月二十一日に秀吉側近の長束正家から受取状を得ている（「溝口文書」）。

臣従を求め

二つの全国令を出した秀吉が次に力を注いだのが、都から遥か遠い西の大陸、南の琉球、東・北の関東・奥州など諸地域の統合であった。八月十二日に秀吉の命を受けた島津義弘は、琉球国服属交渉のために琉球国王に宛てて、秀吉による「天下一統」を告げ、高麗が出頭するようになっていること、秀吉から「貴邦無礼」と叱ってきていることから、秀吉に使節を派遣するように要請する書を作成し、十六日に日向の大雲寺の龍雲を派遣することに決め、十一月に渡海させている。

東国の北条氏に対しては、この六月に家康が取次となって上洛と秀吉への臣従を求めていたことから、八月二十日に北条氏政の弟氏規が上洛して秀吉に謁見している。北条氏は武田氏の遺領をめぐって家康と争い、東信濃を支配下に置いていたが、武田遺臣の真田昌幸《さなだまさゆき》が離反したことから、天正十年（一五八二）に家康と講和を結び、家康の娘を北条氏直の室に迎えて上野を領有し、家康が甲斐・信濃を領有することとなった。

しかし真田氏が沼田領を領有して北条の攻撃を退けたことから、秀吉による国分けの裁定が行われて、北条氏が沼田城を領有するところとなった。天正十四年（一五八六）十月に上洛した家康は秀吉の要請を受け、秀吉の「関東惣無事」の方針を北条に伝え、氏政・氏直の上洛を求めたのであるが、この時には応じず、さらなる求めについに氏規が上洛し秀吉に謁見したのである。これについて秀吉は関東の領主たちに北条が詫言をしてきたので赦免した、と伝えるとともに、上使を派遣して、沼田領の三分の二を北条領とし、三分の一を真田領とする裁定を行った。

九月一日に秀吉は諸大名に妻子を在京させるように命じ、各地の大名に対し臣従を迫った。九月二十日に奥州の伊達政宗が鷹を贈ってくると、この政宗にも臣従させるために動く。父輝宗の跡を継いだ政宗は加賀の前田利家を介して秀吉と好《よし》みを通じていたが、南東北の統合をめざしており、会津の蘆名氏と争っていた。

蘆名氏は幼い嫡子が天正十四年（一五八六）に亡くなり、佐竹から後継者に義広を迎え、伊達への対抗から秀吉に使者を送って臣従するようになった。これに応じて秀吉は徳川家康を通じて、伊達・最上・佐竹・蘆名・岩城・相馬などの和合を求め、十月二十六日に家康から和議が整ったことを祝う書状が政宗に送られている。

天正十七年正月、秀吉は前年に上洛していた島津義弘に大仏殿建立の木材や刀剣を運ぶように求めたほか、琉球の入貢や明国勘合の調整、海賊船の禁止などを命じたところ、五月二十八日に琉球の尚寧《しょうねい》王が、天竜寺桃庵を使節として派遣してきたので、秀吉はこれを服属したものと捉えて義久とともに聚楽第で会っている。

その前日の五月二十七日に秀吉に子の鶴松が生まれると、秀吉は大名に金銀を、京や堺の町人には紅の褶《しびら》を配り（『当代記』）、家康には特に銀二千枚、金二百枚を与えるなど、秀吉の喜びがうかがえるが、ここに改めて後継者問題が浮上してきたのであった。やがて関白を譲る予定であった六宮（智仁親王）は秀吉の猶子ではなくなって、鶴松への関白継承の道が開かれてゆく。

六月十六日に伊達政宗が会津の蘆名義広の黒川城を攻略したことから、秀吉は七月四日に糺問して兵を収めるよう促す一方、上杉景勝や常陸の佐竹義重に義広を援けて政宗を討つように命じ、さらに七月十三日には富田一白《いっぱく》（知信）や前田利家を通じて政宗の会津侵攻に対する弁明を求めた。

十一月に北条方の沼田城主猪俣範直《いのまたのりなお》が、真田氏の故地である名胡桃《なぐるみ》城を占領したことが伝わると、秀吉はこれを北条氏の惣無事・裁定違反と捉え、ついに十一月二十四日に北条氏に「北条の事、近年公儀を蔑にし、上洛あたはず、殊に関東に於いて雅意に任せ狼藉の条、是非に及ばず」と始まる五箇条の宣戦布告状を発した。

その一条から四条までは、北条氏のこれまでの動きの非を鳴らすもので、第五条において「秀吉若輩の時、孤となりて、信長公幕下に属し、身を山野に捨て、骨を海岸に砕き、干戈を枕として、夜はに寝、夙におきて軍忠をつくし、戦功をはげます」と、秀吉が若い頃からいかに戦ってきたかを記し、それが天道に適うものであったかを語るとともに、氏直を「天道の正理に背き、帝都に奸謀を企てる」ものと弾劾し、その討伐を諸大名に通知したのである。

小田原攻め

北条氏直は家康から宣戦布告状を伝えられると、十二月七日に弁明状を家康に送ったが、家康はその前の十一月二十九日に駿府を発って上洛し、十二月十日に聚楽第で上杉景勝・前田利家らと北条討伐を議し、その結果、秀吉が十二月十三日に朱印状で陣触れを発し、東国に自ら下って北条のみならず奥州の伊達問題をも一気に片付けることとしたのである。

北条氏は早くから国家編成に取り組んでいたので、秀吉と対決することも想定していた。天正十五年（一五八七）七月晦日の虎印判状は、武蔵国永田郷に「当郷に於いて侍・凡下を撰ばず、自然御国御用の砌《みぎり》、召し仕へらるべき者を撰び出し、その名を記すべし」と、侍から凡下にいたるまで在郷から動員する体制を築いていた。天正十七年十二月十七日に氏政は「天下の大途に至りては、是非興衰この節まで候間、疑心無く無二したく有るべく候」と、合戦間近なことを井田胤徳など臣下に伝えていた。小田原城を拡大修築し、八王子城、山中城、韮山城などを改築城し、箱根山を中心とする城砦の整備も進めていた。

秀吉は諸大名の領地石高に応じた軍役負担を決定し、陣触れ直後には米雑穀二十万石を徴発し、天正大判一万枚で馬畜や穀物を集め、長宗我部元親、宇喜多秀家、九鬼嘉隆らの水軍に徴発米を輸送させ、毛利輝元に京都守護を命じ、天正十八年（一五九〇）三月一日に「美麗は前代未聞」という行装で京を出て東海道を進んだ。

家康は二月に十五箇条の軍法を定めてこれに合流したので総勢は二十万に膨れ上がった。東山道から進んだのは前田・上杉・真田勢の三万五千、秀吉に恭順した北関東の佐竹・小田・大掾《だいじょう》・真壁・結城・宇都宮・那須・里見らの軍勢一万八千は、小田原へ直接に進軍することになった。

これに対する北条は五万余の精鋭部隊を小田原城に集め、山中、韮山、足柄の三城に軍勢を配置する作戦をとった。かつて上杉・武田軍の攻撃を籠城して退けたことがあり、小田原城には堀と土塁を取り囲む惣構えを築き、数か月は持つ籠城戦を考えていた。

秀吉は三月二十七日に沼津に到着すると、二十九日に攻撃を始めた。箱根の中腹に築かれた山中城に豊臣秀次・徳川勢が、伊豆の韮山城に織田信雄勢があたった。山中城攻めは一柳直末が討死したものの数時間の戦闘で落とし、徳川勢は鷹之巣城、翌日に足柄城をも落としたが、韮山城は城兵の反撃により包囲戦となったので、多くが小田原方面に転進した。

秀吉は四月六日に箱根湯本の早雲寺に本営を構えて長期の攻城戦に入った。四月十五日に秀吉が北政所に送った書状には「小田原二、三町に取り巻き、堀・塀二重つけ、一人も敵出だし候はず候。殊に坂東八国の者ども籠り候間、小田原を干殺しに致し候へば、奥州まで隙あき候間、満足申すに及ばす候」と記し、小田原城に籠った人々を干殺しする方針を語っており、奥州への平定をも視野にいれていて、その追伸では淀君を派遣するように伝えている。

五月十四日の同じ北政所宛ての書状は「はや御座所の城も、石蔵でき申し候間、台所でき申し、やがて広間・天守たて申すべく候」とあって、小田原城を南から見下ろす地に石垣山《いしがきやま》城を築いていた。これは本格的な築城であって、穴太式野面《あのうしきのづら》積みの石垣で構築され、瓦葺の紋や櫓・塀がめぐらされた白亜の城郭であって、茶人の千利休を招いて大茶会を連日開き、淀など妻女をも呼び寄せ、その富と権力を誇示した。

九鬼・毛利・長宗我部の水軍は大量の兵粮米を沼津に運び、徳川軍は小田原の東の酒匂《さかわ》川に布陣し、上杉・前田勢は三月に上野国に入った。本隊から派遣された石田三成は館林城を五月下旬に攻略し、浅野長吉や家康勢の本多忠勝らは四月下旬に東へと進み、武蔵の玉縄・小机・江戸城を落としていった。その進路の各地には四月付の秀吉朱印状の禁制を与えていった。

五月に下総・上総・常陸の諸城を攻略、武蔵の岩付《いわつき》城を五月二十二日に落とすと、六月に鉢形城を落とし、その後は忍《おし》城の攻略へと向かうことになったが、鉢形城攻略に協力した上杉・前田勢は南下して八王子城を六月二十三日に落としたことで大勢はほぼ決まった。

この間、奥州の津軽為信《つがるためのぶ》は沼津に来て秀吉に臣従し、四月に安房の里見義康、五月に下総の結城晴朝、常陸の多賀谷重経、佐竹義宣、宇都宮国綱らが小田原に訪れ、秀吉に臣従を誓った。しかし伊達政宗は機会を逸した上、母の保春院による政宗毒殺未遂事件が起きて、参陣が遅れ六月十日になった。秀吉は当初、謁見をゆるさなかったが、九日に呼び出して伊達が占領した会津を没収することや奥羽仕置に協力することを約束させて許したのである。

関東奥羽の仕置

大勢が決まったことから、秀吉は黒田孝高と織田信雄家臣の滝川雄利を派遣して北条方に降伏を求めると、ついに七月六日に北条氏直自ら秀吉の陣に赴いて降った。この結果、氏政と弟の氏照、老臣の大道寺政繁・松田憲秀らが切腹、氏直は家康の娘婿という関係から高野山追放となった。片桐且元と脇坂安治、榊原康政が検使として小田原城の受け取りに当たり、九日に氏政と弟氏照は小田原城を出て番所に移動し、十一日に切腹した。小田原城開城後、忍城も石田三成指揮下の攻撃で北条氏長が降伏して十六日に開城、北条氏は滅亡した。

七月十三日に小田原城に入った秀吉は、家康に北条氏の旧領である武蔵・相模・上野・上総・下総を与え、家康が領していた駿河・遠江・三河・甲斐・信濃の五か国を織田信雄に与えるものとした。しかし信雄は父が築いてきた尾張・伊勢をとりあげられることから、これを拒否したため秀吉の怒りに触れ、尾張・伊勢を没収されたばかりか、下野の那須に二万石を与えられた。家康の旧領五か国は改めて尾張と三河の一部が秀次に、三河の他の地が田中吉政・池田輝政に、遠江が山内一豊・堀尾吉晴、駿河が中村一氏、甲斐が加藤光泰、信濃が仙石秀久らの直臣に配分された。

続いて秀吉は七月十七日に宇都宮国綱らとともに小田原から奥州へと向かって、二十六日に宇都宮に入ると、そこに関東・奥羽の大名が参上し、奥羽大名への仕置が行われた。二十七日に南部《なんぶ》信直《のぶなお》に南部領内七郡を安堵し、信直妻子の在京を命じる覚書の朱印状を与え、佐竹義重には常陸ほかの所領を安堵した。

伊達政宗・最上義光には奥州仕置の補佐と案内を命じ、政宗の案内で会津に向かった。会津を約束した蒲生氏郷と奉行の浅野長政を筆頭とする奥州仕置軍による行軍であり、家康は南下して八月一日に江戸城に入ってここを本拠地とした。いったん宇都宮に戻った秀吉は八月六日に白河に到着して、抵抗する葛西氏の家臣を退け、八月七日に会津黒川城に入り、奥羽諸大名の仕置を行った。

改易となったのは石川昭光、江刺重恒、葛西晴信、大崎義隆、和賀義忠、稗貫広忠、黒川晴氏、田村宗顕、白河結城義親らで、伊達政宗は会津郡、岩瀬郡、安積郡の三郡が没収されて、陸奥・出羽のうちの十三郡七十二万石に減封、所領安堵は最上義光、相馬義胤、秋田実季、津軽為信、南部信直、戸沢盛安ら、新封は蒲生氏郷（会津四十二万石）、木村吉清（葛西大崎三十万石）である。

八月十日には七箇条の法令が出された。その第一条は検地の実施と百姓への臨時使役の禁止、第二条は盗人の禁止、第三条は人身売買の禁止、第四条は奉公人の役と百姓の農業専念、第五条は刀狩、第六条は百姓の人返し、第七条は永楽銭の換算比率の公定である。

このうち人身売買の停止は「去る天正十六年以来の売買の族」について規定しているが、この年は多くの法令が全国令として出されているので、本法令もそうした全国令の奥州への適用であって、刀狩については、「日本六十余州在々の百姓」に武具の没収を命じているので、出羽・奥州両国においても命じるとしており、全国令であることが強調されている。

奥羽検地

検地については「御検地条々」という施行細則が出されたが、出羽の検地はこれより早く「出羽国御検地条々」が定められていた。これまで占領地の仕置の形で広く行われてきていたことを踏まえ、奥羽諸国に及ぼして全国令として出されるようになったのである。八月十二日に秀吉が浅野長政に与えた朱印状にはこう記す。

第一条で、会津や白河とその周辺について、豊臣秀次・宇喜多秀家に検地を命じた事を告げ、第二条では、浅野長政にも耕地の等級とその斗代などを朱印状で示しており、それに基づいて入念に申し付ける事、第三条では、最上義光・伊達政宗の妻子が京都に上ることになっており、他の国人も妻子を上京するように取り計らうよう告げ、そして第四条では、検地を行う上での注意すべき点を記している。

> 国人幷に百姓共に合点行き候様に、能々申し聞かすべく候。自然相届かざる覚悟の輩これ在るに於いては、城主にて候はゞ、其のもの城へ追い入れ、各々相談し、一人も残し置かず、なできりに申し付くべく候。百姓以下に至るまで、相届かざるに付いては、一郷も二郷も悉くなできり仕るべく候。

国人や百姓が、合点がゆくようによくよく申し聞かせて検地を実施するよう、もし従わない者がいたなら、城主でも百姓でも皆、なで斬りにするようにと命じている。これは「六十余州」に堅く命じてきたもので、出羽奥州も同様であって、たとえ「亡所」になっても構わず、「山の奥、海は艪櫂の続き候迄、念を入るべき事、専一に候」と、決断を求めている。こうして広く検地が行われるようになった。
七尺の杖尺（畿内では六尺三寸）が使われ、田畠の面積を五間×六間として三百歩を一反とし、公定升には京升を用い、村ごとに田畠屋敷の地目やその一筆ごとの上中下の等級による斗代を定め、その刈高（畿内では石高）、名請人を確定して村高とした。耕地には複数の権利が重層していたが、基本的に一人の耕作者とされ、百姓の耕作権を保障している。

まさに新たな体系的土地制度の成立であって、それとともに石高が大名から家臣への領地給与の基準とされ、知行体系が確立し、これを基準に軍役が課されていった。また出羽では本領の三分の一の割合で関白の蔵入れ分が設定され、政権の財政基盤とされた。

ここに全国の統一政権が誕生したことになる。奈良の多聞院英俊は「関白殿、只人に非ず」と記し、「さて日本国六十余州、島々まで一円ご存分に帰しおはんぬ。不思議々々の事たり」と記している。山崎の合戦に勝利してから僅か九年で全国統一を成し遂げたのである。

秀吉は八月十二日に会津を出るが、奥州に残った仕置軍の浅野長政は知行没収の対象となった大崎氏・稗貫《ひえぬき》氏などの反抗への対策に当たり、伊達政宗と合流して平泉周辺まで進撃して和賀《わが》氏ら在地領主の諸城を制圧、家臣を代官に入れて新体制への移行を進め、検地を行った。

こうした豊臣政権による大名の再配置や刀狩・検地は多くの抵抗と軋轢を生んだ。仕置軍の主力が引き上げると、九月下旬に出羽の仙北・藤島では、検地を契機に「一揆悉く蜂起」という事態となり、「郡中諸侍そのほか下々まで、京儀を嫌ひ申す内存に候」と京方を嫌って蜂起したという。この仙北・藤島一揆は大谷吉勝・上杉景勝に鎮圧されたが、十月には改易された葛西氏・大崎氏の旧臣・百姓による葛西大崎一揆が木村吉清領で起き、旧和賀領・稗貫領でも和賀・稗貫一揆がおき、その鎮静化には時間がかかった。

唐入りの構想

秀吉は会津を発って駿府にまで至った時、来春の「唐入り」を小西行長と毛利吉成に伝え、九月一日に京に到着したが、そこにはこの七月一日に到着していた朝鮮国王の使節が待っていた。秀吉は対馬の宗氏を通じて高麗国王に日本への出仕を求めていて、朝鮮政府からの使節派遣決定の報が前年十二月には入っていて、秀吉は国王の「参洛」を明年春に猶予するよう伝えていたにもかかわらず、使節が到着していたのである。

しかし秀吉はすぐには朝鮮使節に会わず有馬の湯に赴いた後、十一月に聚楽第で引見した。国書の内容は「日本国王殿下」による日本六十余州一統を祝うものであるが、この朝鮮使節の到来を服属儀礼として捉えた秀吉は、朝鮮国王に「征明嚮導《せいみんきょうどう》」(明を攻めるための先導役)を務めるように求め、国王への返書には、「日本国関白秀吉、書を朝鮮国王閣下に奉ず」と始まって、本朝六十余州を従えたことを記し、なぜ秀吉にこれが可能であったのかを次にように記していた(『続善隣国宝記』)。

予、托胎の時に当たり、慈母の夢に日輪懐中に入る、相士曰く、日光の及ぶ所、照臨せざる事無し、壮年必ず八表に仁風を聞き、四海に威名を蒙るといへり。

受胎した秀吉の母が日輪の懐中に入る夢を見たことから、相士（占い師）がこの胎児の成長の暁には日光の及ぶところすべてを治めるようになる、と予言していて、その通りに秀吉は連戦連勝して天下を統一し、日本国は豊かになり、都は壮麗になったが、これに満足せずに「大明国」に入って「吾朝の風俗を四百余州」に及ぼすつもりだという。

朝鮮使節はその返書の内容と要求には大いに驚いて異議を申したが、秀吉はすでに朝鮮出兵の拠点として肥前名護屋城の普請を命じていた。両者の間に入って困惑したのが対馬の宗氏であって、使節に同行した宗氏の使者は翌天正十九年（一五九一）正月に釜山浦《プサンポ》に着き、秀吉の征明計画を伝えたが、その際に「征明嚮導」ではなく、「仮途入明《かとにゅうみん》」（明を攻めるための道を貸す）を求めた。

秀吉は「唐入り」に向け、自らの誕生時の奇瑞を記し、日輪の子と語って服属を要請したのであるが、七月にインドの副王に送った返書でも、誕生時の奇瑞を記し、日本の統一を経て「大明国」を治めることや、日本は神国で秀吉は神の申し子であることを誇らしく記している。こうした奇瑞譚は、国書作成に携わった五山の僧の考えから出たのであろう。

『本朝高僧伝』は、夢による示現に基づいて生まれた高僧の伝記を数多く載せていて、母が日輪を呑んだり、日輪を身に浴びたりして生まれた例を紹介している。『実隆公記』には、建仁寺の天隠龍澤《てんいんりゅうたく》が文明七年（一四七五）に実隆邸を訪れた時、わが母は子を得ようとして観世音菩薩に祈ったところ、夢に朝日を拝したのを見て懐妊し、私が生まれたのだと語ったとある。民間でよく読まれた『御伽草紙』には、神仏に申して生まれた子の出世譚が多く見受けられ、秀吉の奇瑞の言説は広く流布し受け入れられたことであろう。

秀吉の唐入り構想は、天下・世間を日本六十余州から唐四百余州へと広げてゆくものであったといえようが、そこへは向かわずに、ここで立ち止まって改めて統治の体制を整えていったならば、その後の動きは随分と変わったことであろう。だが、これまでに世間に向けて唐入りを唱え、武将たちに新たな領地を約束していたので、停滞する余地はなくなっていた。しかも秀吉を支えてきた異父弟の豊臣秀長が正月二十二日に亡くなり、秀吉を止める人物がいなくなった。

標的となった明は、北にモンゴル、女真族、南に倭寇の脅威にさらされ著しく弱体化していた(「北虜南倭」)。そもそも中華帝国は絶えず周辺地域から侵攻を受けており、秀吉の侵攻もその一つだったことになろう。秀吉に続いて女真族のヌルハチが台頭して侵攻し、やがて明清交代を実現させてゆくことになる。狙っていたのはヨーロッパ勢力も同じで、キリスト教の伝導を通じて大陸侵攻を考えていたから、秀吉の侵攻を後押しするところでもあった。

五　広がる世間

帝都の整備

唐入りの構想とともに秀吉は京都を取り囲む御土居の構築に取り掛かった。聚楽第の造営で京都は上京と下京とが一体化しつつあったが、さらに帝都として相応しく改造をするためである。

これまでに鴨川の右岸に沿って南北五キロに及ぶ寺町が形成されてきており、天正十八年(一五九〇)には、一町(京間六〇間四方)の街区に新たに南北に通りを開いて縦に二分する町割りが施され、長方形街区、短冊型地割が創出され、町々を仕切っていた構えが取り払われ、町人地が形成されていた。『フロイス日本史』はこう記している。

彼は城を上の都に造り、そこで日本中で造りうるもっとも豪華な新都市を営もうと決意した。そのため彼は従来そこに建っていた家屋をほとんど全部取り壊してしまった。かくて巡察師が同地に滞在していた二十数日間だけでも、進行中の工事を拡張し、新しくより立派な家屋を建てるために、すでに存在していた二千軒もの家屋を撤去した。

大規模な新都市が形成されつつあったことがわかるが、ここに見える巡察師とは、天正十九年(一五九二）閏正月八日に秀吉に聚楽第で謁見したヴァリニャーノである。彼はインドの副王の使節として、前年六月に伊東マンショなどの少年遣欧使節とともに来日しており、この時の通訳を務めたジョアン・ロドリーゲスは、「聚楽から王宮へ」の道の両側にはすべて諸国の御殿が続いている、と『日本教会史』に記している。

天正十七年（一五八九）九月に諸大名の妻子に在京を命じたことから、多くの武家地が生まれるようになり、その武家町の形成にともない、奉公する人々の町（足軽町）が生まれ、大坂天満の本願寺の移転もこの天正十九年正月に図られ、そして御土居の築造となったのである。左大臣近衛信尹は「正月より洛外に堀をほらせらる。竹をうへらるる事も一時なり。二月に過半成就なり」と日記に記している。

僅か二か月という短期間に全長五里二十六町（約二十二キロ）に及ぶ土居と堀が築造された。土居の高さは二～三間、基底部は一〇～一五間、堀はその外側に二～一〇間であった。信尹はこれについて「悪徒出走の時、早鐘をつかせ、それを相図に十門をたてて、その内を捲からるる為なり」と、悪徒対策であったとも記しているように、惣構えの機能には治安対策の意味もあった。洛中の非人は洛外に移され、声聞師《しょうもんじ》村は消え、畠山辻子《ずし》などの辻子女や遊女たちも移動させられた。

土御門東洞院の新造内裏は前年十二月に成っていて、後陽成天皇は遷幸していたが、この三月十四日に清涼殿が完成したことから、公家町もそれにともなって内裏の北に造られ、遅れていた大仏殿の柱立ても五月二十日に行われている。

この間に帝都では検地が行われ、九月二十二日には「京中地子御免許成られ訖ぬ。永代相違有るべからざるの条、その旨を存ぜしむべき也」という京中の地子を免許する秀吉の朱印状が「上京中」「下京中」「六丁町」「聚楽町」の四つの惣町に発給されている。

このように帝都整備が進捗しつつあった二月、突如、千利休が聚楽第の不審庵を退出させられ堺に蟄居を命じられた。茶道具の売買で私利を貪り、大徳寺山門の上に自分の像を据えたのを咎められたという。利休の弟子の古田重然《しげなり》（織部）や細川忠興らの助命嘆願も受け入れられず、「人生七十力囲稀咄　吾這宝剣　祖仏供殺」の辞世を残して切腹し、その首は一条戻橋に晒された。

大徳寺には信長の位牌所の總見院が建立され、山門の金毛閣が連歌師宗長らの努力で大永六年（一五二六）に成っていて、利休はその上層階を築造して我が像を据えた。これでは大徳寺を訪れた秀吉を山門の上から見下ろすことになるのであり、新都市建設にともない、堺の町から商人が移され、堺が大打撃を受けたことなどへの利休の反発を、秀吉は感じ取ったのかもしれない。信長の権威を背景とする茶湯の道を通じて、世間に向けた利休の視線に秀吉は怒りを発したのであろう。

御前帳作成と身分法令

帝都の整備は帝国の把握とリンクしていた。五月三日、秀吉の命を受けた奉行人の長束正家・増《まし》田長盛《たながもり》・石田三成・前田玄以らは、島津氏の知行する大隅・薩摩両国に対し、「御国の御知行御前帳、調へ上せ申さるべきの旨、仰せ出だされ候、則ち御帳の調へ様一書、別紙これを進せ候。来る十月以前に仰せ付けられ、御進上有るべき旨候」と、御前帳《ごぜんちょう》を十月までに調進するよう命じている。

これが「明年高麗御陣、思召し立てらるに就いて、日本国検地帳禁中え納めらるべき為に仰せ付けられ候」という、日本全国を対象とする検地帳の作成である。直接の理由は高麗渡海のためであったが、高野山でも「日本国中寸土尺地を残さず、末代の為に御前帳相定めらるに付きて、御検地仰せ付けらる」とあって、広く全国規模で検地が命じられた。

『多聞院日記』七月二十九日条には「日本国の郡田を指図絵に書き、海山川里寺社田数以下悉く注し上すべき由、御下知と云々。禁中に籠め置かれるべきの用と云々」とあるので、郡田図の作成も求められ、禁中に納められることから御前帳と言われたことがわかる。こうして各地で検地が行われ郡図が作成されていった。

奥州ではこの二月に南部領内で南部信直に対し九戸政実《くのへまさざね》が不満を抱いて武力蜂起したことから（九戸政実の乱）、信直が救援を浅野長政に求めてきた。そこで秀吉は一揆の鎮圧と仕置のため、徳川家康と豊臣秀次を大将に、一番伊達政宗、二番蒲生氏郷、三番佐竹義宣・宇都宮国綱、四番上杉景勝、五番家康、六番秀次からなる大規模動員を行ったが、その仕置軍の手によって検地が実施されており、前年の貫高表示は石高表示へと変更となった。

そこに突然の不幸が襲った。八月五日に後継者に考えていた、淀殿の生んだ鶴松が三歳で病死したのである。秀吉は髻《もとどり》を切って喪に服すも、それを払拭するかのように動き出した。鶴松の亡くなったその翌日、入明のための供奉僧に五山の西笑承兌《さいしょうじょうたい》、惟杏永哲《いきょうえいてつ》、玄圃霊三《げんぽれいさん》らを指名し、八月二十一日には次の身分法令を出した。

一、奉公人、侍・中間・小者・あらし子に至るまで、去る七月奥州へ御出勢より以後、新儀に町人百姓に成り候者これあらば、その町中地下人として相改め、一切置くべからず。若し隠し置くについては、其の一町、一在所、御成敗を加へらるべき事

その第一条は奥州に軍を派遣して以降の新儀の動きとして、奉公人が町人や百姓となることが多いとしてそれを禁じ、第二条は「在々百姓」が田畠を捨てて商売や賃仕事を行ったり、奉公を行わなかったりするのを禁じ、第三条では侍らの奉公人が主人に暇を乞わず出奔するのを禁じている。奉公人・百姓・町人の身分統制を行ったもので、かつて天正十四年（一五八六）正月に十一箇条の朱印状で民間統制を行ない、天正十八年十二月には江北の直轄領で牢人追放令を出していたが、さらにそれらを徹底したのである。

これによって町や村を母体とする町人や百姓などの地縁組織は新たな段階に入り、家の形成と継承が整えられ、奉公人の家世間、百姓の村世間、町人の町世間などがまとまりをもって、後世に継承されるようになっていったのである。

唐入りと後継者秀次

九月、秀吉はイスパニア領フィリッピンのルソン総督に書簡を送ったが、そのなかでこれまで朝鮮や琉球などを従えてきており、今や大明国をも征服しようとしていると語り、このことは秀吉が「天」から授けられたところである、と記し、日本への服属を求めた。

そこに奥州再仕置軍が九戸氏を滅ぼしたという報が入った。奥州に赴いていた甥の秀次は、平泉の大蔵経《だいぞうきょう》や金沢称名寺の蔵書を京都に移し、足利学校の庠主閑室元佶《かんしつげんきつ》に命じて学校の蔵書を相国寺円光院に移させるなどして上洛するが、秀吉はこの秀次を後継者と考えていて、十一月二十八日に権大納言、十二月四日に内大臣になし、十二月八日に秀吉に背かない約束をさせ、五箇条の訓戒状を与えた。

関白の一般的な心得を記した後、最後の箇条で「茶の湯、鷹野の鷹、女狂いに好き候事、秀吉まねあるまじき事」と記している。「外にて猥れがましく女狂い、鷹野の鷹、茶の湯にて秀吉ごとくにいたらぬもののかた、一切まかり出候儀、無用たるべき事」と、茶の湯などの遊びを内々に行うのはよくとも、世間に知られぬよう、秀吉の真似はしないようにと戒め、秀次に神明に誓わせた(『本願寺文書』)。

こうして十二月二十七日に秀次を左大臣となして関白職を譲って、来春三月の高麗への渡海を表明し、翌天正二十年(一五九二)正月五日に諸大名に三月一日からの朝鮮渡海を命じ、「掟」を発した。「今度大明国へ御動座」にともなって、海道筋での軍勢の陣取りによる「在々地下人百姓」らの逃散を禁じたのである。

小西行長と宗義智《よしとも》を朝鮮への使者として派遣し、「唐入り」にあたっては、朝鮮が異議なく通過を認めるよう交渉を命じ、もし異議を申したならば、三月中に壱岐・対馬に軍勢を派遣し、四月には朝鮮を「退治」すると脅かすよう命じた。正月十八日にはその小西派遣を加藤清正や毛利吉成・黒田長政らに伝え、朝鮮からの返答が届くまでの渡海延期を命じている。

関白を譲られた秀次は、正月二十六日に後陽成天皇を聚楽第に迎え、政務に関わり始めるようになり、唐入りの後方支援を行うところとなった。正月には五箇条からなる法令を出している。

一、唐入りに付きて御在陣中、侍・中間・小者・あらし子・人夫以下に至るまで、欠け落ち仕る輩これあらば、その身の事は申すに及ばず、一類幷びに相抱え置く在所、御成敗を加へらるべき事

最初に侍以下の奉公人の逃亡を禁じ、逃亡したものへの連座を定め、続く第二条では、人足の飯米の規定、第三条では遠国からの供の衆の扱いについての規定、第四条では陣に召し連れた百姓の田畠の耕作を郷中に命じる規定、そして最後の第五条での陣に召し連れた若党や小者の取替規定などからなっている。

唐入りに向けての動員は在地にまで及んでいたのだが、これは「当関白様より六十六カ国へ人掃

の儀、仰せ出され候事」と「人掃」と伝わって、「家数・人数・男女老若共に一村切に書付らるべき事」という、家数・人数の調査が諸大名によって行われた。

二月二十七日に秀吉は三月十日頃の出陣を伝えていたが、遅れて大坂を三月二十六日に発ち、四月十九日に小倉において小西行長からの朝鮮との交渉の経過などを伝えられた。「仮途入明」が拒否されたことから、秀吉の指示通り、四月十二日に渡海を開始したが、その数は一万八千七百人にのぼり、四月十三日に釜山城を攻めたという。

この小西軍に続いて加藤清正・鍋島直茂らの第二軍二万二千八百人、黒田長政・大友義統らの第三軍一万一千、島津義弘の第四軍一万四千、福島正則の第五軍二万五千と続き、以下、宇喜多秀家の第八軍一万人、豊臣秀勝の第九軍一万一千五百人までの、合わせて十五万八千七百人が朝鮮半島に繰り出された。

文禄の役

秀吉は天正二十年（一五九二）四月二十五日に名護屋城に到着するが、名護屋城は天正十九年秋から黒田孝高・長政父子が築城の奉行となって普請をしていた。五層七階の天守を持つ本丸と二の丸、三の丸に、山里丸、遊撃丸、弾正丸、台所丸などの郭からなり、大坂城に次ぐ規模で、「聚楽の劣ることなし」といわれたほどであったという。その威容は『肥前名護屋城屏風』や発掘調査によっても確認されている。

諸国から三十万人が動員され、諸大名は海岸線に沿って三キロ圏内に陣屋を構えていて、その数は百三十か所、「諸国の大名衆御陣取りにて候間、野も山もあく所なく候」という状態だった。城下町には武家町地区と町屋地区とがあり、「町中へ直にたうせんを着け」とあるように唐船の着岸する湊が設けられ、「京都・大坂・堺の者ども悉く参集」し、大量の物資が集まって、望みの物は何でも揃う活況を呈した。遠く蝦夷地の蠣崎《かきざき》氏、出羽の最上氏、奥羽の南部氏、京の公家、南蛮船もやってきて、秀吉や大名は茶会や能・連歌を楽しんだ。

渡海した第一軍は四月十三日に釜山城を攻め、これを落とすとそこからは大きな抵抗もなく直ぐ漢城に向けて進軍し、西側を進む第三軍と四月二十八日に漢城で合流したが、朝鮮国王は漢城を脱出して平壌へと移った。

漢城入城という快進撃の報を清正から聞いた秀吉は、五月十六日に朝鮮国王の探索とその「御座所」の普請を命じ、十八日に秀次や前田玄以に唐入り後の国家構想を示している。その二十五箇条は、秀吉の渡海、秀次の明年の出陣、明征服後は天皇を二年後に北京に移して、秀次を関白とすること、日本の天皇には良仁・智仁親王のいずれかを据え、朝鮮には豊臣秀勝を置くことなど、征服後の夢を語るものであった。

秀吉の右筆山中橘内《きちない》は、秀吉が北京に入った後には、日明貿易の港である寧波《ニンポー》に拠点を移し、天竺の切り取りに向かうことまで考えていたと語っている。

漢城を占領したことから、諸軍を朝鮮八道に配置し、その支配を進めるように命じ、京畿道に宇喜多秀家、忠清道に福島正則、全羅道に小早川隆景、黄海道に黒田長政、平安道に小西行長、江原道に毛利吉成、威鏡道に加藤清正という布陣がとられ、そのうち漢城に集結した日本軍は朝鮮国王を求めて北上していった。

しかし五月七日に李舜臣《りしゅんしん》率いる朝鮮水軍によって半島南部の巨済島《きょさい》近辺で藤堂高虎・脇坂安治らが敗れ、五月二十九日にも近くの海戦に亀甲船団により敗れて、制海権を失った。海戦での敗報に秀吉は六月の渡海をあきらめたが、なお明への侵攻の意欲は衰えず、六月三日に大谷吉継・増田長盛・石田三成らを朝鮮に派遣し明への侵攻を督励している。

北上した小西行長は、六月十五日に平壌を占領、加藤清正は七月に朝鮮最北部の会寧にまで達しているが、明から派遣された祖承訓《そしょうくん》軍の攻撃に平壌がさらされ、朝鮮各地では義兵が蜂起し、朝鮮南部で水軍がまたも敗れる。このため秀吉は七月十五日に六月三日の軍令を撤回し、当面は朝鮮国内を安定して支配するように命じた。

その直後に秀吉の母大政所の危篤の報が届いて、秀吉は名護屋を離れて大坂に戻ったが、到着した時には既に亡くなっていた。八月半ばに伏見に秀吉は自らの「御隠居所」を設けるように命じ、縄打が二十日に行われているが、新たな体制造りを目指したものであろう。八月三十日に木下吉隆が朝鮮に在陣していた吉川広家に対し、秀吉の来春の渡海を伝えるなかで、「大明国への御動座」は延期になるであろうと記している。

朝鮮撤収

十月一日に大坂を発った秀吉は、十一月一日に名護屋に到着し、来春三月の渡海を伝えるが、十二月二十八日になると、渡海後は「御仕置」を行ってすぐに帰朝すると伝えており、方針転換がはかられたことがわかる。

日本軍の進撃は容易でなく、平壌では新たな明軍の攻撃にさらされており、小西行長は明軍の沈《しん》惟敬《いけい》と会談し、五十日間の休戦協定を八月二十九日に結んだのであるが、朝鮮側は和平に反対し、義兵・政府軍が日本軍に反撃を開始しており、十月六日には朝鮮南部の拠点である晋州城（牧使城）を日本軍の猛攻から守りぬいた。

代初めにより十二月八日に天正は文禄《ぶんろく》に改元され、その翌文禄二年（一五九三）正月六日、李如松《りじょしょう》率いる明軍と朝鮮の義兵・政府軍が平壌を総攻撃し、行長はなんとか凌いで、漢城へと撤退したが、その漢城をも攻められた。平壌撤退を聞いた秀吉は渡海延期を決断し、二月十八日に宇喜多秀家を大将として派遣し、秀吉の指示を待たずに現場に判断を任せることとし、漢城からの撤退と晋州城の攻略へと方針を変え、徳川家康・前田利家・上杉景勝・伊達政宗らの東国の軍勢派遣を検討するようになった。

前年来の兵粮不足と諸城撤退にともなう士気の低下から、行長は明の沈惟敬と交渉をもって和平を進めるようになり、四月になると、明からの講和使節の派遣、明の朝鮮撤退、日本の漢城撤退などで条件に折り合いがついて、明の「勅使」派遣の報が四月末に名護屋に届いた。

秀吉はこれを「大明よりの御詫言」と捉えていた。高山国《こうざんこく》（今の台湾）に宛てた書簡に「大明、数十万の援兵を出だし、戦闘に及ぶと雖も、ついにその利を得ざるにより、勅使を本邦肥前の州に来たらせて降を乞ふ」（『異国往復書翰集』）と記している。

秀吉が改めて晋州城の攻略と朝鮮半島南東部の全羅道の侵攻を骨子とする朝鮮南部支配の方針を示すなか、五月十五日に石田三成・小西行長に伴われた明使が名護屋に到着したので、二十三日に引見した。その時の日本側の「和平条件」は、明の皇女を天皇の皇妃となし、勘合による日明貿易の再開、朝鮮の二王子の解放などであって、六月に明の勅使は帰国の途についた。答礼使の内藤如安が同行し、六月二十日に釜山を発ち七月七日に漢城に到着した。

その間の二十一日から晋州城の攻撃が始まり二十九日に落としたが、この報を明側が知ったのは九月頃で、明からの抗議を受けた小西行長は、二王子の解放で講和交渉の存続をはかり、朝鮮国王は十月一日に漢城に戻った。いっぽう待望の晋州城落城を聞いた秀吉は、七月から八月にかけて朝鮮南部に「御仕置」の城の普請を命じ、日本軍に在陣を続けさせるかたわら、五万の軍勢を九月までに日本に帰還させている（文禄の役）。

文禄二年（一五九三）九月に名護屋を発って大坂に向かう準備をしていた秀吉のもとに、側室の淀殿が八月三日に拾《ひろい》（秀頼）を産んだという報が入る。秀吉は急いで九月二十五日に大坂に戻ると、我が子を抱きかかえて大変な喜びようであったという。しかしここに再び後継者問題が生じるところとなった。

当初、秀吉は聚楽第に秀次を、大坂城には秀頼を置き、自らは太閤として伏見で両者を後見する考えであったかに見られ、『言経卿記』によれば、日本を五つに分け、そのうち四つを秀次に、残り一つを秀頼に譲る方針だったという。それもあって東国の大名に伏見城の完成を急がせて、翌文禄三年正月に城が完成したことからここに移り、城下町を形成していった。

しかしその間、秀次が湯治のために伊豆の熱海に赴いている最中、秀頼と一歳の秀次の娘(後の露月院)を婚約させ、将来的には二人に天下を受け継がせようとかいう方針を語っているなど(駒井重勝『駒井日記』)、後継者構想は二転・三転していた。

徳川領国の統治

朝鮮撤収や後継者問題などで太閤政権が揺れるなか、領国統治を着実に進め力をつけていたのが徳川家康である。家康は秀吉への臣従とともに、天正十五・十六年の両年、給人領・寺社領・蔵入地の別なく三河・遠江・駿河・甲斐・南信濃の領国の全所領に「五十分一役」を賦課している。これは太閤政権に対応する形で領知体系を整えたもので、さらに天正十七年から翌年正月にかけ五か国の総検地を実施している。

徳川氏直属の奉行人の手になる検地で、給人領・寺社領の別なく郷ごとに行われ、一筆ごとに所在地、上中下の等級、面積(一段が三六〇歩)、田畠の別、名請人を記載する検地帳が作成され、領国内の全所領・諸得分を把握していった。

検地を実施した後には「諸郷村に下せる七箇条の定書」を交付し、年貢の納入方法や陣夫役、百姓屋敷分の免除規定、地頭の百姓雇の規定、損耗の検見、竹藪の竹の納入規定などを郷村に伝えている。こうして独自に検地を行い、領国統治を行ってきた実績に基づいて、天正十八年に関東転封になると、八朔の日を期して江戸城に入り、次々と施策を行っていった。

三河の家臣を関東に移すとともに、北条・武田の有能な旧臣を登用し、江戸城とその城下町を整備し、家臣団の知行割、蔵入地の設定、検地を行った。秀吉はこの転封で家康を遠ざけたと評価されるが、むしろ家康は新たな天地を手に入れ、支配する世間を広げていったと見るべきであろう。

江戸城はかつて太田道灌が居城とし、北条氏も家督を氏直に譲った氏政の居城となっており、武蔵・下総領国の押さえの機能を担っていた。近辺には江戸宿、浅草石浜、品川湊が存在する交通の要衝であって、家康はこの地のことを早くから知っていたであろう。北条氏もさらなる発展を考えれば、江戸を本拠にすべきだったのである。

ただ家康が入った頃の江戸城は本丸・二の丸・三の丸からなるも、各郭の間には深い空堀があり、芝の土塁がめぐらされ、建物の破損は著しく、門は大手門と小田原門のほか小さな門がある程度だった。そこで本丸と二の丸の間の堀を埋めて本丸を広げ、三の丸との間に石垣を構築した。

城下には隅田川・石神井川・平川の三本の大きな川筋、石神井川の河口に江戸湊、平川河口に日比谷入江があることから、平川の流路を東に移し、江戸前島の付け根を東西に横断するように道三堀を開削して、町割を行った。「本町の町割」は十月四日に完成し、本所・深川と房総を繋ぐ小名木川を開削して、塩などの必要な物資を運搬させた。

本町は六十間四方の地を三条に割り、真中に空地を設ける形で造られていったが、これに関わったのは普請方や地方の役人と、茶屋四郎次郎、奈良屋市右衛門、樽屋藤左衛門、喜多村彦兵衛らの商人であって、奈良屋は本町一丁目、樽屋は二丁目、喜多村は三丁目に広大な屋敷を占め、町年寄に起用された。

家臣の知行割では十万石以上の井伊直政が上野の厩橋城に、本多忠勝が上総の大多喜城に配されたが、これは秀吉の「御上意」に基づくものであり、家康を牽制させる性格を帯びていた。他の家臣については榊原康政を総奉行に、青山忠成・伊奈忠次などが目付衆として実施され、一万石以上の上級家臣は江戸から遠くに、下級家臣と蔵入地は江戸周辺に配された。

家康の関東入国とともに貫高や俵高での領知表示が石高でなされていった。松平家忠は日記に「天正の初めまでは知行何貫とありしを、同十八年、御家人へ采地を賜はるに何万石と見ゆ。是れ全く石になりし始めなるにや」と記している。その記主の家忠は、八月八日に川越城が預けられる通知が来たが、忍城へと変更になり、九月十一日の知行の書き出しは一万貫とあったが、これを家忠が親類衆に知行分けした際には石で表示しており、六千七百五十石を自身の知行分とした。

検地は天正十八年に伊豆・下総から始まって、十九年には武蔵・伊豆・上総・下総・相模・上野・下野で行われた。三百歩が一反の太閤検地の原則に基づき、上・中・下の等級、田畠の別、分付けのある名請人の形式で記され、一筆ごとの石高は記されなかった。上級家臣は自領の申告と、天正十九年に検使が派遣されて高増によって知行高が決められ、下級家臣の場合は当初から徳川氏が検地を行った。

松平家忠の忍領の検地は天正十九年正月から伊奈忠次によって行われ、六月に忠次から家忠領一万石の所付が「一、四千七百弐拾四石三斗一升　新郷下・新郷荒木別所共」という形で渡された。

家康と秀吉

天正十九年（一五九一）六月、家康は秀吉の要請で、奥州の九戸政実の反乱を討伐するために秀次とともに二本松に赴いて軍議を開き、陸奥の岩手沢にまで至ったところ、九月四日に蒲生氏郷と浅野長吉が九戸政実を降伏させたので任務は終わった。

奥羽の情勢を把握して十月二十九日に江戸城に戻った家康は、関東の寺社への所領寄進や家臣への知行給与を行い、翌年には江戸城の本格的な修築に入った。途中で名護屋出陣のため二月二日に江戸を出ているので、江戸城の修築には直接に関わらなかったが、その留守中に本多正信を総奉行に西の丸の築造工事が行われた。

城内にあった寺院が外に出され、濠の工事が行われたが、これには前年末に武蔵の忍から上総国上代《じょうだい》に転封となった松平家忠も動員されていた。家忠は城造りに長けており、これまでも浜松城・牧野城（諏訪原城）・新城《しんしろ》城・横須賀城、高天神城攻めの付城《つけじろ》（前線基地）などの城郭の普請や補修などにあたっていた。

三月十六日に普請奉行の天野康景・山本頼重からの通達があって、二十一日に江戸に到着した家忠は、伝馬町の佐久間の宿所に泊まって、自分の屋敷の普請を行い、四月四日に移ってからは江戸城修築のために頻繁に呼び出され、上代と江戸の間を往来した。家忠が最初に泊まった伝馬町の佐久間であるが、家康は江戸に入って城下の宝田・千代田村に道中伝馬役を命じ、馬込勘解由《まごめかげゆ》、高野新兵衛、小菅善右衛門らに支配させていたが、佐久間はこのうちの馬込勘解由であって、三河にあった時に佐久間と名乗っていた。

家康は北条氏の伝馬制度を継承しつつも、旧領国の伝馬制度をも取り入れ、江戸を交通網の中心とする新たな体制を関東に築いていった。その結果、各地に宿や新宿が生まれ、宿場町や在郷町が形成された。江戸城の修築とともに西の丸の濠の揚げ土を利用して、日比谷入江の埋め立てを行い、八重洲河岸に沿って内町が形成された。

肥前の名護屋城においては、家康は他の大名とは違い、二つの陣屋を構え、しかも本城の直下にあって広大であった。渡海することはなかったが、名護屋の経費は膨大で、関東には頻繁に賦課がかかり、進上物が名護屋に送られた。家忠にも一万石につき金子五両の「唐夫銭」が、一万石に三人の「鉄砲足軽」が賦課され、加勢のために一万石に十一人の人夫が課されるなど負担は重くのしかかった。

文禄二年（一五九三）になって朝鮮撤収とともに秀吉が大坂に戻ってからも、名護屋から引き揚げてきた東国大名の手伝いによって伏見城の普請が本格化したので、伏見普請の賦課が家忠にもかかってきて、文禄三年には家忠自身が伏見普請に直接に当たることになり、三月二日に京に到着し、七日から連日のように普請に従事した。

秀吉は正月に朝鮮から帰ってきた小西行長から報告を聞いて、明の返答如何によっては再出兵があるとして、在番体制の維持を命じたが、日本軍の兵粮不足は深刻化しており、将兵の逃亡が相次ぐ情勢もあったので、前年末に行長は明側から戦争終結をせめられ、降伏文書の「関白降表」を作成していたという（『朝鮮王朝実録』）。

秀吉は秀頼に大坂城を与え、秀次らと吉野の花見を二月二十七日に出かけ、三月二十日に淀城を壊して伏見城下の建設へと進んだ。宇治川の堤防で巨椋《おぐら》池から分離し、伏見に港としての機能をもたせ、宇治川に豊後橋を架け、伏見山に内堀を設け、城の西側に外堀をつくり、七瀬川の流路を屈曲させて総外堀となして城下町を囲ませているが、その間の八月一日に伏見城に移っている。

世間の潤いと賑わい

文禄二年（一五九三）から四年にかけて太閤検地は日本全国に及んだ。北の陸奥から、常陸・信濃・越後・尾張・伊勢・大和・摂津・河内・和泉・播磨・筑前・筑後・豊後・肥前・肥後・薩摩・日向・大隅に至るまで、朝鮮出兵による兵粮米不足を解消させる狙いもあったが、これにより摂河泉・大和・播磨・伊勢の豊臣領国では初めて本格的総検地が行われ、服属した島津・佐竹領では石田三成が、筑前など小早川領では山口宗永《むねなが》が、下野の宇都宮領では浅野長政が、北信濃・越後の一部の上杉領では増田長盛が関与して実施された。

こうして把握された全国の総石高は、慶長三年（一五九八）の『伏見蔵納目録』によれば千八百五十七万石に及んでいて、そのうち豊臣政権の蔵入地は二百二十万石、五畿内、近江・美濃・尾張・伊勢で過半数を占め、他に淡路・豊後・筑前の瀬戸内海ルートや若狭・越前の日本海ルートに多く設定された。家康が二百五十万石であったから、それに拮抗していたことがわかる。

豊臣政権の蔵入分には金山からの運上金が三千四百枚（一枚は十両）、銀山から銀八万枚あり、各地の金銀や間歩が開発されてきた。早くは明が銀を求めていたことから石見銀山が活況を呈し、毛利元就は尼子氏との銀山争奪戦に勝利して握るも、天正十二年（一五八四）に秀吉に服属したことで銀山は秀吉と毛利の共同支配となり、朝鮮出兵の軍資金に充てられ、慶長二年（一五九七）に輝元は秀吉に銀三千枚を運上している。

但馬の生野銀山は、天正八年（一五八〇）の但馬平定後は秀吉管轄となり、生熊《いくま》佐兵衛国利《くにとし》・伊藤石見守長親らが代官に任じられ、天正十三年には八つの間歩が開かれて最盛期を迎えた。慶長五年（一六〇〇）からは徳川家康が奉行に間宮新左衛門を任じ、直轄領となし、慶長年間には人数も二万に近かったと推定されている。

佐渡金銀山の生産が本格的になったのは、天文十一年（一五四二）に越後の商人外山茂衛門による島中西部の鶴子銀山の開発からで、石見銀山からやって来た山師たちが鶴子銀山の開発を進めてゆくなか、近くの相川金山が開かれると、この富を求めた越後上杉氏が天正十七年（一五八九）に執政の直江兼続を派遣し、河原田城を落して佐渡を支配下においた。この佐渡支配を秀吉は認めて、上杉氏が慶長三年（一五九八）に秀吉に納めた金の量は全国の総量の六割にも及んでいた（『伏見蔵納目録』）。

金銀山や山野河海の開発は秀吉の時代から本格的に始まり、「太閤秀吉公御出生より、日本国々金銀山野にわきいで」（『大かうさまぐんきにうち』）という賑わいが生まれ、秀吉は天正十七年（一五八九）五月には公家や大名に金六千枚、銀二万五千枚を施す「金賦り」を行っている（『鹿苑日録』『太閤記』）。これに象徴されるように、秀吉は富を創出し、分配することで政権を急成長させてきたのである。

金銀は貿易にも役立てられた。天正十六年（一五八八）五月に長崎を直轄領として「黒船」（ポルトガル船）の積極的な入港を促し、貿易の独占をはかった。黒船が薩摩半島の片浦に着岸した報告が届くと、奉行を差し下し銀子二万枚を持たせそれで生糸を買い上げさせ、余った糸は商人に買い上げさせ、それでも余ったならば召し上げるように伝えている。以後、年に五度でも十度でも、どんな浦でも着岸してきてもよいので、「日本の地」ではその商売の妨げないことを相手に伝えるよう命じた。

世間の身体性

秀吉の動きを中心にみてきたが、その際の史料に用いたのは信長の場合と同じく文書であって、多くの秀吉文書からは秀吉の主張がうかがえ、そこから秀吉が世間をどう見ていたのか、どう世間に対応しようとしていたのかを知ることができたのであるが、この時代が外にどう映っていたのかを知る上でルイス・フロイスやヴァリニャーノの報告や著作は貴重である。

なかでもフロイスの『日本史』はこの時期の通史を考えるうえで欠かせない。フロイスは一五三二年にリスボンに生まれ、四八年にイエズス会に入会し、六一年にゴアで司祭に叙階、語学と文筆の才能を評価されて宣教地からの通信を担当するなか、六三年（永禄六）に横瀬浦に上陸して布教活動を開始し、翌年に平戸から京都に向かった。

永禄十二年（一五六九）に織田信長にあって、その信任を得て畿内での布教を許可されると、オルガンティノなどと共に布教活動を行い、その後は九州で活動していたが、天正八年（一五八〇）の巡察師アレッサンドロ・ヴァリニャーノの来日に際して通訳となってその視察に同行し、安土城で信長に拝謁し、天正十一年からは総長の命令で宣教の第一線を離れ、日本におけるイエズス会の活動の記録を残すことに専念し、諸国をめぐって見聞を広めた。

天正十五年（一五八七）に伴天連追放令が出されたので畿内を去り、加津佐を経て長崎に落ち着いたが、天正十八年に天正遣欧使節を伴ってヴァリニャーノが再来日すると、同行して聚楽第で秀吉と会見している。

こうしたことからフロイスは『日本史』のほかにも、天正十三年（一五八五）六月十四日には『日欧風習対照覚書』を著わして、ヨーロッパと日本の風習を比較している。全部で六百十一箇条にわたり詳細を極めている。

男性・女性・児童・仏僧など人物の衣服や風習に始まって、寺院・食事・戦闘・馬などに関わる作法、病と薬、書物と書状、家屋と庭園、船と道具、演劇と楽器など日常生活の様式、そしてその他の風習を十四章立てで書きとめている。世間の付き合いに関する比較点をいくつかあげてみよう。

○われらにおいては、人の訪問は、通常何も携えずにおこなう習わしである。日本では他人を訪ねて行く者は、おおむねいつも何か持って行かねばならない。

○ヨーロッパでは人との交わりや気晴らしが広場や街路でおこなわれる。日本ではそれが自分たちの家の中でのみおこなわれ、街路はいつも歩くだけのところである。

○われらは憤怒の情を大いに表わすし短気さを抑えることはほとんどない。彼らは特異な方法でそれを抑制し、たいそう控え目で、思慮深い。

フロイスによって、このような世間の風習が描かれたことは、それが広く定着していったことを示すものである。

5　世間の型付け

『徳川実紀』と家康文書

一　太閤秀吉の死

秀次失脚とその影響

文禄三年（一五九四）に上洛した家康は、これまでになく京に長期滞在した。二月に秀吉に吉野の花見に誘われ出かけたが、これは秀吉から諸大名に「思ひ思ひの出立にて、茶代を面々にもちて山へあがり給へ」と指示されてのものであった。

六月になると、秀吉を京の長者町の屋敷に迎え、京や伏見の屋敷に懇意の人々招いて将棋・茶会・酒宴などで交流を重ねた。政治・経済の結びつきでは織田信雄、前田利家、浅野長吉（長政）、富田知信（一白）らの大名、亀屋栄任《かめやえいにん》、今井宗薫らの豪商と交流し、公家や学者からは学問や政治の指針、教養を求めた。名護屋城在陣中には藤原惺窩《せいか》から『貞観政要』の講義を受けていたが、山科言経からは『吾妻鏡』の講義を受け、『拾芥抄』や『武家名目抄』などの和書、『資治通鑑』や『治平安覧』など和書・漢籍も広く集めた。

翌文禄四年正月二十九日、秀吉は完成した方広寺大仏殿で千僧供養を行ったが、これに日蓮宗の不受布施派が出席を拒んだことで、以後、日蓮宗の布施派と不受布施派の日奥《にちおう》との対立が激しくなってゆく。後の慶長四年（一五九九）に、家康は日奥を大坂城に召して出仕するように命じたが、日奥がこれを拒否したので対馬に流すことになる。

朝鮮では小西行長と明将の陳雲《ちんうん》との講和交渉があって、決裂していたものの、正月三十日に李宗《りそう》城《じょう》ら明冊封使が北京を出発している。薩摩などの検地が終了したので四月十二日に秀吉は島津氏に朝鮮からの帰国を命じたが、やがて秀吉の後継者をめぐって事件が起きた。

七月三日に聚楽第の秀次のもとに石田三成・前田玄以・増田長盛・宮部継潤《けいじゅん》・富田一白らが訪れて、秀次に謀反の疑いがあるとして五箇条の詰問状を示し出頭を促したのである。秀次は出頭せずに誓紙を書いて逆心が無いことを誓ったが、八日に再び伏見に出頭するよう促され、秀次は伏見城に赴いたが、引見されずに関白・左大臣の職を奪われた上、剃髪を命じられ、高野山青巌寺に流罪・蟄居の身となった。

七月十三日、石田三成・増田長盛は血判の連署起請文を提出し、秀頼を表裏別心なく盛り立て、「太閤様御法度御置目」を守ってそれらに背かないことなどを誓約している。秀次に謀叛の嫌疑をかけたのは彼ら直属奉行人であったろう。秀吉はこの年六十歳、我が子の秀頼の将来を案じているのを見て動いたと考えられる。十五日には秀次のもとに福島正則・池田秀雄《ひでかつ》(景雄)・福原長堯が訪れ、賜死《しし》の命令を伝え、秀次は切腹した。

二十日には前田利家・宇喜多秀家の二人が、十三日と同内容の血判起請文を、織田信雄・上杉景勝・徳川秀忠など在京大名二十八人もまた、同じく血判連署起請文を提出した。家康は五月に江戸に帰っていたが、七月十四日に秀吉からの急使があって、秀次が「逆謀をめぐらしている」として上洛を求められ、七月二十四日に京に上り、同じく上洛した毛利輝元・小早川隆景らとともに連署起請文を提出した。

八月二日に秀次の首は三条河原で晒されたばかりか、その首塚の前で秀次の遺児と側室・侍女ら二十九名が処刑された。これは秀次に連なる勢力が秀頼に反乱を起こす事態を恐れてのもので、秀次の跡を完全に絶つことを意図してのものであろう。

秀次に娘を乞われて上洛させていた最上義光は、家康を通じて娘の助命を嘆願していたのだが、斬首され、自身も伏見に幽閉された。ほかに伊達政宗・細川忠興・浅野幸長《よしなが》らも秀次に関係していると疑われたが、家康の計らいで罪を得ることはなかったという（『徳川実紀』）。

秀吉の矛先は秀次に与えていた聚楽第にも向けられ、建物がすべて壊され伏見に運ばれた。フロイスは秀吉が「老体の狂気」から「巨額の金を投じて先に造営した」城を崩壊させ、周囲の武家屋敷や町屋も伏見に運搬させたと記している（『日本史』）。

次期政権の新体制

七月二十四日に家康・毛利輝元・小早川隆景らが提出した連署起請文は、三条までは奉行衆や大名衆と同じ内容であったが、第四条では「坂東の法度・置目・公事篇、順路憲法の上を以て、家康に申し付くべく候。坂西の儀は、輝元・隆景に申し付くべく候」とあって、坂東を家康の、坂西を毛利の裁量となしており、第五条では在京して秀頼に奉公し、いずれかが国に下った時は家康・輝元が交替で残るようにするものと誓約している。

ここに秀吉後の政権運営の大枠が定められた。坂東を家康に、坂西を毛利に委任し、中央では家康などの大老、三成などの奉行衆が秀頼を補佐し運営する体制であり、八月三日に毛利輝元は国許に出した書状に、「東は家康、西は我へまかせ置かれ」たことを「面目」「大慶」とその喜びを伝えている。

その日に、家康・輝元・宇喜多秀家・前田利家・小早川隆景らが連署して「御掟」を、さらにこの五人ともう一人の上杉景勝も入って六大老が「御掟追加」を出し、新体制下での政治方針が定められている。その「御掟」の第一・二条は、大名小名間の婚姻や契約について、婚姻には秀吉の許可を必要とし、誓紙を出しての契約を停止すること、第三条は喧嘩口論を堪忍すべきこと、第四条は無実の訴えには糾明を遂げること、第五条では城内での乗り物について五大老以下の待遇を規定している。

さらにその追加の掟の第一条は、公家・門跡はその家道を嗜み、公儀への御奉公を専らにすべきこと、第二条は、寺社は寺法・社法を守り、修造や学問勤行を油断なく勤めるべきことを定めるなど、公家の領域に踏み込んだ法規であって、これは百姓に農業の出精を求めていたのと同様に家業の精励を求めたものである。

第三条から第六条は武家に関する法規で、第三条は、領知に関しては毛見《けみ》によって地頭が三分の二を、百姓が三分の一を取り、田地を荒らさないようにすること、第四条は、大身・小身衆の本妻以外の妾について定めるもので、第五条は、知行の分限に基づいて諸事を行うよう、第六条は、目安を捧げての訴えは十人衆が聞いてこれを裁定し、直訴の目安はこの六人が談合し、秀吉の決済が必要とあらば上申するものと定めており、残りの第七条から九条は衣装の紋、酒、覆面などの規定からなっている。

後に家康が出した「武家諸法度」や「禁中幷公家衆中諸法度」へと繋がる法令であるが、それとの大きな違いは禁中に関する規定がない点であって、これは秀吉の専権事項だったことによるからであろう。なお第六条の十人衆とは、長束正家、増田長盛、石田三成、前田玄以らの奉行人衆と六人の大老である。

秀吉は十二月に大坂に赴いたところで病気になり、翌文禄五年（一五九六）二月に回復したので伏見に戻ったが、将来への不安から、秀頼の参内を企画し、五月九日に秀頼を伴って家康らの大名を引き連れて京都に赴き、十三日に参内した。これに先立つ八日に秀吉の推挙により家康は内大臣に任じられ、以後、家康は江戸内府と呼ばれる。

伏見に戻った秀吉は、二十五日に公家・門跡・諸大名に秀頼への「御礼」を行わせ、秀頼体制への移行を進めてゆく。だがその昇進を祝うべく八月十八日に行う予定にしていた方広寺大仏殿の大仏開眼供養が、閏七月十二日に起きた大地震での大仏の大破により、延期となった。伏見城も大きな損害を蒙り、八月中旬に堺に到着した明使節・朝鮮使節の引見は延期され、九月一日の大坂城での引見となり、秀吉は明の使節から皇帝勅諭の冊封文や宝冠などを受け取った。

秀吉を日本国王に冊封する勅諭を秀吉は受け入れたが、朝鮮使節が王子を連れて来なかった「無礼」や、堺で明使節が朝鮮にある倭城の破却と軍勢の撤退を求めたことに怒りを発し、家康が諫止したのを振り切って、九月に朝鮮再出兵を決断する。秀頼中心の体制を築いたことから再び目を朝鮮に向けたのである。文禄五年十月、「天変地妖《てんぺんちよう》」から慶長に改元された。

慶長の役

対外情勢が再び緊迫するなか、八月二十八日に土佐国浦戸にスペイン船のサン＝フェリペ号が漂着したので、派遣された奉行の増田長盛は、臨検し船荷を没収した。ポルトガル人から聞いたとして、船員たちはスペイン人の海賊で、ペルー、メキシコ、フィリッピンを武力制圧したようにそのための測量に来たに違いない、と告げた。

すると船員が、スペイン国王の版図は広大で、これにキリスト教布教が関わっている、とつい言ったため、これを伝え聞いた秀吉は奉行の石田三成に命じ、京都と大坂に住むフランシスコ会員とキリスト教徒全員を捕縛し、十二月十九日に長崎でキリスト教徒の日本人二十名、スペイン人四名など二十六人を処刑した（二十六聖人殉教）。

翌慶長二年（一五九七）二月二十一日、秀吉は朝鮮再出兵の号令と陣立を諸大名に示している。一番加藤清正一万、二番小西行長ら一万四千、三番黒田長政ら一万、以下、鍋島、長宗我部、毛利、宇喜多など八番まで十二万人余、これに在番衆あわせて十四万余の大軍であった。目標は「唐入り」ではなく、「赤国（全羅道）残らず、悉く成敗し、青国（忠清道）その外の儀は、成るべき程相働くべきこと」と、朝鮮の全羅道の制圧にあった。

七月に小西・藤堂高虎が巨済島周辺で朝鮮水軍を破り、小早川秀秋が総大将として釜山浦《プサンポ》に着陣して進撃を開始し、慶尚道・全羅道・忠清道へと北進し、南岸には文禄の役の際に築かれた城郭の外縁部に新たに倭城を築いて補強した。

この間、秀吉は正月に秀頼のために「新城」を京に造ることを計画すると、四月に禁裏の東南の地を選定し五月に縄張りを行うとともに、大破した大仏を破砕し、信長が甲斐善光寺から岐阜に遷していた阿弥陀如来の遷座を命じ、七月十八日に大仏殿に安置して大仏殿を善光寺如来堂と称した。九月に京の「新城」が完成したので、二十六日に秀頼を伴って入ると、二十九日に秀頼とともに参内し、秀頼は元服して四位少将に叙任された。

しかし二度目の朝鮮出兵の状況は悪化していた。八月十五日に宇喜多秀家・島津義弘らが南原城を攻め、朝鮮人の鼻切りを行ってその鼻が送られてきており、九月二十八日には朝鮮人鼻塚の施餓鬼供養が行われている。朝鮮人陶工が捕えられて九州に送られてきたほか、戦争とともに「日本よりも万の商人もきたりしなかに、人あきなひせる物来たり」と、人買い商人が従軍して朝鮮の男女、子どもを捕え、日本に売りさばくようにもなっていた。

十二月二十二日、要衝の蔚山城《ウルサン》が明・朝鮮軍五万に及ぶ大軍の攻撃を受けた時には、兵粮の備蓄がなく、水にも欠け投降するものも多く出たが、二十五日に降った恵みの雨に助けられ、加藤清正・浅野幸長らが猛攻によく耐え、毛利秀元の援軍でようやく翌慶長三年（一五九八）正月四日に危機を脱した（慶念『朝鮮日々記』）。

二月には戦況が芳しくないことから、朝鮮在番諸将が在番城の縮小再編案を作成し、秀吉に送ったが、前年末から病となった秀吉は蔚山城が攻撃された報が届いていても、これを認めずに兵粮米の備蓄強化と在番城の再編を命じた。

そのかたわら醍醐寺の五重塔・三宝院が座主義演の要請で改修・再建されて寺観が整備されたので、病が回復した秀吉は三月十五日にその醍醐寺で花見を行った。各地から七百本の桜を集めて境内に植えさせ、秀頼・淀君と山中に設けた八つの茶屋を回遊して花見を楽しんだ。

花見を終えると、四月に上洛して十八日に秀頼をともなって参内し、秀頼が中納言に任じられ、二十四日に親王や公家が秀頼の京の屋敷に出向いてその昇進を祝った。

秀吉の最期

慶長三年（一五九八）も六月に入ると、秀吉の病は悪化の一途をたどり赤痢をも患って、ついに死を覚悟した秀吉は七月十五日に大名や奉行衆、二十五日には天皇・親王・公家・門跡に遺物を配分し、八月五日にもはや絶望的状態になり、家康を頼みとするようになった。

幼い秀頼が国を支配するにふさわしくなるまでを家康に国政を委ね、秀頼が統治の任に堪える年齢に達した時に政権を返すことを期待したのである。フランシスコ・パシオの報告書は次のように記している（『フロイス日本史』付録）。

関東の大名で八か国を領有し、日本中で最も有力かつ戦いにおいてはきわめて勇敢な武将で、貴顕の生まれで民衆に最も信頼されている家康だけが、日本の政権を簒奪しようと思えばできる人物であることに思いを致し、この大名に非常な好意を示して自分と堅い契りを結ばせようと決心して、彼が忠節を誓約せずにはおれないようにしました。

こうして家康・利家・輝元・景勝・秀家の五大老に宛て、「秀より事なりたち候やうに、此かきつけ候しゅとしてたのみ申候。なに事も此ほかにわ、おもひのこす事なく候。かしく」「返々、秀より事たのみ申候。五人のしゅたのみ申候く。いさい五人の物に申わたし候。なこりおしく候」という我が跡を託す遺書を認めた。

八月七日には浅野長政・増田長盛・石田三成・前田玄以・長束正家に「日本国中の儀」を沙汰するよう、相互に姻戚の縁をむすぶようにと促した（『義演准后日記《ぎえんじゅごう》』）。六大老・四奉行の体制であり、小早川隆景が慶長二年（一五九七）六月に亡くなると、四奉行に浅野長政を入れての五大老・五奉行の体制となった。

秀吉の病は、京都方広寺へ遷されていた信濃善光寺本尊阿弥陀三尊の祟りであるという噂から、三尊像を信濃に帰すことになって京を出発したが、その翌日の八月十八日に秀吉は「つゆとおちつゆと消へにし我が身かな　難波のことも夢のまた夢」の辞世を残して伏見城で亡くなった。

その死は秘匿され、『義演准后日記』にはその死に関わる記事がなく、吉田兼見の弟神龍院梵舜《しんりゅういんぼんしゅん》の『梵舜記』八月十八日条はその死を記している。だが亡くなる前から死の噂は流れており、「掠奪者が公道で横行する」ようになっていたという（『フロイス日本史』）。

秀吉は自身を八幡神として神格化することを望んでいたので、遺体は焼かずに埋葬するよう遺言しており、遺骸は伏見城中に置かれ、九月七日に高野山の木食応其によって方広寺東方の阿弥陀ヶ峰の麓に、八幡大菩薩堂と呼ばれる寺の鎮守社が建築され始めた（『義演准后日記』）。

秀吉の死にともなって、五大老・五奉行は朝鮮からの撤退を決め、八月二十五日の秀吉朱印状を携帯した使者を派遣して日本軍の撤退を告げた。その後も戦いはあったが、明軍と和議を結び、十一月に全軍が朝鮮から撤退した。

戦闘は終わったが、朝鮮の国土と軍民は大きな被害を受け、明は莫大な戦費の負担と兵員の損耗によって疲弊し滅亡する一因となった。日本軍の中心をなした西国大名も大きな痛手を蒙った。豊後の大友氏は、文禄二年（一五九三）の平壌城の戦いで、明の大軍に包囲されていた小西行長からの救援要請に応じなかったことから、大友吉統《よしむね》（義統）が窮地の味方を見捨てたとみなされ、秀吉の逆鱗に触れ、名護屋城に召還を命じられ、五月に改易され、豊後、豊前宇佐の半郡が豊臣家の直割地となった。

島津義弘は慶長三年（一五九八）からの泗川の戦いで明・朝鮮の大軍を打ち破って徳川家康から「前代未聞の大勝利」と評され、最後の戦となった十一月の露梁《ろりょう》海戦では立花宗茂らとともに順天城に孤立した小西行長軍の救出のために出撃し、明水軍の副将・鄧子龍《とうしりゅう》や朝鮮水軍の主将・李舜臣を戦死させるなどの戦果を上げ、小西軍の退却を支えたが、領国の体制は俄かに不安定となっていた。

大老家康の存在感

家康も朝鮮出兵による兵力や財力の費えは著しかったが、比較的消耗を免れたことから、領国を固めることができたばかりか、五大老の最上位にあって新たに領知を宛行《あてが》うようになり、五奉行も着実に所務沙汰を行ったので新体制の滑り出しは順調かに見えた。

ところが慶長四年（一五九九）正月、秀頼が伏見城で諸大名から年賀をうけて正月十日に大坂城に居を移し、前田利家が秀頼の傅役として大坂に移ったのに、家康が伏見に残ったので、新体制は早くも崩れ始めた。正月十九日、利家らの大老と三成ら五奉行は、家康が伊達政宗・黒田長政・加藤清正らと縁組を結ぼうとしたとして、これが秀吉の生前に定めた五大老の私的婚姻禁止に違反すると責め、その結果、二月七日に家康は大老・五奉行と誓書を交わして和議を結び、伏見城を出て伏見向島に居を移した。

秀吉の死は正月に公にされ、三月五日に前田玄以が朝廷に秀吉の遺言を伝え、「新八幡」の神号勅許を申し出たところ、八幡神が天皇家の皇祖神であったことから天皇はそれに答えず、十三日に秀吉の遺骸が伏見城から阿弥陀ヶ峰に移された後の十七日に「豊国大明神」の神号が贈られた。吉田神道の兼見が日本の「豊葦原中津国」という別名から考えたものという。十八日に豊国神社とされて兼見の孫萩原兼従《はぎわらかねより》が社務、弟梵舜が神宮寺の別当となった。

閏三月三日、大坂の前田利家が亡くなって子利長が継承し、家康の立場が一段と向上するなか、翌日に朝鮮から帰ってきていた加藤清正や黒田長政らを中心とする七人の武将が、石田三成の差配を不満として三成を襲う動きが生まれた。

三成は佐竹義宣の協力で大坂を脱出して伏見に逃れ、家康の仲介により奉行を退くことを承諾し、家康の次男結城秀康の護衛で佐和山城に赴き蟄居したので五奉行の一角も崩れた。そこで家康は十三日に向島から伏見城の西丸に移るが、これを聞いた多聞院英俊は「家康、伏見の本丸へ入らる、由候、天下殿に成られ候」と記しており、家康は世間から天下人と見られるようになった。

四月に五大老は島津氏に「八幡」(ばはん)の停止、すなわち海賊の停止を命じ、七月に家康はパタニの船がもたらした国王の書簡に返書して、秀吉の死去と自分が秀頼を補佐していることを伝えて商船の往来を求めるなど、以後、家康は国際関係の安定化につとめ、朝鮮との講和交渉や、明との勘合貿易の復活へと動いていった。

大老の一角である上杉景勝は会津に転封になっていたので、この七月に領国経営のために会津に下った。景勝は慶長三年(一五九八)正月に会津の蒲生氏郷の跡を継いだ秀行が家臣との間の対立から宇都宮に移ったので、転封になっていたのである。八月には前田利家の跡を継いだ利長も加賀金沢に下った。これにより家康の存在感はいよいよ高まり、八月十四日に参内すると、後陽成天皇と常御所で対面し、三献の儀を行った後、太刀折紙・銀百把を進上し、十六日に天皇から薫物を下賜されており、秀吉と同等の扱いを受けた。

九月七日に大坂に入って石田三成の大坂屋敷を宿所とし、九日に重陽の節句の祝意を秀頼に述べて十二日に三成の兄正澄の屋敷に移り、さらに二十六日には秀吉の正室高台院が西丸を去ったことから、翌日にその跡に入り、そのまま居座って大坂で政務を執るようになった。

ただ十月一日の堀尾吉晴に宛てた知行宛行状は、家康ら三大老から発せられており、この形式の発給は翌年まで続く。そこに前田利長・浅野長政・大野治長・土方雄久《ひじかたかつひさ》らが家康の暗殺を企んでいるという情報が入ったことから、十月二日に長政を徳川領の武蔵府中に蟄居させ、治長を下総の結城秀康、雄久を常陸水戸の佐竹義宣のもとに追放した。前田利長は婚姻関係にあった細川忠興とともに謀叛を疑われたが、利長が母の芳春院を、忠興が嫡子忠利を江戸に人質として差し出すことで決着し、ともに家康に完全に屈服したのである。

二　大老から天下人へ

慶長五年（一六〇〇）正月に諸大名は本丸で秀頼に年賀を述べ、西丸の家康にも参って、太刀や折紙を贈って年賀の礼を行うと、秀頼の側近たちもそれを行い、五日まで続いた。

中旬に家康は大名・小名を呼んで宴と四座の猿楽を催し、「天下人」としての存在を誇示すると、これを踏まえて藤堂高虎に命じて西丸に天守を築かせ、二月には田丸忠昌に美濃四万石を与える知行宛行状を単独で発給し、以後、この単独の知行宛行状が増えてゆく。

閏三月、島津氏の家老の伊集院忠真が、父忠棟を主君の島津家久により前年三月に殺害されたことを恨んで、日向都城《みやこのじょう》で挙兵すると、家康は寺沢広高を派遣し、九州の大名を乱鎮圧に動員できる権限を付与し、鎮圧にあたらせた。

対外関係にも目を向けた。前年には朝鮮との和議交渉を宗義智に行わせており、十二月にはフランシスコ会の宣教師へロニモ・デ・ヘスースを伏見城で引見して、フィリッピンからメキシコに通うスペイン船の相模浦賀への寄港と鉱山技師、航海士の派遣をフィリッピン総督に取り次ぐよう依頼し、この正月には明との交渉も開始した。

そこに三月十六日、オランダ船のリーフデ号が豊後臼杵湾の佐志生に漂着し、臼杵城主の太田一吉《かずよし》が寺沢広高に通報すると、広高は乗組員を拘束し、船内に積まれていた大砲や火縄銃、弾薬などの武器を没収し、家康に指示を仰いだ。

家康は重病の船長に代わって航海長のウィリアム・アダムス（後の三浦按針《あんじん》）や船員のヤン・ヨーステンらを大坂に護送させ、三月三十日に彼らを引見した。リーフデ号がイエズス会宣教師らが唱えていた海賊船ではないことを知ると、路程や航海の目的、オランダ・イングランドなどプロテスタント国とポルトガル・スペインのカトリック国との争いなどの説明を聞き、彼らを江戸に招くとともに、ポルトガルに警戒心を抱くようになり、ここから日本とオランダ・イングランドの関係が開かれてゆく。

同じ三月、越後の堀秀治、出羽の最上義光らから、会津の上杉景勝が軍備を増強するなど不穏な動きがあるという知らせが入るなか、上杉の家臣で家康と懇意のあった藤田信吉が会津を出奔し、江戸の徳川秀忠に上杉氏に叛意ありと訴えてもきた。実際、景勝は境目の防備を固め、直江兼続に命じて会津城の西に神指城《こうざし》を築城させていた。

そこで家康は相国寺の西笑承兌《さいしょうじょうたい》を通じて上洛を促したのだが、直江兼続が四月十四日付け書状(「直江状」)で十六箇条にわたって反駁し、上洛を拒否したので、景勝の叛意は明らかであるとして五月末には上杉氏討伐に動いた。六月六日に諸将を大坂城西丸に集めて会津攻めの部署を定め、十四日には伊達政宗・佐竹義宣・最上義光らを領国に赴かせた。

六月八日、後陽成天皇が家康の陣立を聞いて晒布百反を送ってくると、十五日に本丸に出向いて秀頼に暇乞いをすると、黄金二万両・兵粮米二万石が与えられた。家康の出陣は公儀に任せて行われたものであり、ここに征夷大将軍になる構想が生まれたのであろう。

六月十六日に家康は大坂城から伏見城に入って、鳥居元忠に留守を託し十八日に伏見を出陣した。大名では東海道・東山道方面の福島正則(尾張)・池田輝政(三河)・山内一豊(遠江)・中村一忠(駿河)堀尾忠氏(遠江)ら、四国・九州方面の藤堂高虎(伊予)・黒田長政(豊前)・細川忠興(丹後)・生駒一正(讃岐)・蜂須賀至鎮《はちすかよししげ》(阿波)らが参陣し、会津領周辺の大名の伊達・最上・佐竹・前田・堀らは白河・下野・仙道・信夫・最上・津川の六口から会津を攻める手筈となった。

問題は家康出陣後の備えであるが、毛利輝元は国許に下っており、三奉行は抑えていたので、家康に反感を抱く石田三成らの動向に注視しつつの東国下向であったから、三成らの蜂起を誘ってこれを契機に反徳川勢力を叩き潰す心積もりがあったのかもしれない。それもあってか、家康の足取りは遅々としていた。

関ヶ原の戦い

慶長五年（一六〇〇）六月二十三日に浜松、二十四日に島田、二十五日に駿府、二十六日に三島、二十七日に小田原、二十八日に藤沢に到着すると、頼朝の佳例に沿い、鎌倉の八幡宮や江の島の弁財天、武蔵金沢の称名寺をも訪れ、七月二日に江戸に到着して、二の丸に軍勢を召した。

七日に諸将を集めて軍法十五箇条を定め、奥羽の諸将に二十一日に出陣するよう伝えたところが、十九日に増田長盛から三成・大谷吉継が挙兵したとの報が入ったが、それでも同日に秀忠が出陣して、榊原康政を先鋒に宇都宮に到着し、家康は二十四日に下野小山に陣を構えた。これは頼朝挙兵時に佐竹を攻めた時の佳例に基づくものという（『徳川実紀』）。

そこに伏見城の鳥居元忠からも石田三成蜂起の知らせが入った。三成が家康軍に参陣するために敦賀を発った大谷吉継を説得して挙兵したことなど、増田長盛も家康に報告してきたが、三成はその増田に長束・前田ら三奉行を誘い込み、さらに三成・安国寺恵瓊の勧誘で毛利輝元が大坂に上った。淀殿は三成らを謀反とみなして家康に大坂に戻るよう伝えるが、三成は十六日に大坂に着いた輝元や宇喜多秀家を味方に引き入れ、輝元は大坂城の西丸に入った。

十七日には、家康が秀吉の定めた法度や置目・起請文にいかに違反してきたかを記した「内府ちかひの条々」という十三箇条に及ぶ家康弾劾状を諸大名に送って、秀頼への忠節を求めるとした。十九日に小早川秀秋や島津義弘らが鳥居元忠の守る伏見城を攻め、八月一日に元忠、松平広忠らが奮戦むなしく戦死し、伏見城は落城した。

家康は七月二十五日に諸将を集めて小山で軍議を開くと、開戦を求めた山内一豊が居城の掛川城を家康に進上すると言いだすや、諸将もこれにならったことから、東海道の諸城は徳川方に接収され番衆が置かれることとなり、三成を討つため軍を上方に引き返すことが決まった(小山評定)。

結城秀康を宇都宮に置いて上杉景勝、佐竹義宣への押さえとし、翌日に福島・加藤ら豊臣恩顧の大名が東海道を上り、家康は遅れて八月四日に小山を出て江戸に着いたものの、そこで一か月近く動かず、諸大名に「石田治部少輔、大谷刑部少輔逆心」を報じ、三成方に参陣する大名に対して懐柔をはかった。

徳川秀忠はいったん宇都宮に戻り、八月二十四日に同地から榊原康政、大久保忠隣《ただちか》、本多正信ら徳川譜代の軍勢を引き連れて東山道を進軍したが、途中の信州上田城で真田昌幸の抵抗にあって足止めされてしまう。三成が八月十一日に大垣城に入り宇喜多秀家も入ったところで、東軍の先発の福島正則らが東海道を進んで清洲城に入り、十三日に織田秀信の岐阜城を落として大垣城の北の赤坂に布陣した。

家康は岐阜城攻略の報を得たことから、九月一日に三万の軍勢を率い江戸から出陣、十一日に清洲に入って秀忠の遅参を知り、十四日に赤坂に着陣した。西軍は吉川広家・毛利秀元・長宗我部元親・長束正家らが伊勢から北上し、大垣の西の南宮山の麓に陣をしいた。

九月十五日の午前八時頃から美濃関ヶ原で東西両軍によって合戦が繰り広げられたが、正午頃に松尾山に陣を敷いていた西軍の小早川秀秋が東軍に寝返り、大谷吉継の軍勢に襲いかかったのを機に、同じく西軍の脇坂安治、朽木元綱、赤座直保、小川祐忠らも寝返ったので、大谷勢は壊滅し、小西・宇喜多・石田らの西軍は敗走した。

合戦前日に吉川広家は毛利輝元が西軍の盟主に祭り上げられたのは本意でないことを、血判起請文に書いて家康に知らせていて、家康から戦後の保証を取り付けており、小早川秀秋も血判起請文を家康に送っていた。西軍の諸将は進退に迷いつつ戦場に臨んでいたのであり、圧倒的な大軍の前に屈したのである。九月十八日、三成の居城の佐和山城が落ちた。

西軍は決戦に至るまでに細川幽斎の丹後田辺城、京極高次の近江大津城を攻めてそれらを開城させたが、それに時間を要したのも痛かった。田辺城の細川幽斎は籠城戦を指揮し五十余日に及び、古今伝授の書を後陽成天皇に献上すると、天皇が仲に入って開城となったのである。

戦後処理と大名の配置

家康は慶長五年（一六〇〇）九月二十日に大津城に入って戦後処理にあたった。二十一日に戦場から逃れていた三成を捕縛し、二十二日に前田利長に対し「大坂も一両日中相済申すべく候。すなはち乗懸責め崩すべく候といへども、秀頼様御座所にて候あいだ、遠慮いたし候」と報じ、大坂城が秀頼の座所である故に攻めないことを伝え、西丸の輝元と折衝して咎めないと約束をして、二十四日に大坂城西丸を請け取った。

家康は二十六日に大津城を出て二十七日に大坂に到着すると、本丸に参って秀頼に戦勝報告をした後、西軍諸将の領知没収と東軍諸将の領知宛行を順次実施していったが、これを秀頼の命としてではなく家康の手で行った。焦点は毛利輝元の処遇にあった。輝元は三成や安国寺恵瓊に担がれたものとされていたのだが、輝元が主体的に関与していた証拠が出てきたことから、十月に約束は反故とされ、領知没収へと動いた。しかし吉川広家の懇請によって十月十日に安芸百二十万石から周防・長門三十六万石への大幅な減封でおさまった。

改易となった大名のうち近江佐和山の石田三成、肥後宇土の小西行長、伊予の安国寺恵瓊の三人は大坂を引き回され京の六条河原で処刑され、備前岡山の宇喜多秀家は戦場を逃れて薩摩の島津氏のもとに赴いた後、八丈島に配流となった。三奉行のうち大和郡山の増田長盛は高野山に追放、近江水口の長束正家は自刃し、前田玄以のみが所領を安堵された。

土佐の長宗我部盛親、美濃の織田秀信など八十家余りが改易となって、その総高は四百万石に及んだ。減転封の最大は会津百二十万石の上杉景勝で、家康が西上したことから出兵して、伊達政宗や最上義光らと戦ったが（慶長出羽合戦）、関ヶ原の合戦で三成ら西軍が敗れたため、十二月に家康に降って米沢三十万石とされた。常陸の佐竹義宣は上杉氏に内通したのを理由に秋田二十万石になるなど、あわせて二百八十万石が没収され、薩摩の島津氏は討伐の対象となったものの所領を安堵されたが、それは、琉球問題を考えていたからであろう。

加増の大名は東軍の主力の豊臣恩顧の大名が中心で、駿河の中村氏が伯耆米子、山内氏が土佐、遠江浜松の堀尾氏が出雲、三河の田中氏が筑後柳川、池田輝政が播磨姫路、豊前中津の黒田長政が筑前、尾張清洲の福島正則が安芸広島、丹後宮津の細川忠興が豊前中津、甲斐府中の浅野幸長が紀伊和歌山など、総じて西国方面への転封が多い。合戦に遅れた秀忠軍の中核をなす徳川譜代大名の加増石高は多くないが、上野箕輪の井伊直政が近江佐和山、上総大多喜の本多忠勝が伊勢桑名にと、東海・東山・北陸道に広く分布した。

秀頼や淀殿には「女、子供のあずかり知らぬところ」とされたが、その蔵入れ地は諸将への論功行賞に分配され、四十か国に二百二十万石あったのが、摂津・河内・和泉三か国六十万石に減じられ、徳川氏の蔵入れ地が五十万石ほど新たに加わった。

公家・門跡領については慶長五年（一六〇〇）十月初めに調査が開始され、十一月四日に禁裏料所の設置、公家衆の領知加増、山城以外の領知の山城への移管などが後陽成天皇に奏請され、翌年に実施された。十二月十九日、不在の関白に九条兼孝が家康の奏上で任じられ、これにより秀頼・家康の関白就任の途はなくなり、旧来の五摂家による関白へと旧態に戻った。

全国支配の仕組み

家康の目配りは全国に及んだ。慶長六年（一六〇一）正月、東海道の宿駅設置を命じ、品川宿をはじめとする宿駅に伝馬掟朱印状（「駒曳朱印」）や、奉行衆連署伝馬定書・伝馬連署状を交付し、各宿に一日に伝馬三十六匹を提供させ、地子を免除し宿場町を整備していった。これも頼朝が幕府成立とともに東海道に新宿整備を地頭に命じたのに倣ったものである。

翌七年には中山道・奥州道中、八年には北国街道にも宿駅・伝馬の制度を設け、九年二月四日には徳川秀忠の命により諸国の街道に一里塚が築かれた。大久保長安を総奉行とし、東海道・中山道では各二人の奉行があたり、町年寄の樽屋藤左衛門・奈良屋市右衛門が駄賃を定めるなどして五月に完成した。

街道の整備とともに重要都市である京都や伏見・堺・奈良・伊勢山田・長崎などを直轄化して奉行を置いていった。京都では娘亀姫を嫁がせた上野宮崎の奥平信昌を慶長五年九月に所司代に任じていて、信昌は本願寺に潜伏中の安国寺恵瓊を捕えた。翌年三月には各地の町奉行を歴任していた板倉勝重を任じ、以後、長らくその任にあって、朝廷や門跡の監視、京都支配にかかわる諸役人の統括、さらには五畿内、丹波・播磨・近江の八か国の公事・訴訟を扱った。鎌倉幕府の六波羅探題に似た性格を有していた。

長崎は秀吉以来、肥前唐津の寺沢広高が奉行であったが、慶長六年に海外貿易を統制下に置くようになって、同八年三月に長崎が直轄化されて直臣の小笠原一庵を長崎奉行に任じている。その間、慶長六年十月に家康は安南国への返書で、日本来航船の安全を保障し、朱印状を所持しない日本商船の安南での交易を禁止することなどを伝え、同じくマニラのフィリッピン総督への書簡でも朱印状を所持しない日本商船のマニラでの貿易を禁じている。朱印船貿易の始まりであり、次のような朱印状を携行させた(「前田尊経閣文庫所蔵文書」)。

日本より安南国に到る舟也。

右

慶長七年壬寅九月十五日

□(源家康忠如)(朱印)

東南アジアの諸国とも国書を交わし、貿易が広がっていったが、朱印船貿易に従事したのは末吉孫左衛門や茶屋四郎次郎、角倉了以《すみのくらりょうい》、平野藤次郎らの京・堺の豪商であった。茶屋初代の清延《きよのぶ》は本能寺の変で家康の三河への脱出を助けた縁があり、清次は長崎奉行のもとで大々的に朱印船貿易を行った。末吉はルソンに朱印船を派遣し、摂津平野郷や河内志紀・河内郡の代官ともなっていた。

家康は佐渡・石見大森・但馬生野・伊豆の鉱山を直轄化していったが、これに大きな役割を果たしたのが大久保長安《ながやす》である。長安は武田信玄に仕えた能楽師で、算勘の能力をかわれて蔵前衆に取り立てられ、黒川金山の経営に関わっていたが、武田氏滅亡後に家康に重用され、関東の支配にあたる代官頭となり、武蔵八王子に陣屋を構えて八王子宿を整備し、八王子代官衆や千人同心衆を指揮して江戸の防備にあたった。

慶長五年（一六〇〇）十月に石見銀山検分役、十一月に佐渡金山接収役となった。佐渡金山では上杉氏旧臣の河村彦左衛門を佐渡奉行に起用し、越前の豪商中田清六を補佐していたが、慶長八年九月には大久保長安が佐渡奉行になると、清六の補佐を得て、鉱山開発に新技術を導入し飛躍的に生産額を伸ばした。

家康は判金の鋳造を関東移封とともに試みており、文禄四年（一五九五）に秀吉の許可を得て、京都の大判座の後藤徳乗光次の名代である橋本庄三郎を江戸に呼び、武蔵墨書小判を鋳造させたが、この庄三郎は後藤姓を名乗ることを認められ、慶長五年（一六〇〇）には量目・品位の一定な一分判、小判を大量に造り「光次」の極印を打って流通させ小判座の初代となり、慶長六年には京都で大判座として慶長大判を鋳造した。銀貨の鋳造では同年五月に伏見に銀座が設けられ、大黒座常是が世襲した。

征夷大将軍

慶長六年（一六〇一）三月に江戸の新たな町割が着手され、京でも聚楽第跡に「内府（家康）屋形」を建てるために町屋が移されるなど、江戸と京において城下町の整備がはじまった。

三月二十三日に家康は大坂城西丸を出て伏見城に移り、五月十一日に関ヶ原の戦い後初めて参内すると、五月二十六日に京の屋敷地の検地を加藤政次・阿部正広・彦坂元正らに命じ、十月に京都市中の屋敷を丈量している。

家康が江戸に下って江戸城に入ったのは十一月五日、その一週間後の閏十一月二日に駿河町から出火、江戸全域が焼亡した。このため江戸の町造りは頓挫したが、十二月五日に青山忠成を江戸奉行に任じ、内藤清成とともに関東総奉行も命じて体制を立て直した。

関東の実質支配を担ったのは代官頭の伊奈忠次・大久保長安・彦坂元正らの「三目代」で、順次検地が実施されていった。そのうち甲斐の検地は、徳川領国となるとともに上野厩橋から入部した甲斐城代の平岩親吉の下、大久保石見守長安が検地奉行として慶長六年（一六〇一）に始まり、二十二万石程が打ち出された。検地竿には太閤検地竿の六尺三寸ではなく六尺一分竿が用いられ増徴が図られた。長安による「石見検地」は関東以外の地でも実施された。

翌七年には常陸検地が、佐竹を出羽に移した跡、伊奈備前守忠次により実施された。ここでは六尺三寸竿が用いられ、一歩一尺の空地も残すことなく、寺社山林まで縄打ちが行われた過酷な検地であったことから、この「備前検地」は「慶長の苛法」と称された。

家康は江戸城にあって慶長七年元旦の歳首の賀を登城した諸士から受けたが、京では家康を正月六日に従一位に叙しており、二月十九日に後陽成天皇は山科言経に家康を源氏長者にする意向を示しているなど、家康の待遇が課題となっていて、すでに徳川家の系図が清和源氏の源義家の流れに作り替えられていた。

上洛した家康は大坂で秀頼に年賀の挨拶を述べ、五月一日に参内すると、諸大名に二条城の経営を命じ、六月一日に伏見城の修築、六月十一日に東大寺正倉院を修理させ、十月二日に江戸に帰ったが、これら一連の動きは征夷大将軍任官を意識してのことであり、一月半後の十一月二十六日には江戸を出て伏見に到着している。

翌慶長八年（一六〇三）正月、家康は歳首の賀を伏見城で諸大名や親王・公家・門跡衆から受けると、正月二十一日に勅使として大納言広橋兼勝が伏見城に来て、征夷大将軍に任じる内勅が伝えられた。そこで大坂城で秀頼に年頭の礼を済ませ、二月十二日に勅使の参議勧修寺光豊から伏見城において、征夷大将軍、源氏長者、右大臣に任じられたことが伝えられたのである。

家康は三月十二日に伏見城から完成した二条城に移り、二十一日に衣冠束帯で行列を整えて参内し将軍拝賀の礼を行った。それとともに勅使の役を務めた広橋兼勝と勧修寺光豊を武家伝奏に任じ、二十七日には二条城に勅使を迎え、重臣や公家衆を招いて就任の祝賀の儀を行い、四月四日から三日間、二条城で四座の大夫父子に演能させて諸大名や公家衆を饗応した。

家康は若い頃から能を好んでいて、岡崎や浜松で能役者を招いており、自らも舞っていたが、秀吉が天正十三年（一五八五）に関白に任じられてから能を愛好し、四座の役者に演能させることをしばしば行ってきたのを受け、ここに演能させたことにより、能は武家の式楽として定着してゆく。

家康の将軍就任を『イエズス会日本報告集』は次のように記している。

日本はこの間ずっと、全国の普遍的君主である内府様の統治のもとで、大いなる平和と静穏を享受していった。内府様は今は公方様と呼ばれている。これは彼が新たに拝領した官位の名称で、その前任者の太閤の位よりも上である。何故なら、日本の全軍勢の普遍的司令官と同意義だからである。

征夷大将軍は「日本の全軍勢の普遍的司令官」として見られていたことがわかる。三月二十二日に秀頼が内大臣となっていたので、秀頼が関白になるという噂もあったが、家康の孫娘の千姫を七月二十八日に秀頼に嫁がせ、家康は秀頼を統制下に置いた。その千姫の入輿にあたっては西国の諸大名が警固にあたり、秀吉の恩顧を受けた大小名たちは、豊臣家に二心を抱かぬことを誓う誓紙を秀頼に差し出し、秀吉から数年来、恩顧・養育され、身をも家をも興した深い恩を忘れないことを誓った。

江戸の町と関東の郷村

慶長八年（一六〇三）三月三日に諸大名の「御手伝」によって江戸の町づくりが本格的に始まる。将軍になったことを機に政権の所在地である江戸の整備に入ったのである。

大名らは高千石につき人夫を一人宛て出して工事を助けることとされ（千石夫）、これには福島正則・加藤清正らの有力な外様大名が主にあたった（御手伝普請）。神田山を切り崩して海面を埋め立て、隅田川河口の豊島の州崎に連なる下町を造成、道三河岸の堀割など数本の堀割が江戸湾に向けて開かれ、日本橋が架けられ、里程の原票とされた。

手伝い普請にあたった大名の名を付した尾張町・加賀町・出雲町が誕生し、この新市街地の成立によって城下町の中心は道三河岸から日本橋方面へと移り、大手門の柴崎にあった神田明神・日輪寺・慶中寺などの社寺は郭外に移された。『柳営秘鑑《りゅうえいひかん》』は江戸についてこう記す。

凡そ江戸城、天下の城の郭に叶ひ、その土地は四神相応に相叶へり。先づ前は地面打開き、商売の便り能き下町の賑ひは、前朱雀に習ひ、人の群り集る常盤橋、又竜の口の落口潔きは、右青竜の流れを表し、往還の通路は品川まで打続き、左白虎を表して虎門あり。うしろは山の手に続き、玄武の勢ひあり。

江戸は「四神相応の地」として整備されていったとある。三月二十七日には前年の十二月六日に関東の地頭・代官と郷村宛てに発されていた掟とをあわせ、関東総奉行の内藤清成・青山忠成が連署して次の掟を出している。

一、御料幷に私領百姓の事、その代官、領主に非分あるにより、所を立ち退き候に付ては、たとひその領主より相届候とても猥りに返付すべからさる事

一、年貢未進などこれ有らば、隣郷の取りを以て、奉行所において互いの出入り勘定せしめ、相済し候上、何方なりとも居住すねき事

第一条では、徳川直轄領や大名小名を問わず、その地の代官や領主に不当行為があり、百姓が退去した場合、不当のあった領主から引き戻し要求があったとしても、軽率に返してはならない、と定め、第二条では、百姓の年貢未進があった時には、近隣郷村の標準的な年貢額によって奉行所で両者が立会って勘定を済ませた上、どこでも退去してよいとしている。

鎌倉幕府が定めた百姓の去留の自由の法規にならったものであるが、第三条以下では不当な代官・領主に対する百姓の直訴について規定し、最後の第七条で、代官・領主が百姓を「むざと殺し候」ことを禁じ、咎があっても捕縛して奉行所で対決させるよう定めるなど、基本的に裁判により領主・百姓間の問題を解決することで、農政を安定させようとしたのである。

三　世間の賑わい

豊国祭と京の町人

慶長八年（一六〇三）十月十六日、右大臣を辞して、十一月三日に江戸に帰還した家康は、翌慶長

九年正月、江戸城で新年の祝いを受け、十三日に大坂天満の茨木屋又左衛門と尼崎又左衛門に安南国への渡海・通商を許可する朱印状を発給し、二十七日に松前慶広に蝦夷統治に関する三箇条の条規を与えた。

松前慶広は慶長四年（一五九九）に大坂城で家康に謁した時、「狄の図」を見せながら「北高麗」（オランカイ）について語り、家康に北方情勢を示したことがあって、蠣崎から松前姓に変えていた。慶広に与えた三箇条は、松前に出入りする者が慶広に断りなく夷人と交易することを禁じ、勝手に蝦夷地に渡海して夷人とは交易しないよう定め、夷人に往来の自由を保障し、夷人に不当な行為をしてはならない、と定めている。これにより松前領に限られていた夷人との交易は蝦夷地全体に及ぶところとなった。

三月一日に江戸を発った家康は、東海道に一里塚が設けられるなか、熱海で湯浴みし、二十九日に伏見城に到着すると、五月三日に糸割符《いとわっぷ》法を定めた。本多正純・板倉勝重連署の奉書によって出されたもので、ポルトガル船が舶載する生糸は京都・堺・長崎の有力商人で結成した糸割符仲間が輸入価格を決定して一括購入し、三都市の商人たちの間で配分し、その上で諸国の商人たちに売り渡すという仕組みであった。家康も長崎奉行に命じて生糸を買い取らせて利益を得ていた。

同じ頃、家康は秀吉の七回忌にあたる八月に向けて、豊国大明神臨時祭の準備に取り掛かった。五月十六日、伏見城で豊国社の社僧神龍院梵舜に「豊国の置目奥御朱印」が示されると、梵舜は十九日に臨時祭次第について、一番が騎馬三十、二番が田楽十人、三番が上下京の町人の作花・笠鉾、四番が申楽の新能を四座で一番ずつ、と記して提出した（『梵舜記』）。豊国社は慶長六年（一六〇一）に社領一万石が寄進され、翌七年に秀頼の命で方広寺の大仏造営が始まるが、十二月四日の火災により大仏殿が焼失していた。

五月十二日に家康のいる二条城に、秀頼に仕える片桐且元、山内一豊、それに梵舜が参上して臨時祭について協議した結果、梵舜の兄吉田兼見の書立に基づいて、騎馬を二百騎、上・下京町人を千人へと増やすこととされ、家康から「非人施行」をも行うよう指示があって、最終的に八月十四・十五の両日にわたって臨時祭が繰り広げられた。

十四日は、一番が御幣持ち左右に二人と伴衆百人、二番が騎馬二百騎に、神官は豊国・吉田社の百人、上賀茂神官と楽人百騎、三番が田楽三十人、四番が申楽四座の新儀能、十五日は、上京・下京の町人五百人の躍り衆、百人の笠鉾、最後に非人施行が行われた（『梵舜記』）。

『当代記』には「今日町人風流あり。その体六組にして躍る。見物の上下幾千万と云ふ」とあり、船橋秀賢《ひでかた》の『慶長日件録』は、町人の風流は上京が三百人、下京が二百人で、その「美麗」は目を驚かすものがあり、禁中に御目に懸けに参ると、天皇は紫宸殿で御覧になったと記す。

諸費用は秀頼が出し、全体を家康が仕切ったが、ともに祭の見物はせず、芸能者・町人中心の祭であった。臨時祭は芸能を神に捧げる祭礼という性格から、豊国祭の臨時祭も田楽や能・躍りなど芸能の饗宴となったのである。

この時期の京都は出雲の出雲社の巫女という阿国《おくに》が出現するなど芸能の流行で湧いていた。慶長五年（一六〇〇）に「国」と「菊」の二人が「ややこ躍り」を演じ（『時慶卿記』）、阿国は北野天満宮の社頭に定舞台を構え、四条河原にも進出して「天下一」の称号を得たという。『当代記』慶長八年条には「国」が男装し「茶屋遊び」を演じるかぶき踊りを演じ人気を博したと記す。

躍りは京の町人を虜《とりこ》にしていたのであって、『阿国歌舞伎屏風』に阿国の歌舞伎踊りを演じた様子が描かれている。

京の賑わいを描く

豊国祭に関わった町人の母体となった町であるが、京都冷泉町には天正十年（一五八二）からの町の記録（『京都冷泉町記録』）が伝えられており、その町の大福帳を見ると、慶長九年（一六〇四）八月十五日に二百七十二匁五分が「とよ国おとりの時、おとり□つるかけ、万ざう用までの入用也」と見えるので、町も豊国祭に補助していたことがわかる。

天正十六年（一五八八）三月の「家うりかい定」三箇条の掟では、家の売買は「御しゅく老衆」の同意が必要であると記し、この御宿老衆である町年寄を中心に町は運営されていた。宗徳・浄鑑・了仁など町年寄の名が見える。町の内部は五人組、十人組などの組に編成され、犯罪や風俗統制が行われていて、慶長二年（一五九七）三月の豊臣氏五奉行が京都に出した法度七箇条は、「諸奉公人・侍」は五人組、「下人」は十人組を結成し、盗賊などの悪逆を行わないことを誓わせ、慶長八年には京都所司代の板倉勝重が改めて十人組の結成を命じている。

この町がいくつか集まって町組が、さらにその町組が集まって上京・下京などの惣町が形成されていた。たとえば一条組の町組は、元亀三年(一五七二)に室町通りに沿って四町で構成されていたが、慶長初年(一五九六)ころには「八町中」「八町の参会」と八町(冷泉町・鏡屋町・大門町など)からなっており、慶長十年にはさらに上一条組と下一条組に分かれるなど飛躍的に町数が増加した。

豊臣政権期には町組の運営は月行事町という一か月交替の当番町が中心になって行い、公儀への負担は惣町(町組年寄中)、町組(月行事町)、町という系統で負担・徴収がなされていたが、徳川政権になると、月行事町に代わって町代が置かれるようになった。

天正十五年(一五八七)十一月二十五日に立売組親町十四町が定めた組の寄合(「御汁」)の規定では、「上儀の御用」を粗略なく勤め、談合は多分に付け(多数決とし)、寄合は町内でしかるべき人を出し、百疋の費用を支出し、毎月二十九日に行うべしという五箇条からなる。

京都はこうした町・町組・惣町という世間が重層的に形成され広がっていったが、他方で職能に基づく世間も形成されていた。京都・堺・長崎の有力商人で結成された糸割符仲間のような「仲間」である。商売だけでなく職能に関しては座が仲間により構成されていた。京の紙漉座の仲間は禁裏御用の紙を献上してきたが、美濃地紙が京都に入ってきて困窮していると訴えて、明暦三年(一六五七)の牧野佐渡守親虎の時に地紙の流入の停止を勝ち取っている。

豊国祭の芸能は京の世間から繰り出されたのであって、その『豊国祭礼図屛風』には慶長九年(一六〇四)の豊国社臨時祭の芸能や町人の風流踊りが賑やかに描かれている。『豊国祭礼図屛風』は三本描かれた。翌慶長十年に狩野内膳により描かれ十一年八月に豊国神社に奉納された豊国神社本、やや時代が下って描かれた徳川美術館本、妙法院模写本などである。同じ祭礼、同じ時期のものが描かれたことからも、豊国社臨時祭がいかに画期的であったかがわかる。

そのうちの豊国神社本は、右隻に騎馬・田楽・猿楽を描き、左隻に町人の風流踊りを描くが、その町人は様々な仮装の趣向を凝らしており、南蛮人に仮装した姿も認められる。作者の狩野内膳重《しげ》郷《さと》は秀吉の南蛮趣味に応じて『南蛮屛風』（神戸市立博物館）を描いた豊臣家の御用絵師であったこともあって、慶長二年（一五九七）にスペイン使節から贈られたアジア象や、秀吉に献上された南蛮渡来の輿も描いているが、この輿は秀吉の吉野の花見を描く『吉野花見図屛風』に見える。

南蛮風と和風

『南蛮屛風』を描いた画家は狩野内膳のほかにも多くいた。西洋画の影響を受けながらも基本は日本の画法で描くものであり、商人や宣教師、黒人奴隷や虎、アラビア馬、洋犬、象なども描かれた。『世界地図屛風』や『泰西王侯騎馬図』のほか、日本画の材料を用いて西洋の風俗画を模写した『洋人奏楽図屛風』『四都図世界図』などがある。

本格的な南蛮文化はオルガンティノが天正四年（一五七六）に京都に教会として南蛮寺を建て、安土には神学校（セミナリオ）を建てたことに始まる。セミナリオやコレジヨ（宣教師養成の大学）では、神学・哲学・ラテン語・音楽・絵画を宣教師が教授し、天文学や暦学、数学、地理学、航海術、医学などの実用的な知識が教えられた。

かつて唐風の唐物を摂取したように、この時代には南蛮風の文物を貪欲に受け入れていった。鉄砲をはじめ、油絵、銅版画、地球儀、機械時計、眼鏡、西洋楽器（オルガン、クラヴォ、ヴィオラ）などから、新大陸に起源をもつタバコに至るまで、特にタバコは日本人に喫煙の習慣を弘めた。北海道の上《かみ》の国《くに》遺跡からはキセルが出土している。

学術的には、宣教師ルイス・アルメイダが豊後府内でハンセン病患者のための救療院や孤児院を設立して、南蛮医学が広がり、金属製の活字による活版印刷術をヴァリニャーノがもたらして印刷機が輸入され、ローマ字によるキリスト教文学・宗教書の翻訳、日本語辞書・日本古典の出版などもおこなわれた。

このキリシタン版は、出版された土地の名をとって天草版、加津佐版、長崎版などと呼ばれた。天草版には一五九二年の『平家物語』、翌年の『伊曾保物語』があり、一六〇三年の長崎版『日葡辞書』は当時の日本語の音韻を忠実に記しており、ジョアン・ロドリーゲスが一六〇四年から八年にかけて編纂した長崎版『日本大文典』は東国方言などをも収載した貴重な資料である。

宗教書には、キリスト教の教理問答を解説した一五九二年の天草版『ドチリナ・キリシタン』や漢字・ひらがなまじりの日本文で勧善の教訓を記した一五九九年の長崎版『ぎゃ・ど・ぺかどる（罪人を善に導くの儀也）』、『コンテムツス・ムンジ』などがある。

慶長十二年（一六〇七）に徳川家康は駿府城で林羅山らを監督者として朝鮮伝来の銅活字にならっ

て新鋳した銅活字で、『大蔵一覧』十一巻、『群書治要』四十七巻などを刊行しており、この印刷に使用した銅活字はその後の火災で焼けたものの、一部が残存している。

衣食・医療のほか音楽などの面でも南蛮文化は日本の世間に浸透し、カルタ、パン、カステラ、カッパ、コンペイトウ、シャボン、ラシャ、ジュバン、メリヤスなどのポルトガル語も日常的に用いられ、現代の日本語にもなっている。

家康は茶屋四郎次郎の勧めでポルトガル伝来のテンプラを食したのが原因で発病し、それ以後体調不良となって亡くなったといわれている。また一六〇九年に房総半島沖で難破したスペイン船の乗員が救出された礼として、十一年にスペイン国王フェリペ三世から家康に贈られた時計が久能山東照宮に伝わっているが、これは日本最古の西洋時計というばかりでなく、内部の部品がほぼすべて当初のまま残っている世界で恐らく一つだけの時計であって、極めて希少価値がある、と評価されている。

洛中洛外図屏風の世間

豊国社臨時祭の背景をなした京の世間を描いたのが舟木本『洛中洛外図屏風』であって、近江長浜の舟木家に伝来して舟木本の名で呼ばれる。これは初期の町田本や上杉本が上京と下京を東と西から別々に眺望して二図に描き分けたのとは違い、右端に方広寺大仏殿の偉容を描き、左端に二条城を置いて対峙させ、その間に洛中・洛東の町並が広がる風景を描いており、右隻を斜めに横切る

『洛中洛外図屛風』（舟木本）から方広寺　（東京国立博物館蔵）

鴨川の流れが左隻に及んで二隻の図様を連繋させている。

左隻は洛中の風景で、室町通りから五条通りにかけて小袖屋、両替屋、漆器屋、扇屋などの商家が立ち並んで、塗師《ぬし》や柄巻《つかまき》師、研師《とぎし》など職人たちの町が表現されているが、その町人の手により毎年六月に行われる祇園祭の風景、神輿や風流が町を往く行列も見える。

右隻は、この町の町人が桜満開の豊国廟の花見や四条河原の小屋の能や歌舞伎・浄瑠璃芝居を遊覧し、六条三筋町の傾城町での遊びを楽しむ「浮世」の世間を描いている。絵師は秀吉の時期からの京の賑わいと豊かさを方広寺大仏殿界隈に描くとともに、家康の時期の動きを左隻に表現している。

すなわち二条城の近くの所司代の奉行所では、白州に対決する二人が座り、縁では訴状か判決文かが読み上げられ、奥の畳の間には奉行がいて二人を裁いている。二条城の周辺には所司代の屋敷のほかに武家屋敷が造られていった。

内裏での舞楽の催しも描かれているが、その周辺には公家町が広がっていた。慶長九年（一六〇四）に内裏北に院御所が造成されたのを契機に、所司代の下で大工棟梁の中井正清が内裏の敷地を縄張りし、女院御所や公家衆の屋敷地が成立してきたのである。

屏風の下段には西本願寺や東本願寺、東寺を描くが、東本願寺は教如が慶長七年（一六〇二）に家康から烏丸七条に寺地を与えられて建設したもので、これにより准如方の西本願寺と並び立つようになり、寺内町が整備されていった。

慶長九年（一六〇四）六月一日に江戸城の拡張工事が諸大名の将軍への軍役として課され、七月から近江彦根に井伊直政が佐和山城を廃して新城を築くなど、各地で城郭の造営が広がっていった。彦根城は江戸城の御手伝普請とは違い、伊勢・美濃・尾張など七か国の国役普請によるもので一国平均に人夫役が課された。

慶長九年八月に伏見城で家康は御前帳・国絵図の作成を命じている。各村の石高を記し、郡別・国別に集計して一国単位で作成する御前帳や国絵図などは、秀吉政権でも徴集されていたが、ここに改めて作成されていった。秀吉政権では日本全国が対象だったが、この時は越中・飛騨から伊勢・紀伊を結ぶ線のそれ以西の西国を対象とし、西国支配に重点が置かれていた。

江戸城の大普請に向けて西国大名を動員する基礎帳簿の役割を帯びるものでもあって、西国の外様大名を中心にした二十九人には、江戸城の改築のために石材運搬の石綱船の建造を命じ、金子九十二枚を与えている。

村の世間

この慶長九年(一六〇四)には各地で検地が行われており、辰年であることから「辰の御縄」と称された。和泉・三河・遠江・駿河・相模・武蔵・下総・上総・越後で実施されたが、そのうち伊奈忠次が遠江・相模、大久保長安が武蔵・越後、彦坂元正が相模で実施し、大名の領国においては、その大名の手で実施され、検地の基準が整えられ、石高・石盛が統一された。

それとともに新たな村が形成されてきた。近江甲賀郡では天正十三年(一五八五)の「甲賀ゆれ」によって地侍が追放された後、村の間の争いは「村」「村衆」が当事者になって、河原の新開、草刈、牛の飼育などをめぐって紛争が繰り返されていたが、その村の一つである宇治河原村は、十五人の村を主導する村衆により慶長十年(一六〇五)に村掟が定められている。

ここでの協議の内容は、他所や家族に喋らない、十五人衆の取り決めは多数決による、出費は相互に援助しあい損失は惣中で割り当てる、自分や他人に贔屓・異議を唱えない、などと定めており、紛争は村同士の争いが占めるようになり、訴訟先は公儀の奉行・代官となっていた。

慶長八年(一六〇三)に市原村など四か村が牛飼村を水口代官に訴えた時には、「御法度に背き」「百姓の身として公儀をおそれずほしいままの働き」と訴状に記されている。

村から一度離れていた地侍が戻って帰農することもあった。宇治河原村と争った宇田村の山中氏は「甲賀ゆれ」で牢人となっていたが、しばらくして宇田村に戻って百姓衆の一員となっているが、その経営規模は小さかった。

牢人が新たな村を形成することもあって、小田原北条氏に仕えていた吉野織部之助がその例である。北条氏の滅亡とともに織部之助は牢人となっていたが、慶長十一年（一六〇六）十月に秀忠が西武蔵で放鷹に赴いたのを契機に、青梅近くの代官から織部之助は新田開発を促され、十六年に次のような願書を認めて新田開発を願い出た（『仁君開村記』）。

武州多磨郡三田郡杣之保、野上郷武蔵野に家・新田を建て、一村取立申度候。仰せ付けられ候者、出精仕つるべく候。依りて窺奉り候。

慶長十六年亥二月

吉野織部之助

御代官様

東西を走る青梅街道を挟んで南北に各三十三戸の屋敷地を設け、この屋敷の北側に防風林を植え、その防風林の裏側の地を開発するというものである。当初は入植者が集まらなかったので、十八年に再び願書を提出し、代官所から村々に廻状が送られて次男三男の入植を募ったところ、五人の志願者が出た。彼らと協議して井戸を掘り、道を作るなどして、十月に再度入植者を募って新田を開発してゆき、新町村として村立された。

城下町と在郷町

村の形成とともに町も各地で形成された。武田氏の滅亡とともに甲府は旧来の武田館の前面に広がる城下町から、その南の一条小山に新たに甲府城を築城しそこを中心とする城下町へと広がった。甲府城は天正十一年（一五八三）に平岩親吉により愛宕山の勝軍地蔵を鬼門の鎮守として築き始められ、加藤光泰の領知になってから著しく進捗して、文禄三年（一五九四）に「国ふしん、土手、ひかしの丸、石かき出来候や」と国家老に宛て記しているが、文禄の役により光泰が亡くなり、築城と城下町形成は浅野長政に継承され、慶長五年（一六〇〇）頃にはほぼ完成をみた。

城下町は甲府城を中心に内城・内郭（武家屋敷地、土塁と二ノ濠で囲む）・外郭（町人地）という町割がなされ、城下町の町人地は上府中二六町と下府中二三町で構成され、相川町・新青沼町・畳町以北が上府中（古府中）、片羽町・西青沼町以東が下府中（新府中）とされ、古府中から新府中には多くの町人や職人が移転してきた。

武田氏以来の由緒をもつ御用職人は大工・畳刺・茅大工・桶大工・紺屋など十三種あって、上府中の細工町・新紺屋町・畳町・大工町、下府中の鍛治町・桶屋町・工町などの職人町を形成した。城下町は町奉行・検断（町年寄）・長人（名主）の系列で町政が行われ、このうちの検断には、武田氏の時代から町の運営に関わってきていた坂田与一左衛門が任じられ、武田時代からの由緒を持つ町人の代表として、町への触書や人足動員の伝達、町政の運営に関わった。

その下にいる長人は検断が町年寄と改称されたように、名主と呼称を改められ、各町の町人を代表し、町を幾つかまとめた組合を結成し、組合の中心となる町に置かれた町会所における寄合に出席していた。町は有力者の「上組」と「平」とからなり、あわせて五人組が結成された。

下総の結城は、家康の次男秀康が結城晴朝に請われて結城氏を継承し、天正十八年（一五九〇）八月に十万石を領する大名となった。そこで「御朱印堀」と称される堀割に囲まれた十一か町からなる城下町を形成し、「町方御免地」として地子免除の特権を与え、その十一か町には名主が置かれて町運営が行われていった。戦国期の西の宮の町を延長・拡大して三筋の道が造られ、西宮・大町・浦町を中心市街地とした。

しかし慶長六年（一六〇一）に関ヶ原合戦の功により秀康が越前国に転封になると、職人も越前に移っていった。結城は伊奈備前の代官支配となって結城城は破却され、城下町は在郷町へと転じたのであるが、その間にあっても十一か町の名主による町の運営が行われ、再び元禄十六年（一七〇三）に譜代大名の領地となって、新結城城が築かれて城下町となった。

在郷町であっても商人仲間が生まれており、上野太田市で「商人ゑびすいわいに寄合申候」とあるような商人仲間による世間が形成された。

秀忠と秀頼

慶長十年（一六〇五）正月、家康は江戸を発ち、遅れて二月に秀忠が関東・東北・甲信などの東国の諸大名あわせて十六万人の大軍を率いて、三月二十一日に伏見城に入ったので、「頼朝の京入りの例」にならったものと噂された。

家康を待っていたのは、朝鮮が派遣した講和交渉の使節であり、対馬の宗義智が使節を伴って上洛してきていた。使節を伏見城で引見した家康・秀忠は、本多正信と西笑承兌に応対させ講和交渉が始まったが、これまで朝鮮との和平交渉は対馬の宗氏を通じて折衝が繰り返されていたことから、対馬の宗氏に交渉の全権が委ねられることになった。

家康・秀忠の上洛自体は家康の将軍職辞任と秀忠への継承を意図してのもので、四月七日に家康は将軍職辞任と秀忠の襲職を朝廷に奏上している。四月十六日、秀忠は家康の時と同じく伏見城に勅使を迎え、征夷大将軍に任じられて内大臣となった。この宣下とともに、将軍職が徳川氏に世襲されることが広く示されたことになる。信長・秀吉が世襲に失敗していたので、早く将軍職を譲りそれを支える体制を目指したのである。

秀吉との約束では、秀頼が成人した後は秀頼に天下を譲ることになっていたが、それも反故にし、しかもこの四日前に秀頼が右大臣となり、官位が秀忠より上にもかかわらず、家康は秀頼に新将軍秀忠への対面を求め、秀吉の正室高台院を通じて促した。これには淀君が怒って拒絶し騒然となったが、家康は六男松平忠輝を大坂城に派遣して事を収めた。

秀頼は摂津・河内・和泉三か国六十万石を知行するに過ぎないにしても、秀吉の遺産は大きかった。豊国祭に資金を出したように京都の町人とも関わりがあり、なかでも居城のある大坂の遺産は大きかった。慶長三年（一五九八）に秀吉は大坂城に三の丸を建設して、伏見から大名屋敷を移し、海岸沿いの下町に新市街地の船場を開発し、「大坂町中屋敷替」と呼ばれる城下の大改造を行った。三の丸内の商人・職人と惣構内の寺院などを船場に移して、大量の武家・町家・寺院が建てられ、三の丸には細川・宇喜多・蜂須賀・前田・鍋島・浅野・島津・片桐などの大名屋敷が設けられていた。

船場は大川の自然堤防上に成立していた浜の町・道修町・高麗町など南側の平野町を北にして、東横堀川を東に、心斎橋筋を西に、博労町を南にした方四十間の街区であり、東西を本町筋中心に幾筋もの道が通された。大川を挟んで北の天満には天満堀川が開削され、旧寺内町と天満天神門前が一体化して大坂城下に取り込まれた。こうして大坂は西国の商業活動の中心地となり、商人の町として繁栄を誇るようになっていた。

慶長十年（一六〇五）の前後からは各地で土木工事が行われた。京都では嵯峨の豪商の角倉了以が安南国との朱印船貿易で利益を得たことから、丹波から米や材木を人馬で京都に運送する労力の過酷さを見て、慶長九年に高瀬船による河川交通を利用する方途を考え、大堰川の開疎を願い出ると、慶長十年・十一年に許可され完成したことから、運航料や倉庫料の徴収が認められた。そこで家康は十一年に駿河の富士川の疎通を了以に命じて、翌年に達成している。

関東では家康が関東に入ってすぐの文禄三年（一五九八）に利根川の工事が始まり、忍城の松平下野守が南流する利根川を東流させる工事を行って新利根川を形成してきた。慶長七年（一六〇二）から関東代官頭の伊奈氏が荒川に六つの堰を設けて流域の安定化と新田開発を促進してきたが、元和七年（一六二一）には、その伊奈氏が新利根川の東流工事を一層進めていった。

唐人町と日本人町と

慶長十年（一六〇五）九月、家康はルソン人に年四艘の通商を許可したが、これ以前から家康は関東にスペイン船を招致し、江戸の近辺に外国貿易の拠点を築くことを考えていた。貿易の相手国はルソンが最も多く、慶長七年に土佐の清水に漂着したスペイン船エスピリッツ・サントス号の保護と送還するのを契機に、フィリッピン諸島の長官宛てに書簡を送り、日本到着の船の安全保障と渡航免許の朱印状八通を付していた。

慶長九年（一六〇四）閏八月にはキリシタン布教の許可を求めたフィリッピン長官の使者を伏見城で引見した。ローマ教皇はイエズス会以外の修道会にも日本布教を一六〇〇年に認めており、スペイン系の托鉢修道会の宣教師が来日するようになっていて、早くから来日していたイエズス会系のポルトガル人と競合していた。

ポルトガル船の寄港地は長崎であったが、長崎は朱印船の発着地でもあり、慶長九年（一六〇四）に唐通事《とうつうじ》が置かれたように、ジャンク船に乗った唐人も多く渡ってきた。そのため人口は増加し、慶長五年の五千人ほどから慶長十六年には一万五千人にもなった。唐人たちは渡航して九州の海岸部に唐人町を形成していたが、同じ唐人町でも朝鮮との戦争で日本軍に連れてこられた朝鮮被虜人は、磁器生産の技術をもたらして、伊万里、波佐見、苗代川、萩などに窯場を形成していた。

唐人は琉球や東南アジアにも進出して唐人町を形成していたが、朱印船貿易の展開により日本人も寄港地である各地の貿易の中心地に駐在・定住して日本町を形成した。朱印船制度は家康の朱印状を携行する者については保護し、携行しない者は海賊とみなし、彼らが紛争を起こせば現地の権力の裁量に任せていた。日本と東南アジア地域の通交・貿易のネットワークを利用したもので、朱印船の渡航先の東京（台湾）・交趾・カンボジア・シャム・ルソンなど七か所では、日本町が交趾のフェフェ、カンボジアのプノンペン・ピニヤルー、シャムのアユタヤ、ルソンのディラオ・サンミゲルにつくられていた。

現地の政権から一定の自治権が与えられ、住民のなかから選ばれたシャバンダールと称される頭領（管理責任者）が貿易の管理や仲介に当たり、カンボジアのピニヤルーには日本人一人、ポルトガル人一人、マレー人・ジャワ人から一人、中国人二人の五人のシャバンダールがいたという。

江戸城の普請と城下町

慶長十年（一六〇五）九月に伏見を発った家康は、十月二十八日に江戸に着くと、十二月二日に書院番を設け、番頭には水野忠清・青山忠俊・松平定綱・内藤清次の四人を任じて番方を整備しており、いよいよ国内体制の整備へと向かった。

翌慶長十一年（一六〇六）三月に諸大名の普請役により江戸城増築に入った。諸大名は江戸に下り、その家臣が相模湾西岸から伊豆半島東岸にかけての石丁場に派遣され、石材を切り出して江戸に輸送したが、これには十万石につき百人持ちの石千百二十個が課された。

江戸城の縄張りは藤堂高虎が行い、外郭は細川忠興、前田利常、池田輝政、加藤清正、福島正則、浅野幸長、黒田長政、田中吉政、鍋島勝茂、堀尾吉晴、山内忠義、毛利秀就、有馬豊氏、生駒一正、寺沢広高、蜂須賀至鎮、藤堂高虎、京極高知、中村一忠、加藤嘉明らが担当し、天守台は黒田長政が、本丸は吉川広正・毛利秀就が、城廻普請は遠藤慶隆が、虎御門普請は木下延俊が担当しており、加賀の前田、美濃の遠藤以外はすべて西国大名であった。

このうち藤堂高虎は、関ヶ原合戦後に伊予府中に入って今治《いまばり》城を築いた築城の名手であり、細川忠興は豊前中津《なかつ》城から小倉に本拠を移して慶長七年（一六〇二）から小倉城を築城している。池田輝政は慶長五年に姫路に入って姫路城を大改修し、加藤清正は天正十九年（一五九一）から熊本城の築城を開始し、福島正則、浅野幸長は関ヶ原戦後に紀伊和歌山城を大改修し、黒田長政は慶長六年に名島から博多に隣接する台地上に福岡城の築城を開始していた。

さらに田中吉政は筑後柳川城を、鍋島勝茂は慶長七年（一六〇二）に佐賀城を、堀尾吉晴は松江城を、山内忠義は高知城、生駒一正は丸亀城、寺沢広高は唐津城、蜂須賀至鎮は徳島城を、山内氏は高知城を築城するなど、領国で築城しており、その技術もあって石垣普請は六月から順次終わり、助役の大名は相次いで上方に帰ってゆき、作事も九月に本丸館が終わって秀忠が移っている。

江戸城普請が始まると、家康は三月十五日に江戸を発ち、二十日に駿府に着いて、四日間滞在してここを居城とすることと決め、城主の譜代大名内藤信成を近江長浜に移した。長浜は秀吉が初めて城郭を築き、城下町を建設した地であって、内藤氏には長浜城の修造料として白銀五千枚を与えている。

駿府城の改築工事は七月一日から始まる予定であったが、翌年正月へと延期となり、その前に新たな城下町形成のために安倍川の流路を西側に移動させる工事が行われた。島津氏が江戸城普請のために提供した石船三百艘のうち半分が江尻に回され、その石によって「島津土手」が築かれた。

御手伝普請はこの後、慶長十四年(一六〇九)の丹波篠山《ささやま》城、十五年の尾張名古屋城、十九年の越後高山城へと続いてゆき、こうした城郭の普請と城下町の形成によって多くの雇用が生まれ、職人が編成されていった。

伏見城から駿府城へ

慶長十一年(一六〇六)四月に上洛した家康は、二十八日に参内して年賀の礼を行ったが、その折に武家伝奏と相談し、「武家の者どもの官位」については家康の推挙なしには与えないよう奏請した。朝廷と大名が家康を介さずに結ぶのを牽制する性格のもので、これも源頼朝の方針に倣ったのであろうが、その対象は鎌倉時代とは違い、広範囲に及んでいた。

特に天皇と秀頼とが結ぶのを警戒していたからであり、毎年、両者が年頭の礼を交わしていたからであり、たとえば慶長九年（一六〇四）正月二十七日には大坂での年頭の礼のために公家衆が下った際には、天皇は使者に太刀や銀二十枚をもたせており、秀頼からは六月十三日に銀五十枚と太刀が進上された。

天皇は秀頼にも、家康にも気遣いをしていたのであるが、内部にも問題を抱えていた。慶長四年（一五九九）六月には伝奏の久我《こが》敦通《あつみち》と宮中の勾当内侍の醜聞が立ち、内侍が出奔する事件が起きており、禁裏小番《こばん》衆のうち内々小番衆と外様衆に掟を示し、奥への出入りについて定め、慶長八年には小番衆に対し九箇条の壁書を示し参内の作法を定めるなど引き締めをはかっていた。

それもあって天皇には譲位の意向が強く、家康はその意向を受けて、慶長十年から院御所の造営を御所北側に計画し、上洛して七月二日に禁裏の増築と院御所造営を所司代の板倉勝重に命じ、その造営の開始を見て江戸に下ると、翌十二年二月十七日に駿府城の修築工事を始めた。

これは越前・美濃・尾張・遠江などの家門・譜代の大名を中心の御手伝普請により行われ始めたが、三月十七日には畿内五か国、丹波・備中・近江・伊勢・美濃の諸国について直轄領・私領の別なく課してゆき、秀頼領にも課された。さらに伏見城からは大量の金銀・緞子・金襴が運ばれ、伏見城の機能は駿府城に移された。

七月三日に本丸が成って家康が移り、二の丸の普請も西国大名を中心に十月にほぼ完了したところ、十二月二十二日の火災で本丸御殿が焼け落ち、家康は慌てて避難した。この知らせを聞いた大工頭の中井正清は、京都から大工二百人を伴って駿府に下り、翌年正月から再建を始め、こうして三月に本丸の御殿が成って家康が移り、八月に外観五層、内部七階の天守閣の上棟式が行われた。

家康が駿府城に移って駿府の「大御所」として政治を行うようになると、政治制度の整備も急務となった。秀忠に関東を中心とする支配を委ね、家康に仕えてきた年寄の大久保忠隣と本多正信の二人に土井利勝・安藤重信・青山成重《なりしげ》らを年寄、年寄格として付け、伊丹康勝・水野忠元・井上正就らを奉行衆となし、江戸町奉行の青山忠成・内藤清成はそのままに、伊奈忠次が関東郡代となった。

大御所家康の下には、正信の子本多正純を筆頭に、奉行衆には大久保長安・成瀬正成・安藤直次・村越直吉らを据え、勘定頭に松平正綱をあてるとともに、大久保長安に美濃と大和、小堀政一に備中、米津清右衛門に近江など畿内近国の国単位に国奉行を置いて支配にあたらせ、朝廷や西国全般の支配は従来のごとく京都所司代の板倉勝重にあたらせた。

四 大御所政治

大御所政治の顧問

家康の政策立案には僧や学者・公家が顧問として関わったが、その一人の西笑承兌は天正十二年（一五八四）に荒廃していた相国寺を再建して、鹿苑僧録《ろくおんそうろく》となり、秀吉の政治顧問となって文禄の役後の講和交渉にあたった。秀吉死後には家康に仕えており、『周易』の伏見版を出版、著書に『異国来翰認』がある。

閑室元佶は足利学校第九世の庠主となり、関ヶ原の戦いでは徳川家康の陣中に随行し、占筮によって功をたて、家康に伏見の修学院に招かれて、円光寺の開山となり、『貞観政要』の訓訳を献上し、慶長五年（一六〇〇）には伏見版を印行するなど伏見版の出版に尽力、『毛詩《もうし》』を家康に講義した。

西笑承兌が慶長十二年に死去した後には、その推挙により以心崇伝《いしんすうでん》が仕えたが、崇伝は慶長十年に鎌倉建長寺の住職となり、南禅寺住職ともなって後陽成天皇から紫衣を賜り、十三年に家康に招かれて駿府に赴くと、閑室元佶とともに主に外交事務を担当し、朱印状の事務取扱の役目に就くなど、朱印船のことにも関わった。

儒者の林羅山は、慶長九年に藤原惺窩と出会ったことから、そのもとで朱子学を学び、惺窩の推挙で翌年に家康に二条城で謁見して仕えるようになった。慶長十一年にはイエズス会の日本人修道士のイルマン・ハビアンと「地球論争」を行ってハビアンを論破した。慶長十二年には家康の命により僧形となって道春と称して仕え、江戸に赴いて秀忠に講書を行い、長崎で『本草綱目《ほんぞうこうもく》』を入手すると、駿府の家康に献上した。

公家の日野輝資《てるすけ》は永禄二年（一五五九）に日野家を継いだが、慶長七年に出仕を止められて出奔し、八年に権大納言を辞し十二年に出家して唯心院と号したが、駿府に下って有職故実などで家康に仕えるようになった。

こうした学術・政治顧問とともに豪商を財政顧問とした。たとえば後藤庄三郎光次は金銀貨の全国貨幣として流通することに指導力を発揮して、財政にも深く関わり、朱印状の発給や外交交渉にもあたった。茶屋四郎次郎は初代、二代、三代と家康に仕え、二代の清忠は京都所司代の板倉勝重を補佐して町割にあたり、京都町方元締として惣町頭役を務め、上方五か所の都市（京都・大坂・奈良・堺・伏見）の御礼支配にあたった。慶長八年に清忠が亡くなると、清次が三代目となり、長崎奉行の長谷川藤広《ふじひろ》に連れ立って長崎に出向き朱印船貿易に関わり、また公儀呉服師としても活動した。

家康は豪商の力量を高く評価してその力を利用して山野河海の開発を進めていったが、その代表格が角倉了以と子素庵であって、彼らは朱印船貿易や土木工事・鉱山巡視などに関わった。糸割符仲間も豪商の活動に目をつけてのものである。また外交顧問には外国人のウィリアム・アダムス（三浦按針）とヤン・ヨーステンを任用するなど、財政・交通・外交・貿易・寺社・公家などの諸政策に顧問を活用したのである。

家康が大御所政治を開始して最初に行ったのが大名の改易、すなわち家禄・屋敷の没収である。慶長十三年六月に伊賀上野の筒井定次《さだつぐ》（順慶の子）を家中不和を理由に改易すると、伊予今治の藤堂高虎を伊賀・伊勢に移し、高虎には大坂方対策として上野城と伊勢津城の改築を行わせた。

次に丹波八上《やかみ》城の前田茂勝《しげかつ》（玄以の子）を狂気を理由に改易し、九月に常陸笠間から松平康重《やすしげ》を移し、新たに篠山城を御手伝普請により築城させた。以後、丹波亀山城、伊勢亀山城、尾張名古屋城などが御手伝普請により築城されたが、そこには大坂城包囲の意味もあった。

国交回復と琉球侵攻

対外関係であるが、対馬の宗氏を通じて行っていた朝鮮との和議交渉では、慶長十一年（一六〇六）七月に朝鮮から二つの条件が示されてきていた。日本側が先に朝鮮国王に国書を送って、朝鮮の前国王の墓を荒らした人物の引き渡しを求めるものであったが、これを受け取った宗氏は、国書を先に出す側が従属を意味していたから、家康は到底受け入れないであろうと考え、国書を偽造したばかりか、犯人も仕立てて朝鮮に送っていた。

翌十二年正月、国書偽造を知りつつも、朝鮮は捕虜送還を求める回答兼刷還使《かいとうけんさつかんし》を送ってきて、閏四月に一行五百人余が江戸に到着すると、日本側はこれを通信使として受け止めて秀忠が引見した。宗氏は国書偽造の発覚を恐れ、さらに国書を偽造して秀忠に呈した。使者は帰国の途次、駿河の清見寺《せいけんじ》に泊って駿府の家康に謁し、ここに日本と朝鮮との国交が回復した。

慶長十四年五月に己酉《きゆう》条約十二箇条が結ばれ、日本からの渡航者の制限、対馬の島主の朝鮮に送る船の毎年二十艘への制限、交易の湊を釜山浦に限ることなどが定められた。

明との国交については、慶長七年に琉球船が仙台伊達領内に漂着したのを機に、琉球を通じて国交回復を図ることを考え、翌年に島津氏に乗組員を本国に送還するように命じて交渉の糸口をつかもうとした。

そこで島津氏は琉球国王尚寧に対し、家康のもとに聘礼使《へいれいし》を送るように促したところ、琉球が謝礼の使者を送ってこなかったので、十一年、島津忠恒《ただつね》は伏見城の家康を訪ねて、琉球侵攻（「琉球入り」）の許可を求めたところ、了承され、家の一字が与えられて名を家久《いえひさ》と改めた。

慶長十四年三月に島津軍は薩摩山川を発ち、大島・徳之島の南島諸島を経て沖縄島に侵攻すると、四月五日に首里城を落とし、さらに宮古島・八重山諸島も服属させ、五月に国王尚寧を捕虜にして鹿児島に連れ帰り、琉球の平定を家康に報告した。

家康はその功を賞し、「即ち彼の国進の条、いよいよ仕置等申し付けらるべく候也」と、琉球を家久に与えてその仕置を命じ、琉球を島津氏の「附庸《ふよう》国」とした。家康は明の冊封を受けていた琉球を介して明との国交回復を狙っていたのであるが、勘合貿易の復活には至らなかった。

琉球国王尚寧は家久に伴われて駿府で家康に、江戸では秀忠に謁見したが、これは捕虜の扱いでなく、手厚い対応となった。秀忠は島津氏に「中山王《ちゅうざんおう》」の改易を禁じたので、琉球王国は存続することになったが、「貢税」が島津氏に与えられたので、島津氏は慶長十五年から翌年にかけて琉球本島から宮古・八重山まで検地を実施した。

琉球は伝統的な三司官による執権体制を維持しつつも、島津氏の統制下に置かれ、「諸式日本に相変わらざる様」と日本同化を強制された。

譲位と秀頼との会見

慶長十四年（一六〇九）六月、若い公家衆と天皇の女房衆との密通事件が起き、綱紀の乱れに悩まされていた天皇はこれに厳しい姿勢で臨んだ。七月に女房衆の召使を尋問、四日に新大典侍広橋《ひろはしの》局《つぼね》ら五人を親預りとし、烏丸光広《からすまるみつひろ》ら七人の公家衆の出仕の停止を命じ、ともに後に処分するとしたが、両者をとりもった猪熊教利《いのくまのりとし》と典薬の兼康頼継《かねやすよりつぐ》の二人は逃亡した。

広橋局や唐橋《からはし》局を寵愛していた天皇が逆鱗し公家衆の死罪を求めると、所司代からの報告を受けた家康は「いか様にも仰せ次第」と天皇の意向を尊重するとしつつも、糾問するように板倉に伝え、さらに駿府にきた板倉からの報告を得て、世評を考えて厳罰をしないように求めたので、その内意を聞いて、天皇はやむなく処罰を家康任せにした。

五人の女房衆は駿府に送られて伊豆の新島に配流とされ、五人の公家衆のうち花山院忠長《かざんいんただなが》ら五人は蝦夷地などへの配流となったが、烏丸光広と徳大寺実久《とくだいじさねひさ》は罪を許され、猪熊教利ら二人は日向で捕まって京都で処刑された。処分は「武名」によるものであって、その経過からして家康の力が朝廷の内部に入っていたことがわかる。

天皇がこの事件の処理を家康に委ねたのは、譲位を考えていたからであって、この事件の処理に接し、ますます譲位の意思を強めてゆき、十二月にその意向を改めて家康に伝えると、家康から少し待つように返答があったが、さらに「馳走」を強く求めたことから、翌年二月、天皇の譲位と政仁《ことひと》親王の元服が了承された。しかし事はスムーズには運ばなかった。

閏二月に家康の五女が死去して延期となり、三月に譲位の天皇の意向を伝奏が駿府に来て伝えると、四月に家康は七箇条の申し入れをしてきた。譲位と親王の元服とは切り離して行うこと、摂家衆が談合して天皇に意見を申すこと、公家の諸家はそれぞれ道を学んで行儀・法度を守ること、公家の官位は奉公の励みになるように叙任されることなど、譲位とはおよそ関係ないことまでを示してきた。

以後、天皇・摂家衆・家康の間での交渉があり、天皇は延喜の例にならって譲位と元服とを同日に行うこと、勅勘の公家の復帰はその後に行うことなどを主張したが、押し切られ、「ただなきになき申し候。なにとなりともに候」と慨嘆する返答を摂家衆に伝え、こうして家康の意向を受け入れて元服が先に行われた。

家康は翌慶長十六年の三月十七日に八百騎、総勢五万を従え上洛すると、山科追分で西国大名や公家衆の出迎えを受けて二条城に入った。その上洛は「諸国大名小名残らず上洛」「日本国諸大名諸寺諸山罷り上る也」と称されるものであった。翌日に天皇からの「御上洛珍重」の言葉を伝えた武家伝奏に、家康は上洛が「江戸将軍」の名代として即位の沙汰をするためであると答え、徳川家の祖である新田義重に鎮守府将軍を、父松平広忠に権大納言を贈るように要請して、認められた。

三月二十七日、後陽成天皇の譲位が執り行われて、後水尾《ごみずのお》天皇が誕生すると、翌日に家康は二条城で秀頼と会見した。当初、秀頼は拒絶の意向であったが、家康が織田有楽斎《うらくさい》を介して上洛を要請し、淀殿の説得もあって秀頼は上洛したのである。秀頼は片桐且元の京都屋敷で衣装を改め、二条城で家康との間で礼を交わした後、家康の饗応を受け、高台院に対面し、二条城を出た。『東大寺雑事記』は一連の動きを次のように記している。

大坂の大将秀頼公御礼と云々。殊の外西大名気遣の処、次の二十八日朝御対面有候はゞ無事に御礼済と云々。天下の安全、目出度也。

西国の大名に緊張が高まったものの、無事に対面が済んで天下安泰が謳歌されたのである。対面は対等な形で行われたとはいえ、本多正純は江戸の年寄衆に宛てて「秀頼様、昨二十八日大御所様へ御礼仰せあげらる」と伝えているように、秀頼の家康への御礼と見なされた。

大名衆と公家衆の従属

秀頼との会見を踏まえ、家康は四月十二日に在京大名を集めて三箇条の条々を示し、その誓紙を取った。秀吉が後陽成天皇行幸の際に誓紙を提出させた例に倣ったもので、法度の起草は林羅山と船橋秀賢《ひでかた》があたった。秀賢は後陽成天皇の命で院御所の指図を記したこともある天皇の侍読であって、家康にも仕えていた。

条々

一、右大将家以後、代々の公方の法式の如く、仰せを奉るべし。損益を考へられて、江戸より出ださる御目録に於いては、いよいよ堅くその旨を守るべき事

一、或は御法度に背き、或は上意に違ふの輩、各国々隠し置くを停止すべき事
一、各拘置くの諸侍已下、若し叛逆殺害人たるの由、その届け有らば、互に相拘るを停止すべき事
右条々、若し相背くに於いては御糾明を遂げられ、厳重の法度に処させるべき者也。

鎌倉幕府の頼朝に始まる代々の公方の法のように、武家の命に従い、江戸の秀忠から出された目録の法を守ること、法度や上意に背く者は隠し置かないこと、抱え置いた侍以下に叛逆殺害人との届けがあったなら相互に関わるのを止めることなどを誓わせた。

徳川の公方の命に従わせ、豊臣方に関わるような動きを禁じたもので、この法度に連署したのは細川忠興ら北国・西国の主要な二十二人の大名であり、上杉景勝・伊達政宗ら十一人の東国大名は江戸城普請などに動員されて在京していなかったので、翌慶長十七年正月十五日に誓紙を差し出し、関東甲信越の譜代・外様の小名も同日に誓紙を差し出した。誓紙を出さなかった主要大名は秀頼のみであり、秀頼の包囲網は成った。

十七年六月には公家衆に「家々の学問行儀の事、油断なく相嗜み申す」べき事、「鷹つかい申すまじき」事の二箇条を送って、公家衆から伝奏宛ての請書を提出させると、翌十八年六月に駿府に下っていた伝奏の広橋兼勝《かねかつ》を通じて五箇条の公家衆法度を申し渡し、七月に兼勝が摂家衆と相談して十二日に公家衆を集めてその五箇条を示した。

第一条は、公家衆は学問を昼夜油断なくすること、第二条は行儀法度に背けば流罪となすこと、第三条は昼夜の御番を懈怠無く勤めること、第四条は無用な町小路の徘徊を停止すること、第五条は勝負事をし、不行儀の青侍を抱える輩は流罪となすこと、そして五摂家と伝奏はこれらの届けがあった時には、武家に伝え、武家から沙汰があるものとしたのである。

このように朝廷内部で自律的に処理すべき事柄が武家の沙汰とされており、朝廷の屈服は明らかとなった。同日には寺院にも「勅許紫衣竝に山城大徳寺妙心寺等諸寺入院の法度」「大徳寺妙心寺等諸寺入院法度」を定めて介入している。紫衣は紫色の法衣や袈裟を高徳の僧や尼が朝廷から賜るものであるが、勅許以前に武家に伝えてその許可を得るべしとしたのである。

キリシタン禁制と貿易

豊臣包囲網と政権安定に不可分に関わっていたのがヨーロッパ勢力への対応である。慶長五年(一六〇〇)に豊後に漂着したリーフデ号が帰国するにあたって、家康はオランダ国王への書簡を託して以来、通商交渉をしていて、慶長十四年五月に肥前平戸にオランダ船が二艘入港した。

オランダ人は駿府に赴き、家康にオランダ総督(使節は国王を自称)マウリッツからの親書を献じ、交易が許可され、平戸にオランダ東インド会社の商館開設を認められた。その時の家康の朱印状は「おらんだ船、日本え渡海の時、何の浦に着岸たりと雖も、相違あるべからず候。向後此の旨を守り異儀無く往来致すべし。聊か素意有る間敷く候也」とあって、以後、オランダとの通商は長きに及ぶことになる。

平戸に商館を設けたことで、オランダ人は貿易を広く行うとともに、対立していたポルトガル・スペイン勢力を排除する拠点となしたが、同年にそのポルトガル船のグラッサ号がオランダの追及を逃れて長崎に来航すると、オランダへの朱印状交付と同じ七月二十五日に日本人のマカオ寄港を禁じる家康の朱印状を入手した。

マカオでは前年に肥前日野江《ひのえ》城の有馬晴信が派遣した朱印船が寄港した際、日本人が騒ぎを起こして、マカオの総司令官アンドレ・ペッソアに鎮圧され、荷物を没収される事件が起きていた。その時に没収された荷物をめぐって長崎奉行の長谷川藤広がポルトガル商人と対立し、有馬晴信を通じて家康に訴え、家康の許可を得た晴信はグラッサ号を撃沈した。

この晴信の行動に目をつけた本多正純の家臣の岡本大八は、船撃沈の功によって晴信の旧領肥前三郡が回復されるであろうと晴信にもちかけ、御朱印の下書を偽造までして晴信から多額の賄賂を受け取った。ところが何の沙汰もないのに不審に思った晴信が、本多正純に問い合わせたことから、慶長十七年二月に駿府で対決が行われ、大八が非とされて獄につながれ、大八に誑《たぶら》かされたとして晴信も閉門の身となった。

晴信・大八がともにキリシタンであったため、駿府にいる家康近臣のキリシタンの摘発が始まり、江戸では安藤重信がその摘発に乗り出した。さらにその後、獄中の大八から、晴信が長谷川藤広の謀殺を企てていたという訴えがあって、再び両者の対決が大久保長安の屋敷で行われて、晴信は弁解に窮して甲斐国配流とされ切腹を命じられ、大八は処刑された。

その処刑の日である三月二十一日に、「南蛮キリシタンの法、天下に停止すべきの旨、仰せ出され、京都に於いて彼の宗の寺院破却すべし」と、京都をはじめ駿府・江戸・長崎の直轄都市でのキリスト教の禁止とキリシタン寺院の破却が発せられたのである。

ただ布教禁止と貿易の取り組みとは別であって、六月に家康がメキシコ総督に送った書簡では商船の往来は歓迎するとしつつ、布教は思いとどまるべしと報じており、八月には関東を対象に「伴天連門徒、御制禁也」というキリシタン禁令が出されている。

家康は翌年にイギリス東インド会社のジョン・セーリスと会見し、イングランド国王ジェームズ一世からの親書と献上品を受け取り、九月一日に朱印状による交易、平戸にイギリス商館を開設するのを許可している。九月十五日に伊達政宗がローマへ使節として支倉常長《はせくらつねなが》を派遣したが、これには宣教師ソテロやメキシコ総督から家康に派遣されてきていたビスカイノが同船していた。家康は伊達政宗のもとにいた宣教師ソテロをスペインに派遣することを政宗と計画しており、キリシタン禁令でソテロも対象になりかけていたが、特赦となって仙台に赴いていたのである。

伴天連追放令と方広寺大仏殿供養

家康の政治は順調かに見えたが、政権の内部の権力闘争が激しくなっていた。その契機となったのが岡本大八事件と翌年四月の大久保長安の死であって、これをめぐって大久保忠隣と本多正純の対立が広がっていた。

家康五男の松平忠輝は伊達政宗の娘を妻に迎え、大久保長安が付け家老となっていたが、その長安の保護者が大久保忠隣で、秀忠を家康の後継者に推すなど一大勢力を築いていたが、これと対立していたのが本多正信・正純父子である。

正純は家臣の岡本大八事件が起こしたことによる失地回復を目指すなかで、長安が亡くなると、すぐ五月に生前の長安の不正が摘発されていった。多額の蓄財が没収され、七人の息子も捕えられ、その縁に繋がる江戸奉行衆の青山成重が閉門、信濃松本の石川康長《やすなが》は改易となった。九月には大久保忠隣に謀叛の疑いがあるという訴えがあり、忠隣への対策が密かに講じられていた。

慶長十八年十二月、家康は南禅寺の金地院《こんちいん》崇伝に起草させ、十二月十九日に秀忠の名で「伴天連追放の文」が出されたが、これは「それ日本は元これ神国なり」と始まって、「ここに吉利支丹の徒党、たまたま日本に来たり。ただに商船を渡して資財を通じるのみならず、みだりに邪法を弘め正宗を惑わさんとす」と、キリシタンが邪法によって日本の政治を転覆を狙っている、として追放を宣言したものである。

この追放の文を帯びて、伴天連追放の総奉行として京都に派遣されたのが大久保忠隣であって、背後で何が起きていたのか知らないまま翌年正月十七日に京都に入り、教会を壊し、宣教師を長崎に追放し、信徒改めを行って棄教(「転ぶ」)を迫り、従わないものを津軽に流し、さらに大坂や堺でも宣教師を長崎に送った。

しかし京都に入る前の正月十五日に忠隣は改易されており、小田原城は没収されていた。そのことが忠隣に伝えられたのは正月晦日で近江に流される。二月二十四日、家康は忠隣失脚の動揺を抑えるため、江戸の重臣である酒井忠世《ただよ》・忠利・土井利勝・安藤重信ら八名から、九箇条にわたる血判起請文を召し、家康・秀忠への忠誠を誓わせ、忠隣父子との絶交を命じた。

こうして引き締めを図った家康の次の標的が豊臣秀頼である。豊臣恩顧の大名のうち、浅野長政・堀尾吉晴・加藤清正が慶長十六年に、池田輝政・浅野幸長が慶長十八年に、前田利長が慶長十九年に亡くなったこともあって、豊臣方を滅ぼす好機到来と考えたのであろう。六月頃にイギリスから購入したカルバリン砲、セーカー砲が届いている。

秀頼は灰燼に帰した方広寺大仏殿と大仏の再建に慶長十四年から取り組んでいて、家康の勧めもあって十八年に完成し、十九年には落慶供養へと進んでいた。秀頼はこれまでにも東寺金堂・延暦寺横川中堂・熱田神宮・石清水八幡宮・北野天満宮・鞍馬寺毘沙門堂など八十五件にものぼる寺社修造を行い、豊臣家の威信を高めようとしてきた。大仏再建のために秀吉遺産の金塊千枚分銅を十三個、二千枚分銅を十五個も使い、これは小判で鋳直すと四万数千両に相当している。家康は勧めただけでなく、土佐・日向・備中から巨木を徴発し、西国の大名に米を送ってその工事を助けていた。

だが秀頼と戦端を開くには大義名分が必要となる。そこで大仏の開眼供養が十九年八月三日、堂供養が十八日と決まると、家康は「大仏鐘銘、関東不吉の語、上棟の日、吉日にあらず」と、鐘の銘文と上棟の日時に問題があるとして延期を求めた。

鐘の銘文は「洛陽無双の智者」と謡われた東福寺の文英清韓《ぶんえいせいかん》が草したもので、その「国家安康」「君臣豊楽　子孫殷昌」の箇所について、安の字が家康の字を二つに引き裂き、君臣豊楽が豊臣を君として子孫の繁栄を願い、徳川家を呪詛したものである、と言いがかりをつけたのである。

大坂冬の陣

その後は豊臣方の分裂を誘えばよかった。八月に鐘銘問題の弁明のために片桐且元が駿府に赴いたが、家康は且元には面会せず、しばらくして淀殿の乳母大蔵卿局が駿府に赴いた時には、これと面会して丁重に迎えた。

且元には以心崇伝と本多正純を遣わし、解決策を且元の分別に委ねるとし、大蔵卿局には何ら案ずることはないと返答して、九月七日に毛利秀就や島津家久、鍋島勝茂ら西国の大名五十名から誓詞をとり、長崎に集めた宣教師を九月二十四日にポルトガル船に乗せて日本から追放した。棄教に応じなかった高山右近、内藤如安ら多数のキリスト教徒も国外追放とした。このキリシタン追放は、キリシタンが豊臣方に引き込まれるのを防止するためもあった。

且元は大坂へ戻って、家康の意向を忖度し九月十八日に次の妥協案を提案した。①秀頼が江戸に参勤する、②淀殿が人質として江戸に下る、③秀頼が国替えに応じ大坂城を退去する、の三点であったが、大蔵卿局の報告とは全く違う内容だったため裏切り者として扱われた。

十月一日に且元は一族を連れて大坂城を退去し、茨木城に籠ると、これを予測していた家康は同じ日に出馬を決意し、諸大名に出陣を命じた。本多正純は、藤堂高虎への書状で家康が今度のことで「大方もなくわかやぎ候間、御満足たるべく候」と記している。なお且元は慶長十八年に秀頼から一万石を加増された際、家康を憚ってこれを辞退したが、家康の命があって拝領したように、豊臣家の家臣でありながら家康の家臣でもあった。

十月二日、豊臣家は旧恩ある大名や浪人に檄を飛ばし、兵粮の買い付けを行うとともに、大坂にあった徳川家など諸大名の蔵屋敷から蔵米を接収した。秀吉の遺した莫大な金銀を用いて浪人衆を全国から集めて召抱えたのだが、諸大名で大坂城に参じる者はいなかった。豊臣方の総兵力は約十万で、明石全登《あかしたけのり》、後藤基次《もとつぐ》、真田信繁《のぶしげ》(幸村)、長宗我部盛親《もりちか》、毛利勝永《かつなが》ら五人衆、ほかに塙直之《ばんなおゆき》、大谷吉治らであって、関ヶ原の戦後に家取り潰しなどに遭った者たちである。

十月十一日、家康は軍勢を率いて駿府を出発し、十三日に二条城に入り、同日に秀忠も六万の軍勢を率い江戸を出発し、福島正則や黒田長政は江戸城に留め置かれた。十一月十五日、家康は二条城を出て奈良経由で大坂に向かって、先着していた秀忠と十八日に茶臼山《ちゃうすやま》陣城で軍議を開いた。

動員した兵力は約二十万に上り、十九日に木津川口の砦で戦闘が始まり、三十日までに「大坂四方の陣所ことごとく明所これなく候」と、豊臣軍は砦を破棄することになり、大坂城包囲網ができあがった。

しかし籠城した大坂城を落とせないなか、真田幸村の守る出城の真田丸の戦いでは、前田利常、松平忠直、井伊直孝隊が撃退され、多数の軍兵を失ったことで、家康は和議を考えるようになり、秀忠が総攻撃を提案したのを「敵を侮る事を戒め、戦わずに勝つ事を考えよ」と却下したという。

講和と大坂夏の陣

伊奈忠政・福島忠勝・毛利秀就・角倉素庵《そあん》に命じていた淀川の流れを尼崎に流す長柄《ながら》橋の工事が完了して、大和川を塞き止めると、鬨《とき》の声を挙げ鉄砲を放たせて敵の不眠を誘い、大坂城総構への南方からは「石火矢」(大砲)の射撃を本格化させた。

こうして十二月三日から和平交渉が始まった。織田有楽斎・大野治長(大蔵卿局の子)と、本多正純・後藤光次の間で交渉があり、十五日には淀殿が人質として江戸に赴き、籠城の牢人のために加増をはかるとする和議案が豊臣方から出されたが、家康はこれを拒否して、十六日に淀殿のいる千畳敷に大砲を撃ちこんだ。

十七日には後陽成上皇の使者として武家伝奏の広橋兼勝と三条西実条《さんじょうにしさねえだ》が家康を訪ねて和議を勧告したが、「禁中よりの御扱は無用」と断った。ここで朝廷が入られては厄介になると考えてのことであろう。それもあって翌日に家康方から家康の愛妾の阿茶局《あちゃのつぼね》、豊臣方から淀殿の妹常高院との間で交渉がもたれ、十九日に講和条件が合意に至り、二十日に誓書の交換があって和平が成立した。

本丸を残して二の丸、三の丸を壊し、惣構の南堀、西堀、東堀を埋めること。大野治長、織田有楽斎から人質を出すことと、秀頼家臣と牢人衆は不問に付すというもので、こうして城の破却と堀の埋め立てが進められた。松平忠明、本多忠政、本多康紀が普請奉行となり、本多正純、成瀬正成、安藤直次の指揮の下で突貫工事により外堀がすべて埋められてしまい、正月から二の丸の埋め立ても始まり、相当に手間取ったものの、周辺の家・屋敷を破壊までして埋め立てを強行し、工事は二十三日に完了、諸大名は帰国の途に就いた。

和平の成立後、家康は駿府に帰る道中で、埋め立ての進展を何度も尋ね、秀忠は堀の埋め立てを確かめてから、正月に江戸に戻ったが、戦争の準備は怠りなかった。実際、大坂城に籠る牢人たちの不満はくすぶり、三月十五日に大坂の牢人に不穏な動きがあるという報が京都所司代板倉勝重から駿府に届いた。

家康は使者を送って、秀頼が大坂を退去するか、浪人を召し放つかを迫ったが、これは秀頼には受け入れがたいものであった。四月四日に家康は徳川義直の婚儀のため駿府を発し名古屋に着くと、その日に十一箇条の軍令を定め、翌日に名古屋にきた大野治長の使者が秀頼の国替は容赦されたいとの回答を伝えてきた。

そこで十二日に名古屋城で義直の婚儀を行って、十八日には二条城に入った。秀忠は四月十日に江戸を出発し、二十一日に二条城に入り、翌日、家康・秀忠は本多正信・正純父子、土井利勝、藤堂高虎らと軍議を開いた。二十四日に常高院に三箇条の書付を託し、改めて秀頼の大坂退去などを求め、「其の儀に於いては是非なき仕合せ」と伝えたのであるが、これが最後通牒となった。

五月五日に家康は京を発し、戦いは五月六・七日の二日間行われ、徳川方の戦力は約十五万五千、豊臣方は五万五千だったという。六日に家康軍が大坂城に向かうなか道明寺《どうみょうじ》・誉田《こんだ》で合戦が起き、八尾《やお》や若江《わかえ》での合戦により双方多くの死傷者を出した。

七日の戦いは豊臣方の攻勢で始まり、正午頃の天王寺《てんのうじ》・岡山《おかやま》合戦で豊臣方の真田隊・毛利隊・大野治房隊などの突撃によって徳川方の大名・侍大将に多くの死傷者が出て、家康・秀忠本陣も混乱に陥ったが、態勢を立て直した徳川方の前に、豊臣方は真田幸村を始め多くの将兵を失い、真田幸村を討ち取った松平忠直勢が本丸に突入して、火の手が天守にも上がった。

秀頼や淀殿は山里曲輪の唐物蔵に身を潜め、落城直前に大野治長が秀頼の室千姫を逃し、千姫は秀頼らの助命を嘆願したが、拒否されて秀頼は淀殿とともに自害し、豊臣氏は滅亡した。

五月八日、家康は二条城に凱旋し、十日に諸大名を引見して戦功を賞するとともに、大坂方の残党の捜索を諸国に厳しく行わせた。大量の雑兵たちの取り締まりが緊急の課題だったからである。

五　世間と道

一国一城令と『武家諸法度』

慶長二十年（一六一五）閏六月十三日、西国の大名に対し「御分国居城をば残し置かれ、其の外の城は悉く破却あるべし」という一国一城令が安藤重信・土井利勝・酒井忠世三人の年寄連署の奉書で命じられた。

城郭の普請は慶長十二年の頃から西国諸国で広がり、十四年の肥前佐賀の『慶長見聞録案紙』には「今年日本国中の天守数二十五立つ」ことに、家康が不快感を示していたという。こうしたところから一国一城令がこの段階で出されたが、それは大坂城の解体・破却と連動していた。徳川政権下の方針として秀忠の年寄衆によって出され、新たな体制への移行をも示していた。一国一城により大名の家臣が城郭を築かなくなり、国内での大名権力の確立を促進していった。

城郭は防御を中心とした山城から平野部に築かれるようになり、土木技術も一段と進んで、大名の統治の実を世間に示してきた。慶長二年の岡山城、五年の犬山城、十二年の彦根城、松江城、十三年の姫路城など、趣向を凝らした巨大建築としても発展してきたが、これ以降は御手伝普請による城郭以外は煌《きら》びやかな城は築かれなくなってゆく。

それというのも家康が七月に伏見城の演能見物に諸大名を集め、崇伝起草の十三箇条からなる『武家諸法度』を秀忠の名で示したが、その第六条で「諸国の居城、修補たりと雖も、必ず言上すべし。況や新儀の構営、堅く停止せしむべき事」と、城郭建築にも制限をかけるようになったからである。第七条では「隣国に於いて新儀を企て、徒党を結ぶ者有らば、早く言上致すべき事」と、隣国との相互監視を命じて牽制をさせたのも大きかった。

第十三条では「国主、政務の器用を撰ぶべき事」とあるように、これまでにも増して治世に心がけるように求めているが、総じて『武家諸法度』の内容は、これまでに出されてきた法度と大きく変わっておらず、この時期にあわせて改めて示したものが多い。

だが、慶長十六年の三箇条のように大名から誓紙をとることはなく、崇伝が諸大名の前で読み聞かせる形で示しているように、一方的に順守を求めたものであり、第九条では「諸大名参勤の作法の事」と題して、石高数に応じて参勤の人数も定めている。

改めて『武家諸法度』を見ると、各条において、事書とその解説乃至は根拠が示されているのが特徴であって、最初の三箇条では基本原則を掲げ、その第三条では「法度に背く輩、国々に隠し置くべからざる事」と定め、その根拠について「法を以て理を破り、理を以て法を破らず、法に背くの類、その科軽からず」と記しているが、これは大名の分国法が在地の理を否定して制定されてきた延長上にあって、徳川公儀の法が諸大名の在地の国法を包み込んで、それを越えた法であることを示している。

第二条は「文武弓馬の道、専ら相嗜むべき事」と定め、その解説に「武を右にして文を左にす。古の法也」と記している。北畠親房《きたばたけちかふさ》の『神皇正統記《じんのうしょうとうき》』に「世みだれる時は、武を右にして文を左にす。国おさまる時は文を右にし武を左にす」とあり、これを踏まえて立法されたと見られてきたが、北条氏の『早雲寺殿二十一箇条』の最後の条に「文武弓馬の道は常なり。記すに及ばず。文を左にし、武を右にするは古法也」とあって、広く通用していた考えであったろう。

道を窮める

大名は文武を兼備すべきであり、弓馬は武家の要枢であって、乱を忘れぬよう戒めたのであるが、ここで注目したいのは、「文武弓馬の道」とあって、「道」を強調している点である。この「文武弓馬の道」を嗜むことについては、宮本武蔵が『五輪書《ごりんのしょ》』で展開する「兵法の道」に共通するところがある。

武蔵はそこで「兵法といふ事、武家の法なり。将たるものは、とりわき此法をおこなひ、卒たるものも、此道を知るべき事也」と指摘し、「武士は文武二道をといひて、二つの道を嗜む事、是れ道也」と記している。

この『五輪書』は、「兵法の道、二天一流と号し」「我、若年のむかしより兵法の道に心がけ、十三にして初めて勝負をす」と始まって、武蔵の生涯をかけた「兵法の道」を地・水・火・風・空の五巻で記した書物である。その成立は武蔵も関わっていた大坂夏の陣から三十年後の寛永二十年（一六四三）のことで、その二年前に著わした『兵法三十五箇条』を増補して成っている。地の巻で兵法の大体を記し、水の巻で兵法の一流のこと、火の巻で戦いのこと、風の巻で世の中の兵法のこと、空の巻ではおのれとまことに入る道を書きとめた、という。

本書が注目されるのは、兵法の道を語るだけでなく、「諸能・諸芸の道」にも言及している点であって、「道を顕して有るは」と前書きし、「仏法として人をたすくる道、又儒道として文の道を糺し、医者といひて諸病を治する道、或は歌道者として和歌の道を教へ、或は数寄者・弓法者、其の外、諸芸・諸能」をあげて、「思ひおもひに稽古し、心こころにすく者也」と記している。すなわち様々な分野において道をいかに窮めるのかを語った書なのである。

武蔵は放浪するうちに大名に客分として迎えられ、剣術を武士たちに教えるかたわら、禅僧や林羅山のような学者とも交流してきた経験に基づく著述である。兵法の道を行う法として九箇条を記すなかで、広く他の芸能から学ぶことを求め、道を鍛錬し広く諸芸に触れ、諸職の道を知ることが肝要であるとしている。

武蔵のように道を窮めようとする動きが各分野で見られたのがこの時代であって、僧では秀吉や家康に仕えた西笑承兌や以心崇伝、天海、慶長四年に大坂城で日蓮宗の受布施派と対論して対馬に流された日奥、そして武蔵に影響を与えた沢庵などが出た。儒道では藤原惺窩とその弟子の林道春（羅山）、医者では曲直瀬《まなせ》道三《どうさん》とその甥の玄朔《げんさく》、和歌では古今伝授細川幽斎、連歌では里村紹巴、松永貞徳などが活躍した。

数寄者では、茶の湯の道の千利休・宗旦、古田織部、絵師の狩野永徳・探幽、長谷川等伯などが、天下人や諸大名との交流を経てその芸術を磨きあげた。利休の芸術は弟子の山上宗二の記した『山上宗二記』から知られ、利休の蒐集した名物の数々や利休の建てた茶室の待庵からは、いかに彼らが世間と関わったかが知られる。等伯の美学は日蓮宗本法寺住職の日通が編んだ『等伯画説』から知られ、等伯の描いた智積院《ちしゃくいん》の『楓図』『桜図』や隣華院《りんかいん》障壁画の『山水図』からは世間との交わりがうかがえる。この時代の文化はまさに彼らによって大きな広がりを持つようになったのである。

能では豊臣秀吉が天正十八年（一五九〇）に金春安照《こんぱるやすてる》をお抱え役者とし、朝鮮出兵に向けて名護屋城に滞在した時には文禄二年（一五九三）正月に金春大夫ら二十余名を召し、八月には四座大夫による五番の演能を行わせるとともに自らも覚え、十月には禁裏で三日間の能興行を家康や前田利家ら諸大名とともに行ったが、それには秀吉始め諸大名が能役者に交わって諸役を演じたのである。

秀吉は能の四座を保護し、扶持米を与えたことから、能役者は諸大名と交流を重ねてその道を窮めてゆき、多くの能の伝書が著され、シテのみならず謡やワキ、囃子においても伝書が著されてゆき技法が伝えられていった。

士農工商の道

武蔵の『五輪書』はさらに広く世の中を見渡してゆく。「凡そ人の世を渡る事、士農工商とて四つの道なり」と、世を渡る道として「農の道」「あきなひの道」「士の道」「工の道」の四つをあげ、それぞれの特色を記した。

農の道とは、農人が「色々の農具をまうけ、四季転変の心得暇なくして、春秋を送る事」であって、農書の『清良記《せいりょうき》』（親民鑑月集）にうかがえる伊予の土居清良のような農人がそれを代表している。「あきなひの道」は、「たとえば酒を作るものが、様々な道具を求め、その利の良し悪しを得て渡世を送るなど、いかなる商売でもその身にあった稼ぎ、利益を得て世を渡る」をいうのであって、これには堺や京都・博多・長崎豪商などが相当する。

工の道とは、大工が様々な道具を上手にこしらえてその道具に習熟し、曲尺で図面にそって正しくひき、暇もなく仕事をして世を渡るをいうが、大工頭の中井正清に代表される大工、あるいは「天下一」の称号を得た職人に代表される。ジョアン・ロドリーゲス編の『日本教会史』は漆工芸の作品と職人について次のように記している。

この技術は王国全土に広くゆきわたっている。なぜなら椀などの食器、食事をするための膳や盆、食卓や装飾品やその他の調度類が、すべて漆で塗られているからである。（中略）職人たちのなかには、世界中のこの種のもののなかで最良の品に、特殊な技法を用いて金の装飾を施すものがいて、それらの絵画の技術と深く結びついている。彼らは純金の粉でさまざまなものを描き、金や銀の薄片や真珠貝をはめ込んで花をあしらう。

道を求め鍛錬を重ねた蒔絵師など職人の手によって絢爛たる文化の花が開いたのである。彼らは自らの芸の道を磨き、弟子や子弟に伝えていった。

そして士の道は、様々な兵具をこしらえ、嗜むことなどから、大工の道に譬えられ、士の道の論が詳しく展開されてゆく。『武家諸法度』はこの士の道について詳しく定めたものであって、第二条に「群飲佚遊を制すべき事」、第十条に「衣装の科、混雑すべからざる事」、第十一条に「雑人恣に乗輿すべからざる事」、第十二条に「諸国諸侍、倹約を用ひらるべき事」などの箇条が大名家中の礼法を整え、倹約を求めている。

このうち第二条の「群飲」を禁ずる法は鎌倉幕府の弘長元年（一二六一）の新制に見え、また第十二条の「諸侍、倹約」を求める法は、天文十年（一五四一）七月の北条氏綱が氏康に示した五箇条の訓戒状に見えている。

ところで武蔵は、道の共通性を記すとともに、その違いにも触れる。「道において、儒者・仏者・数寄者・しつけ者・乱舞者、これ等の事は武士の道にはなし」と、儒者・僧などの道と武士の道との間には違いがあるという。「しつけ者」とは礼法の家であり、それを代表するのが伊勢流や小笠原流の有職故実家、「乱舞者」とは風流や歌舞伎の踊り手をさし、出雲の阿国など祭礼屛風などに見える踊りの集団、四条河原での芝居の踊り手である。これらの道が武士の秩序形成や遊びと深く関わりつつも、武士の道との違いがあることを見ていたのである。

『禁中并公家中諸法度』

慶長二十年（一六一五）七月七日の『武家諸法度』に続くのが、同じく崇伝の起草になる『禁中并公家中諸法度』である。七月十三日に慶長から元和《げんな》に改元されているが、今に伝わる法度は慶長二十年七月日の制定とあるので、『武家諸法度』と同じ日に定められたものとされたのであろう。

七月十七日に前関白の二条昭実と家康・秀忠が加判し、三十日に公家門跡衆を禁裏に集め、伝奏の広橋兼勝が読み上げて伝えている。全部で十七条からなるのは、聖徳太子の十七条の憲法の条数になったものであり、そこにも大きな意味があるのだが、先ず第一条を見よう。

一、天子諸芸能の事、第一は御学問也。学ばずんばすなはち古道に明らかならず。しかるに政をよくして太平を致すは、いまだあらざるなり。貞観政要明文なり。

順徳天皇の『禁秘抄《きんぴしょう》』に見える天皇に習学を求めたことに基づいて、天皇に諸芸能のうちでも第一に学問を求め、次いで和歌も捨て置かないよう要請したのである。順徳天皇の場合は皇子のための訓戒として記していたが、ここでは武家が天皇の職能を定めたものであって、天皇以下の朝廷が完全に武家の統制下に入ったことになる。

しかし天皇に学問を求めたのは、天皇が政治に関わってはならないとされたわけでなく、武家とともに太平への努力を励むように求めた。天皇には神事・仏事において固有な国家機能があることを踏まえての規定である。基本的に朝廷と武家との関係を整理し、あるべき朝廷の体制を示したのであった。

続く第二条から十二条までの公家衆を対象とした規定も同様である。公家衆の座次（二・三条）、器用の選任（四・五条）、養子（六条）について一方的に定めているが、改元・衣装・昇進（八・九・十条）については旧例を尊重しつつ新たな規定を設けている。

当時の公家衆は清華・大臣家などの家格の体系に基づく家業と、和歌や能書など芸能の内容や神祇伯や陰陽道などの世襲化された官職に基づく家業からなっていたが（『諸家家業』）、それを踏まえつつ、家業を勤めるよう求めたのである。

さらに七条の「武家の官位」が公家の官位とは独立するという規定は、武家独自の官位体系の確立を意味するもので、十一条の関白や伝奏、奉行の職事の申し渡しに堂上地下が背けば流罪となし、十二条の、罪の軽重は名例律《みょうれいりつ》で行うとしたのは、公家衆の統制機構として関白・伝奏を位置づけ、それに武家が介入することを意味していた。武家の高みからその命令を公家衆に従属させたのである。十三条から十七条までは、門跡や僧官・紫衣・上人号など僧衆を対象とする規定であって、僧衆の内部にも武家の規制が入っていった。

聖徳太子の十七条の憲法の条数にならった意味は、朝廷の定めた律令に遡って太子が掲げた精神に基づいて、この法度が制定されているので遵守するようにと求め、その正統性を担保としたのである。

幕藩体制の成立

大坂夏の陣を経て、『武家諸法度』と『禁中幷公家中諸法度』の二つの法度の布告により徳川武家政権は大公儀として大名の諸公儀や公家を包摂した体制、すなわち幕藩体制を成立させたことになる。これは織田・豊臣・徳川政権が紆余曲折を経ながら到達した体制であって、これまで幕府や藩などの用語を使ってこなかったが、ここに改めて幕藩体制という形で捉えることができよう。

この年は「元《げん》和《な》偃《えん》武《ぶ》」と後に称されたように、応仁の乱から百五十年にわたり続いた大規模な戦乱がようやく終了したのである。偃武とは、『書経』周書・武成篇の「王来自商、至于豊。乃偃武修文。(王　商自り来たり、豊に至る。乃ち武を偃せて文を修む。)」に由来し、武器を偃《ふ》せて武器庫に収める事を指す。それは軍事衝突がなくなっただけでなく、江戸幕府による全国支配体制が確立した年でもある。

家康はその元和元年(一六一五)八月四日に二条城を発ち、二十三日に駿府に戻ると、鷹狩を楽しみに江戸に赴いて、駿府に戻る途中で、隠居の城として駿河沼津の柿田川の湧水にある泉殿を定め、縄張りを命じ、駿府で元和二年正月を迎え、二十一日に駿河の田中に鷹狩に出かけたが、そこで病となった。

いったんは元気になったものの、病状ははかばかしくなく、二月二日には秀忠が訪れ、京都でも後水尾天皇が病平癒の祈願を諸寺社に命じ、勅使を駿府に派遣し、三月二十一日には家康を太政大臣に任じた。

死期を悟った家康は形見分けを行い、四月二日に本多正純・天海・以心崇伝を呼んで、「臨終候はば御体をば久能へ納め、御葬禮をば増上寺にて申付け、御位牌をば三川之大樹寺に立て、一周忌も過候て以後、日光山に小き堂をたて、勧請し候へ」と遺言を伝えると、四月十七日の巳の刻に駿府城で生涯を閉じた。享年七十五、その辞世は「嬉やと再び覚めて一眠り　浮世の夢は暁の空」「先にゆき跡に残るも同じ事　つれて行ぬを別とぞ思ふ」であったと『東照宮御実記』は伝える。

遺言に従って遺体は駿府の南東の久能山《くのうさん》に葬られ、埋葬は吉田神道に沿って執り行われたが、神号をどうするかでもめ、天海と崇伝、神龍院梵舜らの間で、権現と明神のいずれとするかが争われた末、秀吉が「豊国大明神」だったために明神は不吉とされて、山王一実神道に則って薬師如来を本地とする権現とされた。

朝廷では秀忠の求めに応じて権現としたが、その名について「日本権現」「東光権現」「霊威権現」「東照権現」などの案が出されて、秀忠が「東照大権現」を採用してそう決まった。

家康の葬儀は増上寺で行われ「安国院殿徳蓮社崇誉道和大居士」と戒名がつけられた。一周忌を経て江戸城の真北に在る日光の東照社に改葬され、藤堂高虎を作事奉行とし元和三年（一六一七）四月に社殿が完成した。

史料と参考文献

【史料】

『大日本史料』東京大学史料編纂所編
『大日本古文書』東京大学史料編纂所編
　毛利家文書・島津家文書・上杉家文書・小早川家文書
『史料稿本』東京大学史料編纂所編
（以上、東京大学史料編纂所編の史料については同所編データベースを多く用いた。）
『中世法制史料集』岩波書店
　『武家家法』Ⅰ～Ⅲ、『公家法・公家家法・寺社法』
『新訂増補国史大系』吉川弘文館
　『吾妻鏡』『後鏡』『徳川実紀』『公卿補任』『尊卑分脈』
『群書類従』『続群書類従』続群書類従完成会編
『日本思想大系』岩波書店
　『中世政治社会思想（上）（下）』『古代中世芸術論』『世阿弥・禅竹』『キリシタン書・排耶書』『三河物語・葉隠』『近世武家思想』『近世芸道論』
『新日本古典文学大系』岩波書店
　『中世和歌集 室町篇』『竹林抄』『中世日記紀行集』『梁塵秘抄 閑吟集 狂言歌謡』『太閤記』『七十一番職人

歌合 新撰狂歌集 古今夷曲集』
『新編日本古典文学全集』 小学館
『神楽歌 催馬楽 梁塵秘抄 閑吟集』『中世日記紀行集』『謡曲集①〜②』『狂言集』『連歌集 俳諧集』
『改訂史籍集覧』 臨川書店
『関ヶ原始末記』『鎌倉九代後記』『鶴岡社務記録』『鎌倉大草紙』『慶長見聞集』『浅井三代記』『足利治乱記』『足利季世記』『北条五代記』『駒井日記』『塵塚物語』『扶桑拾葉集』
フロイス『日本史』（松井毅一・川崎桃太『完訳フロイス日本史』中央公論社）
『異国叢書』『耶蘇会子日本通信』 雄松堂書店
『大航海叢書』 岩波書店
アラビ・ヒロン『日本王国記』、ルイス・フロイス『日欧文化比較』
歴史学研究会編『日本史史料』2中世 3近世 岩波書店
奥野高広『増訂 織田信長文書の研究』上・下・補遺 吉川弘文館
『豊臣秀吉文書集』 1〜3 吉川弘文館
中村孝也『徳川家康文書の研究』
『戦国遺文』 東京堂書店
『後北条氏編』『武田氏編』
『戦国史料叢書』 人物往来社
『太閤史料集』『信長公記』『家康史料集』『甲陽軍鑑』
県史史料
『新潟県史』『山梨県史』『神奈川県史』『静岡県史』『愛知県史』『岐阜県史』

【参考文献】

秋山伸隆『戦国大名毛利氏の研究』吉川弘文館　一九九八年
朝尾直弘『朝尾直弘著作集』岩波書店　二〇〇四年
阿部謹也『日本人の歴史意識』岩波新書　二〇〇四年
荒野泰典編『江戸幕府と東アジア』(『日本の時代史』14)吉川弘文館　二〇〇三年
有光友學編『戦国の地域国家』(『日本の時代史』12)吉川弘文館　二〇〇三年
池　享『戦国大名と一揆』(『日本中世の歴史』6)吉川弘文館　二〇〇九年
池上裕子『織豊政権と江戸幕府』(『日本の歴史』15)講談社　二〇〇二年
『日本中近世移行期論』校倉書房　二〇一二年
伊藤清郎『最上義光』吉川弘文館　二〇一六年
伊藤　毅『都市の空間史』吉川弘文館　二〇〇三年
今谷　明『信長と天皇』講談社現代新書　一九九二年
『武家と天皇』岩波新書　一九九三年
『戦国大名と天皇』講談社学術文庫　二〇〇一年
『戦国時代の貴族』講談社学術文庫　二〇〇二年
『織田信長』吉川弘文館　二〇一二年
奥平俊六『洛中洛外図　舟木本』小学館　二〇〇一年
勝俣鎮夫『戦国法成立史論』東京大学出版会　一九七九年
『戦国時代論』岩波書店　一九九六年

神田千里『信長と石山合戦』吉川弘文館　一九九五年
『戦国時代の自力と秩序』吉川弘文館　二〇一三年
『戦国と宗教』岩波新書　二〇一六年
『織田信長』ちくま新書　二〇一四年
笠谷和比古『徳川家康』ミネルヴァ書房　二〇一六年
金子　拓『織田信長〈天下人〉の実像』講談社現代新書　二〇一四年
川添昭二『中世九州の政治・文化史』海鳥社　二〇〇三年
岸田裕之『毛利元就』ミネルヴァ書房　二〇一六年
久留島典子『一揆と戦国大名』（『日本の歴史』13）講談社　二〇〇一年
黒田日出男『謎解き　洛中洛外図』岩波新書　一九九六年
『豊国祭礼図を読む』角川選書　二〇一三年
桑田忠親『桑田忠親著作集』秋田書店　一九八〇年
呉座勇一『応仁の乱』中公新書　二〇一六年
桜井英治『室町人の精神』（『日本の歴史』12）講談社　二〇〇一年
笹本正治『武田信玄』ミネルヴァ書房　二〇一六年
佐藤進一『花押を読む』平凡社　一九八八年
末柄　豊「細川氏の同族連合体制の解体と権力構造」（石井進編『中世の法と政治』）吉川弘文館　一九九二年
千田嘉博『信長の城』岩波新書　二〇一三年
所理喜夫『徳川将軍権力の構造』吉川弘文館　一九八四年
永原慶二『戦国の動乱』（『日本の歴史』14）小学館　一九七五年

新田一郎『新・木綿以前のこと』中公新書　一九九〇年
新田一郎「「古典」としての天皇」（『天皇の歴史』04）講談社　二〇一一年
尾藤正英『日本文化の歴史』岩波新書　二〇〇〇年
藤木久志『豊臣平和令と戦国社会』東京大学出版会　一九八五年
『戦国の村を行く』朝日選書　一九九七年
『刀狩り』岩波新書　二〇〇五年
『中世民衆の世界』岩波新書　二〇一〇年
藤井譲治『天下人の時代』（『日本近世の歴史』1）吉川弘文館　二〇〇九年
『天皇と天下人』（『天皇の歴史』05）講談社　二〇一一年
『戦国乱世から太平の世へ』岩波新書　二〇一五年
林屋辰三郎『町衆』中公新書　一九六四年
原　勝郎『東山時代に於ける一縉紳の生活』筑摩書房　一九六七年
本多隆成『定本徳川家康』吉川弘文館　二〇一〇年
三鬼清一郎『豊臣政権の法と朝鮮出兵』青史出版　二〇一二年
水本邦彦『徳川の国家デザイン』（『全集　日本の歴史』10）小学館　二〇〇八年
『村　百姓たちの近世』岩波新書　二〇一五年
宮島敬一『浅井氏三代』吉川弘文館　二〇〇八年
村井章介『分裂から天下統一へ』岩波新書　二〇一六年
山田邦明『戦国の活力』（『全集　日本の歴史』8）小学館　二〇〇八年
山本博文『天下人の一級史料』柏書房　二〇〇九年

米原正義『戦国武士と文芸の研究』桜楓社　一九七〇年

【辞典・事典・講座・図録】

『朝日　日本歴史人物事典』朝日新聞社　一九九四年
『日本史広辞典』山川出版社　一九九七年
『岩波日本史辞典』岩波書店　一九九九年
『岩波講座　日本歴史』中世4・近世1　岩波書店　二〇一五年・二〇一四年
『岩波講座　日本文学史』6・7巻　岩波書店　一九九六年
『新大系日本史』山川出版社
　『国家史』『政治社会思想史』『都市社会史』
『日本美術館』小学館　一九九七年
『日本美術全集』十二・十三　小学館　二〇一四年
京都市博物館編『京を描く　洛中洛外図の時代』二〇一五年
谷口克広『織田信長家臣人名辞典　第二版』吉川弘文館　二〇一〇年
『図集　日本都市史』東京大学出版会　一九九三年

【著者の関係論考】

『人物史の手法』左右社　二〇一四年
『日本史のなかの横浜』有隣堂　二〇一五年
「織田信長の政権構想」（『放送大学日本史学論叢』四号）二〇一七年

関連年表

一四五〇（宝徳二）『大乗院寺社雑事記』（興福寺大乗院の門跡、尋尊・政覚・経尋が三代に渡って記した日記）〜一五二七（大永七）まで現存。

一四五二（享徳元）・一二　細川勝元、管領就任。

一四五四（享徳三）・四　畠山義就・政長の家督争い。一二　享徳の乱（〜八二。鎌倉公方成氏、関東管領上杉憲忠謀殺）。

一四五五（康正元）・六　関東管領上杉房顕、足利成氏を下総古河に逐う（古河公方のはじめ）。

一四五七（長禄元）・四　太田道灌、武蔵江戸城を築く。一二　足利義政、異母兄政知を関東に派遣。伊豆堀越を拠点とする（堀越公方のはじめ）。

一四六四（寛正五）・一一　畠山政長、管領に就任。一二　義政の弟、浄土寺義尋を還俗させ足利義視と改名。

一四六五（寛正六）・一一　義政の妻日野富子、義尚出産。

一四六六（文正元）　この年、斯波義政・義兼の家督争い。

一四六七（応仁元）・一　上御霊社の戦い（畠山義就・政長）。五　応仁・文明の乱（東軍細川勝元・西軍山名持豊）。

一四六八（応仁二）・七　細川勝元、管領就任。九　義視、東軍に入る。一一　義視、義政と不和になり西軍に入る。

一四七三（文明五）・三　山名宗全（持豊）、没。五　細川勝元、没。

一四七六（文明八）　今川氏内紛。伯父の伊勢新九郎（のちの宗瑞・北条早雲）の助力で、今川氏親が家督継承。

一四七七（文明九）・一一　応仁・文明の乱終息。『御湯殿上日記』。

一四七九（文明一一）・四　蓮如、山科本願寺建立。

一四八〇（文明一二）・七　一条兼良『樵談治要』。

一四八一（文明一三）　朝倉孝景、『朝倉孝景条々』を制定。

一四八二（文明一四）・一二　足利義政、東山山荘造営開始。

一四八六（文明一八）・二　山城国一揆、国中掟を制定。七　扇谷上杉定正、太田道灌を誘殺。

一四八八（長享二）・六　加賀の一向一揆（～一五八〇）。

一四九三（明応二）・四　細川政元、足利義澄（政知の子）を擁し挙兵。伊勢宗瑞（北条早雲）、堀越公方足利茶々丸（政知の子）を滅ぼす。

一四九五（明応四）・九　宗祇ら『新撰菟玖波集』。

一五〇一（文亀元）　九条政基『政基公旅引付』。

一五一〇（永正七）・四　三浦の乱（恒居倭人による反乱）。

一五一七（永正一四）・今川氏親、遠江攻略。

一五一八（永正一五）・八　『閑吟集』。

一五二三（大永三）・四　寧波の乱（大内・細川の遣明使、寧波で抗争）。七　毛利元就、家督継承。

　この頃、『応仁記』成立か。

一五二六（大永六）・三　神谷寿禎、石見銀山発見。四　今川氏親、『今川仮名目録』を制定。

一五二七（大永七）山科言継『言継卿記』、～一五七六（天正四）まで。下総の結城氏『結城氏新法度』制定。

一五三六（天文五）・四　伊達稙宗、『塵芥集』。七　天文法華の乱。

一五四一（天文一〇）・六　武田晴信（信玄）、父信虎を追放。

一五四二（天文一一）・八　斎藤道三、国主土岐氏を追放。

一五四三（天文一二）・八　鉄砲伝来（ポルトガル人、種子島に漂着）。

一五四七（天文一六）・六　武田晴信、『甲州法度之次第』（信玄家法）制定。

一五四九（天文一八）・九　ザビエル、鹿児島に上陸（キリスト教の伝来）。一一　松平竹千代（家康）、今川家人質となる。

一五五一（天文二〇）・八　陶晴賢、大内義隆に背き、自害させる（勘合貿易断絶）。

一五五二（天文二一）・一一　『塵塚物語』。

一五五三（天文二二）・八　川中島の戦い。

一五五五（弘治元）・四　織田信長、清洲城に移る。一〇　厳島の戦い（毛利元就、陶晴賢を破る）。

一五五六（弘治二）・五　毛利元就、尼子晴久を破る。一一　結城政勝『結城氏新法度』制定。

一五六〇（永禄三）・五　桶狭間の戦い（信長、今川義元を破る）。

一五六一（永禄四）・閏三　長尾景虎、関東管領就任。

一五六二（永禄五）・一　信長・松平元康（徳川家康）、同盟する。

一五六五（永禄八）・九　狩野永徳『洛中洛外図屏風』。

一五六七（永禄一〇）・八　信長、美濃国を攻略し、岐阜城に移る。

一五六八（永禄一一）・九　信長、足利義昭を奉じて入京。

一五六九（永禄一二）・四　フロイス、信長に謁見、京都滞在を許される。

一五七〇（元亀元）・六　姉川の戦い。九　石山戦争（〜八〇）。

一五七一（元亀二）・九　信長、延暦寺を焼打ち。

一五七二（元亀三）・一二　信玄、三方ヶ原の戦いで徳川家康を破る。

一五七三（天正元）・七　室町幕府滅亡（信長、将軍義昭を追放）。

一五七五（天正三）・五　長篠合戦（信長・家康、武田軍に大勝）。

一五七六（天正四）・一一　信長、安土城の築城開始。

一五八二（天正一〇）・六　本能寺の変（信長敗死）。羽柴秀吉、明智光秀を破る（山崎の合戦）。太田牛一『信長公記』。

一五八三（天正一一）・四　賤ヶ岳の戦い（秀吉、柴田勝家を破る）。大阪城、築城開始。

一五八五（天正一三）・七　秀吉、関白叙任。

一五八七（天正一五）・六　バテレン追放令。九　聚楽第完成。一二　秀吉、関東・奥羽に惣無事令を出す。

一五八八（天正一六）・七　海賊取締令、刀狩令。山上宗二、この頃から秘伝書『山上宗二記』伝授。

一五九〇（天正一八）・七　小田原攻め（北条氏滅亡）。八　家康、江戸城に入る。奥州平定（伊達政宗服属）。

一五九二（文禄元）・一一　文禄の役（〜九三）。

一五九三（文禄二）・九　方広寺大仏殿、上棟。天草版『伊曾保物語』。一一　秀吉、高山国（台湾）に入貢を催促。

一五九四（文禄三）・八　秀吉、伏見城に入る。

一五九七（慶長二）・一　慶長の役（〜九八）。

一五九八（慶長三）・七　五大老・五奉行設置。八　秀吉、没。

一六〇三（慶長八）・二　家康、征夷大将軍となり、江戸幕府を開く。四　出雲阿国、京都でかぶき踊りを演じる。

一六一四（慶長一九）・一〇　大阪冬の陣。

一六一五（慶長二〇・元和元）・四　大阪夏の陣（豊臣氏滅亡）。閏六　一国一城令。七『武家諸法度』（元和令）。『禁中並公家中諸法度』。

一六一六（元和二）・四　家康、没。

おわりに

前著の「中世社会篇」を終えて次のように書いた。「さてここまで来れば、次は近世社会篇である。「古典文学篇」と同じく、私にとってほとんど未知の分野にあたるが、蛮勇を奮って立ち向かうことにしようと思う。その際には、百年ごとの区切りで考えることは同じく貫くにしても、すでに中世社会篇で五十年の区切りも見えてきたことから、その区切りからも考えることとしたい」と。

思っていたごとく、やはり今回の通史叙述はいっそうの困難を極めた。史料が膨大な上に、内容も多岐にわたっていた。これまで専門研究の対象としていた時代とは全く違う分野に踏み入るのであるから、五里霧中の感覚で突き進むことになった。そこでは初心に立ち返って研究を広げてゆくことになった。

これまでの通説などの根拠となった史料に一つ一つあたって読み解く作業を行うのはつらかったが、それはまた楽しみともなっていた。そうした作業を日夜繰りかえして、やっと書き上げたのであるが、当初の四百年の予定が、そこまで書くことができなくなり、切りのよい百五十年で紙数も尽きてしまった。

通史という性格上、できるだけ諸分野に触れたが、触れるべくして触れえなかった事象があり、そこまで触れなくとも叙述があったかもしれない。書いて思うのは、この戦国社会においてこそ近代社会に直接に繋がる社会制度が形成されてきたことである。

前代において現代と密接に関連しているのはその思潮であり、家や身体、職能、そして型が今の時代へとつながっているが、それらがこの時代には社会制度として定着してきた。たとえば古代に生まれた国と、中世に生まれた家とが結びつき、国家が生まれてきたように。

この時代に思潮として見えてきたのは自立と世間である。町や村、公家や武家、職人や芸能者が自立を求めてゆくなか自立の拠点が形成されてゆき、社会制度が整えられてきた。しかし自立を求めてゆくなかで争いが広がり、服従を強いられたり、進んで服従したりすることもあった。こうして形成されてきた社会、それが世間であって、その世間に向かいあい、世間を広げ、世間の統合をなしたのが天下人の信長・秀吉・家康であったと指摘できるであろう。

本書がなるにあたっては多くの研究文献を参照したが、参考文献には入手しやすい一般書や講座類、史料を主に掲げた。新たな視点から整理することを本旨としているので、研究の具体的な内容にはあまり立ち入らなかったが、多くを学ばせていただいたことをここに記し、改めて感謝したい。

最後になったが、編集の労を前々書、前書に引き続いて山川出版社の酒井直行氏にとっていただいた。年表や索引の作成を含めて改めて感謝したい。

二〇一七年七月二十四日

五味文彦

人名索引

ア

ウ

エ

オ

カ

キ

ク

ケ

コ

サ

シ

ス

セ

ソ

タ

チ

ツ

テ

ト

ナ

ニ

ノ

ハ

ヒ

マ

ミ

ユ

ヨ

リ

レ

ロ

ワ

五味文彦（ごみ・ふみひこ）

一九四六年生まれ。東京大学文学部教授を経て、現在は東京大学名誉教授。放送大学名誉教授。『中世のことばと絵』（中公新書）でサントリー学芸賞を、『書物の中世史』（みすず書房）で角川源義賞を受賞するなど、常に日本中世史研究をリードしてきた。近年の著作に『文学で読む日本の歴史』古典文学篇、『同』中世社会篇（山川出版社）、四部作となる『後白河院—王の歌』（山川出版社）、『西行と清盛—時代を拓いた二人』（新潮社）、『後鳥羽上皇—新古今集はなにを語るか』（角川書店）、『鴨長明伝』（山川出版社）のほか、『日本の中世を歩く—遺跡を訪ね、史料を読む』（岩波書店）、『躍動する中世』（小学館）、『『枕草子』の歴史学』（朝日新聞出版）、『人物史の手法 歴史の見え方が変わる』（左右社）など多数。共編に毎日出版文化賞を受賞した『現代語訳 吾妻鏡』（吉川弘文館）など。

文学《ぶんがく》で読《よ》む日本《にほん》の歴史《れきし》　戦国社会篇《せんごくしゃかいへん》

二〇一七年九月　十五日　第一版第一刷印刷
二〇一七年九月二十五日　第一版第一刷発行

著　者　五味文彦
発行者　野澤伸平
発行所　株式会社　山川出版社
東京都千代田区内神田一—一三—一三
〒一〇一—〇〇四七
振替〇〇一二〇—九—四三九九三
電　話　〇三(三二九三)八一三一(営業)
〇三(三二九三)一八〇二(編集)
https://www.yamakawa.co.jp/
企画・編集　山川図書出版株式会社
印刷所　半七写真印刷工業株式会社
製本所　牧製本印刷株式会社

造本には十分注意しておりますが、万一、乱丁・落丁本などがございましたら、小社営業部宛にお送りください。送料小社負担にてお取替えいたします。
定価はカバーに表示してあります。

ISBN 978-4-634-15118-5